Biblioteca Era

Fernando Benítez
Los indios de México
Antología

Fernando Benítez

Los indios de México
Antología

Prólogo de Carlos Fuentes

Ediciones Era

Edición al cuidado
de Héctor Manjarrez

Primera edición: 1989
7a. reimpresión: 2002
ISBN: 968-411-262-9
DR © 1989, Ediciones Era, S. A. de C. V.
Calle del Trabajo 31, 14269 México, D. F.
Impreso y hecho en México
Printed and made in Mexico

Este libro no puede ser fotocopiado, ni reproducido total o parcialmente,
por ningún medio o método, sin la autorización por escrito del editor.

*This book may not be reproduced, in whole or in part,
in any form, without written permission from the publishers.*

www.edicionesera.com.mx

México es un país de geografía tumultuosa, de montañas que aíslan y generan diversas culturas. Hubo al menos diez o quince sobresalientes dotadas de un genio propio. Quedan veinte mil sitios arqueológicos, y seis millones de indios que hablan cincuenta lenguas tan apartadas entre sí como el chino del español. Dediqué veinte años al estudio de los indios y escribí cinco libros voluminosos, parte de ellos traducidos a varios idiomas.

Son muy pocos los que pueden leerlos completos y decidimos hacer una antología. Se trató de viajar en pequeños aviones y de asistir a ceremonias y rituales arcaicos sobre todo en regiones muy apartadas y de difícil acceso. Son viajes portentosos que abarcan desde el siglo XIV al siglo XX, un fenómeno que tal vez no se da en otras naciones.

¿Qué me enseñaron los indios? Me enseñaron a no creerme importante, a tratar de llevar una conducta impecable, a considerar sagrados animales, plantas, mares y cielos, a saber en qué consiste la democracia y el respeto debido a la dignidad humana. También a pasar de lo cotidiano a lo sagrado, a liberarnos de las culpas relegadas al inconsciente por medio de una catarsis capaz de dar la muerte a los extranjeros privados de la guía del chamán y ¿qué otra cosa es un chamán sino el maestro del éxtasis? El éxtasis consiste en sentirse un átomo pensante, fundido en el tiempo y en el espacio eterno del Universo. Esas fueron sus enseñanzas, pero temo no haber sabido aprovecharlas.

Espero que esta experiencia trascendente, pueda interesar a lectores de otros países donde domina la razón y no una cultura mágica religiosa. México no es un México sino muchos Méxicos, de aquí su misterio y su extraña complejidad.

F. B.

Índice

Prólogo
[11]

1

Huicholes
[23]

2

Tarahumaras
[125]

3

Tepehuanes y nahuas
[137]

4

Coras
[169]

5

Otomíes
[227]

6
Tzeltzales y tzotziles
[249]

7
Mixtecos
[273]

8
Mazatecos
[345]

Referencias
[419]

Glosario
[421]

Prólogo

Carlos Fuentes

I

El viaje es el movimiento original de la literatura. La palabra del origen es el mito: primer nombre del hogar, los antepasados y las tumbas. Es la palabra de la permanencia. La palabra del movimiento es la épica que nos arroja al mundo, al viaje, al otro. En ese viaje descubrimos nuestra fisura trágica y regresamos a la tierra del origen a contar nuestra historia y a comunicarnos de nuevo con el mito del origen, pidiéndole un poco de compasión.

Esta rueda de fuego de la literatura original, que en el Mediterráneo cobra los nombres genéricos de mito, epopeya y tragedia, es la justificación y el impulso de toda literatura de viaje. Es un círculo inabarcable, que partiendo de la identificación de viaje y lenguaje, presta su forma a la poesía, de Homero a Byron a Neruda. La política ha sido determinada por Herodoto tanto como por Pericles, y las mejores guías para una reunión contemporánea en la cumbre, la siguen ofreciendo los libros de viaje de Coustine y Tocqueville, a Rusia y a los Estados Unidos, en el siglo XIX.

Movimiento y quietud: mediante la palabra, el viaje puede ser puramente interno, confesional, subjetivo, de San Agustín a Rousseau a Freud; o puede ser el viaje fuera de nosotros mismos y hacia el reconocimiento del mundo, que es la historia de la novela desde el momento en que don Quixote abandona la aldea y sale a comparar la verdad de sus libros con la verdad de su mundo. Pero puede ser también el viaje inmóvil de Julio Verne, quien rara vez se salió de su propia aldea francesa y fue, sin embargo, capaz de viajar a la luna, o veinte mil leguas debajo del mar.

El viaje puede significar un vasto periplo simbólico, en busca del Vellocino de Oro o del Santo Grial; pero Xavier de Maistre puede conducirnos en un viaje alrededor de su cuarto, y Thomas Mann hacia la montaña mágica. Virginia Woolf nos invita a viajar hacia el faro, aunque Thomas Wolfe nos recuerda que no podemos regresar al hogar abandonado.

En todo caso, el viaje y la narrativa son gemelos porque ambos suponen un desplazamiento, es decir, un abandono de la plaza, o sea, un adiós al lugar común, para adentrarnos en los territorios del riesgo, la aventura, el descubrimiento.

El viaje y la literatura son, sin duda, todo esto, pero al cabo son sólo una voz que nos dice: El mundo es tuyo, pero el mundo es ajeno. ¿Cómo lo explotarás, cómo lo harás tuyo? ¿Cómo viajarás por el mundo sin perder tu propia alma, sino, más bien, encontrándote a ti mismo al encuentro con el mundo, dándote cuenta de que careces de identidad sin el mundo pero que, acaso, el mundo carezca de identidad sin ti?

Ésta es, quizá, la cifra común del destino personal y del arte de viajar. Me dirijo al mundo, a los demás, a mi obra, a mi amor. Y nada me autoriza a creer que éstas, las realidades de mi vida, vendrán a mí si yo no voy hacia ellas.

II

Hay tres autores contemporáneos de literatura de viaje que me apasionan especialmente. Uno de ellos, Bruce Chatwin, acaba de morir, trágicamente, a los cuarenta y siete años de edad, dejando la mitad de su obra —por lo menos— inconclusa. En sus libros de viaje, *En la Patagonia* y *Los trazos de la canción*, nos lleva al sur de la Argentina y al vasto continente australiano. En *Patagonia*, Chatwin da un poderoso ejemplo de sus dos supremas virtudes literarias. La primera es una capacidad inigualada en la literatura contemporánea para distinguir y hacer resaltar un objeto, dándole un brillo singular sin divorciarlo de su contexto. La segunda, un arte, también incomparable, para saltarse dos de cada tres oraciones probables en su prosa, dándonos un texto esencial y dotado de la mayor potencia elíptica. En *Los trazos de la canción*, estas virtudes literarias, en un hombre al que hay que considerar entre los mejores escritores de la segunda mitad de nuestro siglo, se reúnen en una pesquisa de los movimientos de los aborígenes australianos, a fin de proponer que la vida normal es la vida nómada, y no la vida sedentaria.

Peter Mathiessen, el novelista norteamericano, convierte su viaje a Nepal, en busca de la oveja azul de los Himalayas, en una peregrinación espiritual hacia la Montaña de Cristal y su sagrario budista. La recompensa esperada de este viaje es la visión del leopardo de las nieves, que da su título al libro, *The Snow Leopard*. Dueño, como Chatwin, de una prosa esencial, Mathiessen también se pregunta por qué nuestra idea del mundo depende en semejante grado del movimiento o de la quietud —de permanecer inmóviles o de desplazarnos. ¿Es cierto, como apunta Chatwin, que para el nómada el mundo ya es perfecto, en tanto que el ser sedentario se agita vanamente tratando de cambiar al mundo? Pero, ¿no es cierto también, como Mathiessen lo comprueba en su viaje a la gran cordillera, que el movimiento es la búsqueda de una perfección fijada para siempre en un lugar sagrado?

Fernando Benítez intenta dar una respuesta a estas preguntas a partir de una paradoja fundamental para su tema y para su país, México. Esa paradoja es que el encuentro del sitio sagrado es una ilusión, que encontrar es sólo la prueba de que debemos proseguir, empezar de nuevo. Chatwin y Mathiessen también encuentran esta verdad, es cierto, cuando finalmente se vuelven los peregrinos en su patria: cuando descubren lo extraño, lo otro, en el seno de su propia tierra. Chatwin, originario del país de Gales, escribe la novela imprescindible, entrañable y otra, de su tierra, en *Colina negra*. Y Mathiessen encuentra lo otro norteamericano en los restos del mundo indio de la América del Norte. Territorio ajeno: reservación, pero también territorio prohibido, pues *In the spirit of Crazy Horse*, el libro indio de Mathiessen, no ha logrado publicarse, sitiado por toda una panoplia de juicios y demandas legales.

México ha sido un territorio favorito del escritor anglosajón, de los viajes coloniales de Thomas Gage a las excursiones decimonónicas de la señora Calderón de la Barca, a las incursiones contemporáneas de Aldous Huxley, D.H. Lawrence, Graham Greene y Malcolm Lowry. (Evelyn Waugh se permitió la humorada, digna del autor de *Vile Bodies*, de escribir un libelo contra la expropiación petrolera, pagado por las compañías británicas, como si hubiese estado en México; en verdad nunca fue más lejos del banco londinense donde cobró su cheque.) Aunque los libros de turismo norteamericano sobre México han abundado, sus escritores han tendido, más bien, a incorporar el tema mexicano en el poema o la novela: de Hart Crane a Harriet Doerr, y de Katharine Anne Porter a Jack Kerouac. Un gran escritor francés, Antonin Artaud, es, sin embargo, quien más se ha acercado y confundido con el otro mexicano, el mundo indígena, en su viaje a la Tarahumara.

Es éste el mundo que Fernando Benítez explora en este volumen. El mundo de los coras, los tarahumaras, los huicholes o los tepehuanes es, en cierto modo, tan ajeno a Benítez como a Artaud o a Huxley. Pero la diferencia consiste en que es su mundo; es parte de su país, de su identidad, de su herencia. Su drama es tan agudo como el de Mathiessen entre los sioux o Chatwin entre los galeses: estos seres son otros, pero son míos. El drama extraordinario del libro de Benítez es que el autor mira con objetividad pero es partícipe de una subjetividad conflictiva. Los indios son suyos y son ajenos; pero él no puede ser un hombre completo sin ellos, aunque ellos continúen sus vidas totalmente indiferentes a él.

¿Por qué sucede esto? Simplemente porque Fernando Benítez es portador de una conciencia cultural pluralista. Sabe que México no puede ser sólo una de sus partes, sino todas ellas, aunque algunas, como estas zonas indígenas, se estén muriendo poco a poco, víctimas del abuso, la injusticia, la soledad, la miseria, el alcohol... ¿Cómo mantener los valores de estas culturas, salvándolas, a la vez, de la injusticia? ¿Pueden mantenerse esos valores lado a lado con los del progreso? ¿Vale la pena mantenerlos, si su condición es la miseria? ¿Puede operarse la coexistencia de los valores primitivos con condiciones modernas de salud, trabajo y protección?

Son éstas algunas de las preguntas angustiadas que recorren este libro y le dan, aparte de sus valores literarios, un valor moral inmenso. La ética literaria de Benítez se despliega en una serie de opciones candentes, binomios sólo en apariencia, pues al cabo nos damos cuenta de que cada uno de los términos es inseparable del otro: su espejo, reflejando al otro sin tocarlo; pero también su mellizo, dolor carnal y sino del misterio.

III

Hay, en primer lugar, la oposición entre lo invisible y lo visible. La historia moderna del país, nos recuerda Benítez, conspiró poderosamente para hacer invisible a la población indígena; primero, en el hecho mismo de la conquista. Un pueblo derrotado, a veces, prefiere no ser notado. Se mimetiza con la oscuridad para ser olvidado a fin de no ser golpeado. Pero en seguida, el México independiente, amenazado por guerras extranjeras y desmembramientos, debió reforzar "los sitios más amenazados e importantes", convirtiendo en "tierras incógnitas" grandes fragmentos del territorio. "Nadie sabía dónde estaban los huicholes, los coras, los pimas o los tarahumaras, y a nadie le interesaba su existencia."

Hay una escena memorable de la película de Rubén Gámez, *La fórmula secreta*, en la que un mexicano intenta ponerse frente al objetivo de una cámara a fin de ser retratado. Pero la cámara, cada vez, se desplaza y lo deja fuera de cuadro. Es casi como si el personaje quisiera ganarse la identidad del retrato y la cámara se lo negase. ¿Temen ambos, sujeto y cámara, perder su alma? Quién sabe. Pero *Los indios de México*, a este nivel, es un vasto e inquietante ensayo para hacer visible lo invisible. Benítez encuentra comparaciones llamativas con la visibilidad suprema de la pintura occidental —un grupo de tarahumaras, melenas recortadas, piernas desnudas, taparrabos abultados, parecen figuras de Brueghel en el trópico alto; Ícaros desterrados. Un joven pastor tzeltal con un carnero echado sobre los hombros cobra la figura del San Juan Bautista de Donatello. Y la confusión orgiasta de los coras en Semana Santa se vuelve nítida al recuerdo del tríptico del Bosco, *El jardín de las delicias*.

Pero una vez que desaparece el ojo del viajero urbano, qué duda cabe de que el olvido y el mimetismo natural volverán a hacerlos invisibles. ¿Cómo se harán visibles ellos mismos? La respuesta es fulgurante y pasajera; se llama mito, se llama magia, se llama tránsito hacia lo sagrado. ¿Puede significar también, un día, justicia? Benítez no separa las dos realidades: una, la realidad mágica que hoy hace a los indios visibles ante sí mismos y, otra, la realidad justa que, mañana, puede hacerlos visibles tanto ante ellos mismos como ante nosotros.

Esto abre una nueva serie de binomios aparentes que Benítez trata de hermanar. El mundo indígena, para hacerse visible, se debate entre el movimiento y la quietud. Ambos son nombres de los extremos de la metamorfosis, sin la cual, por lo demás, no hay cambio hacia lo sagrado propiamente. Benítez observa en la mayor parte de los actos vitales del mundo indígena un "trastocar el orden de lo cotidiano, alterar el ritmo usual del mundo, darle otras autoridades y nombrar nuevamente a las cosas". ¿Cómo hacer, sin embargo, "que el tránsito de lo profano a lo sagrado se efectúe sin peligro"? La respuesta supone todo un universo ritual que da sitio privilegiado a los maestros de las artes mágicas, los chamanes, los que nombran, los que saben, los que dicen, los que cantan: María Sabina.

Pues el paso del mundo invisible al mundo de la imagen es también un paso del silencio a la voz, del olvido al recuerdo y de la quietud al movimiento. "Los huicholes —advierte Benítez— saben que están reconstruyendo las hazañas de sus dioses realizadas en el tiempo originario de la creación, y conocen los menores detalles del ritual." El dolor de esta sabiduría es que no se basta a sí misma, sino que reclama, precisamente, el movimiento, arrancarse de algo, exponerse a perder lo mismo que se está buscando: la unidad original.

El indio corre el peligro de volverse loco ante estas disyuntivas; se lanza al abismo pero crea "un inmenso ritual" que será el ala de su vuelo de Ícaro. El nombre del ritual es la metamorfosis: el indio canta un poema a fin de que los dioses cobren figura de flores y entren a la placenta y de ésta salga una nube que se convierta en nube "y llovió sobre la milpa". Movimiento y voz. La quietud y la invisibilidad se parecen al silencio, el movimiento y la visibilidad se parecen a la voz. Benítez capta perfectamente el tono de la voz indígena, infinitamente semejante al silencio: "El patetismo y la nerviosidad de nuestro mundo son aquí desconocidos. Se habla en tonos sordos y acariciadores y es de mal gusto que la voz deje traslucir irritación o menosprecio". Son "voces blancas, impersonales", y no las subraya ningún ademán, ni las confirma una mirada. Es llamativo el contraste entre este mundo del silencio indígena y la resurrección verbal que en la naturaleza olvidada encuentra el escritor mexicano, Fernando Benítez, escribiendo en español. Ante la variedad del accidente geográfico y la correspondencia riquísima de su nomenclatura castellana, el escritor escribe: "Las palabras sepultadas en los diccionarios se animan, cobran su color, su matiz, su aspereza, su profundidad, su relieve, su dramatismo".

Lo más dramático de todo es que esta riqueza verbal no sólo opone al escritor, dueño de su lengua, a los indios, dueños de su silencio. Benítez, escritor, repite en este libro la hazaña que Alejo Carpentier atribuye, primariamente, al escritor hispanoamericano: bautizar, nombrar al nuevo mundo. Pero el *élan* maravilloso que el autor hereda y resucita es pronto disminuido, no sólo por el silencio humano que lo circunda, sino por el peligro mortal que el empleo del lenguaje del escritor, el castellano, puede suponer para los indios.

Dice un indio mixteco: "—Me quieren matar porque hablo español. Los asesinos nada más hablan triqui y piensan que yo estoy firmando escritos, que los estoy denunciando".

Benítez se da cuenta de que, al hablar la lengua castellana, el mixteco "ha violado el secreto de los suyos, ha salido de su grupo haciéndose del idioma extranjero". Nada ilustra más terriblemente que estas palabras la distancia, ¿insalvable?, entre dos culturas de una misma nación. El lenguaje, primera realidad comunitaria de la cultura según Vico, aquí separa, amenaza y divorcia. ¿Qué cupo tiene la justicia en un mundo así, "donde víctimas y verdugos se unen para defender con su silencio impenetrable la intimidad y los secretos de su vida"?

El extranjero, escribe Benítez, "es el enemigo eterno" y esa enemistad empieza, pues, al nivel básico del lenguaje. *Los indios de México*, por supuesto, ofrece numerosos ejemplos de la distancia cultural entre lo oral y lo escrito. Un hombre es capaz de hablar siempre y cuando sus palabras no se conviertan en "papeles". La oralidad, incluso en el México urbano, es más segura que la literalidad, y la tradición del político mexicano chapado a la antigua, es no dejar nada por escrito. Pero en el caso de los indios, ser privados de la escritura no es sólo una autodefensa, sino una forma impuesta de la esclavitud y de la violencia. Benítez explica cómo el intento educativo de los primeros frailes duró bien poco; la corona y el clero se reservaron el dominio de la escritura para aumentar el dominio general "sobre las poblaciones analfabetas del nuevo mundo".

Bautizada por la negación, la palabra desemboca en la violencia. "Hombres mudos", escribe Benítez, "sólo con el alcohol recobran la palabra." La violencia y su hija, la muerte, recorren atrozmente las páginas de *Los indios de México*. Escenas de degradación colectiva por el alcohol, escenas de asesinatos y guerras por límites, son descritas con la limpieza de un grabado de Goya, un trazo al carbón de Orozco, una frase mortal de Rulfo: "—Mataron a sus padres y a una hermanita suya en el camino. De toda la familia sólo vive este niño y otro hermanito suyo que también se llama Pedro". "Si no encuentran al hombre que buscan, matan a la mujer y a los niños, ésa es la pura verdad." "Aquí si no hay muertos no están contentos."

El alcohol rompe el silencio pero inaugura la violencia: "Algunos estaban borrachos perdidos y yo en el fondo los justificaba porque no había razonablemente otro modo de hacer un viaje de treinta o cuarenta kilómetros a través de las montañas, cargando a cuestas un cadáver casi siempre en completo estado de descomposición".

IV

En nuestra memoria de lector, ese cuerpo descompuesto evoca a uno anterior en el texto, un indio encarcelado, asomado entre los gruesos maderos de la puerta, con toda la luz concentrada en los dientes: "su brillo de navajas expresaba la desesperación impotente del animal enjaulado de un modo que no podía expresar su español elemental". Pero prefigura también, a partir de su cárcel y su mudez y su boca abierta, otro cuerpo, éste ya no singular, ni carnal, sino simbólico, que es el del Dios, llámese Cristo o Venado. Entre los cuerpos abandonados, prisioneros, mudos, enfermos, y el cuerpo divino, se tiende la respuesta india: ritual, misterio, mito. A las muertes individuales de los hombres y a la muerte universal del Dios, se contesta con el tránsito de lo profano a lo sagrado, del cuerpo del hombre al cuerpo del Dios.

Pasar de una a otra realidad no supone, sin embargo, sólo un rito, sino la sabiduría acerca de lo que el rito une: lo separado, y acerca de lo que debe recordarse: lo olvidado. No son éstas tautologías disfrazadas, sino movimientos esenciales del alma, que se manifiestan visiblemente en el rito. Benítez nos hace ver cómo la ceremonia del peyote tiene por objeto cancelar la dispersión del yo, comulgar con el todo, "oír" los cánticos de los objetos, y regresar al tiempo original, al tiempo de la creación, a "la edad virginal de los primeros ideas donde regían los Formadores rodeados de plumas verdes y azules". Unidad original, dispersión inmediata: la conciencia de este movimiento está dicha en los textos huicholes donde, apenas nacen los dioses, luego se dispersan, "se riegan por la selva".

El temor y la nostalgia del alma ab-original vive dentro de este círculo sagrado, pero vicioso, pues al tiempo que recuperan el tiempo original, preservan, con el mito, su inmovilidad. "Son prisioneros de las montañas erosionadas y el Dios es su carcelero." Y la costumbre, que les da un mundo espiritual y mítico inalcanzable actualmente para los mexicanos de las ciudades, les da también "la costumbre de bajar la cabeza, la de consultar a los brujos, la de comprar al santo velas y cohetes, la de embriagarse hasta la muerte, la de ser explotados, ...la de creer en los nahuales, los espantos y los esqueletos voladores. La costumbre, esa corteza dura de vicios y supersticiones que los mantiene atados de pies y manos y es al mismo tiempo la unidad del grupo, la preservación de su carácter y de su vida".

Todos vivimos en un proceso de elección constante, entre opciones diversas, entre afirmaciones y negaciones, sabiendo que cada decisión que tomamos sacrifica una pluralidad de alternativas. A pesar del silencio, la inmovilidad y "el costumbre", este sentido de la alternativa y el sacrificio que la elección implica, se hace más dramático en el mundo indígena descrito por Benítez. Acaso, sin embargo, los indios de México sólo son más conscientes que nosotros de la posibilidad enunciada por Bronowski respecto al ajedrez: las jugadas desechadas son tan parte del juego como las jugadas efectuadas. William James escribió que "la mente es, en cada momento, un teatro de posibilidades simultáneas". Podemos entender y compartir esta realidad con el pensamiento aborigen: vale para María Sabina y para Rainer Maria Rilke.

El mundo indígena la expresa a través de estos binomios dramáticos, visibilidad e invisibilidad, silencio y voz, movimiento y quietud, memoria y olvido, violencia y muerte. Hay uno más que encubre, precisamente, el movimiento espiritual de lo plural y simultáneo, y es el binomio entre lo provisional y lo permanente. La vida, la creencia, el ritual, son permanentes, pero las cosas suelen ser provisionales, como en esa Copala descrita por Benítez donde todo, "a excepción de la iglesia, es provisional y está marcado con el sello de la locura y de la muerte". No sé si esta provisionalidad sólo disfraza la virtualidad de los movimientos ausentes pero potenciales del mundo indígena; no sé si sólo es el "teatro de las posibilidades simultáneas". Sí creo, en cambio, que es el signo de una voluntad de sobrevivir, a pesar de la catástrofe, la injusticia y la hostilidad natural.

Simultáneamente, la nobleza y la miseria se hermanan en estas páginas. La vulgaridad, la pretensión del mundo urbano desaparecen. Éstos son los únicos aristócratas de un país de remedos provincianos, hidalgos segundones de la colonia, criollos ensoberbecidos de la independencia, burgueses crueles, corruptos e ignorantes de la revolución. "Espectadores severos y dignos" de la Tarahumara, tzotziles cuya virilidad está en pugna con la fragilidad de la infancia, su dignidad y su belleza son devastadas constantemente por la miseria, el alcohol, la fatalidad: "Nos va mal en todas partes". Sí, como dice Fernando Benítez, merecen otro destino. Por el momento, sólo lo encuentran aislados, mediante su sabiduría atávica y mitológica, ataviándose con la suntuosidad de los dioses encima de sus trajes sucios y sus huaraches de llanta para recobrar el misterio, la lejanía, la pureza ritual, el contacto con los dioses; y todo ello sin perder nunca de vista las pruebas sufridas por su humanidad.

¿Merecen otro destino? "Rota la cohesión de la fiesta, desvanecida la visión de la fraternidad y la abundancia, queda el desierto polvoriento, el ocio, el hambre que no sacian los pitahayos ni los frutos del huizache..."

¿Merecen otro destino? La respuesta debe ser nuestra. A nosotros nos corresponde saber si nos interesa participar en los frutos de la comunidad indígena, su pureza ritual, su cercanía a lo sagrado, su memoria de lo olvidado por el cresohedonismo urbano, haciendo nuestro, en nuestros propios términos, el valor del otro. A nosotros nos corresponde decidir si podemos respetar esos valores ajenos, sin condenarlos al abandono, pero salvándolos de la injusticia. Los indios de México son parte de nuestra comunidad policultural y multirracial. Olvidarlos es condenarnos al olvido a nosotros mismos. La justicia que ellos reciban será inseparable de la que nos rija a nosotros mismos. Los indios de México son el fiel de la balanza de nuestra posibilidad comunitaria. No seremos hombres y mujeres justos si no compartimos la justicia con ellos. No seremos hombres y mujeres satisfechos si no compartimos el pan con ellos. Ésta es la gran lección de este gran libro.

San Jerónimo, mayo de 1989

1

Huicholes
(Nayarit, Jalisco, Zacatecas)

Entre los indios de México, los huicholes ocupan un lugar singular. Antiguos habitantes de los valles costeros de Nayarit, después de la Conquista comenzaron a remontarse a las alturas alucinantes de la Sierra Madre Occidental, donde su cultura ciertamente se ha alterado, pero sin perder un ápice de su profunda raigambre y originalidad.

En el pletórico panteón huichol, un dios descuella: el venado-peyote; y es la peregrinación en su busca a San Luis Potosí, al desierto, con todos sus efectos mágicos (destaquemos la insólita contigüidad de lo sagrado y lo profano y de lo ritual y lo cómico), lo que se narra en *Peregrinación a Viricota*. Aquí se pone de manifiesto que quien ha conocido a los huicholes ha conocido otro mundo, un mundo donde los hombres lloran y ríen como los primeros dioses.

¿Por qué estudiamos a los indios?

El avioncito de dos motores corre a lo largo de la pista y pronto se eleva en dirección de la Sierra Madre Occidental, sobre los cálidos y luminosos valles de Tepic. No puedo menos de imaginar que en este valle donde se da en abundancia el tabaco, la caña de azúcar, el maíz, un día vivieron los coras y los huicholes. Naturalmente la conquista los expulsó de su paraíso, de su mar rico en pesca, de sus centros ceremoniales, y se vieron obligados a buscar un refugio en las montañas solitarias del noroeste que entonces, como en nuestros días, eran una especie de Tierra Santa.

El avión gana altura adentrándose en la sierra. Todavía es risueño el paisaje. Volcancitos de cráteres apagados y cubiertos de terciopelo verde se ofrecen a la vista como si fueran los preciosos objetos del *boudoir* de la naturaleza. Las intrusiones de lava, semejantes a oscuros riachuelos, penetran hasta las cultivadas llanuras que principia a dorar el avance del otoño. Las nubes blancas y redondas, arracimadas en las cumbres, y el fresco color verdeazul de los montes recuerdan las lluvias pasadas.

Ahora todo ese paisaje abierto, geométrico, civilizado, desaparece, y lo va sustituyendo otro paisaje que en cinco mil años no ha sufrido alteraciones. De Tepic, es decir, del siglo XIX —no podemos afirmar que viva en el siglo XX—, pasamos sin transición al neolítico. Ante todo, la soledad. Desde esta región de águilas comienza a desplegarse un tempestuoso oleaje de piedra. Los nombres con que el español bautiza a las montañas y a sus inagotables accidentes, están aquí representados: pico, picacho, mogote, espigón, loma, mesa, farallón, tablón, laja, serranía, cordillera, cadena, monte, cerro, altos, puerto, abismo, despeñadero, barranco, desbarrancadero, cantil, reventazón, cejas, crestas, peña, peñón, peñasco, peñolería.[1]

---

[1] Humboldt, *Cuadros de la Naturaleza*.

Las palabras sepultadas en los diccionarios se animan, cobran su color, su matiz, su aspereza, su profundidad, su relieve, su dramatismo. La imagen romántica de Victor Hugo de una tempestad detenida, vuelve una y otra vez, reiterada, obsesiva, porque todo en la Sierra Madre Occidental aparece desde la altura extrañamente inmóvil. Los bosques y los abismos son manchas y grietas oscuras, las lomas y los puertos, texturas pajizas, los ríos en el fondo de los barrancos han cesado de correr y sobre esta peñolería, sobre este laberinto de rocas, se imponen, allá lejos, los tonos aperlados, los azules transparentes y los violetas líquidos de las sierras distantes.

De tarde en tarde, sobre la ladera de una montaña surge y desaparece la cabañita acompañada de su milpa minúscula y esa huella del hombre nos permite medir mejor que estos inmensos disparates la infinita soledad de la sierra.

A la hora y media de vuelo, de un modo inesperado nuestro bimotor cruza un bosque de robles y de pinos, roza sus copas y aterriza en la pista de San Andrés. No recuerdo otra cosa que los primeros huicholes, de pie en la orilla de la pista, rodeados de un ardiente mar de girasoles morados y amarillos y la sensación de extrañeza dejada invariablemente por estos primeros encuentros. Era lo mismo que haber aterrizado en la Tarahumara, en la Mixteca o en los altos de Chiapas. Tarahumaras, mixtecos o tzeltales estaban allí, en su paisaje natural, hablando un idioma diferente y llevando una vida que me era desconocida. Ellos no habían venido a buscarme, sino era yo el que iba a su encuentro. Veía sus ojos y sus ojos me miraban con la misma curiosidad. "¿Quién eres?", parecían decirme. "¿Qué quieres?" No sabía contestarles; no podía siquiera hablarles. Yo era un extraño y ellos resultaban para mí no menos extranjeros.

Claude Lévi-Strauss se pregunta cómo puede escapar el etnólogo a la contradicción que es el resultado de las circunstancias creadas por él mismo. "Bajo sus miradas tiene a su disposición una sociedad: la suya; ¿por qué decide desdeñarla y reservar a otras sociedades —elegidas entre las más lejanas y las más diferentes— una paciencia y una devoción que su determinación le niega a sus compatriotas?"[2]

[2] Claude Lévi-Strauss, *Tristes tropiques*, Ed. Union Générale d'Éditions, París, 1962.

Un francés que deja París y emprende un viaje de 12 mil kilómetros a fin de estudiar las costumbres de un puñado de indios, tiene sin duda el derecho de hacerse esa pregunta. ¿Se la puede hacer un mexicano que abandona la capital para estudiar la cultura de los huicholes? Esos hombres que nos son tan extraños como pueden ser los nakwivara o los boboro para Lévi-Strauss, son al mismo tiempo nuestros compatriotas y aunque no hablen nuestra lengua y se pinten la cara y tengan una religión y unos hábitos calificados de exóticos, son por derecho propio mexicanos.

De esta circunstancia se derivan graves malentendidos. El etnólogo descubre pronto que el hecho de ser indio supone una subordinación, un estado permanente de explotación y menosprecio determinado por los hombres de su propia cultura. Los indios, conscientes de que ese intruso pertenece al grupo de sus explotadores, recelan de él, piensan que llega para robarles sus tierras o que lo anima el propósito de hacerles daño. El etnólogo, si es honesto, termina convirtiéndose en su defensor y no sólo pierde la objetividad indispensable a su trabajo, sino que se sale de su propio grupo sin lograr integrarse en el grupo objeto de su estudio y de su defensa. No le es posible además permanecer sentado tomando notas sobre un mecanismo religioso o un arte simbólico, a sabiendas de que ese mecanismo y ese arte constituyen dos elementos de una explotación generalizada, y el problema se complica porque el enajenamiento de una población tan numerosa afecta de manera considerable la economía y el progreso de toda la nación.

Tales son algunos de los sentimientos y de las reflexiones del viajero cuando al iniciar sus investigaciones se enfrenta al exotismo de los indios. Llevaba conmigo *El México desconocido* de Carl Lumholtz, ilustrado con las fotografías que logró tomarles a los huicholes en 1895, utilizando una cámara que era entonces, es decir, hace setenta años, la última palabra en la materia. Desde luego se advierte que no hay diferencias apreciables entre los huicholes fijados por Lumholtz y los que están en San Andrés, a la orilla de la pista. En setenta años, ningún cambio. Pero existe ciertamente una diferencia: la cámara del explorador noruego tenía la peculiaridad de arrebatarles a los indios su belleza reduciéndolos a meros fantasmas de sí mismos, a momificados documentos muy semejantes a los que pueden verse en los registros de las cárceles o de las *morgues* —donde las caras y los cuerpos conservan todos sus rasgos aunque reducidos a la categoría de ficha carcelaria—, mientras que los huicholes de la pista, con sus mismas largas cabelleras y sus mismas fajas y morrales ricamente bordados aparecen ante mí llenos de vida y de belleza, sin dejar por ello de ser los que captó la cámara de Lumholtz.

Dos pueblos fantasmas

El avión permanece un cuarto de hora en San Andrés y seguimos nuestro viaje a Mexquitic, una de las dos principales cabeceras municipales —la otra es Bolaños— de la región.

Los huicholes sólo visitan las cabeceras cuando renuevan a sus autoridades, tienen algún asunto judicial, necesitan comprar mercancías y objetos necesarios a sus fiestas o vender sus toros y sus objetos de arte. En realidad y fuera de las arbitrariedades de alcaldes y secretarios, son dos mundos separados que se ignoran mutuamente. El mundo blanco concentrado en Bolaños y en Mexquitic y el mundo huichol disperso en sus montañas ofrecen tantas desemejanzas que no puede haber eftre ellos ni para bien ni para mal ningún contacto permanente.

A diferencia de estos poblachos ruinosos, verdaderos esqueletos de piedra, existe una población criolla casi siempre de una noble belleza que crece de manera incontenible. Las casas están llenas de matronas, de hombres bien plantados y de numerosos chiquillos. No hay mucho que hacer en pueblos donde las lluvias son escasas y arbitrarias y los hombres emigran. Se van de braceros, se hacen choferes, albañiles, sacerdotes, carpinteros, empleados. Muchos salen a México y Guadalajara; algunos tienen la fortuna de quedarse a trabajar en los Estados Unidos. Los riquillos permanecen aferrados a sus tiendas y a sus parcelas erosionadas, suspirando por unos buenos tiempos que no conocieron sus padres y ni siquiera sus abuelos. Viven sin luz, sin agua, sin esperanzas, como pudieron haber vivido los hidalgüelos de Castilla hace cincuenta años, asistiendo al derrumbe inevitable de sus casas.

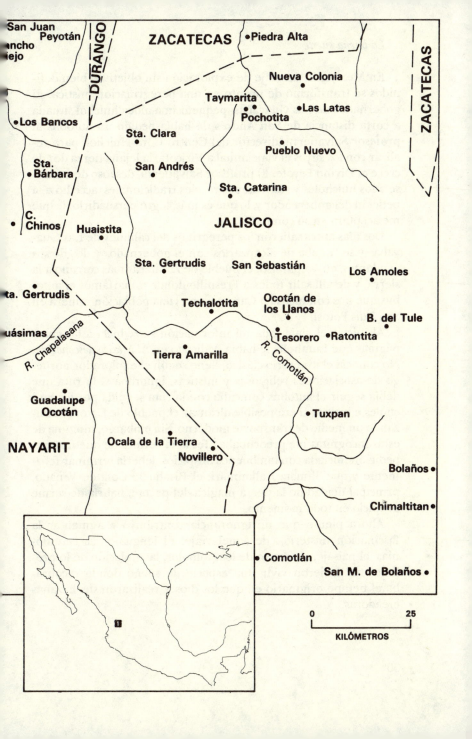

La buena suerte

En Mexquitic, un viaje de exploración sin objetivos bien definidos se transformó de pronto en una peregrinación mística. El gobernador de Las Guayabas, pequeñísima aldea huichol situada a corta distancia de San Andrés, le había pedido un autobús al profesor Salvatierra, director del Centro Cora-Huichol, para realizar con los suyos el viaje anual a Viricota, la lejana tierra donde crece el Divino Peyote. El profesor Salvatierra, deseoso de atraerse a los huicholes y suavizar sus recelos tradicionales, accedió a la petición del gobernador y, lo que es más, logró persuadirlo de que me aceptara en su compañía.

Dos días antes salieron los peregrinos del calihuey de Las Guayabas y se trataba de alcanzarlos con el gobernados y dos de sus ayudantes, en Valparaíso, el pueblo de Zacatecas más cercano a la sierra, y de allí salir todos a Fresnillo donde tomaríamos el autobús que nos conduciría a Catorce, una vieja población minera en San Luis Potosí.

Al iniciar el viaje toda mi información se reducía a las cinco páginas que Lumholtz le había dedicado en *El México desconocido*. No conocía el itinerario clásico, lleno según el explorador noruego de asociaciones religiosas y místicas, ignoraba si la ruta que debía seguir el autobús coincidía con la ruta seguida por los huicholes e incluso si era posible alcanzar el pueblo de Catorce utilizando un medio de transporte moderno. Sin embargo, ninguna de estas incógnitas me preocupaba. Tenía la certeza de que una expedición iniciada con tan buenos auspicios debería terminar felizmente y que Tamatz Kallaumari, el Bisabuelo Cola de Venado, principal deidad de la tierra mágica del peyote, habría de serme propicio en todo momento.

Ahora pienso que mi ignorancia contribuyó a aumentar la fascinación misteriosa de aquel viaje. El lenguaje, las ceremonias, el paisaje, el secreto de los símbolos, la anulación de lo profano, me hicieron vivir una especie de sueño donde recobraba el tiempo originario en que los dioses realizaron sus hazañas creadoras.

Norma Sánchez

RELEVAN MANDO INDÍGENA

TEPIC. Mariana Torres (izq.), indígena huichol, recibe una limpia antes de iniciar su mandato como Gobernadora tradicional de Zitácua.

La colonia indígena está poblada por unas 120 familias de las etnias huichol, cora, mexicanero y tepehuano.

El Gobernador tradicional saliente, Vicente Carrillo, consideró que la incorporación de un indígena al gabinete del Alcalde de Tepic, Manuel Cota, es un "premio de consolación".

10% de descuento **y 13** mensualidades sin intereses* en el Departamento **Eléctricos**

El gran maracame Hilario

Unas horas después de estar en Mexquitic llegó Hilario Carrillo con dos funcionarios religiosos. Hilario reúne en su considerable humanidad —al principio lo vi como el Cacique Gordo de Bernal Díaz del Castillo— los cargos y los honores a que puede aspirar un huichol: maracame o cantador, curandero, principal y gobernador de Las Guayabas. Grueso y ágil, debe de tener sesenta o sesenta y cinco años. Su melena, cortada a la moda medieval y casi siempre despeinada, muestra muy pocas canas. Sólidamente construido, sus hombros están proporcionados a su barriga, sus piernas y sus manos poderosas.

Reposado, siempre dueño de sí mismo, andando los días se revelará como un actor y como un chamán extraordinario. Su cara, de labios espesos, mejillas un poco colgantes y ojos oscuros, tiernos e inteligentes, resulta muy expresiva y agradable.

Especie de Gargantúa indio, lleva, metidos en un morral, los bastones de mando —tatoutzi— envueltos a medias en banderas rojas. Símbolos de la autoridad, dioses que deben ser reverenciados y alimentados sin cesar, Hilario no se desprende nunca de ellos. Las puntas erguidas de los tatoutzi, sobresaliendo de su espalda, le dan la apariencia de uno de esos guerreros o príncipes aztecas cuyas complicadas insignias formaban parte de su cuerpo.

Principio del viaje

El sábado 3 de octubre iniciamos el viaje. En la parte trasera del yip, va el gobernador Hilario con sus dos compañeros, el fotógrafo italiano Marino Benzi y Jerónimo, joven huichol, promotor del Centro Indigenista; adelante, junto al chofer, Nicole, una extravagante amiga de Benzi, y yo. Esta vez el camino me lleva fuera de la sierra, hacia los desiertos de Zacatecas, y no como en otras ocasiones, hacia los estados de Nayarit y de Jalisco.

Un primer obstáculo: el río Mexquitic. Vacas y toros, con las cabezas fuera del agua, lo cruzan lentamente sin dejar de pisar el vado; los cerdos lo pasan a nado, resoplando y agitándose, como si corrieran un peligro de muerte; las mujeres, más desvalidas que los toros, las vacas y los cerdos, temerosas de mostrar las piernas desnudas a los viajeros, no se arremangan las faldas y lo atraviesan, con el agua a medio muslo, indiferentes y dignas.

El yip gana la ribera opuesta fácilmente, levantando olas y remolinos que aumentan la confusión, y toma la brecha sólo transitada en la época de secas por una línea de sufridos camiones. La brecha sube y baja los cerros a través de arroyos, peñascales, milpas y bosquecillos de mezquites y huizaches. Cerrando el horizonte, las altas cumbres de las montañas con sus mesetas aplanadas y casi horizontales, establecen una especie de orden en el barroco laberinto de la sierra.

Adelante, la montaña principia a ceder y se abren angostos valles sembrados de milpas e invadidos por la rica floración del verano. Muchas veces nuestro vehículo desaparece en este océano de girasoles, de florecitas amarillas y blancas y de hierbas húmedas que inclinan los flexibles tallos, bajo la carga de sus espigas.

Entramos a las llanuras de Zacatecas. Los montes desnudos, minerales, calizos, se abren todavía más; los barrancos, cantiles y mesas se desvanecen y sus formas azules pasan a figurar como el lejano telón de fondo de los desiertos norteños. Todo se ha suavizado y tranquilizado. A las orillas de Valparaíso se levantan álamos plateados; hay parcelas verdes, acacias y retamas que resplandecen cubiertas de flores amarillas.

Valparaíso es una aldea ruinosa que naturalmente no hace honor a su nombre. Alquilamos cinco cuartos en una posada y dormimos... cuando las sinfonolas de una feria y los altavoces del cine tienen a bien callarse y devolverle a Valparaíso su quebrantado silencio.

El encuentro con los peregrinos

El domingo en Valparaíso es un domingo aldeano. En el mercado, las viejas se afanan, inclinadas sobre sus braseros y sus ollas humeantes. Los niños y las escobas, como en los tiempos de Goethe, nos dicen que un nuevo día ha comenzado en esta aldea de casas de adobe, dinteles gastados de piedra y puertas que se abren a la mitad para evitar la entrada de los perros callejeros y darle luz a las habitaciones privadas de ventanas.

Era el día de la cita con los peregrinos del peyote y decidí salir a su encuentro en vez de permanecer ocioso toda la mañana. En un barrio contraté tres caballos; guiados por su propietario, dejamos a Hilario bajo la sombra de un árbol y seguimos adelante acompañados de Jerónimo.

Pequeños grupos de rancheros se dirigen a Valparaíso siguiendo el camino limitado por bardas de piedra, nopales y mezquites. Las mujeres, con sus trajes domingueros, van sentadas en burros; los hombres cabalgan en rocines o marchan a pie, detrás de sus bestias, cargadas de frutas o de cañas de maíz.

—¿No han visto a unos huicholitos? —les pregunta el dueño de los caballos.

—No, perdone usted, pero no los hemos visto —responden empleando una cortesía enteramente desusada.

Luego de cabalgar dos horas, hacemos un alto, mientras Jerónimo y el arriero nos bajan a pedradas unas tunas rojas, suaves y dulcísimas.

Descansamos media hora y avisados por un ranchero que los huicholes estaban ya cerca, reanudamos la marcha. Vadeamos un arroyo y a poco andar los descubrimos. No obstante que yo he vivido entre los huicholes, estos peregrinos me parecen seres llegados de otro planeta. Sus vestidos bordados, después de cinco días de viaje, están sucios y rotos; llevan los machetes curvos con la hoja vuelta hacia la barba, una cinta les cruza el pecho y sostiene el pesado canasto que cargan a la espalda. Por supuesto, ignoro que los diez huicholes ostentan el nombre y la representación de un dios y que marchan conforme a un ritual cuidadosamente establecido. Sin embargo, los delgados cuerpos y las cabezas inclinadas, los brazos cruzados sobre el pecho y las caras, aún oscurecidas por el ala de los sombreros, expresan una espiritualidad y un recogimiento interior tan profundos, que de alguna manera los sacraliza, sacralizando a la vez el paisaje desértico.

Nosotros, en la ciudades invadidas por multitudes, ya casi no advertimos la belleza y la significación de la cara del hombre. Millares y millares vienen a nuestro encuentro y constituyen una monótona corriente de manchas blancas, anodinas e inexpresivas que no logran establecer una comunicación.

Hace apenas medio siglo el europeo o el norteamericano que visitaban los países llamados después del Tercer Mundo, se lamentaban de que les era muy difícil distinguir a un chino de otro chino, a un negro de otro negro, a un indio de otro indio. Como les era imposible ver su propia imagen —casi siempre la de un hombre de largas narices, color de nabo o de zanahoria, vestido con un traje de explorador, salakoff y botas— hundida en aquella multitud de seres oscuros que llevaban turbantes, mantos de seda o taparrabos, y además los poseía una idea exagerada de sí mismos, no podían darse cuenta de que ellos eran los exóticos. Ahora los términos se invierten y son los orientales o los africanos en Nueva York, Roma, París, Moscú, los que nos permiten medir hasta qué extremos ha llegado la proliferación de la igualdad en esas grandes capitales del mundo occidental. Lo semejante, lo uniforme nos parecería intolerable si los jóvenes con sus largas melenas, su horror a la asepsia, sus vestidos saludablemente extravagantes y su desprecio a las convenciones tradicionales, no introdujeran un elemento renovador en el aplastante reinado de los *mass media*. Estos campeones de la singularidad son muy escasos para modificar el conjunto. De aquí el delirio que provocan los "monstruos sagrados", ciertos gobernantes, los artistas, las luoinarias del cine, el cual puede ir de la petición de autógrafos, de la imposibilidad de ver los cuadros de Picasso en la exposición del Grand Palais —ochocientos mil espectadores en un mes—, de los matrimonios nudistas y del impulso de privar de sus últimas ropas a las diosas de la pantalla, al asesinato del presidente Kennedy. De aquí también el deseo de descubrir la belleza y la originalidad que se nos regatea, en los salvajes, en los primitivos, es decir, en los hombres que éramos nosotros mismos y que dejamos de ser por una voluntad pertinaz de "civilizarnos". El exceso de civilizcaión nos lleva a lo que se había considerado como su polo opuesto; no precisamente a la libertad y al estado salvaje, sino a otro modelo vital donde las relaciones son distintas y donde todo tiende a la sacralización en un mundo que se desacraliza.

Los huicholes simbolizan adecuadamente lo que tratamos de buscar en los primitivos. Marino, al verlos, se arroja del caballo, con su cámara en la mano, se acuclilla, hace toda clase de piruetas y contorsiones, pero ellos continúan su marcha sin verlo siquiera. Están llegando a un lugar poblado de dioses y se esfuerzan por recogerse en sí mismos. Somos algunos de los seres malignos del camino que han cobrado figura humana, y se empeñan en apartarse de nosotros. Sus ojos bajos no parecen advertir las maniobras de Marino. Aprietan la fila y avanzan al mismo paso ligero y casi fantasmal, a pesar de los trozos de llanta que les sirven de huaraches y los canastos, morrales, botellas y calabazos de que van cargados.

Tetevarí, el Abuelo Fuego

Hilario se ha sentado en el ribazo de un arroyo seco y escucha seriamente el relato del viaje que le hace su hijo Eusebio, un chamán alto y tuerto que viene a la cabeza de la fila. Los demás se han sentado, a la manera huichol, con las piernas abiertas y el trasero descansando en el suelo. Arriba, a corta distancia, se ofrecen las primeras casas de Valparaíso y nos llega el sonido lejano de las campanas.

Como las ceremonias se iniciarán en la tarde, los dejamos ocupados en sus quehaceres y nos vamos a comer al pueblo. A las cinco nos reunimos con ellos. El gobernador bebe cerveza afuera de un tendajo situado sobre el camino. Los rancheros, después de hacer sus compras, regresan a los pueblos llevando petróleo, manzanas agrias, una tela, carne o manteca.

El gobernador fuma sin cesar; bebe de un trago las cervezas y eructa ruidosamente. Está apoyado en un tronco, con las piernas abiertas, y habla sin cesar haciendo reír a sus compañeros. Por exigencias rituales no ha probado bocado en todo el día y las cervezas lo han embriagado, pero en ningún momento sufre menoscabo la dignidad ni la elocuencia matizada de humorismo que habrían de ser, a lo largo del viaje, los rasgos sobresalientes de su carácter.

El gobernador, como todos los hombres extraordinarios, tiene su lado flaco: una inclinación irresistible por las plumas de los guajolotes. En medio de la plática alcanza a distinguir un magnífico pavo y dejando caer su botella, fuera de sí, se dirige a Benzi, diciéndole a señas y a medias palabras que le son necesarias las plumas. Entonces yo no entendía la significación que tienen las plumas de los guajolotes en el viaje y atribuí esa locura a una supervivencia del amor que experimentaban los indios antiguos hacia toda clase de penachos.

La dueña del animal se resistía a dejarlo desnudo —después de todo es el monarca de su gallinero— y como Benzi, en su afán de complacer las extravagancias del gobernador, principia a desplumarlo y el pobre guajolote sangra demasiado, la dueña termina por resignarse y traer unas tijeras. Así, en un momento, la gran ave es despojada de sus alas y de su cola. Se obtienen tres docenas de plumas que el gobernador guarda en su faja dedicándonos por primera vez una sonrisa amistosa, y juntos nos dirigimos al lugar donde van a celebrarse los ritos de la confesión y de la purificación sin los cuales no es posible continuar la ruta del peyote.

Cuando llegamos al lecho del arroyo, los cestos se habían dispuesto en torno de la hoguera. Yo crucé el círculo mágico inadvertidamente, pero el gobernador, sin decir una palabra, me tomó del brazo obligándome a dar con él una vuelta ya que se trata de un dios vivo, de Tatevarí, el Abuelo Fuego, y si no se le rinde el debido acatamiento uno se compromete a sí mismo y compromete la finalidad religiosa de la peregrinación a Viricota.

Los huicholes sentados frente al fuego se entregan a los preparativos de la ceremonia. Eusebio, el hijo del gobernador, con una aguja e hilo de ixtle se dedica a ensartar las plumas del guajolote para después rodear con ellas la copa de su sombrero. Otros huicholes han comprado en Valparaíso pedazos de llanta y correas y se hacen nuevos huaraches pues los suyos, con la caminata, están casi destruidos. Eusebio le expone al gobernador las vicisitudes del trayecto y éste sólo responde con un largo e ininterrumpido mugido, escupiendo una saliva espesa que a veces le cae sobre su vestido.

A pesar de que les he comprado unas cajas de cerveza y del regalo inapreciable de las plumas, no existimos para ellos, o lo que es peor, existimos como unos intolerables intrusos cuya compañía significa el precio —muy elevado— que deben pagar por satisfacer el capricho fantástico de viajar en un autobús. A excepción del gobernador nadie nos dirige la palabra e incluso evitan mirarnos. Jerónimo ha olvidado su español y se rehúsa a contestar mis preguntas, de modo que debo conformarme con apuntar las ceremonias sin entender su significado.

La hoguera había sido prendida dos horas antes por Eusebio, guardián y doble del fuego, cuyo nombre ostenta. Tatevarí maracame, llamado también el Hombre de las Flechas, es el que va a la cabeza de la fila marcando el paso, el que lleva los bules de tabaco macuche —el Corazón del Fuego—, el portador, en los tiempos antiguos, de la yesca y el pedernal y ahora de los cerillos y el ocote para encenderlo. Nadie más que él y sus dos ayudantes pueden hacer esta sagrada operación.

Al levantarse la llama dice el maracame:

—Tatevarí, Abuelo Fuego, queremos que nos acompañes esta noche. Vamos hacia el oriente, hacia el País de Viricota.

Los peyoteros echan sus ramas en el fuego cuidando que las puntas miren al oriente, y añade el maracame:

—Llegó el tiempo de limpiar nuestros pecados. Así lo hicieron los dioses, así lo hicieron los antiguos y así lo haremos nosotros.

Ha caído la tarde. Los hombres, iluminados por las llamas de la hoguera, cobran una apariencia extraña y se destacan con fuerza en el paisaje oscurecido. Sus bellos rostros antiguos expresan un secreto recogimiento. Se limpian las piernas, la cabeza y el vestido con nuevas ramas de mezquite, las arrojan a la hoguera y por largo rato contemplan cómo arden y son consumidas por las llamas.

Generalmente las ceremonias que se inician con este rito de purificación tienen lugar la noche del quinto día de viaje, en el Cerro de la Estrella, Raravemuieka, situado a una jornada de Valparaíso, pero el cambio de itinerario los obliga a celebrarlas en un lugar desprovisto de significado mágico. Su imaginación religiosa se esfuerza en sacralizarlo y en representarse el lecho del arroyo como Ruravemuieka, el paraje donde, según el mito, bajó la Diosa Estrella, en compañía de Eakatewari, el Dios del Viento, y los dos se pusieron de acuerdo en limpiar los pecados de los seres sobrenaturales que hicieron el viaje en el principio del mundo. Por ello dice Eusebio:

—Hemos llegado al Cerro de la Estrella, al sagrado lugar donde vamos a confesar nuestros pecados y donde quedaremos limpios. Todos debemos confesarlos. El que oculte uno solo será castigado por los dioses. Pero antes es necesario nombrar a las autoridades.

Si bien Jerónimo traduce desganadamente y esquematiza demasiado no hay duda que se ha referido al nombramiento de unas autoridades. ¿De cuáles autoridades se trata? En realidad, ese conjunto de ritos que percibo como en medio de un sueño y que sólo más tarde, de regreso a la sierra, logré poner en claro, tienen un propósito fundamental: hacer que el tránsito de lo profano a lo sagrado se efectúe sin peligro. No basta la cadena de las purificaciones. Es indispensable también trastocar el orden de lo cotidiano, alterar el ritmo usual del mundo, darle otras autoridades y nombrar nuevamente a las cosas.

Los peyoteros que piensan recibir algún cargo en el simbólico ayuntamiento se esconden detrás de las rocas y de los árboles y los topiles —policías— fingen entregarse a una persecución infructuosa. Se suceden los incidentes humorísticos. Un topil se queja con voz chillona de que un fugitivo ha querido matarlo. El gobernador ordena entonces que lo amarren y cuando es traído a su presencia, el criminal le ofrece muy serio una botella de agua, diciéndole:

—Es una botella de sotol; es tu regalo por haber sido nombrado gobernador.

—Eh, Semaría (José María) —le dice un peyotero al otro—, ven a la fiesta. Has sido nombrado alcalde.

—Espera un poco —le contesta— todavía no termino de coser mi camisa.

La salida provoca muchas risas, ya que cuando el armadillo estaba cosiendo su camisa, fue invitado a una fiesta y con la prisa la cosió mal y todavía hasta la fecha es visible el costurón en su concha.

Concluido el juego, se designa un gobernador (Tatoani), un alcalde, un alguacil, un mayordomo y dos topiles, cuya única misión consistirá en cobrar multas a los peyoteros que equivoquen los nombres de las cosas al ser rebautizadas.

Nombradas las autoridades se inicia el ritual de la purificación. Tatevarí y sus dos ayudantes, Parítzika y Kewimuka, se dirigen a Jerónimo:

—Ahora que venimos siguiendo la costumbre de Tatevarí, Tatoutzi, Tamatz Marrakuarrí y Parítzika; ahora que ha llegado el día de la confesión, vas a decirnos cuáles son tus pecados.

—Pues si así es la costumbre —responde Jerónimo—, yo diré mis pecados.

Parítzika lo ata con la cuerda kaunari que han preparado y le advierte:

—Si no dices todos tus pecados te enfermarás en Viricota, te volverás loco y no encontrarás peyote.

El sexo y el exceso

Tatevarí maracame se ha sentado bajo unos árboles. Su sombrero emplumado le cubre la cara y permanece atento, cargado de bules y de morrales, mientras Jerónimo, con la cabeza inclinada, sin mirarlo, le dice en voz baja sus pecados.

Jerónimo, que ha recibido un cursillo de adiestramiento en Mexquitic y nos acompaña en "misión oficial", se ha incorporado al viaje y asume con naturalidad todas las obligaciones de su condición de neófito, es decir, de matewame, "el que no sabe y va a saber", el que por primera vez emprende el camino del peyote.

—Confiesa tus pecados —le dice Parítzika golpeándolo suavemente con su faja—, confiesa todos tus pecados.

A cada pecado, Tatevarí hace un nudo en la cuerda y pregunta:

—¿Eso es todo?

—Sí —responde el matewame al final—, eso es todo. He cumplido con lo que ustedes me ordenaron. Sólo el Fuego sabe si he dicho la verdad.

Terminada la confesión de todos los peyoteros, toman la cuerda donde se han registrado sus pecados y frente a la hoguera, en voz alta, hacen una nueva confesión general. Luego entregan las cuerdas a las llamas con el fin de que el Abuelo concluya el rito de la purificación.

Para los huicholes, la soberbia, la avaricia, la gula, la ira, la envidia, la pereza, no suponen transgresiones capitales. Sus pecados se reducen a uno solo: la carne en sus menores implicaciones. Había cuerdas con quince o veinte nudos pero no registraban únicamente los hechos consumados —casi siempre muy numerosos—, sino la gama mucho más amplia de las intenciones: deseos, roces accidentales, miradas, encuentros fortuitos.

Mautiwaki, uno de sus personajes mitológicos, cuando era aprendiz de maracame, violó sus votos de castidad al dejarse tentar por la ramera Irumari, la mujer que pierde a los hombres, y Tamatz Kallaumari, el maestro de las artes chamánicas, se le presentó en sueños y con sus afilados cuernos y sus patas relucientes, lo embistió y lo pateó, dejándolo maltrecho. Al día siguiente, Mautiwaki se levantó quejándose: "Ay Dios que me duele un costado, ay Dios que me duele un pie, ay Dios que me muero".

Poco a poco se le secó un ojo, se le encogió una pierna, el cuerpo se le fue entumiendo y paralizando, hasta quedar baldado; una mitad deforme, otra mitad hermosa, por lo que se llama El Paralís, El Chueco, El Castigado.

Otro personaje, Nuipashikuri, "el que ciega, deslumbra y emborracha a las mujeres", es protagonista asimismo de un episodio característico.

Tatei Nakawé, la Madre de los Dioses, en cierta ocasión le dio al miembro viril de Nuipashikuri una extensión de cien metros y al mismo tiempo lo comprometió, mediante un severo voto, a mantenerse casto. Aquello era demasiado para Nuipashikuri. Andaba en los caminos llevando su órgano enrollado en la cintura, y como todavía le sobraba un buen pedazo debía cargar el resto en un canasto atado a la espalda. No sufría tanto por el peso de aquel aditamento descomunal sino por la imposibilidad religiosa de utilizarlo en su beneficio. Midas sexual que moría abrasado de deseos sin lograr satisfacerlos, un día vio a lo lejos una hermosa mujer dormida y olvidado del voto de continencia, sucumbió a la tentación. La serpiente que traía consigo se distendió, avanzó hacia su víctima impetuosamente y al entrar en ella, la mujer se transformó en un cantil y Nuipashikuri quedó colgado sobre el abismo lanzando alaridos. Hubiera muerto allí si el amable zopilote, inveterado salvador de los personajes divinos, no corta el miembro que lo sostenía a la grieta y lo hace descender hasta depositarlo sano y salvo en el fondo del barranco.

Los huicholes, que han investido a Nuipashikuri con sus defectos y sus virtudes, tienen la conciencia de su sensualidad y se esfuerzan en mitigarla, ligándose a incesantes votos de continencia. La carne, su único pecado, y su contraparte, la pureza ritual, les obsesionan. Desde muy jóvenes emprenden una lucha contra la carne y se esfuerzan en mantenerse limpios ayunando y apartándose de sus mujeres. Vencidos, incapaces como Mautiwaki de rechazar la tentación, expuestos a los castigos que se desencadenan sobre los infractores, la peregrinación a Viricota representa la grande y única oportunidad de liberarse de sus pecados.

En realidad nosotros somos tan sensuales como los huicholes. La satisfacción de la carne supone con frecuencia una infidelidad y la obligación de mantenerla oculta para que nuestro honor y el honor ajeno permanezcan intocados. Por esa razón todo acto sexual fuera del matrimonio exige un secreto y una serie de precauciones a fin de anular sus efectos sociales y de escapar a un posible castigo.

Los huicholes también hacen su juego amoroso a base de un secreto, pero la diferencia consiste en que nosotros tratamos de ocultarlo y ellos se ven en la necesidad de confesarlo públicamente. En el momento que al peregrino se le dice: "Confiesa tus pecados, *todos* tus pecados", él sabe el precio, a veces muy duro, que debe pagar por obtener la limpieza ritual y ser digno de comulgar con el Divino Luminoso. Toda la vida y la vida de los suyos depende de ese acto de valor, de ese sacrificio que se le exige. Un nudo en la cuerda kaunari significa una mirada, un roce, un deseo pasajero y también un hecho de fatales consecuencias. El confesante puede muy bien haberse acostado con la mujer del Hombre de las Flechas o de alguno de sus dos ayudantes, y debe decirlo. Ante el dilema de incurrir en la cólera del Dios Peyote o en la cólera del marido ofendido, el pecador no vacila. Le es extremadamente penoso revelar el secreto que lo defendía a él y a la mujer de su amigo o de su compañero y, sin embargo, ha de confesarlo. El marido no hará nada en el momento de la revelación de su deshonra, ni durante el viaje. Él está atado de pies y manos, inerme, impedido de tomar venganza. El rito sacramental comprende al ofensor y al ofendido, los hace sobreponerse a sus agravios, dentro de su espacio mágico no cuenta lo cotidiano de la vida. Es un paso de los dos en el camino de su lenta sacralización. Será más tarde, durante una fiesta, cuando hayan regresado a lo profano y el fuego haya consumido los signos de su peregrinación mística, que el marido, presa de furia, le dé una puñalada o un botellazo a su ofensor. Aun así, esta venganza no aparece como un efecto de la confesión, sino como un pleito provocado por una embriaguez momentánea.

Luego, vuelven a la hoguera y arrojan al Abuelo Fuego las cuerdas llenas de nudos.

—Hemos quemado nuestros pecados. Estamos limpios.

Al arrojar las cuerdas se encienden allá arriba los fuegos artificiales con que los vecinos de Valparaíso celebran a San Francisco. Las luces de bengala y las ruedas multicolores de los castillos brotan del pueblo. Se oye el repique de las campanas. Las señales de una religiosidad diferente se extinguen sin dejar una huella en los huicholes entregados a sus ceremonias arcaicas. Lo que me extraña de ellas, aun en sus comienzos, es la facilidad con que pasan de una tensa emoción religiosa a una alegría y a un buen humor profanos, de igual intensidad.

Incluso durante la confesión, al tocarle su turno a Hilario, le dijo Parítzica bromeando:

—Es hora de confesarte. Como ya eres viejo, debes tener muchos pecados.

—No —contestó Hilario siguiendo la broma—. Cuando era joven y vine la primera vez sí era un gran pecador. Ahora tengo muy pocos pecados.

En seguida, Tatevarí —también llamado Tatari en Las Guayabas—, les pide a los peregrinos su huarache derecho:

—Traigan aquí sus huaraches —les dice—. Yo voy a limpiarlos para que los conduzcan sanos y salvos, para que ellos los guíen y los aparten de los alacranes, de las serpientes y de los diablos del camino, para que los lleven aprisa y descansadamente a la Tierra de Viricota. Así se hizo en el principio del mundo, así lo hicieron nuestros antepasados y así lo haré por la costumbre de nuestro bisabuelo Cola de Venado.

Mientras Tatevarí limpia con sus muvieris los huaraches, canta la canción del coyote Samuravi, porque según Eusebio, "el coyote anda recio en la noche y no le pasa nada malo".

La canción comienza así:

Somos hermanos del coyote Samuravi
y estamos en compañía de Tatoutzi,
Parítzika, Aramara y Marrakuarrí.

Con nosotros se hallan Tatei Nariwame,
Tatevarí, Aurratemai, Viricota
y el Kakaullari Muyeve.

Les devuelve sus huaraches diciéndoles:
—Ahora ya pueden andar con ellos. Los he limpiado. No les pasará nada malo en el camino.

Estos conjuros recuerdan aquel que dirigían a sus huaraches los indios de Guerrero, en el siglo XVII, cuando iban a buscar abejas y colmenas: "Ea, ya venid acá, golpeados en la tierra que hemos de hacer viaje y caminar, ea, venid acá chichimeco vermejo (el hacha para cortar el palo de la colmena) que hemos de ir y caminar; venid acá también vos genio, siete tigres, fruto y flor de la tierra o flor del vino; ea, trae contigo lo que se puso y guardó dentro de ti, el verde espíritu, el verde genio, que ya te he de llevar donde todo es monte y espesura de árboles y yerba, vamos a buscar a nuestros tíos, a los genios; a los que entre los genios son como dioses o superiores que habitan muchos juntos y son amarillos y tienen alas amarillas, gente que habita en jardines y vive en alto y en compañía."[1]

Seguramente mi traducción le resta su belleza y su ritmo al conjuro, pero el sentido ha logrado preservarse. Los "golpeados en la tierra", los llevarán al país del bisabuelo Cola de Venado, a las montañas donde moran en lo alto y en compañía el Venado Negro, el Venado Blanco y el Venado Azul y donde los peyotes convertidos en rosas forman guirnaldas sobre la cima de Leunar, el Cerro Quemado.[2]

En el principio era el verbo

Tatevarí maracame les pide luego los bules de tabaco, los limpia

[1] *Tratado de las supersticiones y costumbres gentilicias que hoy viven entre los indios naturales desta Nueva España*. Escrito en México por el Br. Bernardo Ruiz de Alarcón. Ediciones Fuente Cultural, México, 1953.

[2] La circunstancia de que se utilicen pedazos de llanta [neumático], alterando la personalidad antigua de los huaraches, es tomada en cuenta. Al morir un huichol, si la familia no tiene dinero para hacerle unos de cuero se le retiran los de llanta, pues existe la creencia de que se vuelven pesados y redondos "como ruedas de camión" y el muerto no podrá caminar con ellos en el inframundo.

y en el momento de entregárselos fuma un cigarro y finge escribir unas líneas en un trozo de periódico.

—Juega con esta pelota —le dice al primer peyotero haciendo que lee lo que ha escrito: "Tintamakanititiutautua". (Allí está la tinta para que escribas a Cuba. A ver qué te contestan.)[3]

De nuevo se reúnen frente al fuego. Tatevarí toma agua en una jícara y la arroja a las llamas:

—Abuelo Fuego, has de tener sed. Bebe tú primero; después beberemos nosotros.

Beben ellos a su vez, se sientan alrededor de la hoguera sin perder el orden que llevan en la fila e inician la tarea verdaderamente abrumadora de darles nuevos nombres a las gentes y a las cosas. A Hilario lo llaman Tutúmukanoatuva (Baja la Rosa) y por traer la cabeza envuelta en un pañuelo, merece el segundo nombre de Ocaratzimauyutinama (La Vieja Entrapajada); a Eusebio, tal vez por su alta investidura, le tocan dos nombres convencionales, Juriwakonsika (Los Cerros Aparecen) y Tutúmekonoarra (Las Rosas se Devolvieron). Al maracame Antonio Vicente Bautista, hermano menor de Hilario, se le llama Tutúmatajane y a su mujer Tutúkuallari (Rosas Comidas). Como se ve, la mayoría de los nombres se forman con el prefijo tutú, rosa o flor, porque al peyote en su sincretismo más usual se le identifica con la flor y se le llama Rosa, Rosita, Santa Rosa, o Rosa María. A Jerónimo, como a los que no son peyoteros, se les adjudican otros nombres. Debido a sus zapatos —es el único calzado— se le llama Ayotziomaka (literalmente el que está parado encima de una tortuga); al niño Gregorio, nieto del gobernador, Waweme (Árbol Grande); Nicole merece dos nombres: el de Cochinera (cocinera) y el de Tenatzi, especie de sacristana encargada de incensar el copal en la iglesia, nombres posiblemente humorísticos, ya que Nicole no hizo nada para ganarlos; Marino, por andar siempre gritando y corriendo, merece asimismo dos nombres: el de Matajawarka (El que Pita) y el de Keishariene (El que se Anda Cayendo), ambos muy adecua-

---

[3] Es sólo aparente el enigma de esta frase. Hace dos años un huichol audaz fue a Cuba y el hecho de que uno de los suyos hubiera podido viajar a una isla situada entre la espuma hirviente del quinto mar, era tan asombroso que no tardaron en incorporarlo al ritual, lo cual demuestra tanto la viveza de su imaginación como la forma en que los mitos y ceremonias se modifican.

dos a su profesión de fotógrafo; y yo quedo bautizado con el nombre de mi saco de noche.

Tatevarí, una vez cambiados los nombres, toma de la mano al peyotero que elige como compañero de viaje, da con él una vuelta alrededor de la hoguera, lo levanta en sus brazos y lo sacude vigorosamente sobre las llamas "para que se queme su nombre antiguo y a los dos los proteja el Abuelo Fuego". Su compañero hace con él lo mismo, vuelven a sentarse, cada uno prende un cigarro y después de darle las primeras chupadas, uno al otro se lo cambian, con lo cual queda sellada una amistad que se prolongará más allá del viaje.

Esta ceremonia, que tiene como finalidad conjurar los efectos peligrosos de la confesión y ligar más estrechamente a los miembros del grupo, es una exaltación y consagración de la amistad. El niño Gregorio elige a Jerónimo y los esfuerzos que hace el chico para cargarlo y sacudirlo, la seriedad con que fuman e intercambian cigarros, suscitan risas y comentarios interminables.

Es una noche particularmente alegre. Los "compañeros" danzan y aun la mujer de Antonio Vicente, relegada siempre a un segundo término, baila sola y un poco apartada cubriéndose la cara con su mano delicada, como para hacerse perdonar su inferioridad y la obvia circunstancia de significar, no obstante su reciente limpieza, una fuente inagotable de contaminación.

Dos personalidades indias

Hilario, como hemos visto, es un personaje rabelesiano. Su vitalidad carece de límite. Figura religiosa secundaria en la peregrinación, su superioridad sobre Eusebio es abrumadora. Está pendiente de los hombres, los limpia, les quita el cansancio. A él le consultan sus problemas y él los mantiene contentos y fascinados con sus cuentos y sus bromas descomunales. Mago, curandero, relator de historias, prestidigitador, capaz de bordar, de hacer una flecha o una tabla votiva, enemigo de los hechiceros malos a quienes se enfrenta y vence fácilmente, como los dos hermanos del Popol Vuh podría desviar el curso de los ríos, jugar con los montes o resucitar a los muertos. Usufructuario de los dioses bastones y de los cetros de pluma de águila —muvieris— que le confieren el poder civil y el poder religioso, está en condiciones de manejar considerables fuerzas mágicas y debemos decir que estas aptitudes las empleará generosamente y con una visible complacencia a lo largo del viaje.

Come y bebe —cuando el ritual se lo permite— casi tanto como el resto de los peyoteros y su alegría, sus recursos inagotables de actor, de cuentista y de chamán, hacen que siempre ocupe el centro del escenario y que todos se beneficien de su histrionismo. Si nos encontramos accidentalmente, entorna los ojos, se golpea la barriga y me dice con voz doliente para que me forme una idea de sus ayunos y penalidades: "Costumbres huicholas, trabajosas, mucho trabajosas".

Por el contrario, su cuñada se esfuerza en pasar inadvertida. No habla, no pide cosas, no se queja nunca. A causa de las exigencias del ritual permanece en la zona adonde no llegan los beneficios de Tatevarí, lo cual supone un sufrimiento adicional ya que las noches del desierto son heladas. Muy joven —no tendrá más de veintidós años—, en la fila marcha detrás de su marido Antonio cargada de dos morrales que deben pesar tanto como los canastos de los hombres. Delgada, de altos pómulos, su cara inteligente revela un sentimiento religioso que acentúa la gravedad y el recato de su marcha. Camina igual que todos, corta leña, prepara las comidas, cuida al marido y no se ahorra ningún trabajo. La envuelve un aura de misticismo y al final del viaje terminó, con su silencio y su alejamiento, por hacerse sentir con tanta fuerza como el terrible Hilario. En la cacería del venado con la que remataron la peregrinación a Viricota, no fue ella la que enfermó sino Antonio, herido por una pulmonía a las orillas del Chapalangana. Después de andar cuatro o cinco semanas en las montañas, haciendo la vida de los cazadores y recolectores nómadas, cuando regresó al calihuey de Las Guayabas era la misma mujer silenciosa, casi fantasmal de Valparaíso, a pesar de su sacralización, de las plumas blancas de guajolote que adornaban su cabeza y de los grandes soles pintados en sus mejillas.

Bromas y dioses arcaicos

Ahora, por primera vez durante la jornada se les permite comer y van echando a sus jícaras alineadas junto al fuego, tostadas, pan, queso, galletas y chocolate. El fuego es el principal objeto de su atención. El maracame Tatevarí y sus dos ayudantes meten debajo de la lumbre tres horquetas: una es el bastón del Abuelo, otra su muvieri —kupieri— y la tercera su almohada —molitari.[4] Eusebio toma luego una jícara y lo alimenta con tostadas y un pinole que le está especialmente reservado, diciendo:

—Te hemos esperado para que cenes en nuestra compañía. Come primero tus tostadas y tu pinole; después, según es la costumbre, comeremos nosotros. Gracias, Tatevarí, Abuelo Fuego, por habernos cuidado en el camino, por haber alejado al alacrán y al tigre. Duerme y descansa en paz.

Terminada la cena rebautizan a las mujeres que permanecieron en Las Guayabas. A la mujer de Hilario le toca el nombre de Rucuriturruri (Jícaras Pequeñas), a la de Eusebio, el de Tutúmekivekie (Rosas en Botón) y a la de Tatoutzi, Zubirtiturirri (Flores de la Sierra). La noche, fuera de unos ritos adicionales de purificación, prácticamente se emplea en rebautizarlo todo. A los niños se les llama costal para llevar, a los huaraches, bicicleta, a las piedras, ranas, a los árboles, peces, al violín, victrola, corderos a los venados, a los billetes barajas, al peyote, Tutúmutienirru, y a la inquietante Rolleiflex de Marino, por sus dos lentes, ojos que lo miran a uno y ya se queda ahí para siempre.

El nombramiento se ofrece como otra inagotable veta de regocijo. Sienten un gran placer en hallar cierta similitud, con frecuencia humorística, entre las propiedades de las cosas y los nombres que se les van ocurriendo. El haber llamado a Hilario "Vieja Entrapajada" o a Jerónimo "Pies de Tortuga", las equivocaciones en que incurren al emplear el nuevo vocabulario y las multas que les cobran los topiles, expresamente designados para ese fin, provocan tempestades de risas, de bromas y de comentarios.

La parte heterodoxa del viaje

Temprano abren sus puertas cantinas y billares, lo cual podría significar el triunfo del vicio en Valparaíso si la iglesia no las abrie-

---

[4] Carl Lumholtz, *El México desconocido*, Nueva York, 1904.

ra también, estableciendo una especie de compensación moral y religiosa. Sin embargo, la iglesia está vacía mientras que las tabernas pueden mostrar algunas docenas de adoradores que interrumpen sus juegos y sus libaciones para admirar los ceñidos pantalones morados de Nicole.

A las nueve, subimos al destartalado autobús que nos conducirá a Fresnillo y reanudamos la marcha. El paisaje de Zacatecas continúa siendo uno de los más pobres y deshabitados de México: llanos desnudos, cañones, ralos y escasos maizales, bosquecillos de huizaches y mezquites.

En Fresnillo, una aldea mejor comunicada y abastecida, después de comprar café, latas y panes, tomamos por asalto el autobús que nos ha dispuesto la empresa, y el pesado vehículo se transforma en el escenario trashumante de una representación venatoria de los tiempos arcaicos. Los dioses-bastones de Hilario, las flechas votivas, los sombreros y los trajes ricamente ataviados, las cabezas disecadas de venados, sus melenas y sus hermosos rostros iluminados por una pasión antigua, cobran un exotismo mucho más escandaloso en el interior alfombrado y confortable del autobús.

El desierto que estos hombres han sacralizado en sus menores detalles, es para nosotros, privados de sus claves míticas, una sucesión interminable de pueblos de adobe y de llanuras desérticas. Cerca ya de Zacatecas, de su historia minera en que los soldados, los gambusinos, los pícaros, los indios salvajes, las vetas y los milagros creaban un fragmento de vida que ya nadie evoca, surgen los barrancos y los cerros bermejos de la Bufa. Adelante de Zacatecas, el paisaje se viste de colores. Silos dorados, iglesias rojas, mantos de girasoles y de florecitas amarillas, montes color de sangre, llanos ocres, llamean limitados por un cielo azul marino y por unas serranías que ya no están hechas de montes sino de azules transparentes y luminosos.

Cruzamos el reino de las opuncias. Si las montañas se han transformado en color, los nopales, cargados de tunas, se han convertido en las más sorprendentes esculturas modernas. Aquí cuenta la hermosa hoja aplanada y carnosa —no en balde los botánicos las llaman *platiopuntias*—, que nace una de la otra, en una serie de superposiciones, de volúmenes equilibrados con los huecos dejados por los tallos y las ramas. De este modo se establece un juego de masas y vacíos, un movimiento que penetra la atmósfera y es penetrado por ella. Su color —el de la malaquita—, su lisa textura, el brillo que le añaden sus largas espinas y el remate de sus frutos, representan los adornos complementarios de una criatura del desierto tan extraña que sin dejar de ser un vegetal puede tomarse —y éste es el caso de muchas cactáceas— como el perfecto modelo de la escultura abstracta.

Del reino de las opuncias pasamos al reino de las palmas: *Yucca carnerosana*. Los cielos, con la solemnidad propia de los desiertos, se tiñen de luz escarlata que crece despaciosamente y termina incendiándolos. Es un incendio denso, casi tangible, privado de humaredas, sobre el cual se destacan en negro las grotescas cabezas y los brazos torturados de las palmas.

Hilario está sombrío. Por primera vez guarda silencio y su exasperación se contagia a todo el grupo. No reconoce el camino; no hay una montaña, un signo, un accidente geográfico que le permita orientarse. Los huicholes observan el desfile de estos seres vegetales, de sus brazos extendidos e implorantes, y se sienten invadidos de la desesperación.

Ya casi anocheciendo surgen los anuncios de los hoteles de Matehuala, alineados a lo largo de la carretera internacional, empeñados en atraer con sus letras y sus señales luminosas —*air conditioned, mexican hospitality, desert food, swimming pool*— la fatigada atención de los turistas norteamericanos, mas este oasis de gas neón, estos signos y reclamos de la civilización, los dejan indiferentes. Carecen de puntos de referencia para entender esa pirotecnia y en vano las figuras y las letras aparecen y desaparecen mecánicamente tratando de anular la noche del desierto.

Más allá de la brillante excrecencia de Matehuala, se extiende una región desconocida. De Salinas hubiéramos llegado directamente a Catorce, siguiendo la ruta tradicional del peyote, pero carecíamos de informaciones y el autobús no hubiera sido capaz de cruzar el páramo. De hecho estábamos dando un largo rodeo y Real de Catorce estaba a una gran distancia de Matehuala, en el extremo opuesto de una cadena montañosa a la que los huicholes acceden directamente partiendo en línea recta de Salinas. Debíamos pues, pasar la noche en Cedral adonde llega un camino vecinal pavimentado y de allí, cruzando un nuevo desierto que puede considerarse como el patio trasero de Viricota, alcanzar la tierra donde se da el Divino Luminoso.

Dormimos en un pequeño hotel de Cedral, y al amanecer del día siguiente, iniciamos la última etapa del viaje, tomando una vereda estrecha y polvorienta, bordeada de mezquites. Las ramas espinosas, apartadas con brusquedad, hieren la reciente pintura del autobús, que sale de un bache para caer en otro más profundo. A cuatro kilómetros de Cedral, después de atascarnos dos veces, el chofer se niega a continuar la marcha y nosotros, con todos los cestos y las maletas nos quedamos al lado del autobús, cuya masa plateada, representa, en medio del llano reseco, la imagen de una técnica tan ostentosa como inútil.

Afortunadamente es el 5 de octubre, último día de la feria de San Francisco celebrada en el Real, y todavía circulan algunos camiones trayendo mercancías y peregrinos. A la media hora pasa un camión de carga vacío, lo abordamos —el chofer no está acostumbrado a transportar peregrinos de un aspecto tan estrafalario— y después de haber convenido que el autobús nos espere en Cedral, iniciamos el camino.

Escenas del desierto

El desierto es esta vez el desierto-desierto. Los bosquecillos de mezquites y huizaches que en el principio de nuestro viaje parecían simbolizar la imagen del desierto norteño, han quedado muy atrás y hasta los candelabros gigantes o los órganos de blancas cabelleras que en otros lugares compensan la desolación excesiva de los cañones y de las serranías, aquí sencillamente no existen.[1]

Los troncos de las yucas ennegrecidos y casi sin hojas se yerguen como columnas de templos incendiados sobre un matorral grisáceo, uniforme y desgarrado por cuyas aberturas asoma la áspera caliza del suelo. Se tiene la impresión de que estas plantas sufren intensamente y que sus sufrimientos forman parte de un

---

[1] Debo personalmente a la doctora Helia Bravo H., y a su inapreciable estudio *Las cactáceas de México* (Ed. Universidad Nacional de México, 1937), los datos esenciales que me permitieron escribir este capítulo.

vasto conjunto donde el tiempo hubiera sido suprimido. La inmovilidad y el silencio propios de los desiertos son agobiantes y las montañas desnudas del fondo, unas montañas de suaves pliegues minerales, sobreponen un nuevo silencio, una nueva inmovilidad, una nueva sensación de intemporalidad absoluta.

Entre los arbustos cenicientos sólo brillan de tarde en tarde las profusas espinas cubiertas de vainas transparentes con que defiende sus tallos verdes y carnosos la clavellina —*Opuntia tunicata*—, o más espaciadamente, las espinas que forman un halo rojizo en torno de la biznaga llamada *Echinocactus grandis*.

Nacido de una diminuta semilla negra, va transformándose a semejanza de su pariente cercano el *Echinocactus ingens*, en una de esas burbujas gigantescas que levantan sus cúpulas sobre los matorrales de los páramos. Los aztecas bautizaron estas biznagas con el nombre de cómitl —olla—, y en realidad se trata de una olla, o si se quiere, de una olla divina, teocómitl, debido a su forma y a la enorme cantidad de agua que contienen sus células. Con el paso de los años el *Echinocactus grandis* pierde su forma esférica y crece hasta alcanzar muchas veces una altura de dos metros. Entonces las salientes nervaduras que delimitan la cúpula se flexionan vencidas por el peso del agua y sus pliegues recuerdan vagamente una monstruosa columna salomónica atacada de elefantiasis.

Cada año en el centro de su cabeza, las yemas —areolas—, protegidas con un tejido finísimo, producen tallos y sedosas flores amarillas que al fecundarse y entregar sus semillas —en ocasiones son las hormigas las encargadas de transportarlas—, se revisten de espinas y se desplazan hacia los lados, de modo que al botánico le basta contar el número de areolas para calcular la edad de la cactácea.

El nombre de ollas dado por los indios es algo más que una metáfora. De todas las plantas son las cactáceas, es decir, los principales habitantes de los desiertos americanos, las que contienen un mayor volumen de agua. Verdaderas medusas del mundo vegetal, pueden ser vistas como vasijas en medio de las rocas calizas, los basaltos, los pórfidos y las gravas de las montañas. Mas para realizar está paradoja han necesitado sufrir un cambio tan radical, apartarse de un modo tan señalado de las plantas europeas, que los españoles recién llegados a las Indias debieron ver en ellas el signo inequívoco de hallarse en un Nuevo Mundo. Los candelabros, las altas columnas que crecen solitarias en las faldas rocosas de las serranías, les recordaban los órganos de sus iglesias o los hacían pensar en enormes cirios dispuestos por la mano del diablo a fin de celebrar un rito sanguinario.

Ciertamente no resulta fácil acostumbrarse a la vecindad de estas criaturas vegetales ni mucho menos entender lo que significa su presencia en medio de los desiertos: "la victoria de la vida sobre la muerta aridez mineral".[2]

Una victoria ganada arduamente. A fin de hacerse del agua necesaria, tuvo que engrosar su raíz o extenderla bajo las piedras formando una complicada y somera red capaz de aprovechar las últimas gotas de los aguaceros ocasionales. Al mismo tiempo en su cuerpo se operaban importantes cambios. Las hojas, a través de las cuales respira la planta, fueron eliminadas y se convirtieron en espinas. El tallo, revestido de una gruesa cutícula, cobró la apariencia de una columna o bien se curvó sobre sí mismo adquiriendo las redondeces de los cántaros. Gigantescas o pequeñas, gruesas o delgadas, esparcidas o amontonadas, las cactáceas estaban ahora en condiciones de vencer al desierto.

Casi todos los cactos permanecen invisibles bajo su corona de espinas. Espinas largas, flexibles, espinas duras, filosas, en forma de estrellas, o de garfios, espinas anchas y curvadas como sables, espinas que se adelgazan y se mantienen erizadas o se transforman en crines, en cerdas o en profusas cabelleras blancas. Ellas dan a los cactos su apariencia de "viejitos", según los llama el pueblo, en contraste con los cactos cuyas esferas, defendidas por fuertes espinas, semejan las mazas erizadas de pinchos de los guerreros medievales.

Espinas y cerdas ofrecen el mayor desorden o el orden más riguroso. En un extremo pueden situarse los "viejitos" y los cactos-agave —*Leuchtenbergia principis*—, de largos pelos enmarañados; en el otro, el delicado dibujo geométrico de la *Mammilaria microhelia*, y las estrellas blancas que transforman a la *Mammilaria ortiz-rubiona* en un juego resplandeciente de cristales de nieve.

Hierros, rejas, celosías destinadas a proteger las carnes sucu-

---

[2] Elio Baldacci, *Vida de las plantas*. Ed. Sudamericana, Buenos Aires, 1943.

lentas del cacto, desnudas o vestidas de túnicas maravillosas, suaves o duras como el acero, venenosas o inofensivas, color de rubí, ocres, verdes, azules, algunas les confieren a las plantas el resplandor que envuelve a la clavellina; otras ayudan a que las más pequeñas e indefensas permanezcan disimuladas entre las piedras y las gravas del suelo.

Como siempre ocurre en cualquier tipo de sociedad, son los gigantes, los "monstruos sagrados", los que acaparan la atención. Los pequeños, los pigmeos, cobran importancia cuando Gulliver se les enfrenta. ¿Quién se ocupa de una biznaga perdida en las rocas si a poca distancia se yergue el *cereus* de veinte metros? Sin embargo no son estos Briareos los que han terminado por vencer al páramo, sino la muchedumbre de los Amadís y los Tirantes, conocidos por los botánicos con los nombres no menos extraños de *Ferocactus, Echinocactus* y *Thelocactus*.

En el desierto esta muchedumbre permanece oculta bajo el manto grisáceo de la gobernadora, la hojasé, la lechuguilla y el sotol. Sus pequeños tallos y sus verdes esferas, durante la sequía disminuyen como la joroba de los camellos extenuados, pierden su turgencia y casi desaparecen en el suelo, pero no bien caen las dos primeras lluvias, sus raíces y sus ávidos tejidos absorben toda el agua al alcance de las raíces y sus carnes recobran la perdida lozanía. Cuando finalizan las lluvias, las raíces han logrado triturar las gravas y las piedras, y sobre esa nueva tierra, caen los frutos y las semillas creando el *humus* indispensable no sólo a ellas sino a las plantas menos resistentes que vienen detrás de las tenaces colonizadoras. La parábola de la semilla caída en los guijarros carece de significación entre las cactáceas.

Hazañas de los nopales

El camión ha llegado a los cerros del fondo; los azules y los violetas se desvanecen y los montes, despojados de los colores que les otorga la distancia, aparecen tal como son: hoscos, moteados de pajonales oscuros, con la piel arrancada y la cal de sus huesos derramándose a lo largo de los flancos devastados.

Al pie de los cerros, Potrero, viejo mineral del XVIII: una docena de casas encaladas, unos corrales desiertos y unas ruinas invadidas por los nopales. Los que vimos reptar o formar arquitecturas vegetales en los desiertos de Zacatecas y de San Luis Potosí, han terminado de organizarse y después de montar un sitio con todas las reglas del arte militar —un sitio que debió prolongarse más de un siglo—, asaltaron las ruinas y entrando por las ventanas, las puertas y los techos agujerados, se instalaron al fin en los salones y en las alcobas de los mineros.

Todos esos capataces que bajaban a los socavones montados en sillas atadas a las espaldas de los "caballitos" —como se designaba a esta clase de bestias humanas—, los encargados de ejercer "indecentes registros"[3] en los peones acuclillados a fin de buscar el oro que ocultaban dentro de sus cuerpos, están en sus tumbas, hechos polvo, y sus orgullosas casas edificadas en pago de esos descensos y de esos "indecentes registros", no las habitan sus biznietos o sus choznos, sino estas verdes, punzantes y agresivas criaturas. Podía pensarse en una especie de vindicta vegetal, pero como el tema pertenece más bien al campo de la *science-fiction*, sólo nos limitaremos a decir que los nopales son muy capaces de emprender batallas y colonizaciones superiores a las de Potrero y Real de Catorce, según veremos adelante.

En teoría esta cactácea puede crecer indefinidamente. Del borde de las hojas nacen generalmente las nuevas hojas y, si una de ellas es desprendida por el viento o la extremada sequía, las areolas de la penca que cayeron hacia arriba producen tallos y las que cayeron hacia abajo producen raíces. Están adaptadas para enfrentarse a las más duras contingencias. Los nopales rastreros, *Opuntia stenopétala*, que levantan trabajosamente sus hojas polvorientas en la soledad del desierto, son unos verdaderos parias condenados, como el Judío Errante, a caminar sin descanso. Los botánicos nos han revelado el secreto de su eterna peregrinación: su hoja, que cuando es tierna se mantiene erguida, al crecer se doblega, echa raíces y da origen a otra hoja, lo que le permite arrastrarse kilómetros enteros, durante siglos, arando y cultivando el páramo que ha recorrido.

Los opuncias disponen de otra arma con que vencer el desierto: su portentosa fecundidad, común a todas las cactáceas. Si bien sus

---

[3] Humboldt, *Ensayo político del Reino de la Nueva España*.

raíces y sus troncos no dan hijos como los agaves, las yucas y las biznagas, basta que un pedazo de hoja caiga al suelo para multiplicarse, y todavía dos veces al año sus pencas se llenan de millares y millares de tunas blancas, amarillas y rojas. Con este loco derroche viven los nopales y viven también millones de mexicanos. Los invadidos se nutren de los invasores. Esa vitalidad explica su victoria sobre las ruinas de Potrero y Catorce y explica asimismo la paradoja de su supervivencia. Por un lado, anacroniza la vida de muchos hombres al imponerles las costumbres de los recolectores; por el otro, los vencidos pueden alimentarse literalmente de la carne de sus vencedores y dar de comer a sus hambrientos ganados.

Los nopales se hallan un poco en todos lados. Ellos, con los volcanes, le dan a México la nota de su necesario, execrado o bendecido nacionalismo. Se ha hablado incluso de una cortina de nopal, y la imagen no parece exagerada porque el mexicano vive detrás de sus nopales. No se debe a un azar que figurara en el escudo de armas de Tenochtitlan y que figure en las armas de la República: sus méritos para convertirse en un motivo heráldico son obviamente superiores a los de las águilas y a los de las serpientes.

Nativos de México —nuestro país es el lugar en donde confluyen las plantas del extremo norte y del extremo sur—, en ocasiones no se apartan mucho de la idea que nos hemos formado de un árbol convencional. Tiene tronco leñoso pero en lugar de hojas, de sus numerosas ramas nacen tallos erizados de espinas. La *Opuntia imbricata* —la que da las tunas agrias llamadas "xoconostli"— ha sacrificado las frondosas ramazones de la *Opuntia versicolor*, para concentrar su energía en altos troncos coronados caprichosamente de tallos alargados y colgantes.

Hay opuncias armadas de enormes espinas que no son otra cosa que un largo tallo dotado de brazos y tejido como una cuerda, y las hay —*Nopalea karwinskiana*— que crecen apretadamente unas junto a otras. Sus ramas carnosas se hinchan y principian a redondearse anunciando ya la penca tradicional, aunque todavía sin alcanzar la forma aplanada, la individualidad a que llegará la *Nopalea cochenillifera*, una pariente cercana suya, famosa en el mundo no tanto por ella misma como por la cochinilla —*Coccus cacti*—, el parásito que vive alimentándose de su roja sustancia. Los aztecas la llamaban tlalnopal, es decir, "nopal de tinte", pues de la cochinilla obtenían la grana con la cual teñían los vestidos de los príncipes y que para ellos era un signo de poder, como fue la púrpura para los romanos. Según es bien sabido, la grana durante la colonia fue la principal industria de Oaxaca hasta que los alemanes inventaron las anilinas y la grana quedó como una simple curiosidad zoológica.

Otra peculiaridad de los nopales es su resistencia a las plagas y a los insectos. La misma cochinilla, cuando invade otra clase de opuncias, las enferma, pero en general cada especie después de largos siglos de adaptación al medio está suficientemente inmunizada contra las amenazas locales. En Australia, donde no había insectos dañinos ni plagas, los nopales importados de América se revelaron tan agresivamente conquistadores que los australianos, temerosos de ser desplazados, se vieron en la necesidad de importar insectos mexicanos, como la única manera de frenar los belicosos impulsos de aquellos agresivos inmigrantes.

Debemos decir en su honor que la conducta de los nopales en el extranjero rara vez ha alcanzado esos culpables excesos. Llevados al Mediterráneo desde el siglo XVI, vecinos y compañeros de los pinos-parasol y de los sensuales laureles, las opuncias no sólo han modificado el paisaje clásico introduciendo un insólito elemento del Nuevo Mundo, sino que han ayudado al campesino pobre del sur de Italia y han trabajado para él de la misma manera que trabajan anónimamente en las montañas mexicanas: sembrados en las grietas de las lavas vomitadas por el Vesubio, sus tenaces raíces deshacen las rocas y crean la tierra que después, enriquecida con retamas y espartos, hará prosperar los viñedos. "El desierto de lava está vencido —exclama un entusiasta botánico italiano—; cuanto las lavas habían destruido y sepultado en su marcha de fuego, ha sido reconstruido mediante la obra paciente, lenta, infatigable, de las plantas carnosas."[4]

Junto a las ruinas de Pompeya o de Catorce, los hombres beben su vino soleado o comen las tunas y las pencas tiernas del nopal como una consecuencia de la victoria de estas plantas colonizadoras.

La flora del desierto —y es otra de sus paradojas— tiene algo que recuerda en su forma a una flora submarina. Los bosques de

---

[4] Baldacci, op. cit.

corales, de madréporas, con sus frondosos ramajes, sus tallos carnosos inmóviles, las esponjas redondas, las algas, las asociaciones caprichosas de la cal, evocan los densos arbustos ramosos del *Myrtillocactus geometrizans*, las serpientes recamadas del *Aporocactus flagelliformis*, o las texturas y las formas de las hojas de la opuncia. El contraste entre la tersa piel azulosa y las numerosas yemas defendidas con finos pelos ocres y amarillos —nosotros los llamamos ahuates— de la *Opuntia microdasys*, o el de la *Opuntia fulgida*, y el de sus ramos coronados de flores y de espinas más bien nos hace pensar en una obra de la cal —una petrificada criatura de los abismos submarinos— que de la clorofila.

Real de Catorce

Catorce permanece invisible en el fondo de una cañada y llegamos a él un poco teatralmente, cruzando un angosto y largo túnel polvoriento. El camión nos deja en una explanada que por un lado da a un barranco y por el otro a la alhóndiga, maciza construcción colonial de dos pisos. El de arriba, privado de ventanas, guardaba los granos que alimentaban a los mineros y a sus numerosas bestias y el de abajo, destinado a comercios, ofrece una serie de cuartos con altísimas bóvedas donde se han improvisado algunas tiendas, fondas y cererías.

Acaba de celebrarse la fiesta de San Francisco y muchos devotos se disponen a regresar; unos en camiones de carga, los vecinos de Cedral utilizando el túnel, los más haciendo a pie los doce kilómetros que separan el pueblo de la estación de Catorce.

Un hombre de piel oscura lleva una corona de espinas, la cara cubierta con un pañuelo y una gran penca de nopal colgada al cuello a manera de escapulario. Es cierto que esta especie de santón no se ahorra sufrimientos, ni descuida sacar de ellos las mayores ventajas espirituales y materiales. En una mano sostiene el plato de las limosnas y en la otra una rama espinosa de huizache. Su inmovilidad, sus cilicios, su rostro velado caracterizan en un símbolo viviente no sólo el hermoso desierto sino los sentimientos religiosos de las sirvientas, de las campesinas de rostros angulosos, de los artesanos y de los niños enfermos ataviados con el cordón de San Francisco.

Cuando los huicholes aparecen, el santón queda olvidado. Ninguno de los mestizos ha tenido la oportunidad de contemplar a unos peregrinos tan extrañamente vestidos y aunque ellos son excesivamente pintorescos, se acercan asombrados a preguntarnos quiénes son y de dónde vienen.

Un viejo, apoyado en su bastón, llega renqueando hasta el gobernador y le da un peso de limosna. Hilario lo toma con humildad y se descubre en señal de agradecimiento. El gesto del viejo tiene inmediatas repercusiones. Una mujer, sirvienta de Monterrey, trata de organizar una colecta:

—Ayuden —grita llena de celo— a estos pobrecitos indios que vienen de muy lejos para ver a nuestro Padre San Francisco.

Los huicholes están de pie, con los brazos cruzados sobre el pecho, sin descargar sus canastos, indiferentes a la curiosidad que suscitan. Las campanas repican con fuerza. Ajenos a su llamado, sólo piensan que a una hora de distancia los espera Leunar, la morada de Tamatz Kallaumari, el sitio sagrado por excelencia en su peregrinación a Viricota.

Todo esto resulta demasiado para Hilario. Ha llegado la oportunidad de deshacerse de nosotros y sin poder contenerse me dice:

—Bueno, aquí te dejamos.

Siento que todo el viaje se derrumba de pronto. Han sido inútiles mis esfuerzos por ganarme su confianza y a un paso de realizar lo que ningún antropólogo había conseguido antes, los huicholes, dueños ya de la situación, me abandonan en Real de Catorce.

Llamo a Jerónimo, Pies de Tortuga, el único que conoce unas palabras de español y le pido que hable al gobernador:

—Hilario debe esperarnos una hora mientras conseguimos animales que nos lleven a Cerro Quemado. Yo he cumplido con todo lo que le ofrecí. Hilario no puede faltar a su palabra.

Jerónimo, después de una larga conversación, logra arrancarle a Hilario la promesa de que me aguardaría una hora. Entretanto ellos podían comprar velas, chocolate o pañuelos. La perspectiva de adquirir en la feria un pañuelo de artisela, que ejerce sobre ellos una fascinación irresistible, termina de convencerlo y ya más tranquilo, guiado por un muchacho, voy a la casa de un arriero y contrato el alquiler de cuatro mulas.

No han terminado las dificultades. Los animales están en un

potrero lejano, por lo que es necesario salir en su busca, lazarlos y ensillarlos, lo cual podía llevarse muy bien dos horas, pero la vista de unos billetes y la idea de que pudiera ser un rico comprador de minas abandonadas, parece obrar el milagro de transformar la apatía recelosa del arriero en una notable diligencia. Desbordando la energía de un cruzado, monta a caballo y sale de estampida al potrero donde pastan las mulas ignorantes del alto destino que les reservan los dioses de Cerro Quemado.

Los mundos de México

Ciento cincuenta años han sido necesarios para que esta ciudad minera pierda toda su carne y se convierta en un esqueleto de piedra. El palacio del conde Maza, con sus balconerías de hierro forjado, sus cornisas y sus nichos barrocos, ha sido abandonado desde hace mucho tiempo. Las casas del centro, levantadas a lo largo de las callecitas empinadas y retorcidas, se deshacen lentamente, medio cubiertas ahora por los toldos blancos de la feria. El resto del pueblo —casas, murallas, caminos de ronda, pequeñas iglesias— está ya bajo el dominio de las opuncias vencedoras. El desierto, momentáneamente rechazado, ha reconquistado sus antiguos dominios y lo que prevalece, dándole a Catorce su fisonomía de pueblo aniquilado, son los oscuros paredones de sus moradas y de sus haciendas de beneficio, asfixiadas por las hojas carnosas y erizadas de espinas de las gigantescas nopaleras.

El único tesoro del Real es San Francisco, una imagen vestida con una túnica de terciopelo rojo recamada de milagros de plata. Situada en un altar lateral e iluminada por centenares de velas, resplandece en medio de las naves oscuras y desiertas. Los demás santos no merecen una oración, ni siquiera una mirada. Los peregrinos rezagados, casi exhaustos, entran de rodillas gimiendo sordamente y llevando manojos de velas encendidas. Frente al altar, los peregrinos se amontonan. Algunos recogen el polvo del suelo y se lo untan en las caras, otros, con los ojos cerrados, imploran misericordia. De pronto, un gemido tenso y agudo se sobrepone al murmullo de las oraciones y todos los ojos se vuelven a una mujer gruesa y pálida que sufre una crisis y lanza chillidos desgarradores con la cabeza echada hacia atrás y la boca abierta, cubierta de espuma. Se ha provocado un trance. Sus familiares la sostienen de los brazos, pero su cuerpo pesado se les resbala, cayendo en el suelo. Se le ha levantado la falda y sus muslos abiertos, grasosos y cruzados de venillas azules, su redondo vientre abultado, bajan y se levantan convulsivamente, mientras los niños asustados lloran y las mujeres cercanas se apresuran a cubrirla con sus chales y rebozos.

Afuera un ciego pulsa una vieja arpa y canta corridos de la revolución con voz de falsete. Los vendedores de cromos religiosos, de cintas moradas para medir a los pecadores, de colibríes disecados y de amuletos contra el mal de ojo, asaltan a los peregrinos. En los puestos de la feria ya a punto de cerrarse, un vendedor remata su mercancía señalando a un viejo que asoma su cara consumida entre los pañuelos, las telas de percal, los espejos y los santos de su negocio.

—Este viejecito está recién casado y ya le anda por volverse con su mujer a Saltillo.

Como nadie parece inclinado a que el viejo reanude su interrumpida luna de miel, le compro dos sombreros de palma y dos cantimploras de plástico, una azul y otra amarilla, las cuales pueden sernos de utilidad en el desierto.

Una hora y media después se presenta Hilario, llevando atado un pañuelo de artisela estampada que ya no habría de abandonar su cuello los seis meses siguientes. A poco hace su aparición el arriero, seguido de un minero amigo suyo tocado con un casco amarillo, y cuatro mulas escuálidas. Asegurado el equipaje seguimos nuestra peregrinación. Los huicholes, según la costumbre, van en fila india, manteniendo las manos cruzadas sobre el pecho y la cabeza inclinada. Al frente, moviendo sus pequeñas y vigorosas piernas, camina el niño Gregorio, cargado de tres morrales y llevando en la cabeza un desteñido paliacate que le cubre a medias los ojos. Desfilan con su ligero paso, como una procesión de fantasmas entre las murallas, las paredes negruzcas, las nobles casas ruinosas del Real, seguidos por las miradas de esos otros fantasmas que son los peregrinos mestizos llegados de remotos lugares a rendirle su tributo a San Francisco.

Tres mundos se juntan aquí. El primero, el más antiguo y secreto, es el de los huicholes. De algún modo no aclarado sacralizaron esta parte del lejano desierto y durante dos mil años han hecho su peregrinación en busca del Divino. Ni la conquista, ni las persecuciones del Santo Oficio, ni los cambios del tiempo lograron alterar, en su esencia, la significación espiritual del viaje.

El segundo, el de los descendientes de los mineros que lograron imponer una ciudad dieciochesca en la soledad del páramo, vivían, o mejor dicho sobrevivían aferrándose al pasado. Extinguido el milagro de las vetas, lo sustituyeron por el milagro de San Francisco; los nopales se habían adueñado de la mayor parte del Real y como siempre ocurre en una sociedad donde se mezclan conquistados y conquistadores, ambos se sostenían y se toleraban mutuamente a cambio de una cierta sujeción. Reducidos a unas cuantas casas ruinosas, su respeto por las jerarquías establecidas les impide ocupar los palacios abandonados. Carecen de la audacia de sus antepasados y casi después de doscientos años del auge de Catorce resulta una experiencia no exenta de emoción hablar con los bisnietos o los choznos de aquellos mayordomos y capataces. Pedro, el acompañante del arriero que se sumó voluntariamente a nuestra expedición, es un muchacho rubio con rostro de niño que habla en esta forma:

—Vamos viviendo si nos dejan los elementos de Dios. Nosotros, antes vivimos. Buscamos metal, pero a veces no hallamos y nos pasamos la semana sin nada. Nuestro mero oficio es el maguey, la lechuguilla, la palma, la guapilla. El maguey nos da aguamiel; el quiote se tatema en la lumbre y las hojas, el chacuaco, las cocemos al horno. También comemos nopales tiernos y tunas. Vivimos como quien dice de los nopales y de los magueyes. Mucho, muy duro trabajo, harto trabajo. Somos ejidatarios, pero trescientos ejidatarios sólo cobramos mil trescientos pesos mensuales. Hay una conciencia dura que namás se ocupa de la bolsa y el que sufre es el campesino. No podemos cumplir con nuestro deber de individuos porque la ignorancia no ayuda.

Este joven considera su vida como un regalo inmerecido: "Nosotros, antes vivimos". Sabe que los compradores del metal y del ixtle los roban, pero no hace nada por defenderse y de antemano se resigna a su suerte. No hay tensión entre los explotadores y los explotados; no hay lucha de clases, no se advierte en ellos el menor asomo de rebeldía. La decadencia de Real de Minas es una trampa que los mantiene sujetos al desierto y todo lo esperan de la voluntad divina: "Dios nos alimenta de la nada —dice a cada rato— estamos en las manos de San Francisco, si la Virgencita lo permite, si Dios lo quiere".

El tercer mundo que se reúne aquí es el de los peregrinos mestizos: representa adecuadamente la doble herencia de los indios y de los criollos que habitan en los antiguos reales de minas. Entre los peregrinos huicholes y los mestizos existe un indudable parentesco. Los dos emprenden largos viajes a los lugares sagrados, los dos se someten a crueles torturas físicas, los dos imploran bienes tangibles e inmediatos. Los mestizos, en los santuarios, pueden ver a los niños muertos que han chupado las brujas, las bolas de fuego que saltan en las montañas, le piden a los santos "que les abran algún camino para ganar bastante dinero", y delante de sus imágenes lloran y se sienten aliviados de sus tristezas y pesadumbres y en recompensa por haberlos oído dejan "un corazoncito de plata, unas veladoras y unos centavos de limosna".[5] Los indios ven fantasmas o fenómenos naturales que los llenan de terror: piden a sus dioses salud, lluvias, buena suerte en la caza y a cambio de haberlos escuchado y consolado les dejan dinero, velas, sangre y preciosas ofrendas de flechas y de jícaras, pero hay una diferencia entre ambos: los mestizos pertenecen a una cultura de transición; no son ya campesinos indios, ni tampoco han logrado asimilarse a la vida de las ciudades. Están a medio camino de un doloroso cambio; su miseria, su ignorancia, la crueldad y el aislamiento de su vida determina que de sus dos culturas en pugna sólo heredan las supersticiones, los residuos de la magia, mezclados a los residuos de la civilización industrial: la radio, la televisión, las historietas cómicas.

Los huicholes en cambio tienen una expectativa de salvación, saben que están reconstruyendo las hazañas de sus dioses realizadas en el tiempo originario de la creación, y conocen los menores detalles del ritual. Los peregrinos mestizos no sólo ignoran la vida de San Francisco, sino que su concepción es precisamente la opuesta a toda la significación espiritual del santo. Para ellos San Francisco es un gran ídolo milagroso, una deidad investida de po-

[5] Oscar Lewis, *Los hijos de Sánchez*. Ed. Fondo de Cultura Económica. México, 1964.

deres sobrenaturales que no se distingue gran cosa de la Virgen de Guadalupe o del Santo Señor de Chalma. Compran su imagen, su cordón, los hacen bendecir y al mismo tiempo compran amuletos que les den buena suerte en sus empresas amorosas, se embriagan salvajemente, riñen entre sí y dejan como recuerdo de su paso una enorme cantidad de excrementos en las calles vecinas a la iglesia.

Los huicholes estaban en la explanada, rodeados de mestizos que los abrumaban a preguntas y no entendían por qué llevaban plumas en el sombrero o el niño Gregorio se hallaba vendado de ojos. Sus trajes bordados, las cabezas de venado, los bastones de mando les parecían totalmente exóticos, como para los huicholes resultaban exóticos sus cromos de San Francisco, sus canciones revolucionarias, sus vestidos remendados, su impertinencia y su agitación sin sentido.

Los mestizos hablan español; los huicholes su idioma; preocupaciones, costumbres, razas, actitudes no guardaban ninguna relación aparente, si bien en el cuadro general de la cultura mexicana representaban los dos extremos de una lenta evolución que va de los huicholes, una de las culturas mejor preservadas, de un sentimiento religioso que abarca todo el ámbito de su vida, a estos mestizos recién incorporados al urbanismo donde las dobles herencias se combaten y donde lo mágico se ha reducido a proporciones bien delimitadas sin lograr desprenderse enteramente de su ganga original.

En cuanto a los palacios, a los socavones abandonados, a las casas invadidas por las opuncias que constituyen los restos de la colonia, también ellos pueden incorporarse a los elementos constitutivos de esa evolución ya que no es por un azar que todos los antiguos reales de minas en los que se originaron las riquezas fabulosas de la Nueva España, sean hoy los lugares más pobres de la República.

Leunar

El camino asciende lentamente a Leunar, considerado la meta de su peregrinación por los huicholes. No todos llegan a Cerro Quemado, ni siquiera a la mesa de Viricota situada a cinco horas de distancia. La mayoría de los peregrinos se queda en los llanos bajos, en Tzinurita, donde también abunda el peyote, si bien no hay huichol que por lo menos una vez en su vida, no se sienta obligado a dejar sus ofrendas en la morada de Tamatz Kallaumari.

Catorce va quedando atrás: un caserío blanco agrupado en torno de la iglesia. El resto, los antiguos barrios de la periferia, son un borroso manchón oscuro que se destaca sobre las montañas calizas. El camino blanco, áspero, cubierto de lajas, resplandece al sol. A la derecha, separado por un barranco y en la falda de un monte, se advierten las bocaminas, los cobertizos ruinosos y los gruesos muros de una explotación abandonada.

El paisaje, a medida que avanzamos y desaparecen las obras del hombre, recobra su ambiente sagrado. Para los huicholes, acostumbrados a las húmedas serranías de granitos tapizados de robles y de barrancos herbosos donde se deslizan los ríos, la sierra solar, privada de árboles y de agua, es un lugar particularmente mágico, incluso fuera del hecho de que sea aquí donde crece el Divino Luminoso.

Según la visión del cielo que nos da el códice Vindobonensis, hay una parte en la que abundan las piedras raras de color y los hombres están hechos de piedra como el propio Quetzalcóatl, el dios que simboliza las hazañas culturales del neolítico. Catorce recuerda esa visión celestial. Lajas muy finas, color de sangre seca, forman la superficie de las montañas y se ordenan en estratos por los que circulan vetas verdes, azules y amarillas, semejantes a regueros de turquesas, ópalos y aguamarinas. Los montes cubiertos de ásperas hierbas ofrecen ocres y suaves contornos que dominan a su vez las cimas redondeadas y lunares de otros montes.

Dos horas después llegamos al ancho y alto cuello que une la serranía a la cumbre de Cerro Quemado. El desierto cruzado usualmente por los peyoteros, y las montañas azules del fondo, se extienden a nuestros pies. Hilario descubre los ojos de los dos matewames y por primera vez observan el paisaje que han recorrido sus antepasados durante siglos. De nuevo disponen sus canastos en un semicírculo y se sientan mirando al profundo desierto. Han iniciado la peregrinación por donde debían terminarla. Ahora el agujero abierto por el sol está al alcance de su mano y la preocupación de que nosotros podamos contaminar el lugar tan particularmente sagrado se apodera de ellos.

Hilario me ruega que los abandonemos. Es imposible acompañarlos a Cerro Quemado. Han decidido regresar a pie y me dan las gracias por haberlos traído. Quizá nos veríamos más tarde, cuando estuvieran de vuelta en Las Guayabas.

Comprendo muy bien a Hilario y justifico su deseo de alejarse de una fuente de impurezas, pero desde luego puedo aceptarlo todo menos renunciar al viaje y me dispongo a defender lo que llamo mis "derechos". Hilario ha elegido un mal momento. Embargado como está por la emoción religiosa, no desea alterarse, ni perder un tiempo precioso en discusiones, de modo que inclina la cabeza ante lo irremediable y en su cara se dibuja el gesto de resignado fatalismo con que algunos estoicos deben de trasponer las puertas del infierno.

El arriero, al saber que nuestro viaje no termina en Cerro Quemado, habla primero de volverse a Catorce, luego menciona una enorme suma si deseo seguir utilizando a sus animales y por último decide aceptar una suma bastante más modesta pues no le cabe en la cabeza que me haya tomado tantas molestias sólo para ver cómo los indios recogen el peyote. Solucionados los problemas, emprendemos la subida a Leunar. En la cima, desde la cual se domina con mayor amplitud la perspectiva del desierto, entre los agaves de lechuguilla con sus esbeltos tallos centrales, se abre el agujero que hizo al brotar el sol recién nacido.

Es muy posible que fuera de los indios y de algún pastor, nadie haya visitado Leunar. Los dos mestizos se quedaron abajo con la mujer de Antonio, el niño Gregorio y otro huichol cuidando las mulas y los cestos. Por primera vez unos intrusos veían con sus ojos y, lo que era peor, fotografiaban las huellas visibles de un suceso cósmico del que únicamente conservan memoria los huicholes.

Forman el obligado círculo alrededor del agujero, mirando hacia el desierto. El viento frío de las alturas agita sus pesadas melenas, pero ellos no parecen sentirlo. Hilario toma el mazo de los dioses-bastones y lo pasa por la cabeza y los hombros de sus compañeros, invocando la ayuda de los dioses.

Las ofrendas —flechas, flores de maíz, velas, una cabeza disecada de venado— van llenando el hueco. Después, Eusebio, el maracame tuerto, riega la sangre y el tejuino y entona sus plegarias. Concluida la ceremonia, Hilario se apresura a soplar y a limpiar el cansancio, los pecados, las enfermedades, utilizando sus muvieris.

Embriaguez de infinito

Descendemos hacia la mesa del peyote siguiendo un camino que se insinúa como un delgado trazo blanco en la cañada que forman las faldas de las montañas. El paisaje nos anula. Los cerros, devastados, semejan templos. La erosión y la sequía han redondeado sus huesos tallando cantiles como gigantescas pirámides truncas, altares y pilastras en las que brilla la cal imponiendo su blancura agresiva sobre el agrio tapiz de los matorrales microfílicos. Cuando el ánimo principia a soportar la carga de esta grandeza inmóvil, de estos objetos trabajados de un modo que no es natural, otras montañas devastadas, como una gruesa marea de lavas, se sobreponen a la grandeza cercana, creando una nueva visión de infinito. El verso de Ungaretti —*M'illumino d'immenso*— aquí, en el desierto americano, cobra un nuevo significado. Mi familiaridad con la grandeza de la sierra huichol no es un antecedente adecuado: tiene una belleza ligeramente convencional, en comparación a esta sierra mucho menos espectacular, pero que ha logrado despojarse de todo lo superfluo hasta quedar como la imagen más desnuda y más pura del desierto-desierto. Aquí no se conciben los bosques, los ríos, las hierbas, las nieblas de la Sierra Madre Occidental. El sol que cae iluminando la monótona extensión de los matorrales tiene la oportunidad de valorar una materia de increíbles posibilidades plásticas, y ciertamente sabe cómo aprovecharlas. En el atardecer, los reflectores solares proyectan sus haces dorando los blancos altares y oscureciendo el rizado vello del fondo de las cañadas, sin perturbar la inmovilidad del paisaje. En el silencio, las pezuñas de los animales se escuchan sonar sobre los esquistos rojos y el grupo de los huicholes, casi invisible a causa del mimetismo del desierto, se confunde con las irrupciones de la cal que también parecen pequeños grupos de indios petrificados.

Hemos llegado a la región donde todo es sagrado. En un recodo, a la orilla del camino, se halla un diminuto charco y el maracame tuerto, llenando una jícara, moja una flor en el agua y les da de beber a cada uno de los peregrinos. Los veo acercarse con los ojos cerrados y sorber ávidamente el agua sagrada. Luego seguimos el descenso hacia las últimas estribaciones de la sierra por un cauce seco de barito, mármoles blancos, granitos negros y pizarras veteadas.

Al salir del arroyo, ya anocheciendo, el gobernador decide acampar en un claro pedregoso abierto entre los matorrales al borde de una loma. Entonces yo no sabía que detrás de esa loma y a menos de cien metros se halla la mesa donde florece el peyote.

Los peregrinos descargan sus cestos y sin dar señales de fatiga empuñan sus machetes y cortan ramas de hojasé y de gobernadora, para alimentar la hoguera ritual.

Otra vez se establece el ambiente de distensión y de tensión combinadas que precede a las grandes ceremonias. El gobernador ordena sobre el itari —una estera donde se ponen los objetos del culto— muvieris de plumas, una cabeza de venado, flechas, jícaras y botellas con sangre y con agua traída del mar, de la laguna de Chapala y de las cuevas de Teacata. Antonio y su mujer cargan las ramas cortadas y los ayudantes del Hombre de las Flechas cruzan los troncos donde debe asentarse la hoguera.

Pedro, el joven minero, resulta ser el propietario de una milpa cercana y como nos invita a saquearla sin limitaciones, al poco tiempo reunimos dos o tres sacos de elotes mientras a las mulas se les da su buena ración de hojas y cañas.

A todo esto la noche ha caído bruscamente. La hoguera arde impetuosa despidiendo un humo perfumado y en las cenizas calientes asamos los elotes y principiamos a comerlos, antes de que otra buena porción termine de cocerse en un balde puesto sobre las espaldas de Tatevarí, el Abuelo Fuego. Los huicholes pueden disfrutar este regalo inesperado sin remordimientos porque antes de salir a la peregrinación celebraron en Las Guayabas la fiesta ritual de los primeros frutos.

El Divino Luminoso

Pasamos una noche magnífica en nuestros sacos, aunque bastante ahumados por la hoguera. Los huicholes durmieron cuatro o cinco horas, y el resto lo pasaron hablando y riéndose mucho de las historias que les contaba Hilario.

En el helado amanecer comen sus tostadas y sus elotes y se disponen a preparar las ofrendas sentados alrededor del fuego. Las flechas no están aún listas, pero calientan trozos de copal teñidos y en poco tiempo "visten" las varas con las líneas azules onduladas que simbolizan el agua y las bandas rojas que representan a Tatevarí.

Cuando terminan de hacer las flechas es ya de día. Cargan las ofrendas y los cestos, dan la vuelta obligada a la hoguera y salimos en fila india. Cruzamos la pequeña loma y no tardamos en pisar el sagrado suelo de Viricota, una extensa mesa donde se unen las últimas estribaciones de la sierra con el desierto salpicado de lejanos y blancos caseríos.

Llegando a la mesa, Eusebio vierte el tabaco de sus bules en una jícara forrada con un paño, humedece unas hojas secas de maíz —totomoxtle—, hace después los bultos y se los entrega a los peyoteros diciendo:

—Aquí les doy el tabaco sagrado, el Corazón del Fuego. Él sabrá guiarlos hasta donde se encuentra escondido nuestro Hermano Mayor, el bisabuelo Cola de Venado.

Los peregrinos sostienen con los dientes el hilo del que cuelga el pequeño bulto, a fin de que el tabaco macuche les permita descubrir al Venado-Peyote y al mismo tiempo los proteja de las serpientes, de los alacranes y los tenaces diablos ocultos entre la maleza, como los ha protegido a lo largo del viaje.

Para mí, Viricota no se diferencia gran cosa del desierto por donde llegamos a Catorce. Es el mismo suelo de grava y cal sobre el cual se extiende el tapiz hosco y desgarrado de las cactáceas y de las plantas microfílicas. Las clavellinas enroscadas como serpientes brillan al fuerte sol y las biznagas en vano tratan de levantar sus felpudas cabezas del matorral espinoso.

Pero, ¿dónde se encuentra el Divino Luminoso? El Divino permanece invisible y como nosotros estamos privados del tabaco mágico, es inútil que nos esforcemos tratando de hallarlo. Los peyoteros, en cambio, ya lo han visto. Tatevarí maracame toma una flecha, señala cinco veces hacia un lugar de la mesa y adelantándose, la clava entre las rocas. Ha encontrado el primer peyote.

El maracame oprime entonces el cuerpo de una ranita —que tenía escondida en la mano— sobre su mejilla, dejando una gota de sangre; hace otro tanto con Hilario y deposita parte de las ofrendas donde localizaron el cacto sagrado. Luego, empleando los mismos procedimientos, descubren otros dos peyotes y después de quince minutos regresan adonde han clavado la primera flecha.

Con pequeñas mazorcas mojadas en la sangre del toro sacrificado durante la fiesta de los elotes y las calabazas, la fiesta de los primeros frutos que inicia el ciclo del peyote, tocan las ofrendas y ya sacralizadas se las ofrecen a los dioses.

Pronto, el sitio donde se descubrió el peyote toma la apariencia de un altar. Figuran en él jícaras votivas decoradas con diminutas figuras de venados, de toros y de niños, una nueva cabeza de venado —la cabeza del gran venado Tamatz Kallaumari— puesta sobre un palo, una piedra redonda que tiene esculpida su imagen, una cola de venado, velas adornadas de listones —una vela por cada peyotero y un listón por cada uno de sus toros y sus vacas— entre las cuales destaca una mayor que representa a los muertos y cuesta cinco pesos, carne seca de venado traspasada por una flecha, ojos de dios, botellas con tejuino y agua bendita, mazorcas y flechas votivas.

Se encienden las velas y dice el maracame: "Que los dioses nos concedan más almas para poder cantar... Hemos llegado a la tierra sagrada de Viricota, hemos cercado y hemos dado muerte a nuestro hermano Watemukame que estaba oculto entre la hierba. Aquí les traemos a los dioses sus ofrendas, su agua y su vino, su sangre y sus mazorcas, sus jícaras y sus flechas. Cuando entramos a Viricota le dimos su ofrenda a Tizkatemai, el Vecino Borracho que embriagó a los dioses por haberse olvidado de él y le rogamos que no hiciera con nosotros lo que hizo entonces con nuestros padres. Vamos a recoger el Niérika, vamos a recoger el peyote. A todos nos dirigimos, a todos les rogamos que nos guíen, que nos concedan buena suerte en la caza. A ti, Hermano Mayor que lloraste como un venado en el momento en que te descubrimos, perdónanos. Lo dijeron los dioses: si hay vida para todos, un venado debe morir".

Hilario ejerce sus actos de purificación pasando una y otra vez por las caras y los cuerpos de los peyoteros, la piedra esculpida y las plumas de sus muvieris. Consagra y limpia repetidamente, mientras Eusebio con su machete desentierra el peyote y lo pone en una jícara especial. Luego, utilizando una flecha, traspasa repetidas veces el cacto y con la punta mojada toca las mejillas, los pulsos, las ofrendas sin dejar de proferir sus conjuros. Pero esto no basta. Vuelve a regar agua, sangre, tejuino y tomando la jícara donde el peyote ha sido cortado en finas rebanadas, como el sacerdote toma el copón que contiene las sagradas formas, se las da en la boca a los peyoteros y arroja el resto al centro del altar. Los peyoteros, sin abrir los ojos, mastican el peyote lentamente y se untan en la barriga la saliva impregnada con los jugos del cacto.

Concluidas las ceremonias a las nueve y media de la mañana, los peyoteros se dispersan en busca del peyote. Es éste un duro trabajo. Durante largas horas vagan por la mesa sosteniendo a la espalda sus cestos. Sus ojos —el huichol sigue siendo en buena parte un cazador y un recolector— penetran en el matorral descubriendo sin esfuerzo las pequeñas estrellas vegetales. En ciertos parajes abundan y en otros escasean, de modo que cuando un huichol localiza un manto llama a los otros y todos se juntan; pero lo usual es que permanezcan aislados, a veces casi invisibles, sentados en cuclillas cortando los cactos, a veces andando como los fantasmas de los huicholes que apenas mueren se dirigen a Viricota y vagan largo tiempo por la mesa buscando a Tamatz Kallaumari.

Las apariencias engañan

Oculto bajo la maleza y por la vecindad de otros parientes suyos, disimulado entre las rocas y las calizas, aun con la ayuda del tabaco es difícil de localizar. Se trata en verdad de una de las cactáceas menos espectaculares. Durante la prolongada sequía, su cuerpo se contrae, su cabeza literalmente se hunde en el grueso cuello de la raíz y casi desaparece. Su estado vegetativo se confunde con un sueño invernal. Llegadas las lluvias el cacto recobra su turgencia; pero de cualquier modo apenas sobresale del suelo, carece de hermosas espinas, y sus flores blancas o rosadas no atraen las miradas de los aficionados ni de los botánicos.

Perteneciente a le extensa familia de las mamilarias, cuando es joven, sus mamas brotan y se redondean un poco al azar en la cabeza de la planta. Al alcanzar la madurez, por el contrario, se aplastan ligeramente y tienden a ordenarse en costillas bien delimitadas. Pueden crecer solitarios o pueden congregarse en mantos que sugieren excrecencias, nódulos y tumores enfermizos.

Los pezones diminutos, las blandas protuberancias con sus extrañas incisiones, los movimientos circulares de los jículis adultos, crean la ilusión de un mundo de metamorfosis, mitad mineral, mitad vegetal, que anticipa los cambios y las formas del sueño mezcaliniano.

El cacto sagrado no es tan desvalido como aparenta. Las paredes de sus células están formadas de capas superpuestas; la exterior, impregnada de cutina, es gruesa e impermeable y todavía, para mayor protección, la reviste una cera grisazulosa que le da su color característico. Gracias a la disposición de sus tejidos, el peyote retiene el agua tan penosamente obtenida y estimula el mecanismo de sus células. La raíz, cubierta de un tejido leñoso, la hace todavía más hermética y sus ácidos y sus sales contribuyen por su parte a facilitar la conservación del agua.

Se habla del peyote como de un cacto lanoso —su nombre azteca de péyotl y su nombre científico de *Lophophora* derivan al parecer de este carácter lanuginoso, y aun el doctor Francisco Hernández se queja de no haberlo podido dibujar debido a los pelos que lo ocultaban—, pero esto no pasa de ser una exageración ya que los pelos de sus areolas son ralos y en ninguna época tan significativos que pudieran dar una base para caracterizar a la planta. En realidad el peyote se distingue por su carencia de rasgos singulares. Es una humilde y pequeña cactácea, un ser vegetal desprovisto de belleza y de utilidad práctica que debe la supervivencia a su aspecto insignificante y la fama, a sus ácidos particularmente perturbadores y peligrosos. El que los indios lo hayan descubierto, experimentando y elaborando en torno suyo una serie de mitos y un ritual sumamente complejo, supone que ya desde una remota antigüedad no sólo habían explorado la extensión de los inmensos desiertos del norte, sino que habían ordenado y sistematizado todas y cada una de sus plantas, como herederos y continuadores de una tradición verdaderamente científica. No los guiaba un sentimiento utilitario y práctico, que también existía en ellos —aprovecharon las cactáceas comestibles, hicieron cuerdas y tejidos de los agaves—, sino un deseo de conocer por el conocimiento mismo, una curiosidad de investigadores de la naturaleza que los llevó a descubrir y a valorar en la flora americana propiedades que sólo han sido descubiertas y valoradas hasta nuestros días.

El auge de la química y de la medicina no ha impedido que sean precisamente los estudiantes de las universidades, los técnicos, las personas dotadas de una más fina sensibilidad o por lo menos los más expuestos a los horrores de la vida contemporánea, los que recurran a los "ácidos" y vean en ellos una posibilidad de fundar una nueva religión y una nueva cultura.

El espíritu con que los indios se lanzaron al ataque de la naturaleza hace diez o doce mil años, no fue superado ni alterado significativamente por los investigadores españoles del siglo XVI. Éstos formaron herbarios, dibujaron las plantas, trataron de estudiar sus propiedades, pero en este campo su esfuerzo no fue tan eficaz como el de los indios. De hecho, vencidos y vencedores vivieron de las conquistas del neolítico americano, de la domesticación de las plantas emprendida en los tiempos del mamut y del tigre dientes de sable. La diferencia, por lo que hace a las plantas alucinógenas, consistió en que los indios creían comulgar con dioses y los españoles con un diablo maligno. Por lo demás, el proceso cultural reconstruido por Lévi-Strauss, se cumplía lo mismo en México que en otras regiones del mundo. La tradición científica establecida por los hombres del neolítico se había interrumpido. El siglo XVI, con todas sus conquistas espectaculares, se inserta en el periodo de la detención, del "estancamiento". El dominio de la escritura y su carácter esotérico servía para aumentar el dominio que la corona y el clero tenían sobre las poblaciones analfabetas del Nuevo Mundo. Cuando las autoridades españolas y los mineros y encomenderos advirtieron los peligros que suponía enseñarles las letras a los indios, pararon en seco el intento educativo iniciado recientemente por los frailes. La escritura vino a llenar el hueco dejado por el lenguaje esotérico de la divinidad que empleaban en sus ceremonias los sacerdotes indígenas.

La comunión con el Divino

La búsqueda del peyote los ha devuelto a su primitiva condición de recolectores. Toda la mañana y buena parte de la tarde, se les ve inclinados, tratando de localizar bajo el manto uniforme y grisáceo de la maleza el cacto sagrado.

En el cielo profundo y sin nubes, casi sólido, el sol asciende majestuosamente y su densa luz amarilla acentúa la extraña inmovilidad del paisaje. Los montes jaspeados, de suaves flancos y redondas jorobas, representan un desfile de mastodontes y dromedarios a los que inmovilizó una fuerza sobrenatural. Están parados en Viricota. Mudos. Pero cuando llegue la noche y el Venado Azul, el maestro del éxtasis, les cante las canciones chamánicas, esos montes hablarán y los cactos, transformados en flores, iniciarán sus rondas mágicas en torno de sus calvas y grotescas cabezas.

Mientras tanto, los peregrinos continúan cortando peyotes y echándolos en sus cestos. Las asociaciones mágicas del paisaje, de la Tierra Santa, han terminado por mimetizarlos. Están a punto de alcanzar la sacralización final. Cubiertos con sus sombreros emplumados, manteniendo en la boca el bulto del tabaco, han terminado por alejarse del mundo profano.

Se han transformado en los dioses cuyos nombres ostentan y sólo piensan en la prueba que los aguarda al caer la noche. De esa prueba dependerá ya no la salud de los niños, ni la obtención de una buena cosecha, sino algo mucho más trascendente: la revelación de su futuro. Si continuarán siendo lo que han sido —vecinos y agricultores oscuros de Las Guayabas— o si Tamatz Kallaumari se dignará elegirlos para que asciendan a los cargos supremos de cantadores, curanderos y rectores de su pueblo. Esperan la gracia, el milagro, como se esperan los dones de los dioses: con terror y con esperanza.

En la tarde regresan al campamento espinados y llenos de arañazos. Vacían los cestos y sentados en el suelo los descortezan —la piel de la raíz guarda cierta semejanza con la de los cuernos de los venados—, los parten y sus pedazos los atan formando collares de la misma manera que atan la carne de su animal totémico.

Gregorio, el niño, ha comido desde el mediodía cinco pequeños jículis y está borracho. Sus pupilas se han dilatado y ríe con una risa un poco tonta que provoca el regocijo de los grandes.

Ninguno ha dejado de trabajar. Detrás de nosotros, las montañas, a la luz dorada del crepúsculo, pierden su densidad mineral. Desaparecen las calizas y principia a invadirlas una claridad mate. Ahora los cerros flotan, como grandes nubes sobre el cauce pedregoso donde acampamos, ya invadido por las sombras.

Después cae la noche bruscamente. Se enciende la hoguera con trabajo. El humo de la gobernadora y la hojasé ahoga las llamas y esparce su aroma. Los peregrinos, sentados alrededor de la hoguera, comen sus peyotes y comienzan a hundirse en el éxtasis mezcaliniano.

Los peregrinos

Es sobre ese lanzarse al abismo, sobre ese riesgo de volverse loco que los huicholes han creado un inmenso ritual, un código de señales secretas, una norma religiosa. Han ordenado la locura y la han sacralizado incorporándola a un sistema de mitos y de símbolos capaz de comprender la elevación espiritual, las cosechas o la salud de los niños.

Aquí están los peregrinos en Viricota, tal como los dejamos, comiendo sus peyotes alrededor de la hoguera. ¿De qué naturaleza son sus visiones? ¿Qué oyen y qué ven en su embriaguez? ¿Su "viaje" tiene alguna semejanza con el que emprenden los fieles de Greenwich Village o la señorita francesa encerrada en su departamento y dispuesta a marcar un número a la menor señal de peligro?

Ha llegado el momento de escuchar las canciones que les canta el Venado Azul Tamatz Kallaumari:

Viricota, Viricota
quién sabe por qué
lloran las rosas.
¿Quién podría decirlo?
¿Quién podría adivinarlo?
Viricota, Viricota,

quién sabe por qué
las rosas lloran.

Los tres chamanes, Hilario, su hijo Eusebio y su hermano Antonio han oído la canción y la cantan acompañándose del violín y las guitarras:

El camino de las rosas
aquí va. Por Viricota va.
Dicen que tú andas
por aquí y yo vengo
a buscarte.
Aunque no estoy como tú,
sin pecados,
yo por aquí ando,
yo vengo por ti.

El Venado Azul sale de la hoguera o aparece en el aire ya que él mismo encarna al Dios del Viento. Canta una sola vez y los chamanes deben esforzarse en aprender la canción de memoria a fin de que puedan transmitirla luego a los demás peyoteros. Por supuesto, todos esperan oír la voz sobrenatural de Tamatz, pero son los elegidos, los puros, los únicos a quienes se les concede la gracia. Hay algunos que regresan sin haberlo escuchado. Una canción de Antonio Bautista expresa el dolor de los defraudados:

Allá fui. Allá donde
los cerros aparecen;
nada oí. Allá fui
donde aparecen
los cerros. No oí nada,
nada oí.

Otra canción habla de la sorpresa con que se ven las cosas del mundo bajo la influencia del peyote. Aldous Huxley quedaba extasiado ante la tela de sus pantalones; los autos que desfilaban por el Sunset Boulevard de Hollywood le parecían un mar Rojo en movimiento. Los huicholes quedan absortos ante los cerros desnudos de Catorce habitados por sobrenaturales:

> Quién sabe por qué
> los cerros se pararon
> allá en Viricota.
> Quién sabe por qué
> los cerros hablan
> allá en Viricota.

No todas las canciones son breves y reticentes. Muchas de ellas se refieren a los orígenes del ritual instituido por los dioses en aquella edad donde el mundo no es rígido sino esencialmente fluido y los hombres asisten maravillados a toda clase de cambios de metamorfosis.

La acción de los ácidos desencadena un doble proceso mágico: el de sentir que se ha recobrado la unidad del mundo y el de presenciar que los objetos sagrados se descomponen y transforman de un modo milagroso. Desde luego estos fenómenos obedecen a ciertas normas ya establecidas rigurosamente. En el trance, lo psicológico, lo individual, apenas interviene y lo que cuenta es una asociación religiosa, es decir, un proceso que cae en el terreno de lo sociológico.

Sin excepción, los huicholes, cuando están bajo los efectos de los ácidos, ven que de los encinos brotan ya formados los violines y los postes que sostienen el calihuey y que del itari —la estera del chamán— sale el bisabuelo Tamatz Kallaumari encarnando la trilogía omnipresente peyote-venado-maíz que rige su vida.

Esta serie de metamorfosis se realiza con la rapidez del sueño mezcaliniano, una imagen brotando de la anterior, una figura naciendo de la otra, multiplicándose a partir de un elemento dado como ocurriría en un cerebro electrónico que se hiciera marchar a base de una clave mágica.

Primera canción del peyote

> Salió el mar, del mar, pasó
> y detrás del mar

vinieron todos los dioses.
Los dioses pasaron como flores,
en figura de flores
vinieron detrás del mar,
y llegaron a la placenta,
al lugar de la placenta
de la que habían nacido.
De la placenta salió la nube
y de la nube salió el ririki
y del ririki nació el venado
que se convirtió en maíz,
que se convirtió en nube
y llovió sobre la milpa.
El mar les habló a los dioses
de los cinco rumbos cardinales
y del mar se vino el Venado Azul,
con Mari, el joven venado
y otros muchos venados pequeños.
Entonces se vio la flecha
y la cabeza del Venado
puestas las dos en el itari.
Los dioses entendieron
el mensaje de la flecha
que se volvió nube,
el mensaje de la cabeza
que se volvió lluvia,
y fueron al coamil
y en el coamil
dejaron su ofrenda.
"¿Qué ocurre en el coamil,
qué ocurre en el seno
de Nuestra Madre Tatei Urianaka?"
—se dijeron los dioses.
"Es necesario saber lo que allí ocurre."
Escondidos en el monte,
asistieron al divino parto
y vieron nacer del itari
las cañas, los jilotes tiernos,

las calabazas redondas,
la flor amarilla del tuki
que los dioses cortaron
y frotándola entre las palmas
de sus grandes manos,
con el polvo del tuki
se pintaron tres rayas
en la cara.
Dijeron los dioses: "Wiwátzirra
fue la cuna del Venado y será
su mortaja porque allí lo tenderán
cuando lo maten en la sierra".
Al hablar así, salió del mar azul
el Venado Azul Marrayueve,
parándose derecho en el itari
y en el norte y en el sur,
en el oriente y el poniente
aparecieron Venados Azules.

Segunda canción del peyote

Vuelan las flores, giran las flores,
una vuelta le dan a Cerro Quemado
y del corazón de nuestro Abuelo
nacen el Venado y el itari.
Los dioses están hablando,
sí, los dioses nos hablan
y nadie es capaz de entenderlos.
Mas he aquí que se ve la flecha
clavada en el centro del itari
y la flecha entiende
el lenguaje de los dioses.
Ahora se ve junto a la flecha
la culebra azul, Jaikayuave,
la intérprete de los dioses,
la que sabe el lenguaje de la flecha.
Nace la lluvia del itari
se desata la lluvia,

y se oye el mensaje de los dioses:
"Hermanos, ha llegado el tiempo
de hacer la flecha de la lluvia."
La cuerda wikurra aparece
en la boca de la flecha
y de nuevo se alzan las nubes
y se forman los dioses
de los cuatro rumbos cardinales.
Se hablan entre sí, se entienden,
están de acuerdo Viricota,
Aurramanaka, Tatei Nakawé,
Tatei Urianaka, San Andrés.
Todos se alzan en el aire,
vuelan en torno de Leunar
y al descender a la tierra
ven la flecha que señala el lugar
donde nació el Venado.
Allí está el itari sagrado,
y acostado en el itari,
descansa Nuestro Hermano
Tamatz Kallaumari.

Tercera canción del peyote

Itari, ahí estas, junto al Fuego
y ahí nació en Venado Azul
que se convirtió en flor.
¿O acaso también
el itari es una flor?
Habla la flor. ¿Por qué habla?
No, es el itari el que habla.
¿O es el corazón de Nivétzika
el que habla por el itari?
Por la flor habla Nivétzika:
"Los pintaré de amarillo."
"¿Por qué los pintas con usha?"
Porque así lo ordena el itari
y así lo ordena Tatevarí.

"Ah, —dice el Abuelo Fuego—,
ya que los dioses no saben comer
yo comeré por ellos."
Oímos, oímos bien la voz de Tai,
las voces de los kakaullaris:
"Ha llegado el tiempo
de hablar con el mar."
"¿Acaso no pueden entendernos?"
Sí, yo puedo entenderlos.
"En Viricota hay una flor que habla
y ustedes la entienden."
Sí, yo puedo entenderla
y entiendo a Leunar, a Aurramanaka
y a Rapavilleme. Los entiendo,
se les oye claro:
"Aquí se quedó el itari,
aquí se quedará con los dioses
para siempre."

(El cantador congrega a los dioses en el itari y añade:)

—Veo el coamil. Se abrió todo. Todo se vio.
Se llenó de cañas y mazorcas y entre las cañas
brotaron las orejas de nuestro hermano
el Venado Azul.
Luego brincó el Venado Azul y se quedó parado
sobre la Madre Tierra, Tatei Urianaka.
"¿Por qué se quedó ahí parado?"
El Venado es el itari
que se está renovando.
Para todos los dioses es el itari
y ellos serán los encargados
de llevarlo a los Cuatro Rumbos.
Sentado se quedó el itari
junto al fuego. Del itari
brotó una rama y de la rama
nacieron las flechas, nació la jícara
nació Ruturi, la Flor del Dios,

y todo se cambió en una nube.
Allí nacieron los cinco iteuri,
los cinco árboles elegidos.

(El maracame señala entonces el lugar donde se pueden cortar los árboles:)

Y del árbol nacieron los calihueyes.
Kievimuka, Aramara,
Parítzika, Rapavilleme,
eligieron sus árboles.
"Los hemos elegido. Ahora deben salir de caza
y levantar su calihuey. Junto al fuego
quedará el itari para siempre.
Allí se va el jaguar. Allí se va.
En el Tepari se alza la figura del Venado
que los dioses vieron correr por una Tierra Blanca."
"Oh, dioses —dice Kauimalli—, su magia
siempre me ha parecido extraña:
el Venado estaba en el Tepari
y ustedes lo ven correr por una Tierra Blanca.
Tienen el poder de hacerlo todo.
Conozco sus velas, y yo, Kauimalli,
se las entrego. Les entrego sus velas."
Dijeron los dioses de los Cuatro Puntos:
"Ésta debe ser nuestra ofrenda.
Así siempre nos será entregada".
"Dime Aurratemai, dime Nakawé
¿cómo haremos para que los niños
no sigan enfermándose?" —pregunta Kauimalli.
"Ésta es nuestra respuesta:
Hagan una flecha, una jícara, una vela.
Después deben cazar un venado.
Si hay vida para los niños,
un venado tiene que morir."

Cuarta canción del peyote

La nube crecía como la milpa.
nació Watukari, crecía y hablaba,
nació el maíz, nació el venado
nació el itari y del itari
creció el encino y el encino
tronaba como la lluvia.
"Yo cercaré el coamil,
yo lo abrazaré, yo lo envolveré,
yo lo haré florecer por entero."
La lluvia envolvió al coamil
y apareció el Venado Azul
acompañado de Mari,
su hermano pequeño.
Echó raíces el encino
y se plantó en los Cuatro Rumbos:
Ahí quedó plantado, echó raíces,
ahí tendido se vio el itari,
el itari se convirtió en nube,
y de nuevo llovió sobre la sierra.
En los cuatro rumbos
tendieron las trampas,
los lazos jatevari,
y en medio de los lazos
brotó el agua sagrada.
El agua se llevó al coamil
donde estaban los dioses,
los kakaullaris reunidos
y todo se bendijo,
la lluvia cayó sobre todos
y la milpa creció sin tardanza.
Se llevó la jícara con el maíz
al ririki y allí renació el encino,
los sostenes del calihuey
y ahí renació la ofrenda.
Los dioses entendieron
que ahí sería su casa

y hablaron de este modo:
"Lloverá en el Tokipa
y allí aparecerá la cabeza
de nuestro hermano Tamatz".
Entonces, de la buena tierra,
de la tierra Japuka,
nacieron los dioses:
Sakaimuka, Dios de los coras,
Takaimuka, Dios de las arañas,
Reutari, la Línea de Sombra,
Kayawarika, Dios del río Tuxpan
y Aturrame, Dios del río Lerma.
Todos se dispersaron,
se regaron por la sierra.
Tomaron sus lugares.[1]

El teatro mezcaliniano del desierto

Durante mi cuarta expedición a la sierra, el aprendiz de maracame Ramón Medina, colonizador del Bajo Lerma y originario de una región limítrofe entre Santa Catarina y San Sebastián, me refirió su sueño mezcaliniano, después de haber comido el cacto sembrado en Viricota. Ya no se trata de un concierto en el que Tamatz Kallaumari actúa como solista acompañado de los violines y las guitarras de los chamanes, sino de una representación teatral cuyos papeles principales están a cargo de Tamatz Kallaumari, nombrado también Tamatz Wawatzari, el Peyote, llamado Jíkuri y Tatevarí el Abuelo Fuego.

Teatro que escenifica con el mayor realismo el misterio de la participación mística, el Jíkuri habla de su metamorfosis en venado, de los maravillosos efectos que desencadena cuando los peyoteros lo comen al caer la noche, y Tatevarí habla de su transformación en peyote y en venado. Al despertar los peregrinos todavía bajo la influencia del éxtasis, hacen alusión a los portentos que han presenciado y el maracame les recomienda silencio:

—Shist, shist, cállense. ¿No les dije que es ésta una cosa secreta?

[1] Canciones del chamán Antonio Bautista Carrillo. Las Guayabas.

Han sido expectadores de una representación sagrada y por ello secreta. La deben guardar para su edificación personal, sin comunicarla a nadie, sabiendo que en ninguna otra parte oirán algo semejante.

"Pláticas de los dioses", sus palabras en este teatro mágico no se oyen, sino se ven como extrañas formas de colores. El chamán es el único que puede traducirlas y devolverles su significado primordial.

Al caer la noche, estando los peyoteros en Viricota, sale Tatevarí Muviéreya, abraza al Jíkuri, y ya dicen:

—Hablemos ahora con Tamatz Kallaumari.

Y comienza la junta, y es el primero en hablar Tamatz Kallaumari:

—Estos tricolores[2] que salen de mi boca son las pláticas que nosotros usamos. Yo soy el jefe de todos. Con mis muvieris, con mis cuernos, yo los entiendo y nos entendemos unos y otros. Nos hemos reunido los tres porque nuestros hermanos y compañeros nos adoran y viven confiados en nuestra sabiduría.

Tatevarí: —Has hablado bien, Tamatz Kallaumari. Tú eres nuestro jefe. Tú nos das órdenes. Y sin ti no nos es concedido el poder de hacer y deshacer.

Jíkuri: —Tiene razón el Abuelo Fuego. Yo soy el cuerpo de Tamatz Kallaumari. Los hermanos que vienen a Viricota saben que me encuentran así siempre debido a que yo obedezco sus órdenes. Ellos me comen. Yo soy su comida, yo entro en su corazón y en su pensamiento, yo corro por sus venas y llego al centro de su carne y de sus huesos. Cuando ellos me comen se les viene una entumisión, se les desguanza todo el cuerpo, y así se dan cuenta de que yo soy el mentado Jíkuri. Yo me concentro en ellos, en los que me profesan voluntad y cariño, yo les ofrezco el sueño, les ofrezco fortaleza, les ofrezco revelaciones, les doy la vida, les muestro lo que deben ver y les enseño a conocer las cosas y los secretos de este mundo. Cuando cae la noche en Viricota sueñan en los tricolores que salen de la punta de los muvieris y estos tricolores son las palabras que les doy —Tukira—, las palabras de los Dioses de Viricota que toman la apariencia de un airecillo, de un

---

[2] Las imágenes en color propias del delirio, las llama "tricolores" Ramón Medina.

viento pequeñito. Esto es lo que ven nuestros hermanos al comerme en gajitos. Ese gajito es sagrado. Ese gajito lleva los pensamientos de mi corazón. Muchos dicen que se trata de borracheras, pero esto es falso. Ya lo he dicho: son las mostraciones de mi corazón. Me les aparezco a media noche y me concentro en mis hermanos que pueden oír y ver. Vivo contigo, Tamatz Kallaumari. Contigo, Abuelo Fuego, dando canciones de mis flores. Yo florezco en flores sedosas y sagradas. Son mis revelaciones, mis canciones, las que muestran el mundo tal como es, las que llevan mis historias, las que ganan las victorias de Viricota.

Tatevarí: —Pues mira, yo también sé convertirme en distintas figuras. Yo también sé convertirme en Tamatz Kallaumari. Soy el Dios Fuego, la Lumbre Brava hecha para incendiar y para quemar. Miren, fíjense cómo voy a levantar mis muvieris. Vean cómo salen de las llamas los cuernos del hermano Tamatz Kallaumari y cómo de sus cuernos brotan flores amarillas, rojas, blancas y azules. ¿Lo han visto? Yo soy Tamatz Kallaumari y yo soy el Jíkuri al mismo tiempo, y por eso nos juntamos los tres y nos comunicamos nuestra sabiduría.

Tamatz Kallaumari: —Dice bien el Abuelo Fuego. Así como ustedes, compañeros y hermanos, ven florecer mis cuernos, así podían ver a los Kakaullarishe de Viricota si cumplen con lo que yo les ordeno.

—Oigan, oigan ustedes —les dice el maracame a los peyoteros— lo que están hablando los dioses; vean, vean las chispas que salen de los muvieris del Abuelo Fuego. No son chispas, son las flores sagradas que cuentan las historias sagradas de los dioses, y esas historias deben guardarlas en su corazón para que mañana recuerden todo lo que oyeron y vieron aquí en Viricota.

—¿Maracame, me estás viendo? —pregunta Tatevarí.

—Sí, te estoy viendo y además comprendo tus palabras y por esto les recomiendo a mis hermanos que tengan cuidado de no cometer algún error al llegar a su tuki. Son pocas las palabras sagradas que conocemos. Sólo cada año, aquí en Viricota, nos es posible escucharlas.

Tatevarí: —Han oído nuestro secreto, algo que refleja nuestro secreto. En ninguna otra parte oirán algo más sagrado y portentoso.

Tamatz Kallaumari: —Bueno, ya conversamos; si ustedes cometen una falta serán castigados. El Jíkuri y el Abuelo Fuego sabrán castigarlos.

Jíkuri: —Sólo cumplimos las órdenes de nuestro jefe.

Tamatz Kallaumari: —Me voy a retirar de aquí. Me voy hasta Parikutzie, mi habitadero, y me despediré con cinco silbidos.

Los peyoteros, concluye mi informante, oyen entre sueños esas pláticas de los dioses, pero cuando ya viene repuntando la guía de la claridad y Tamatz Kallaumari pega el quinto chiflido, los peregrinos despiertan.

—Ah, ah, qué cosas tan bonitas oímos —exclaman recobrándose.

—Shist, shist, cállense —les advierte el maracame llevándose un dedo a la boca—. ¿No les dije que es ésta una cosa secreta?

Experiencia del chamán Nicolás

Fuera de las experiencias rituales, los huicholes resienten personalmente los efectos del ácido. Nicolás, chamán y curandero de San Andrés, me ha confesado que llega a comer hasta diez peyotes grandes. "Entonces, suenan las guitarras y los violines, me sale una cosa roja de la cabeza y veo que cae una especie de llovizna en el campo; los árboles se oyen como si estuvieran hablando; parece que encima de mí hablara mucha gente y yo siempre me asusto porque oigo las voces y no veo a nadie."

Nicolás no sólo es uno de los huicholes más inteligentes que he conocido sino una de las grandes personalidades religiosas y civiles de San Andrés. Hizo treinta y dos veces la peregrinación a Viricota; ha sido seis años guardián de la jícara de Tatei Uteanaka, la diosa de los Pescados, y seis años el guardián de la jícara de Parítzika, el patrón de la caza: ocupó el cargo de gobernador y figura destacadamente en el consejo de principales. Como guardián de Uteanaka y de Parítzika tenía la obligación de llevar a Viricota sus jícaras realzadas con figuras de pescados o venados, sus flechas y sus velas, y de vigilar que el cazador o el pescador cumpliera sus deberes religiosos.

Nicolás, en mayor medida que los otros huicholes, es incapaz de sustraerse al contexto religioso que norma su vida desde pequeño. Con estas palabras describe su primera experiencia:

"Yo tenía veinte años cuando llegaron los peyoteros al calihuey de San Andrés, después de su viaje a Viricota. Como no sabía que los jículis emborrachaban, comí ocho o diez peyotes grandes y me fui a cortar leña con unos compañeros. Llegando al bosque me subí a un árbol y traté de tumbar una rama hasta que el machete se quebró. Todo esto me lo dijeron después, porque yo estaba perdido y no recuerdo lo que hice de las siete de la mañana que salí a las cinco de la tarde que bajé del árbol. Entonces oí el ruido de un tren que pasaba y a mucha gente que venía cantando detrás del tren.

"Un 'señor' me dijo que yo iba a ser curandero y maracame, y debía aprender ese canto para que un día lo cantara en la misma forma y pudiera curar a los enfermos. El 'señor' era como un venado. Tenía cuatro patas y cuernos pero hablaba como una persona."

La experiencia de Nicolás, su nada placentera embriaguez en la que el terror se asocia a las bien conocidas alteraciones de la vista y del oído, desemboca finalmente en el venado y en la revelación de su poder chamánico, porque los huicholes, cuando comulgan con el peyote, de un modo consciente o inconsciente, siempre esperan algo concreto de la divinidad oculta en el cacto sagrado.

Experiencia del chamán Hilario

En una sociedad donde abundan los chamanes es natural que el neófito se interese por saber si los dioses le reservan la gracia de ser un chamán bueno o la desgracia de ser un chamán malo, ya que en Viricota, como en el tiempo originario, hay dos tokipas, uno gobernado por el supremo cantador, el bisabuelo Cola de Venado, y otro gobernado por los maracames infernales encargados de manejar las artes de la magia. El chamán sabe además que una parte de los quebrantos y enfermedades que afligen a los huicholes se debe a las maniobras de los brujos y para combatirlos adecuadamente, ha de conocer muy bien el mecanismo de la hechicería.

La experiencia del chamán Hilario, cuando apenas era un aprendiz de maracame, es significativa por lo que hace a la magia relacionada con su primera embriaguez. Según el relato de su hijo

José Carrillo, Hilario comió al mediodía muchos jículis en Viricota para saber lo "que le decían los dioses". A las siete se perdió y oyó que todos los dioses le hablaban. Uno de ellos le dijo: "Como tienes interés en ser cantador, yo quiero enseñarte lo que es bueno y lo que es malo. Hay algo aquí que puede hacer mal y debes conocerlo. Ven conmigo, yo te lo voy a mostrar". Hilario, obediente, lo siguió, y el dios le dijo la segunda vez: "Han salido muchos cantadores que sólo tratan de hacer el mal y no de defender a los suyos. ¿Quieres verlos? Están más adelante. Acompáñame". A la tercera vez, ya muy lejos, le habló de esta manera: "Ve lo que hace aquella gente".

—Mi papá vio a un maracame con sus muvieris hechizados de plumas de buho y de lechuza y a muchos hombres que cantaban y alegaban sobre cosas de hechicería. "Es necesario que los mires de cerca —le aconsejó el dios—, es necesario que andes un poco más."

A la cuarta vez la exigente deidad lo arrastró a mayor distancia diciéndole: "Mira a ese hombre. Está hechizando, está matando a la gente. Tú debes portarte bien; ser un buen maracame aunque te ofrezcan toros y te ofrezcan dinero por echar brujería. ¿Has visto bien todo? Ahora, sigamos adelante".

A la quinta vez le dijo el dios: "Aquí es donde castigan a los brujos. Abre bien los ojos y no pierdas nada de lo que está pasando".

En aquel lugar dos hombres calentaban en la lumbre un fierro largo, como una flecha, y los topiles llevaban a un brujo prisionero. Lo sentaron en el suelo, lo amarraron y después le fueron metiendo el fierro candente por el trasero hasta que le salió por la boca. Ensartado, lo pusieron entre dos horquetas y le daban vueltas, para asarlo, saltando, bailando y gritando que se lo iban a comer.

—Mi papá estaba asustado y no podía hablar. El dios le dijo entonces: "Vuélvete hacia el oriente, hacia donde sale el sol. Aquí también hay luchas y hay dificultades entre nosotros. Mira a esas tres iguanas: a la amarilla que pertenece al sol naciente y se halla en el este, a la roja que pertenece al sol poniente y está en el oeste, a la verde que pertenece a las regiones subterráneas y está en el centro".

Las tres iguanas estaban en un peñasco colorado y luchaban

lanzándose flechas y piedras brillantes como urukames, tratando de hechizarse. La iguana amarilla dijo: "Ya sólo me queda esta flecha" —y la arrojó con fuerza a la iguana verde. La iguana verde, herida, cayó del peñasco y todas las iguanas que contemplaban la lucha principiaron a morir. "No me vean porque nos acabamos todas" —dijo la iguana amarilla, y se metió en un agujero del peñasco.

"Ten muy presente lo que estás viendo —le dijo el dios a mi papá—. Estas iguanas son compañeras de los maracames malos. Ellos las utilizan para arrojar flechas embrujadas y espíritus de los muertos a los que desean causar algún daño. Ven conmigo, quiero enseñarte otra cosa."

Un poco más lejos estaba en el oriente un gran escorpión amarillo y en el poniente una culebra negra del río luchando entre sí y arrojándose flechas.

Le dijo el dios a mi papá: "Este escorpión siempre le gana a la culebra porque es propiedad del sol y lo está defendiendo de las culebras que quieren hechizarlo. Los brujos son también iguales a las culebras y como no pueden estar en compañía del sol tratan de hechizarlo y de hechizarnos a nosotros. Están contra todos, como están las iguanas verdes y las culebras prietas. A ti te corresponde defender al sol y defender a los hechizados".

—En la madrugada se recobró mi papá. Lo que aprendió en Viricota esa vez cuando comió la flor, no habría de olvidarlo nunca.

Experiencia de Panchito, aprendiz de cantador

(Panchito es uno de los vecinos más respetables y queridos de Ocota. Como todos los huicholes, aspira a ser maracame y aunque durante cinco años ha sido ayudante de cantador, todavía se halla a medio camino, posiblemente debido a que le falta la audacia y la confianza en sí mismo que caracteriza a los maracames. Hombre tímido y bondadoso, su experiencia mezcaliniana está ligada al problema que lo obsesiona: llegar a ser un chamán de primera fila.)

—Fui siete veces a Tzinurita —una mesa cercana a Catorce donde se da en abundancia el cacto sagrado— sin que oyera a los venados. Nada pasó hasta la octava vez, en que a la media noche, estando borracho, se me acercó Aik, una serpiente negra del agua de dos metros de largo, y estuvo un rato conmigo. Luego se fue y llegó Watemukame, el Venado Chico, y me aconsejó como si fuera mi padre: "Ven otra vez a Tzinurita, come otra vez peyote y aquí me encontrarás. Yo te daré algo valioso, algo para que puedas ser cantador". Un poco después llegó el Venado Mayor Ishikuikame y me dijo: "Cuando regreses a tu casa no comas sal en las comidas y no te acuestes con tu mujer. Duerme solo, junto a la lumbre, para que te cuide Nuestro Abuelo Tatevarí. Mira —dijo cortando un jículi con los cuernos—, aquí te dejo este peyote, cómelo. Es mi regalo. Oye al sol, está subiendo y golpea cuatro veces en el interior de la tierra. ¿Lo has oído? ¿Has oído sus cuatro golpes?" "Sí, lo he oído" —le contesté. "Amaneciendo —dijo despidiéndose Ishikuikame— me buscas en ese cerro. Ve solo. Allí me encontrarás."

En el alba desperté y traté de orientarme: parece que los venados me dijeron que en aquel cerro encontraré peyote, uno grande y encima tres chicos: es una niérika (la cara de dios). "No comas el grande —me advirtieron—, sólo los tres pequeños"... Me fui al cerro. Allí estaban los peyotes. Guardé el grande en mi pañuelo, me comí los tres chicos y regresé borracho adonde estaban mis compañeros. Me senté junto al fuego y poco tiempo después me recobré. Llegando a mi casa sembré el peyote y desde entonces duermo solo, no como sal y debo volver dos veces más a Tzinurita, porque Ishikuikame me dijo que en el décimo viaje me daría permiso de ir a Leunar, el Cerro Quemado. Los tres peyotes chicos que comí me enseñaron tres cantos y yo los aprendí en el corazón, pero sólo Tamatz Kallaumari me enseñará a cantar en Cerro Quemado. Los maracames saben diez cantos; yo sé los tres que me cantaron los peyotes.

(Le ruego que me los diga y Panchito se niega:)

—No, no puedo decírtelos. Sólo mi mujer los conoce. Yo no soy cantador. Puedo cantar dos horas en una casa, pero en las fiestas sigo al maracame; él es el único que canta las canciones de Tamatz y a mí me permite nada más cantar un poco.

En la última seca que fui a cazar venado, me emborraché y vi parado muy cerca de mí a Watemukame. Me habló de esta manera: "Yo soy el que te habló en Tzinurita. Yo soy ése. Yo soy Watemukame. ¿Por qué quieres matarme?" Al volver en mí, el Venado había desaparecido y un compañero me preguntó: "¿Por qué no le tiraste? El venado estaba cerca de ti". Yo tuve que guardar el secreto y le contesté: "Se me descompuso el rifle y no pude tirarle".

El secreto de la esfinge

La esfinge, al ser interrogada, puede descubrir una parte oculta de nuestro yo, pero guarda silencio sobre la manera de utilizar esta revelación porque los adeptos del LSD, a diferencia de los huicholes, carecen de una "expectativa de salvación". Los huicholes emprenden el viaje al remoto país de Viricota tratando de repetir la cacería mágica del Venado realizada en el tiempo originario.

La peregrinación supone un sacrificio y una exigencia de pureza. La carne, que constituye su único pecado, es el rasgo más persistente de lo profano, su mancha indeleble, y a fin de ser dignos de comulgar con el Divino Luminoso, debe ser borrada mediante la confesión general y una serie de escrupulosas y obsesivas limpias rituales.

¿Adónde se viaja? ¿Qué itinerario va a seguirse? El cliente del LSD, de acuerdo con la propaganda turística, hará un viaje al centro de su cerebro. Traspasadas las barreras defensivas de su coherencia, alterado su funcionamiento mental, asistirá indefenso a la dispersión y fragmentación de su yo, no tendrá antídotos contra el miedo, y el vislumbre de sus pequeños infiernos, de la inutilidad de su vida, lo sumirá con frecuencia en un estado depresivo que no compensará el deleite momentáneo que pueda proporcionarle la droga.

El viaje para los huicholes, en cambio, está sujeto a un itinerario fijo: son los dioses los que lo han trazado a lo largo de las serranías y de los desiertos. En cada una de sus jornadas ha ocurrido un hecho relacionado con hazañas sobrenaturales. A partir de Tatei Matinieri se entra en un grandioso templo natural —Ririkitá— que tiene puertas mágicas defendidas por venados y una verdadera escala chamánica al final, con cinco altares azules, por los cuales se asciende a la cumbre de Leunar donde brotó el sol recién nacido.

Los peregrinos, a medida que avanzan por este paisaje encantado, hacen sacrificios y presentan ofrendas a los dioses que jalonan la ruta, un modo de recobrarlos y de adquirir su divinidad, ya que ellos mismos ostentan su nombre, son sus dobles y sus representantes.

Para el huichol que está bajo los efectos del peyote, la dispersión del yo se traduce verdaderamente en la comunión con el todo; el miedo anuncia la presencia de la divinidad; "oye" los cánticos de los dioses, de los árboles, de las rocas, sus palabras misteriosas y resonantes; "ve" salir del fuego a Tamatz y cómo se transforma en extrañas y luminosas flores, en guirnaldas de flores que coronan la cabeza de Leunar, y a las flores convertirse de nuevo en venados azules, y los venados en nubes y las nubes en lluvia que cae sobre sus milpas. Éste es el tiempo de la creación, de la edad virginal, de los primeros días donde regían los Formadores rodeados de plumas verdes y azules. El huichol lo ha recobrado en Viricota.

Tatei Matinieri

Nuestro pequeño grupo rehace el camino en sentido inverso, esta vez hacia Valparaíso. Los peregrinos, con sus cestos a la espalda cargados de peyote, avanzan ligeros en el paisaje lunar que en las primeras horas de la mañana ofrece la apariencia de un aguafuerte. Sobre las extensiones desiertas de las gargantas y los puertos de la sierra brilla el sol y la blancura de sus pedregales calizos contrasta de un modo violento con las negras y misteriosas cejas de las colinas —oleajes de lava petrificada— y las masas, todavía oscurecidas, de las montañas cercanas.

En el silencio de las alturas sólo vuelve a escucharse el sonido de las pezuñas. Entre dos montañas se abren los llanos de San Luis Potosí, los blancos caseríos, el fondo luminoso de las sierras, meta final de nuestro viaje.

Desfilan las murallas y las rampas destruidas del Real de Minas, las casas invadidas de Potrero, el desierto-desierto, la muchedumbre inmovilizada de las opuncias, las calles aldeanas de Cedral donde hemos dejado el autobús.

La avidez renovada por las plumas y sus cómicos incidentes son las únicas variantes del viaje. Cada vez que Hilario descubre un guajolote, lanza grandes gritos, golpea con sus dos manos la cabina del chofer y lo obliga a detenerse. Los campesinos no pueden entender por qué estos seres extravagantes se empeñan en dejar a sus aves desplumadas y pasada la primera sorpresa reaccionan exigiendo precios desmesurados, lo cual dificulta mucho las operaciones mercantiles. En Cedral, donde estuvimos dos horas, se organiza un verdadero mercado negro y antes de partir, una docena de vecinos llevando toda clase de guajolotes asalta el camión, pidiendo cincuenta pesos por un manojo de plumas ceremoniales.

Nos libramos de ellos proponiendo sumas tan bajas como son altas sus propuestas y al final de los complicados tratos sólo cuatro o cinco peyoteros logran adornarse con los ansiados penachos. El resto habría de satisfacer su exigencia ritual durante la cacería mágica del venado, complemento obligado de la peregrinación a Viricota.

El camión se desliza a lo largo de las pulidas carreteras y el desierto impone alternadamente sus poblaciones vegetales: las palmas —*Yucca carnerosana*—, de cabelleras rígidas y brazos implorantes, las opuncias, los finos haces del *dasylirion*, los bosquecillos de mezquites —*Prosopis fuliflora*—, quizá la planta más extendida del país, los huizaches de largas ramas espinosas y los arbustos de hojas microfílicas.

Algo, sin embargo, no parece marchar bien. Hilario, a medida que avanzamos, da muestras de una inquietud creciente. Según lo que puede traducirnos Jerónimo "Pies de Tortuga", el gobernador debe visitar Agua Linda, un lugar particularmente sagrado del viaje, pero como no es capaz de precisar dónde se localiza y esta incursión en lo desconocido supone complicaciones y gastos imprevisibles, le ordeno al chofer que avancemos a todo lo que pueda a Valparaíso o al menos a Fresnillo.

Jerónimo, embajador de Hilario, me visita varias veces y la presión aumenta: el gobernador está dispuesto a bajarse del autobús con los suyos y abandonarme allí mismo, si no lo conducimos a Agua Linda. Consideramos de nuevo la cuestión y después de largas discusiones en que las señas tienen más importancia que el castellano y el huichol, se obtiene una referencia aceptable: Agua Linda no está muy lejos de Salinas. Fatigado, me entrego en manos de Tamatz Kallaumari, el benévolo dios de Cerro Quemado:

el autobús se desvía y entramos a la ciudad de la sal ya cerrada la noche.

Nuestra llegada a la pequeña plaza de Salinas provoca como de costumbre una gran expectación. Se reúnen los curiosos y nos preguntan sobre el objeto de nuestro viaje. Hilario, manteniendo siempre sus dioses-bastones a la espalda —por desgracia ningún vecino sabe lo que anuncian las banderas rojas— habla con su fuerte acento huichol de una misteriosa Agua Linda, pero es indudable que nadie conoce ese lugar.

Al cabo de mucho tiempo se aproxima un ranchero y haciéndose repetir el nombre del lugar, pregunta dubitativo:

—¿No se trata de Agua Hedionda? Por ahí acostumbran pasar algunos huicholes en esta época del año.

—Agua Hedionda —confirma exaltado Hilario—, Agualinda, Aguahedionda sí. Aguahedionda. Allá vamos.

La Hedionda resultó ser una ranchería situada a treinta o cuarenta kilómetros de Salinas, en medio de la región desértica menos visitada de San Luis Potosí, adonde —fatalidad inexorable— no podía llegar nuestro autobús. Hubo por lo tanto necesidad de contratar un camión de carga que al amanecer del día siguiente nos condujera no a La Hedionda, como ha sido bautizada por los mestizos, sino a Tatei Matinieri, una de las estaciones claves de la peregrinación. Ahí viven Tatei Turikita y Sturiviakame, diosas de la fertilidad y de los niños, en una casa florida rodeada de agua habitada por serpientes de cinco colores.[3]

El lugar de las aguas mágicas

El viernes a las siete salimos de Salinas. Los peyoteros, envueltos en sus cobertores desteñidos, tiritan de frío. Sobre la tenue niebla que oculta los arbustos se destacan las figuras espectrales y no por ello menos familiares de las palmas. Jerónimo y Gregorio

---

[3] Añade Zingg que "alrededor de la casa también hay cuentas de chaquira, porque los cazadores del peyote al pasar le dejan chaquiras a Sturiviakame. Pisar una de ellas, sin embargo, significa la muerte de un niño. Por ello los cazadores del peyote tienen que pisar cuidadosamente cerca del pantano. Además, cuando pasan deben cruzar el *arroyo* [sic] dando cinco saltos. Si fallan, esto significa también la muerte de un niño".

van cuidadosamente vendados de los ojos. De tarde en tarde cruza el páramo un coyote con su característico trotecillo.

Una hora después llegamos a las casas de adobe de La Hedionda, que se comunica con otras rancherías por veredas abiertas entre los mezquites y los grisáceos matorrales del desierto. Los peyoteros compran en un tendajo, velas, galletas, chocolate —se advierte que el dueño es el proveedor habitual de los huicholes— y en fila india nos dirigimos a Tatei Matinieri donde se inicia Ririkitá, el inmenso templo natural que termina en Viricota.

La casa florida de las diosas, "el lugar donde nacen los niños", no es otra cosa que un pantano de reducidas proporciones, y las serpientes de color que rodean la morada de las diosas, un agua verde y remansada, cubierta de trechos de hierbas y de líquenes.

Los peyoteros se descubren. Eusebio, armado con sus muvieris, se dirige a los cuatro puntos cardinales, pronuncia sus largos conjuros y todos se sientan a la orilla del agua. Por un momento el lugar cobra su apariencia sagrada. Oasis diminuto en medio de un desierto saturado de sales y calizas, el agua verde y azul se tornasola, y los jarales, las flores amarillas y perfumadas de la altamisa, liberadas de la niebla resplandecen tocadas por los dedos del Padre Sol. A corta distancia pacen las cabras y los terneros recentales de los vecinos.

La preparación de las ofrendas se lleva tiempo. Es increíble lo que un chamán puede cargar en su canasto: las petacas con los muvieris, las botellas en que han traído la sangre, el sotol y el tejuino, las imprescindibles flechas a las que se atan mazorcas, pequeños tejidos, copos de lana, huaraches diminutos, jícaras rebosantes de cactos, carne seca de venado, maíz, tostadas y otra serie de botellas vacías y de calabazos para llevar a Las Guayabas el agua de los lugares sagrados.

Tatei Matinieri es un eslabón fundamental en la ruta del Divino Luminoso. Todo lo que se refiere a la fecundidad, al nacimiento, a la salud y a la fertilidad, tiene su fuente en estas aguas mágicas, de ellas deriva una parte considerable de su fuerza vital.

Hilario, aparte de su tarea ya bastante pesada de alistar las ofrendas, debe limpiar, valido de sus muvieris, las enfermedades y los hechizos que puedan haber contraído los peregrinos.

Listas las flechas, adornadas las velas, Eusebio toca con ellas las cabezas inclinadas de los peyoteros y pasa los manojos al gobernador. Luego, viene la ceremonia de entregar a las diosas sus ofrendas. El agua se viste de flechas, de ruturis bordados, de flores, de velas ataviadas con listones de color.

Eusebio mira el agua y dice después de haber desvendado a los matewames: "Aquí te presentamos a estos dos hermanos nuestros que por primera vez vienen a Viricota. Velos tú Madre Nuestra, Tatei Matinieri, velos bien a fin de que los reconozcas y no te olvides de ellos. Para venir hemos matado a un venado y a un toro. Te traemos la ofrenda de su sangre. Hemos cumplido nuestra promesa. Recibe también las flechas de nuestros niños y las jícaras de nuestras niñas y de nuestras mujeres. Dales salud y larga vida y danos también suerte en la caza".

A doscientos metros de este primer charco, en una hondonada tapizada de yerba se hallan unos ojos de agua llamados Tzaurirrita y Nariwame Makanieri, habitados por los dioses de los diferentes templos que allí se congregaron para dejar sus ofrendas. Tzaurirrita tiene virtudes especiales. A ella se dirigen los peyoteros que desean acceder al rango de maracames y curanderos y los campesinos que solicitan buenas cosechas.[4]

Los chamanes, utilizando las flores de la altamisa asperjan con esta agua las ofrendas, las cabezas de los peregrinos, los violines, las guitarras, las ropas y los canastos. Se trata más bien de una limpieza ritual y no precisamente de un baño.

Cada peyotero se quita la camisa acuclillándose en el suelo e Hilario, después de soplar sus muvieris, arroja la enfermedad, el cansancio, los diablos del camino. Los limpia una y otra vez, los palpa, los oprime, y por último toma una generosa porción de agua sagrada, la retiene en la boca inflando los carrillos y la expele ruidosamente sobre el torso desnudo de los peregrinos.

De nuevo los charcos se adornan de flechas, de una tosca cruz en la que han clavado centavos y de un cromo que representa a San Antonio bendiciendo a los animales.

---

[4] En realidad no hay acuerdo acerca de los nombres de estos charcos y ojos de agua, ni sobre los dioses que allí tienen su morada. Los peregrinos de Ocota piensan que el charco principal está consagrado a Tatei Matinieri y el resto a Tatei Urianaka, Tatei Aramara y Tatei Sakaimuka, la deidad de la tierra, la deidad del mar y la deidad de los coras.

El agua corre por sus espesas cabelleras, por sus caras, por sus espaldas. Al llegarle su turno a Hilario, recibe el baño dando saltos y haciendo muecas espantosas, lo que no le impide, unos segundos más tarde, emocionarse hasta las lágrimas cuando inclinado sobre el charco bebe unciosamente el agua de la fertilidad en el hueco de sus manos.

Tomamos el autobús en Salinas y ya de noche alcanzamos Valparaíso, donde la mañana siguiente me despido de todos. Nuestro viaje a la Tierra del Divino Luminoso será inolvidable. El haber permitido que un intruso presencie ceremonias y visite lugares severamente prohibidos a los extraños, supone una tolerancia amistosa incompatible con sus costumbres y sus convicciones más arraigadas.

Hilario me invita a la fiesta del peyote que se celebrará en Las Guayabas tan pronto regresen de la cacería con que concluye todo viaje a Viricota y por primera vez me da un apretón de manos. Lo veo marcharse llevando a la espalda los dioses-bastones y pienso que este gobernador, chamán, curandero, patriarca de su pueblo, mezcla de majestad y de camaradería, de severidad religiosa y de exaltación lúcida, como otras grandes personalidades indias, es merecedor de otro destino.

El regreso de los peyoteros

Dos semanas después de haberlos dejado en Valparaíso, nuestros amigos los peyoteros no regresan de la sagrada cacería del venado y comienzan a difundirse rumores contradictorios y alarmantes. Unos dicen que andan por las montañas de Mezquitic, otros que Antonio, el hermano menor de Hilario, está gravemente enfermo, otros más juran haberlos visto pasar cerca de San Andrés cargados de venados muertos.

Instalado en este centro ceremonial, voy todas las tardes al borde de la mesa y trepado en las rocas que dominan la barranca de Las Guayabas, trato de observar si el lejano y casi invisible calihuey da señales de vida. El calihuey permanece abandonado, lo cual es un indicio cierto de que en efecto los peyoteros no han regresado.

A fines de la tercera semana se confirma que Antonio ha sufrido una pulmonía a orillas de Chapalangana. La enfermedad, causada por alguna infracción al ritual que provocó el enojo de un dios no identificado hasta ese momento, desencadena una serie de conjeturas y de observaciones malignas inspiradas tanto en la teología como en el rencor tribal sobre nuestro viaje a Viricota y la forma nada ortodoxa en que se había realizado.

Cuando José, hijo de Hilario, maestro de escuela y mi principal informante en San Andrés, me da una mañana la noticia de su regreso, las especulaciones han logrado crear una atmósfera de tensión. Cinco meses más tarde, al volver a la sierra, pude conocer el desenlace de este misterio; entretanto, cansado de la larga espera, monté una mula y seguido de Marino Benzi me apresuré a darle la espalda a San Andrés y a las enconadas disputas de sus teólogos.

El calihuey de Las Guayabas, situado abajo de un frondoso salate, es menos grande que el de San Andrés. Según la costumbre, enfrente se extiende un espacio despejado, recuerdo del patio que en otras épocas formaba parte del templo y donde se realizan todavía las antiguas ceremonias. A un costado sólo se ven dos viejas techumbres de paja sostenidas por troncos. El lugar y el templo están desiertos y silenciosos. Decidido a presenciar la llegada del enviado de los peyoteros llamado Naurrari, "el que cuenta", extiendo mi saco de noche y aguardo pacientemente. A las cuatro, de un modo brusco, surge el Enviado entre la Milpa como un fantasma, da dos vueltas al patio y entra al calihuey donde arde una hoguera desde la mañana. El Enviado aparece y desaparece tan rápidamente que Marino, no obstante que saltó sobre su cámara con la soltura de un gato, no logró tomarle ninguna fotografía.

No se puede reconocer a nuestro amigo bajo el suntuoso atavío del Naurrari. Rayas y puntos amarillos invaden su rostro medio oculto por el sombrero cuajado de largas plumas de guajolote, también pintadas de amarillo; lleva las horquetas del fuego en una mano, de su pecho cuelgan los bules de tabaco, una ardilla disecada, pesados morrales con peyote y ¡oh sorpresa! las dos cantimploras de plástico compradas en Catorce. Hay algo en él de misterioso y lejano; su pureza ritual, las pruebas sufridas, su contacto con los dioses de Viricota le confieren un carácter sagrado que a pesar de su traje sucio y de sus huaraches de llanta hace pensar en los sacerdotes enviados de los dioses, cuando surgían inesperadamente ante la mirada de los devotos que llenaban las plazas de los centros ceremoniales.

Adentro del calihuey, extiende las ofrendas sobre el itari, se limpia los pies con las horquetas que arroja al fuego, da una vuelta y clava su flecha enfrente del itari. Los matorrales de peyote ocupan su sitio en el altar; luego, sobre una piedra monta a la ardilla transformada en un gran personaje y se sienta dando la cara al fuego. Su inmovilidad es total. Nosotros estamos junto a él, tratando de espiar un signo amistoso en la cara de nuestro compañero de viaje, pero el Naurrari, ebrio de peyote, se ha cerrado al mundo exterior.

Cumple su misión. Le está dando cuenta al Abuelo Fuego de los pormenores, aun los más insignificantes, de su viaje. De tarde en tarde extiende la mano, toma un peyote y se lo come parsimoniosamente. En el silencio del calihuey, donde se escucha el crepitar del fuego, el Naurrari percibe otros fenómenos que nuestros sentidos son incapaces de advertir. De acuerdo con la versión de un famoso maracame,[5] el sol marchando hacia el ocaso señala el paso del tiempo, como si fuera un reloj, sonido que repite el fuego y sólo es perceptible para el oído del Naurrari, lo cual, después de todo, justifica con amplitud su extraño ensimismamiento.

Abandonamos al Enviado absorto en sus visiones mezcalinianas y nos vamos con José en busca de los peyoteros que por imperativos rituales permanecen a un kilómetro del calihuey. Están entregados a los preparativos de la gran fiesta del peyote. Antonio Bautista, con el semblante desencajado y los ojos melancólicos del que ha visto muy de cerca la muerte, armado de un largo cuchillo, termina de destazar a un borrego negro; Hilario ha salido de la cacería con los ojos enrojecidos, una pierna golpeada e hinchado uno de sus pies al grado de que no puede usar el huarache; el resto de los peregrinos, mostrando las huellas de las fatigas y los ayunos en sus caras, pintan validos de una paja los signos amarillos del peyote sobre las guitarras, los violines y las plumas de los sombreros.

En la barranca, dominada por los granitos rosados de la mesa

---

[5] Pedro Haro, de Ocota.

de San Andrés, el clima es dulce y tibio. La luz del sol poniente ilumina las altas hierbas, los maizales maduros y la hojas de los robles, acordando una gama de oros, amarillos y pajas que brillan bajo el cielo otoñal en el que todavía flotan las redondas nubes del pasado verano. Y en medio de esta paz, en el paisaje eterno de la sierra, los peyoteros se entregan, como hace tres mil años, a las mismas tareas religiosas.

Se siente, aun sin hablarles, que están contentos de haber regresado, de haber recobrado su casa, que no es precisamente la cabaña o el cuarto de adobe privado de ventanas donde ellos duermen o mueren, sino algo mucho más vasto y complejo: el paisaje, los toros, el maíz, los fantasmas. Yo entiendo ahora un poco mejor los sufrimientos y las pruebas a que los someten sus peregrinaciones anuales fuera de la sierra.

Sin embargo, la incorporación de los peyoteros a lo suyo es todavía más simbólica que real. Su carácter sagrado les impide llegar a sus casas y ver a sus mujeres. De hecho, sufren una especie de cuarentena. Los niños, debido a su limpieza ritual, son los únicos que pueden acercárseles y llevarles comida, sin peligro de contaminarse. Entre la casa del gobernador y la colina donde se encuentran sirve de intermediario el pequeño Gregorio que aparece con su sombrero cubierto de plumas de guajolote y sus huaraches nuevos, llevando en un paño las gordas de su abuelo el gobernador. Eusebio, el maracame tuerto que ha podido hacerse de unas plumas de guacamaya a orillas del Chapalangana, carga en brazos a uno de sus hijos y a cada rato se agitan las yerbas y aparecen los niños de los peyoteros con mensajes o tortillas.

Hilario, mientras se unta una pomada de yodo en su pie hinchado, me habla de sus desventuras. Antonio Bautista agonizó dos noches y nadie pensaba que regresaría vivo a Las Guayabas; las lluvias pudrieron la mitad del peyote recogido en Viricota; se terminó su provisión de tostadas y algunos días no tuvieron qué comer. Su tono es lastimero; de tarde en tarde se rasca su espesa melena y escupe. Los peyoteros asienten lanzando prolongados aah, aah, aah, aaah.

Sueños de riqueza

En el calihuey están encendidas muchas delgadas velas sobre el altar donde apenas hay sitio para los morrales del peyote, las jícaras y las flechas votivas. Arde impetuoso el fuego y el humo que no alcanza a salir por las angostas aberturas de la techumbre, va invadiendo poco a poco el espacioso templo. Principian a llegar las mujeres de los peyoteros con las mejillas pintadas de soles amarillos. El Naurrari permanece inmóvil y silencioso, reclinado en uno de los postes del calihuey y manteniendo en las rodillas su sombrero emplumado.

A las once el calihuey está lleno de niños, de mujeres, de hombres que no fueron a Viricota. El Naurrari, arrancándose a sus visiones interiores —debe comer tantos jículis como peyoteros fueron a Leunar—, le da a cada mujer el peyote enviado por su marido siguiendo el orden jerárquico establecido en el viaje.

Las mujeres, sentadas en el suelo, con la cabeza inclinada y el rostro serio, descortezan los peyotes y principian a comerlos despacio. Media hora después sienten los efectos del Divino. Pueden escuchar las músicas y las canciones de sus maridos, lo cual es una forma del trance, pero el ritual de la fiesta les exige una especie de lucha con el peyote, un esfuerzo por mantenerse alertas y participar en el juego que se prolongará toda la noche, si bien se sabe de antemano que en esta lucha terminará venciéndolas el cacto sagrado.

El juego está basado en el malentendido que origina el cambio ritual de los nombres. La ardilla representa a los peyoteros y les habla a las mujeres en su nombre utilizando la voz y las artes histriónicas del cikoaki, el gracioso de las fiestas indias que anda en el calihuey cubierto con una máscara de palo —la máscara del hombre más viejo, llamado Tapuri—, y agita en una mano la cuerda de Tekuamana, donde se llevó la cuenta de los días.

—Traigo a unos hombres que son muy trabajadores. ¿No los quieren ustedes? —pregunta el cikoaki.[6]

—De ninguna manera —exclaman las mujeres—, esos hombres sólo vienen a quitarnos nuestras tierras.

---

[6] Versión de Pedro Haro. Ocota.

—Ah tontas, no saben lo que se pierden. Son hombres muy ricos. No cuentan el dinero, lo gastan a puños.

—No, no los queremos. Son unos cabrones y unos rateros —grita una mujer muerta de risa.

—Locas, ¿cómo hablan en esa forma? Traen chivos y toros como comejenes. Todos llevan zapatos.

—Mentiras, no llevan zapatos, sino huaraches.

—Ustedes, mujeres, son malas. Deberían mandarles una cartita.

—Sí, se las vamos a mandar —dice una mujer, y levantándose toma un carbón y garrapatea unas líneas en un trozo de periódico. Que el secretario de la ardilla les lleve la carta.

—¿Y qué les dicen en esa carta?

—Que se rasquen los piojos donde están. Eso es lo que dice la carta.

—¿En qué idioma escribiste la carta?

—En huichol. No conozco otro idioma.

—Ja, ja, ja, —se ríe el cikoaki sordamente detrás de su máscara—, ellos no saben huichol. Son españoles.

—¿Españoles? ¿Y cómo vamos a entenderlos? Todavía si fueran coras o tepehuanes...

—Son extranjeros, pero vienen comprando tierras. El secretario y el ingeniero de la ardilla han comprado muchas tierras. Aquí están los papeles —dice el cikoaki mostrando un rollo de viejos periódicos.

—No nos importan los papeles. Los papeles dicen mentiras.

—Saben hacer automóviles, pantalones, máquinas (ferrocarriles) para que la gente viva contenta y no se canse andando en la sierra.

—Ya conocemos sus máquinas. ¿Acaso no son gusanos?[7]

—Mujeres, mujeres, ¿por qué son tan incrédulas?

—Los hombres siempre tratan de engañarnos. No les creemos una palabra.

—Saben bailar y cantar.

—Dinos cómo son sus bailes y cantos.

---

[7] Se refieren a unos gusanos cuyo modo de arrastrarse les recuerda la marcha de los ferrocarriles.

El cikoaki agita en el aire su cuerda y emprende un baile loco alrededor del fuego. Las llamas de la hoguera parecen darle vida a la ardilla montada solemnemente sobre su piedra. La máscara del cikoaki y su nariz ganchuda flotan de una manera fantasmal entre el humo.[8]

El cikoaki posee una vitalidad inagotable. Concluido su baile, empuña un muvieri de plumas de guajolote, una vejiga —a veces llena de boñiga de toro, lo que le permite organizar una serie de juegos escatológicos muy celebrados— y, sin dejar de saltar, principia a mencionar cifras en español: —5, 2, 3, 6, 2, 0, 2, 3, 0, 1, 2, 0, 2. Cinco pesos, dos pesos, diez pesos. Ya no más.

La enumeración tomada y retomada durante mucho tiempo llena un hueco, desvía la secuencia del juego introduciendo en él un elemento esotérico que acentúa el carácter irracional de la embriaguez. Las cifras se extienden como largos listones, resuenen misteriosas y se cortan abruptamente al decir el cikoaki de una manera perentoria: —Ya no más.

Otras veces refiere historias interminables. —Un niño-zorro y una niña-zorra se estaban peleando en un camino cuando apareció un hombre y los dos se asustaron echándose a correr. El hombre siguió a la niña-zorra y la agarró de la cola.

—Suéltame —le dijo—, yo no soy una zorra, sino una gente como tú. ¿Por qué me agarras la cola?

—Si eres una gente —contestó el hombre—, mejor platícame lo que te ocurrió en el camino.

—Verás, estaba yo peleándome con un niño-zorro, cuando apareciste tú y nos echamos a correr. Entonces me agarraste la cola y yo te dije que no era zorra sino una persona como tú.

—Sí, pero yo quiero saber lo que te ocurrió en el camino.

—Pues verás, estaba yo...

El calihuey, transformado en escenario, es sacudido por una tempestad de risas. Los hombres, echando la cara hacía atrás y con la boca abierta donde brillan sus hermosos dientes, se ríen a carcajadas; las mujeres, más discretas, ocultan la cara entre las manos, tratando de sofocar los espasmos de risa.

El peyote y su bien conocido periodo hilarante no son ajenos a

---

[8] Esta parte de la ceremonia hasta el final está tomada en Las Guayabas.

este fenómeno. Si descontamos sus ataques arteros o el terror abierto que provoca, el cacto sagrado responde fácilmente a los estímulos exteriores, sigue sin muchas desviaciones el camino que se le traza. Podemos imaginar lo que ocurriría en una comedia de Aristófanes o una de Ionesco, si los griegos antiguos y los franceses modernos hubieran tomado previamente a la representación una droga dotada de cierto poder hilarante y liberador. El efecto sería muy parecido al que nosotros presenciamos en Las Guayabas, sólo que aquí los espectadores son los actores, ellos mismos representan su comedia dándole a cada escena la exageración de sus propios sentimientos, introduciendo en ella un paroxismo, una distorsión colosal, incluso desquiciando las palabras del diálogo al cargarlas del elemento irracional de su delirio, lo que por otro lado nos autorizaría a ver en este ejercicio de un chamanismo arcaico un posible teatro del futuro donde los espectadores convertidos en actores representaran sus sueños —el sueño de la riqueza, el sueño de la libertad, el sueño del amor— siguiendo un guión somero y los estímulos que un elemento ajeno —la droga, el cikoaki— provocara en ellos.

La lucha entablada entre el peyote y los devotos se mantiene indecisa. Algunos han rodado ya por el suelo y duermen apaciblemente, pero la mayoría no desatiende la comedia ni sus deberes religiosos. A las doce, las mujeres, limpiándose las lágrimas, recobran su seriedad y distribuyen bolitas de masa para alimentar al fuego.

El Naurrari, de pie, le habla a Tatevarí:

—Has regresado a tu calihuey y ahora descansas entre los tuyos, entre los que te aman. Gracias a ti, a tu ayuda, pudimos salir con bien de nuestro viaje a Viricota. Gracias a ti, Abuelo Fuego, hemos regresado. Toma tu comida. Tu maíz, tu chocolate, tus galletas. Come y descansa, estás en tu casa.

A mí también me tocaron algunas bolas de masa. Las sentí húmedas y ligeramente pegajosas en mi mano; cuando el Naurrari tomó la jícara y vació en la hoguera su contenido, todos arrojamos la comida del Abuelo observando fascinados cómo resbalaban entre los carbones levantando llamas rojas, amarillas y azules.

Dos ceremonias religiosas

Al salir el sol las mujeres ofrecen una jícara con caldo y carne de venado a Tawerrika Ririkieya, el sol, y a Tatoutzi Ririkieya Tekuyuaneme, dios del calihuey de Las Guayabas y dios del movimiento. El cikoaki infatigable sigue haciendo reír a la gente. El aspecto que presentamos a la creciente luz del día es horrible. El calihuey está lleno de olotes, de hojas de maíz y de basura. Los harapos sucios de los hombres y de las mujeres son repelentes. Los niños, medio desnudos, gatean a la manera huichol, es decir valiéndose de las manos y de los pies y sin apoyar nunca las rodillas en el suelo. Algunos duermen pero la mayoría permanece sentada en las vigas adosadas y los muros del templo. Afuera, el torete negro, adornado con una flor de papel, espera resignado la hora del sacrificio.

Cerca de las doce, el sonido de los cuernos, las guitarras y los violines anuncia la llegada de los peregrinos que avanzan invisibles en medio de la milpa. Hilario, a pesar de su cojera, tiene un aire principesco. Lleva a cuestas las banderas y los dioses-bastones. Las plumas del sombrero resplandecen y los soles pintados en sus mejillas oscuras acentúan su dignidad. Como los otros maracames de la peregrinación, empuña sus muvieris, y con ellos y la yerba toy limpia la cabeza de las mujeres y los niños después de soplárselas para ahuyentar a los demonios.

Luego entregan las jícaras, el agua y las velas traídas de Viricota. Distribuyen el cacto sagrado. Las mujeres encienden sus velas; dan todos la vuelta ritual a la explanada y rodean al toro. Eusebio, portador de la cornamenta de uno de los venados cazados, la sitúa sobre el toro y lo mismo hace Hilario con sus bastones. El sacrificador hunde lentamente el cuchillo en el cuello, la sangre salta a borbotones y los chamanes se apresuran a sacralizar las jícaras, las flechas, las mazorcas y las botellas, tocándolas con el cabo de las velas previamente mojado en sangre.

Se ha apoderado de ellos el antiguo delirio de la sangre. Los rezos, el sonido de los cuernos, guitarras y violines, el aullido de los perros, excitados, los mugidos del toro que no acaba de morir componen una bárbara plegaria. Sus caras descubren su ardiente y secreta locura.

El estallido de esta pasión que anula nuestras ideas sobre el orden y la estructura del universo —es el hombre que piensa al sol y el que lo alimenta— me hace recordar, por contraste, la escena religiosa que presencié en el *Himalaya*, un trasatlántico de la P. & O.

Es la mañana del primer domingo a bordo y navegamos entre las islas de Curazao y Trinidad. Los marineros han llevado algunos centenares de sillas al salón de baile —en cada asiento descansa un himnario proporcionado sin costo adicional por la compañía—; una larga mesa situada junto al órgano de los conciertos llena la plataforma de la orquesta y gracias a estas sencillas modificaciones el gran salón de las fiestas se ha transformado en una iglesia protestante. A las 11.30 principian a llegar los fieles. Mujeres, casi todas inclinándose más a los sesentas que a los cincuentas, ataviadas con vestidos claros de verano, sombrero de paja y guantes blancos. Sus maridos, rentistas o jubilados, visten sacos azules y pantalones blancos recién planchados: un sólido conjunto que respira salud —si bien ya un poco marchita—, seguridad, riqueza y buenos modales. Por las ventanas abiertas se ve el intenso azul del Caribe, coronado de espumas, y entra una brisa que se mezcla al olor de la colonia y de los perfumes franceses.

Para el ciudadano de un país cuya pasión dramática se manifiesta en el ámbito de lo religioso, deformando y cargando de un sentido grotesco las manifestaciones profanas, aquel espectáculo era de una total impudicia. A pesar de que las dignas ancianas pronto debían comparecer ante el tribunal del Altísimo, siguen los oficios con un ojo y con el otro, virtud de los camaleones, observan los atavíos de sus vecinas sin dejar de llevarse la mano enguantada a sus altas cabelleras teñidas que una buena cantidad de *spray* mantiene indemnes contra las acometidas del viento. El austriaco, encargado de los conciertos, trata de interpretar a Bach pero ha bebido demasiado la noche anterior y lo cierto es que desafina. La ceremonia no ha perdido su decoro convencional. Llegado el momento de entonar los himnos, todos se levantan alisándose sus vestidos arrugados, y cantan los salmos con sus voces neutrales y ligeramente cascadas.

Una hora más tarde inician el desfile sacramental por el Promenade Deck y a las 12.30 entran a los bares. Su compostura es la misma que han guardado durante unos oficios programados cuidadosamente entre la hora del desayuno y la del aperitivo. Aunque pueden decir como los huicholes "todo se ha consumado", sus ritos están privados de pasión y grandeza. A una sociedad lavada con detergentes, blanqueada y exprimida automáticamente, no le queda el menor detritus, el menor olor y sabor humanos. Nadie es capaz de incurrir en un extremo de mal gusto y por lo demás ajeno a las buenas costumbres. Ni lo religioso ni lo social autorizan la desmesura.

Nuestros peregrinos inician ya su vuelta a lo profano. Descargan sus canastos y se sientan apoyando la espalda en la pared del calihuey. Sus mujeres, después de purificarse ante el fuego, se acercan y les hablan. La vieja esposa de Hilario llora convulsivamente y todos se dejan arrastrar por los sentimientos de la vuelta a sus hogares.

Las mujeres han recobrado a sus maridos, pero en ellos se ha operado un cambio. Son y no son los mismos. Mitad hombres, mitad dioses, su carácter sagrado impone un respeto que excluye las efusiones personales.

Ahora los peyoteros se forman alrededor del fuego, en una doble fila, librándose ante el Abuelo de una parte de su peligrosidad, y los chamanes con sus muvieris van tocando las cabezas y los hombros de todos a manera de saludo, pues todavía no puede tocarlos con las manos.

—Hemos llegado con bien —dice Hilario—. Gracias te damos nuevamente a ti, Abuelo Fuego, por habernos guiado a Viricota y por habernos permitido volver a nuestras casas. Todos estamos aquí contigo. Juntos fuimos a Leunar y juntos regresamos.

—Sean bienvenidos a su pueblo —salmodian las mujeres—. Les damos las gracias. Han traído el peyote, han traído la sangre del venado, han traído el agua sagrada de Tatei Matinieri, han traído la salud a nuestros niños y su alimento a Urianaka, la tierra. Gracias a ustedes, los dioses nos han socorrido.

Le hacen un turbante a la mujer de Hilario, la adornan con plumas de cuervo —es la Madre del Maíz— y todos se dirigen adonde está el toro muerto. Sobre él descansan los papeles que Hilario ha escrito con sus muvieris, la ardilla, las velas. Tocan las flechas en el viril del toro y luego cantan una larga salmodia.

Los perros lamen la sangre derramada en el suelo. Los peregrinos con sus trajes sucios y rotos y sus sombreros cuajados de plumas parecen unos extraños pájaros azotados por la tempestad.

La escena es abominable y hermosísima. Hay en la plaza un olor a sangre que se diluye en la atmósfera de juegos, de humo y de pasión religiosa.

Se inicia, solemne, la fiesta del peyote. En el calihuey, el Abuelo Fuego descansa y sus mil ojos luminosos observan cómo sus hijos se van hundiendo poco a poco en el delirio mezcaliniano.

El sacrificio sangriento

Bajé a Las Guayabas, enfermo de bronquitis; la fiebre, durante la primera noche, acentuaba el carácter fantástico y ligeramente espectral de lo que veía. He tendido el saco de noche a corta distancia del calihuey y desde mi lugar observo a los huicholes entrar y salir del templo. A la luz temblorosa de las hogueras, medio veladas por su biombo de hojas de roble ya marchitas, sus melenas cortadas al estilo medieval y los faldones abarquillados de sus camisas, les dan la apariencia de unos extraños arcángeles. No se puede decir que pisen la tierra. Se deslizan sin ruido, siempre ocupados en un menester mágico que me es desconocido. A lo lejos se escuchan los cantos monótonos de los chamanes, sentados en sus elaboradas sillas y rodeados de familiares y vecinos. Cuando avivan las hogueras surgen rostros bellísimos que, a poco, vuelven a desvanecerse en la oscuridad. Frente a mí, una niña, llegada de un pueblo lejano, está sentada en medio de una enramada. Ha terminado su pesada tarea de acarrear agua, echar las tortillas y cuidar a sus hermanitos. Seria, atenta, sintiéndose sola, su cara pintada de rojo y amarillo expresa una profunda concentración. Así está dos o tres horas. Se la hubiera creído dormida si la hoguera no hiciera brillar sus ojos y, de tarde en tarde, no se rascara la cabeza.

En ocasiones salgo de mi duermevela y oigo los cantos pastosos de los chamanes, retomados y prolongados al final por las voces agudas de sus ayudantes. Hundido en la grieta de la sierra, el cielo acotado por los oscuros contornos de los montes resplandece de estrellas. El humo de los fuegos asciende llamando a las nubes que nacen del mar.

Al amanecer principia la danza del peyote. Llevan bules con

agua sagrada, cabezas y pieles de venado, rifles, flechas, lazos y desde luego la ardilla que será enterrada poco antes de concluir la fiesta. Bailan formando un círculo frente al calihuey y levantan espesas nubes de polvo. Participan los hombres, las mujeres, los niños. Se lanzan hacia adelante, con todo el cuerpo, al compás de la música, dan un paso largo, luego juntan los pies y golpean con fuerza la tierra a fin de que los dioses los escuchen en sus moradas subterráneas.

A la cabeza va un joven de piernas atléticas y grueso cuello que marca el ritmo y dirige las evoluciones. Es el modelo y el guía. Se ha cubierto la cara con un pañuelo de seda para defenderse del polvo y aunque baila también proyectándose con toda su fuerza y gira sobre sí mismo, no da la impresión de arrebato sino de contención y de apego a la tierra. La danza se hace más rápida. El guía hace una señal y todos se dirigen velozmente al calihuey, retroceden ante la puerta, corren de nuevo hacia las hogueras y regresan cinco o seis veces, hasta las 7.25 en que una ceja de luz creciente, sobre la mesa de San Andrés, anuncia la aparición del sol. Se acerca el momento supremo, el viejo y puntual surgimiento del Padre Sol que nosotros ya no advertimos rodeados como estamos por los humos y las nieblas de las grandes ciudades. Aquí hay todavía una relación viva, un sentimiento de alegría y gratitud, una conciencia de que el renacer de la vida depende de ese suceso, y se vuelve a la edad en que la trascendencia del sol no se debía a sus complejos procesos termonucleares, sino a un prestigio sagrado, a un don de los dioses que se otorga no de una manera gratuita sino como un acto que reclama imperiosamente el sacrificio y la cooperación de todos los hombres.

Renace la vida. La luz dora las hierbas secas haciendo que el rastrojo, los surcos, las piedras, las hojas de los árboles se conviertan en una materia virginal. Se impone un gigantesco espejismo: "Lo que Adán había visto la mañana de la creación, el milagro de la existencia desnuda".

Se mata al toro que toda la noche ha permanecido atado junto al calihuey. Ahora no es sólo la sangre recogida en las jícaras la que va a alimentar al sol, sino también la espesa leche del peyote. Los maracames mojan con sangre y peyote las flechas y las tortillas y utilizándolas como hisopos asperjan al sol vueltos hacia el oriente, asperjan las mazorcas y las ropas de los fieles. Concluido el ofrecimiento y la sacralización, apagan las hogueras con agua sagrada y reanudan indefinidamente la Danza del Peyote.

Sacralización de la tierra

Los peyoteros de Las Guayabas que fueron a Catorce han terminado de desmontar sus campos en espera de las próximas lluvias; se trata de sacralizar la tierra comunal, la que pertenece al calihuey y de la cual se obtiene el maíz para hacer el tejuino, que se tostará en el comal al terminarse la fiesta.

A las 9, los peyoteros se dirigen al coamil situado en las laderas de una colina a medio kilómetro de Las Guayabas sin dejar de tocar sus violines y guitarras. Los acompañan Hilario, su hijo Daniel, el nuevo gobernador, que carga en su morral grandes velas y los bastones de mando envueltos en telas y listones. Un huichol, ataviado con una falda roja de papel y dos paliacates atados a la cabeza que dejan escapar su gruesa melena, tiene la apariencia de una mujer, si bien ostenta el nombre masculino de *El Vaquero*. Lleva sujeto de un listón al "toro": muchacho de doce años a quien se le han amarrado los cuernos del animal sacrificado, y una cola trenzada con pequeños tamales.

La tierra del calihuey es un trozo de cerro cubierto de piedras, de árboles esmirriados y de maleza ya a medio desmontar. Considerándolo con la mejor voluntad del mundo, no tendrá más de cincuenta metros cuadrados aprovechables, mas para los huicholes significa una verdadera riqueza rodeados como están de peñascos y roquedales estériles.

Apenas llegados al coamil, los peyoteros comienzan a tumbar el resto de los árboles. Hilario lanza gritos animándolos, pero en realidad no necesitan ningún estímulo. Manejan los machetes de hojas curvadas eligiendo con metódica precisión los sitios que ofrecen la menor resistencia. En un momento, los delgados troncos, todavía sin hojas, son derribados. Los músicos, sentados en un claro, no dejan de tocar sus instrumentos. Hilario alterna los gritos con bromas que los hacen reír mucho según la costumbre.

Luego cavan un agujero e Hilario, empuñando sus muvieris, se dirige primero a los dioses de los cuatro puntos cardinales y después al hoyo que ocupa el centro del coamil. Con agua de Viricota sacraliza las ofrendas —jícaras votivas, dos rifles, orejas de venados atadas a pequeñas bolsas, flechas, velas, granos de maíz, flores de papel, carne de venado— y las van colocando en el agujero. No es bastante. Utilizando tres grandes peyotes tocan las ofrendas consagrándolas de nuevo. Es indispensable sacralizarlo todo, sacralizarse ellos mismos, sacralizar lo que está a su alcance. Puestas las ofrendas en el interior de la tierra, las cubren con troncos y ramas, riegan la sangre y dice Hilario: "Aquí Madre Tierra, Tatei Urianaka, te damos tu comida, tu bebida, tus ofrendas como lo han dispuesto los dioses. Te rogamos, oh madre nuestra, que sigas dándonos buenas cosechas, que ordenes la lluvia para que tus hijos los huicholes puedan seguir viviendo. Ahora que has comido y bebido, nosotros comeremos y beberemos".

Consagradas las tierras, descienden a Las Guayabas, terminando una ceremonia cuyo sentido resume de esta manera José Carrillo, el hijo de Hilario: "La tierra come y da de comer; reclama su comida para que pueda a su vez alimentarnos".

Entretanto continúa la danza. Eusebio y sus dos ayudantes se han sentado en el centro de la plaza, sobre unas vigas; sólo se escuchan los cantos y los sonidos de los instrumentos, ya que permanecen invisibles bajo las densas nubes de polvo levantadas por los pies de los bailarines. Giran en torno de ellos incansablemente. Unos abandonan la plaza y los sustituyen nuevos bailarines que llevan siempre rifles, o pieles, cuernos y cabezas de venado.

En el calihuey tres muchachas bailan sobre un tronco hueco tomadas de la cintura. Resuena el tronco como un tambor y su oscura percusión se une a los gemidos de los violines y las guitarras y a los cantos de los maracames.

Los huéspedes y sus mujeres están sentados a la sombra de una extensa enramada y son objeto de ininterrumpidas atenciones y cortesías. Por lo menos dos veces al día, los anfitriones organizan embajadas para darles regalos, tecomates llenos de tejuino adornados con largos collares de flores, panes, cebollas, plátanos, cigarros y tamales. Se los ofrecen empleando un estilo mitad afectuoso y tierno, mitad solemne y cortés. Existe un divorcio entre esa etiqueta reverencial y su vestidos y sombreros desgarrados y manchados, entre su belleza, su dignidad principesca y su aspecto de mendigos estrafalarios. Acostumbrados a las humillaciones y al maltrato de los vecinos, a ser vistos como unos parias, aquellos homenajes los conmueven dolorosamente. El séquito de los huéspedes y sobre todo el Hombre de las Flechas se deshacen en lágrimas. Para ocultar su emoción se cubren la cara con los brazos y sollozan unos frente a otros, petrificados por la intensidad de sus sentimientos. Pasada la crisis le dan la mano al maracame y todos beben enormes cantidades de sotol y tejuino.

Dos o tres horas después se organiza una nueva embajada, esta vez para ofrecer regalos a la mujer y a los niños del Hombre de las Flechas. El gran maracame se ha derrumbado al fin abrumado a fuerza de regalos y libaciones, su sombrero ha rodado por el suelo y su melena negra le escurre cubriéndole la cara vencida.

La vuelta a lo profano

La noche del viernes hacen una hoguera de carrizos, no en la plaza, siempre ocupada por los bailarines, sino a corta distancia; y en medio de los habituales cánticos, músicas y consagraciones, queman el sombrero de Eusebio adornado con la cola del bisabuelo Tamatz Kallaumari, las plumas de los sombreros, las flechas de Viricota, las varas con listones de los matewames, lo cual supone que se han liberado de las obligaciones contraídas en la peregrinación del peyote. El fuego ha destruido los símbolos de su sacralización y ellos pueden iniciar, sin peligro, su vida profana. El fuego que los purificó los despoja de su investidura sagrada. Se borran de la cara los signos del peyote, los sombreros recobran su antigua apariencia. Es necesario señalar el tránsito de lo sagrado a lo profano y suavizar su retorno a lo cotidiano extremando el desorden, haciendo menos brusca su vuelta a la normalidad. Después de dos días de excesos, se llega al paroxismo. Los hombres lloran, se abrazan, se increpan, comen y beben como locos. Resuena en el calihuey el tronco hueco golpeado con sus pies frenéticamente. Las danzas se avivan. Las suaves músicas en vano tratan de apelar a la razón, de introducir un compás más espaciado en el desenfreno. La ola de la pasión acumulada revienta ahogando sus débiles gemidos. El mismo Tekuamana, el hombre anciano que ha cuidado a las mujeres de los peyoteros durante su ausencia y que ha llevado la cuenta de los días, se ha embriagado y danza con la energía de un joven. Otro anciano, a quien le picó un alacrán la noche anterior y ha logrado reponerse, se acerca con los ojos encendidos y me confía secretos de los maracames: "Cuando se canta bonito sale nube bonita. Cuando el cantador no canta bien no llueve en el coamil, esto es seguro".

Luego llega un viejo de ciento siete años que ya ha tenido dos pleitos y, acercando su boca desdentada a mi oído, murmura en secreto:

"El mestizo no vive como nosotros. Reza el Padre Nuestro, el Ave María, los Muertos, Amén y nomás. Lo de nosotros los huicholes sí es trabajoso".

El técnico de las religiones comparadas desaparece tragado por el vendaval. El frenesí de Eusebio puede ser visto como el reverso del ascetismo religioso de que dio tantas pruebas en la peregrinación a Viricota. El fuego, al consumir los adornos de su sombrero, parece haberle arrancado una máscara, devolviéndole su verdadera personalidad. La espesa y revuelta melena, cubierta de basura, enmarca un rostro feroz donde el único ojo, contrastando con el globo blanco del ojo muerto, brilla de un modo diabólico. Surge del polvo como un espectro y se entrega a la danza dando saltos y aullidos. En los intervalos consume cantidades prodigiosas de tejuino y sotol o trata de reñir, pero los huicholes son extremadamente pacientes y bondadosos con los borrachos. Pueden escucharlos durante horas sin dar señales de fatiga y tienen organizado un servicio policiaco de emergencia que se encarga de llevar a los caídos a lugares donde no corran peligro. Eusebio no cae nunca. El vino y las vigilias, lejos de doblegarlo, aumentan sus fuerzas, mientras los demás se derrumban heridos por el remolino de la locura. De cualquier manera, lo increíble es que la fiesta no haya perdido su coherencia. El mismo Eusebio, cuando una ceremonia lo reclama, oficia en ella guardando las formas escrupulosamente.

El monstruo que hemos despertado

El sábado, penúltimo día de la fiesta, se emplea en preparar nuevos regalos a los huéspedes y ofrecérselos ceremonialmente.

Se ha plantado un arbolito frente al Hombre de las Flechas, que permanece sentado en su equipal rodeado de ayudantes. Cada nuevo presente le provoca una crisis y llora convulsivamente. Su emoción se trasmite a las personas del séquito y a los embajadores y todos se miran cohibidos y llorosos sin saber cómo dar por terminada una ceremonia diplomática que fatalmente desemboca en una violenta explosión sentimental.

A las doce reaccionan los invitados de Santa Bárbara y ofrecen a sus anfitriones una pieza de teatro bufo. Se representa el caso de una mujer que vence a varios hombres, lo cual, y a pesar del estado de embriaguez de los varones, no deja de ser un asombroso espectáculo. La mujer toma a sus contrincantes de la melena o de la ropa y los derriba con facilidad después de una breve lucha. Cada victoria aumenta su energía y llega el momento en que no se sabe si representa una comedia o si al calor de la lucha ha terminado por asumir el papel de vengadora de su sexo. Victoriosa una y otra vez, sólo permanece de pie frente a ella el Hombre de las Flechas. Al lado de este gigante ella se ve como un David que para mayor irrisión hubiera tomado la figura de una mujer. De cualquier modo, no es un enemigo desdeñable. Sus senos levantan la corta camisa huichola, sus piernas elásticas se dibujan entre los pliegues de la amplia falda amarilla y su actitud recuerda la de las princesas combatientes que aparecen en los códices. El Maracame, ante aquella furia, se finge más borracho de lo que está, y a cada golpe gira sobre sí mismo sin perder enteramente el equilibrio. Al último se derrumba con estrépito —tal como debe haberse desplomado Goliat— y es arrastrado un largo trecho por el suelo. Sin embargo, logra reaccionar y dando un salto prodigioso se escapa dejando los calzones en manos de su enemiga triunfante. El final inesperado de la comedia —la vista del hombre desnudo que huye tratando de cubrirse— causa un efecto de risa loca, sobre todo en las mujeres.

En la tarde, Hilario me da una jícara grande de peyote. Marino y yo bebemos una media jícara cada uno, a intervalos. Mi saco de noche está como siempre bajo un toldo de ramas no lejos del calihuey, en la linde de una parcela. Doscientos metros más allá la tierra se agrieta y se hunde formando una serie de profundos barrancos. A la media hora, comienzo a sentir náuseas y un malestar creciente. Mi bronquitis, con el polvo, los ayunos y el escaso sueño, ha empeorado; los tres días de fiesta me han cansado en exceso. A fin de evitar una escena desagradable me alejo hasta el lugar en que la meseta de Las Guayabas se corta bruscamente y se inician los despeñaderos —una extensión de montañas abruptas que hace pensar en los paisajes renacentistas italianos— y allí me encuentro a Marino en un estado de indescriptible agitación. Después de vomitar regreso a mi enramada. Todavía mi malestar no lo relaciono con el efecto del peyote. Mi referencia, si así puedo decirlo, es la enorme mesa de granito de San Andrés que, como un planeta, caído en el fondo de la depresión, se levanta frente a mí sin sufrir cambios ni alteraciones. Me preocupa el estado de Marino. Llamo a José y le digo que debe cuidarlo. Sé muy bien que un interés definido puede introducir un elemento razonable, capaz de mitigar el exceso de elementos irrazonables que se acumulan peligrosamente en el delirio, y me propongo neutralizarlos inventando una preocupación moral innecesaria.

De improvisto *aquello* se presenta como un poder, como una fuerza misteriosa y temible que se ha provocado deliberadamente. "He provocado al monstruo", me digo. ¿Qué monstruo? El que está afuera, agazapado en un barranco, o el que está agazapado en un pliegue de nuestra conciencia. Un monstruo que en cierto momento despierta —porque lo hemos despertado— y no sabemos lo que va a exigir de nosotros. La convicción de estar frente a una fuerza invisible y todopoderosa provoca el miedo. El que ha sentido Michaux y el que sienten los huicholes. Tienen miedo de volverse locos, o mejor dicho, miedo al miedo de enloquecer. De cualquier modo, para los civilizados o los primitivos, es un "miedo abyecto". El cerebro se defiende del peligro de ser violado secretando horror. Claro, no se piensa en ese trabajo instintivo que intenta preservar la intimidad del yo. El terror, simplemente, está en un lugar indeterminado. Es un gran dios o una gran potencia nefanda. Nada se sabe de su naturaleza. Lo ve todo, lo sabe todo, está en todas partes. Entre él y nosotros se ha establecido una relación misteriosa. Ignoramos por qué nos juzga. Por qué nos amenaza. Ah, si al menos desapareciera el terror yo podría entender la verdad que se me está revelando, penetrar en el misterio de la vida, pero el miedo me lo impide.

Mi "yo" se extiende sobre los árboles, las peñas, los abismos, los hombres, los venados azules, las águilas, los pájaros nocturnos, los templos de los hechiceros que agitan sus muvieris embrujados. Le es dada la unidad. Oreja inmensa, percibe el rumor del viento en las hojas nuevas de los robles, el sonido acompasado de los pies de los danzantes que golpean la tierra para que los dioses los escuchen desde sus moradas subterráneas, las toses de los niños, las historias de Hilario, el gemido acariciante de los violines, la voz de las montañas. Fundido, esparcido en este fragmento de vida, la sensación de formar parte de un gran todo, de abarcarlo en su integridad, determina un inmenso alivio. El terror ha desaparecido.

Cintilaciones verdes. Miro la rama que sostiene el techo de hojas y de ahí brotan las cintilaciones verdes. Corren a lo largo de la rama, desfilan, se desvanecen en el aire. Pequeño fenómeno, trae consigo el terror, lo suscita.

Cintilaciones verdes y rojas. Parpadeos. Señales. Cadena de triángulos verdes, rojos, transparentes. Alguien debe ponerlos en movimiento. No, soy yo mismo el que los produce, el que los ordena. Tarde llego a la compresión de esa virtud inaudita, pero he llegado. Estoy hecho de un material radiante. Radío esferas, triángulos, rombos. Salen de algún lugar de mi cuerpo —quizá de todo mi cuerpo— y se alinean, corren, desaparecen. Ignoraba que era un ser luminoso y este descubrimiento forma parte de mi sacralización. El Divino Luminoso me ha divinizado. Soy un dios...

Un dios incapaz de contener las náuseas. Me doy cuenta cabal de mi lenta divinización y de que estoy retorciéndome y vomitando fuera de mi saco. Tengo incluso la preocupación de no mancharlo. Los espasmos me dejan sudoroso y deshecho.

Ahora se me revela que soy un spinozista. En realidad, ya era tiempo de saberlo. Nunca he dejado de ser un spinozista. Yo mismo soy la prueba de su panteísmo. La sustancia infinita, la que intuyó "ese hombre ebrio de Dios", como lo llamó Novalis, es perceptible en el fondo de los abismos. Los huicholes, asimismo, están ebrios de Dios. Todos, por esta embriaguez, participamos de su plenitud, de su amor, de su sabiduría, de su trascendencia. A todos nos comprende en su regazo de granitos fluidos y llameantes.

José, el maestro, está de pie junto a mí y me mira con inquietud:
—¿Cómo se siente? ¿Está ya mejor? —me pregunta.
—Sí, José —le digo—. ¿Has visto a Marino? ¿Lo cuidan?
—Lo cuidamos, no se preocupe por él.

Spinoza y Marino son dos asideros a los que me aferro tratando de escapar al opresor ambiente de los indios. Este ambiente denso, extranjero, es un cepo. Tengo los pies metidos en los agujeros del cepo. Anhelo protección. ¿Dónde está mi valor? ¿Mi panteísmo? ¿Mi sacralización? Han desaparecido y su lugar lo llenan la soledad, el desamparo, la certidumbre de la vejez que también se ha instalado en mi conciencia de un modo artero y subrepticio. ¿Cómo puedo ser *yo* un viejo? ¿Cómo pudo ocurrir esta metamorfosis horrenda? Es preferible ser un insecto a ser un viejo. La vejez crea monstruos. Nos convierte en unos monstruos.

Tendido de espaldas en mi saco, debo gritar de horror. Eusebio, el maracame, se inclina sobre mí. Su pelo desordenado, salvaje, la saltada bola de su ojo blanco, su cara contraída, casi roza la mía. Es el diablo Tukákame. Es un fantasma que quiere apoderarse de mi alma. Mi grito lo asusta y desaparece.

Abajo del miedo, de la metamorfosis, abajo, más abajo de todo, se abre lugar la vieja idea que parecía desprovista de una profunda significación. Lo sagrado es un *mysterio fascinosum* y un *mysterio tremendum*: la primera lección del peyote.

Todo tiene la misma importancia, todo cobra una significación y todo adquiere una naturaleza superior en la gran unidad primitiva, en el Ayer, en el Hoy, en el Mañana, en el Nunca. Este perro que ladra, ladró en el comienzo del mundo, ladrará hasta la consumación de los siglos: la segunda lección del peyote.

El mundo es sólo una gran metamorfosis: la tercera lección del peyote.

Una hoguera se enciende detrás de su biombo de hojas de roble y la enramada se transforma en un lampadario, en un repostero de oro de una magnificencia y de un esplendor inconcebibles. Cada hoja carcomida a medias, cada nervadura, su color desvaído, su rugosidad o su textura delicada, pertenecen a otro mundo y todas ellas hacen un conjunto donde no sobra ni falta nada. Descubro las ocultas maravillas de la materia orgánica. Esta enramada contiene la belleza del mundo. No una belleza estática, inmóvil, sino vibrante y fluida, que participa del espíritu del fuego, de su movimiento y es a la vez una cosa acabada, algo que ha llegado al límite y sigue renovando incesantemente su poder expresivo. Es posible que una enramada se convierta en un dios. Inútil describirlo. Estoy ante la belleza del mundo y no puedo fijarla. Escribo trabajosamente en mi libreta: *zarza ardiente*, pero estas palabras no me dicen nada al otro día. Son palabras vacías, completamente estúpidas. Debo haber permanecido dos o tres horas junto a la enramada, absorto en su contemplación. Luego la hoguera se consume y la enramada se convierte en un monstruo de nácar. Cada hoja es una escama fría, aperlada, y está habitada por un secreto indescifrable. Ésa es la historia. Estamos a punto de descubrir el secreto del mundo y se nos escapa. El repostero, el lampadario, el ramo barroco, la selva mágica, es una esfinge nocturna. Digo lentamente mi conjuro: *mysterio fascinosum, mysterio tremendum*.

Gracias a su vitalidad, Marino se ha recobrado. Casi todo el tiempo que duró su largo y penoso viaje, estuvo en el calihuey, cerca del Abuelo Fuego, un poco como actor y un poco como espectador de la colectiva, diabólica embriaguez que tenía lugar en el templo. Yo, por el contrario, abandonado a mí mismo, privado de la técnica del éxtasis en la que es maestra María Sabina, la gran chamana de la sierra mazateca, y deseoso de recobrar mi mundo, no se me ocurrió nada mejor que pedirle a Marino me dijera algún pasaje de la *Divina Comedia*. Marino, bajo la influencia de su pasado delirio, elige instintivamente este pasaje del *Infierno*:

> La bocca sollevò dal fiero pasto
> Quel peccator, forbendola a' capelli
> Del cranio ch'egli avea diretro guasto

Poi cominciò; "Tu vuoi ch'io rinnovelli
Disperato dolor che el cor mi preme.
Già pur pensando, pria ch'io ne favelli
Ma se le mie parole esser den seme
Che frutti infamia traditor ch'io rodo
Parlar e lacrimar vedraimi insiemi".

No, verdaderamente no puedo soportarlo. Esta cabeza cebándose en otra cabeza, este cuadro infernal de canibalismo, me parecen grotescos e irrisorios. No me ofrecen una salida sino la imagen demasiado concreta de un odio que no comparto.

—Basta, Marino, basta —le suplico—. Dime algo alegre. La canción de Lorenzo el Magnífico, por ejemplo.

Marino, que estudió en un seminario y conoce a fondo la literatura clásica italiana, principia dócilmente:

Quant'è' bella giovinezza
che si fugge tuttavia!
chi vuolesser lieto, sia:
di doman non c'è certezza!

...
Questi lieti satiretti
delle ninfe innamorati
per caverne e per boschetti
han lor posto cento agguati:
or da Bacco riscaldati
ballam, saltam tuttavia!
Chi vuolesser lieto sia:
Di doman non c'è certezza.

Debo rogarle nuevamente que se calle. Sufro una distorsión colosal. Quiero escapar a la trampa de los fantasmas indios, pero la canción de Lorenzo, trabajada con el primor de un camafeo del Renacimiento, me hace más daño que el verso de Dante. En mi estado, donde una hoja seca de roble ofrece, por sí sola la gloria del paraíso y crea un deleite visual insospechado, las palabras italianas aparecen cargadas de una comicidad insoportable. Me hiere esta bufonería, esta ridícula impostura. Llamarle a los sátiros satiretti, a los enamorados innamorati y a los bosquecillos boschetti, va más allá de lo que puedo tolerar. Estoy escuchando una opereta, una dulzona canción napolitana acompañada de mandolinas. El verso de algún modo profana la majestad y el misterio religioso de mi experiencia, esparce sus rescoldos, las cenizas frías que dieron nacimiento al monstruo de nácar habitado por un misterio fascinante. La ópera bufa ha acallado la orquestación, ha destruido la unidad del mundo. Lorenzo el Magnífico me expulsaba del tiempo original, arrojándome a la noche de Las Guayabas, y tuve conciencia de aterrizar en mi saco, desconcertado y furioso.

Primitivos y civilizados

En la mañana del domingo, mi primer cuidado fue examinar el biombo de hojas de roble que la noche anterior había contemplado con deleite. Está a un metro escaso de mi saco y sus hojas marchitas, la mayoría comidas por los insectos, no ofrecen nada de notable. Aquella hojarasca se había desacralizado; la abandonaron los espíritus de la noche y perdió su magia. La fiesta, al prolongarse, también ha perdido su magia. Todos presentamos un aspecto de suciedad y de ruina indescriptibles. Las plumas, las banderas, las jícaras, los vestidos, aparecen rotos y manchados. La sangre se ha secado sobre la sagrada parafernalia y la basura tapiza el calihuey y la plaza. Parece un campo de batalla. Los hombres se derrumban. Caen simplemente de sus bancos y permanecen tirados en el suelo hasta que los topiles se los llevan a dormir bajo la sombra de un árbol.

A la una de la tarde da principio la ceremonia del esquite. La mujer de Eusebio, por la categoría que le concede el rango de su marido, es la encargada de tostarlo. Lleva sujeto en su cabeza un muvieri y en la mano una escobilla de popotes. Se desgranan primero unas mazorcas de diferentes colores que estuvieron atadas con una cola de venado y se echan en un comal de barro puesto sobre el fuego. Eusebio consagra el maíz, virtiendo sobre él un poco de agua traída de Viricota, y la mujer remueve los granos empleando su escobilla. Poseída de su papel, en ella se ha operado nuevamente la metamorfosis que a fuerza de repetirse ha terminado por sernos familiar. Sin embargo, la dignidad de esta mujer, su concentración apasionada, la importancia de que la inviste su tarea, se encarga de decirnos que encarna, por última vez, la naturaleza de lo sagrado. Los granos de maíz saltan en el comal como saltan los bailarines, ligando así una danza destinada a reproducir la cacería mágica del venado-peyote, con el maíz, uno de los elementos que forman la trilogía omnipresente en la vida de los huicholes.

Yo doy por concluida la fiesta del esquite. Acompañado de un vecino tomo el sendero que conduce a la mesa de San Andrés, pequeño sol caído en medio de los barrancos, y lenta, majestuosamente se despliega el paisaje de la sierra: los plátanos a la orilla del riachuelo, los pequeños sembrados de caña y de guayabos, el robledal, los pinares. Sobre mi cabeza, cantiles, farallones y peñascos crean una ciudad fantasmagórica. No se sabe si nace o si está siendo aniquilada. En las alturas "el aire se serena y viste de hermosura y luz no usada"; la distancia y la niebla tienden sus velos y principia a sonar la música de los oros, de los azules, de los rosas.

Detengo la mula en un recodo y trato de mirar hacia el despeñadero: con trabajos se distingue la explanada cortada por una grieta, el diminuto calihuey. La fiesta del maíz tostado y sus personajes se han atomizado. Casi al mismo borde de la mesa, se levanta una cabaña ruinosa donde los huicholes acostumbran dejar comida y bebida para que los muertos se detengan allí y no reclamen su parte del banquete, perturbando sus fiestas. De las plantas kieri brotan las voces suplicantes y amenazadoras de los sobrenaturales frustrados que reclaman ofrendas. Los espectros arman sus trampas. Ha pasado el tiempo de las transfiguraciones mágicas y se entra en un receso. Ahora hay que esperar la llegada de las nubes atraídas por los humos de la quema y por los espejos de los maracames. Se debe buscar de nuevo ansiosamente el acuerdo de los dioses. Iniciar largas peregrinaciones. Volver a los sueños, volver a jugar a la creación. La magia, el sueño, la vuelta al tiempo originario, la repetición del sacrificio sangriento, los mitos cantados por los chamanes, tienden a establecer una relación profunda entre el "universo visible y el invisible", entre el pasado, el presente y el porvenir, entre la palabra y su símbolo original.

Soñaba un personaje de Jean Paul: "Parecido al caos, el mundo invisible quería dar a luz todas las cosas juntas, las figuras nacían sin cesar, las flores se convertían en árboles, luego se transformaban en columnas de nubes y hacían brotar flores y rostros. Luego vi un vasto mar desierto donde nadaba solamente el mundo, huevito gris y manchado que tironeaban las olas. En ese sueño se me decía el nombre de todas las cosas, pero yo no sabía cuál era. Luego un río cruzó el mar llevando el cadáver de Venus. En seguida nevó estrellas luminosas, el cielo se vació; pero en el lugar donde se halla el sol a mediodía se encendió un rubor de aurora; el mar se hundió abajo de ese punto y en el horizonte se amontonó sobre sí mismo formando enormes volutas de serpientes, color de plomo, que cerraban la bóveda celeste. Del fondo del mar, saliendo de caras innumerables, hombres tristes, parecidos a muertos, surgían y nacían.."

¿Por qué evocar ahora el espíritu del romanticismo alemán? ¿Por qué abandonar las interpretaciones de los etnólogos? Porque en el mundo de los huicholes y en el del romanticismo alemán —de todos los romanticismos— hay una manera de ver las cosas, un estilo de vida que los hermana. "El mundo debe ser romantizado" —solicitaba Novalis—. "Cuando damos una significación elevada a lo que es común, un aspecto misterioso a lo que es banal, la dignidad de lo desconocido a lo que es conocido, un halo de infinito a lo que es finito, yo romantizo..." Todo el mal, según él comprobaba, "viene del pensamiento consciente, demasiado seguro de su propio poder, lo que cierra el acceso a todas las fuerzas inexplotadas cuya existencia nos revelan los sueños".

Posiblemente la utilización de las drogas alucinantes, la rebeldía de millones de jóvenes, la creación de un nuevo mito, estén destinadas al fracaso, ya que se ha perdido el modo de utilizar las fuerzas ocultas de nuestro cerebro, el descubrimiento que supone la anulación de las barreras entre el subconsciente y la conciencia, entre el mundo visible y el invisible. De hecho, en un mundo amenazado de muerte violenta donde el poder del hombre se dirige a inventar métodos para aniquilarse o para defenderse de sus inventos destructivos, ha llegado la hora de la palabra-exorcismo, de la poesía que anuncia, más que la llegada del mañana, la eterna vuelta de la mañana, del tiempo creador en que el sacrificio, la sangre del inocente derramada por sí mismo —y no por los sicarios y los policías mundiales— creaba no sólo una fraternidad humana y un mundo mágico que hiciera soportable la miseria del mundo real, sino la renovación de la vida, la renovación de la poesía de la vida, de la conciliación del hombre consigo mismo, con su universo y con la guerra del tiempo.

Debemos romantizar el mundo. Quizás podríamos decir debemos volver a lo salvaje, a lo primitivo.

2

Tarahumaras
(Chihuahua)

En las intensas páginas de *Viaje a la tarahumara*, se documenta sobre todo la miseria y la indefensión atroces que padecen los tarahumaras en su reducto de la Sierra de Chihuahua. Esos hombres y mujeres, sin embargo, han conservado una cultura propia, una visión del mundo, una sabiduría —como se prefiera— de la que el siguiente fragmento proporciona un penetrante atisbo.

Carrera y justicia

Habían anunciado la carrera para las diez. Sin embargo eran ya las once y media y nadie parecía darse prisa. José Guadalupe, cabeza de uno de los equipos, estaba recostado sobre la yerba que rodeaba la escuela de Cusárare. Sus ojos en forma de almendra no reflejaban ninguna emoción. Traía puestos, unos sobre otros, dos pantalones de mezclilla y se había untado aceite en las piernas. A su lado permanecía el brujo que lo cuidaba. De tarde en tarde movía los labios y hacía signos con la mano derecha para ahuyentar a los malos espíritus que pudieran haber conjurado, en daño de José Guadalupe, los brujos protectores del equipo contrario.

José Guadalupe, que hace un año era gentil —es decir un tarahumara que no ha recibido las aguas del bautismo—, rehuía mi presencia y se negaba a contestarme, temeroso de que le atrajera algún maleficio desconocido.

Poco a poco iban llegando los apostadores. El primero era un viejo de largas y delgadas piernas desnudas, envuelto en una manta de lana y con los cabellos despeinados sujetos por una cinta roja. Traía en la mano un billete de veinte pesos que colocó, sostenido por una piedra, en la tabla donde se depositaban las apuestas, y se tendió junto al comisario que se hallaba también recostado sobre la yerba.

Un muchacho recorría los grupos ofreciendo inútilmente un plato de porcelana. Nadie, sin duda, tenía un plato semejante que oponerle, pero en cambio se aceptó la apuesta de una caja de cerillos y se juntó con otra haciendo un paquete cuidadosamente atado; luego se apostó un pañuelo de color que se amarró a otro pañuelo y más tarde aparecieron dos bolas de lana café, cuatro tazas de peltre, seis peines y varios billetes arrugados, de modo que para las doce la tabla principió a llenarse de objetos codiciables.

La carrera no daba trazas de empezar. El claro, picante sol, brillaba en el cielo azul y en medio del angosto valle el río se deslizaba entre las rocas pulidas del cauce. En la ribera opuesta pastaba el ganado. Los toretes, excitados, mugían sin cesar, moviéndose pesadamente hasta encontrar un rival, y por largo rato, bramando y rascando la tierra, se trababan furiosos, retrocedían y avanzaban, huían o alzaban victoriosos el testuz, mientras las vacas pacían indiferentes y los becerros saltaban entre sus piernas para alcanzarles las tetas exhaustas y manchadas. Los asistentes, sacudiendo la modorra, seguían fascinados el combate de los toros y aun hacían apuestas adicionales, volviendo después a tenderse en los prados.

Allá lejos, las mujeres vestidas de blanco y con la cabeza envuelta en sus pañuelos, estaban sentadas en grupos, sin mezclarse a los hombres; una pastora, de falda roja, iba por la pendiente del cerro siguiendo sus cabras; dos viejos se saludaban ceremoniosos tocándose los hombros con la punta de los dedos y no cesaban de llegar espectadores severos y dignos que parecían hombres de la Edad Media por sus melenas recortadas y sus piernas desnudas. Los sexos que les abultaban el taparrabos sugerían las infladas calzas de los campesinos que pintara el viejo Brueghel.

Quemaba el terrible sol de la montaña, pero nadie se daba prisa. Entre esos peñascos manchados de musgo que se desprenden de las montañas el tiempo no cuenta. Los espectadores se achicharraban fumando sus cigarros, charlando con suavidad o incorporándose trabajosamente cuando un apostador les ofrecía una pieza de manta floreada. A veces, un indiscreto relataba una historia que me permitía formar una idea de los dramas que ocultan sus rostros impasibles. Ese viejo de melena gris, bizco y consumido que hablaba sentado en el borde de una zanja, enfermó no hace mucho en su lejana cabaña. Después enfermó su mujer y los dos pasaron largos días sin alimento y sin cuidados.

El viejo parpadeaba con frecuencia, lo que aumentaba su aspecto desvalido.

— ¿Y sus hijos? —pregunto—. ¿Acaso no tiene hijos?

—Uno estaba lejos —respondió el maestro—, otro cuidaba las chivas.

A los cinco días murió la mujer y el cadáver permaneció en la cabaña tres días más hasta que un vecino piadoso acudió y pudo ser enterrada.

—No pude enterrarla yo mismo. Después me visitaba todas las noches —gimió el viejo.

—Está muy acabado porque no hay maíz. Todos los años pasa unos meses de hambre.

—Los viejos —dijo un campesino— están mal. Nadie los ayuda.

—No se les ayuda —intervino el maestro— porque los jóvenes también necesitan ayuda. Ésa es la realidad.

Miré el reloj. Eran las tres de la tarde y los preparativos de la carrera no adelantaban. No se advertía el menor signo de expectación entre los concurrentes. Ni siquiera los corredores se habían quitado sus dobles pantalones; eran ellos los que se encargaban ahora de ofrecer las apuestas y andaban de un lado a otro bajo la mirada cuidadosa de los oriwuames.

A las tres y media el Gobernador decidió, en vista de que la mayoría de los ejidatarios de Cusárare estaban reunidos, celebrar un juicio que por diversos motivos había venido difiriéndose. Se llevó un tablón de pino y los componentes del tribunal tomaron asiento apoyando la espalda en el muro de la escuela. Un tablón más pequeño situado enfrente del tribunal sirve de banco para los acusados y los acusadores. El asunto era complicado. Un hombre que se decía propietario de ciertos terrenos había solicitado que se le pagara una renta, pero como los terrenos eran del ejido y el comisario rechazó su absurda petición, en venganza mandó robar un hacha.

En cuclillas sobre la pequeña tabla estaba el ladrón, muchacho de felina belleza. Tenía los ojos muy juntos, rasgados y enigmáticos; la nariz de noble dibujo y la boca de labios arqueados y casi femeninos compensaban en cierto modo la abundancia de pelo revuelto que le nacía justo en el arranque de las cejas. Vestía ropas de obrero deshilachadas y su mirada estaba fija en los pies calzados con huaraches.

El incitador del robo era un hombre de cincuenta años, el pelo entrecano y semblante bondadoso. Llevaba consigo a su nieto, un chico desnudo y huraño. El robado era un joven de rasgos no bien definidos y semblante serio que ocupaba el extremo de la tabla.

Quizá se había acentuado la gravedad teñida de negligencia con la que intervinieron en el prolijo ritual de la carrera, pero el joven ladrón, el robado y el incitador permanecían tranquilos y no se advertía en ellos la más leve expresión rencorosa. El patetismo y la nerviosidad de nuestro mundo son aquí desconocidos. Se habla en tonos sordos y acariciadores y es de mal gusto que la voz deje traslucir irritación o menosprecio.

La versión que ofrezco del juicio —no existe otro modo de ventilar los problemas en la Tarahumara— es desde luego una versión fragmentaria. Entre su fluido y vigoroso lenguaje y la pobre, mutilada versión de los traductores había una distancia insalvable, y aunque en esta ocasión tuve la fortuna de sentarme al lado de uno de los mestizos de Cusárare que mejor hablaban las dos lenguas, la brevedad de sus traducciones, en comparación a la extensión de los discursos de los jueces, me hacía pensar que si guardaban cierta fidelidad por lo que hace a las ideas expresadas, traicionaban enteramente el modo, el sentido peculiar, el carácter y las imágenes de su lengua.

Habló primero el Gobernador con voz rápida y neutra. Las dos bandas de su pelo oscuro enmarcaban el rostro enjuto:

—No robes —dijo al ladrón sin mirarle a la cara—. ¿No te da vergüenza robar a tus compañeros? ¿No tomaste en cuenta que habríamos de conocer tu delito? Hemos estado aconsejándote largo tiempo una conducta honrada y ¿cómo has seguido nuestros ruegos? Por un oído te han entrado y por otro te han salido. Ahora estás aquí, frente a nosotros, acusado de robo, y nos hemos reunido los jueces, los acusadores y los acusados. Todos están presentes y deben hablar claramente y con entera libertad. Los escuchamos.

El ladrón, sin dirigirse a su pretendido incitador, sólo dijo:

—Tú me aconsejaste que robara el hacha.

El viejo apartó a su nieto y habló de frente.

—Eso que dices no es cierto. No hay testigos para probarlo. ¿Acaso tienes testigos? ¿Por qué me levantas falsos? Debes ser justo. Señor Gobernador, este muchacho, usted lo sabe, nunca trabaja, nada más se interesa en robar.

El ladrón inclinó más la cabeza y afirmó:

—El 16 de septiembre me dijiste que robara.

—No soy un niño para aconsejarte que robaras.

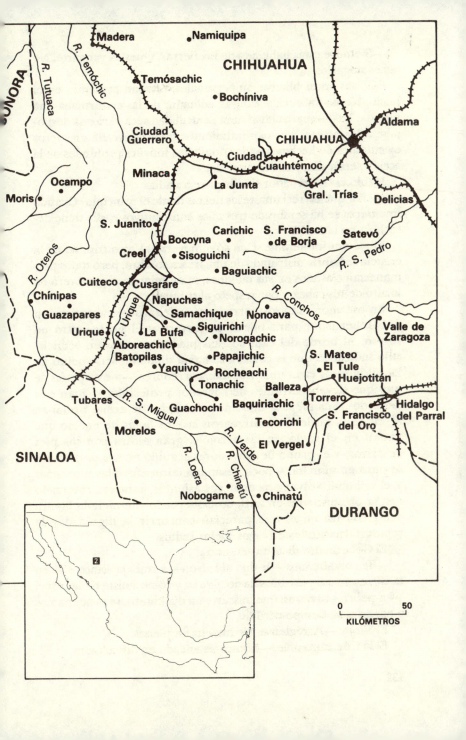

—Siempre estás hablando de tus tierras. Querías vengarte. No debes negarlo.

Sólo las voces blancas, impersonales, estaban presentes en el juicio. No las subrayaba ningún ademán, no las confirmaba una mirada. Una imparcialidad, una neutralidad seca y precisa despojaba a los actores de sus sentimientos y los convertía en meros ejecutantes de hechos pasados donde los móviles profundos de la acción serán siempre desconocidos.

Habló el Gobernador sin dirigirse a nadie:

—¿Por qué no reclamaste las tierras desde el principio? Cuando una tierra se ha sembrado tres años consecutivos nadie tiene derecho a reclamarla.

El sol era intolerable. Con sólo moverse al otro costado de la escuela se habría disfrutado de una fresca sombra, pero todos permanecían clavados en sus tablones, manteniendo el sombrero en lo alto de sus cabezas por respeto al tribunal.

En ese momento los corredores solicitaron la autorización del Gobernador para iniciar la carrera y el juicio entró en receso. Al borde del camino, seis piedras puestas en semicírculo indicaban que la carrera se había fijado en seis vueltas de 24 kilómetros cada una. Los diez corredores —a excepción de uno que llevaba calzones de corredor profesional— iban casi desnudos. Sus piernas musculosas untadas de aceite brillaban al sol de la tarde. Se santiguaron las dos bolas de encino que yacían en el suelo, se las arrojó a gran altura con los pies descalzos, y el grupo de corredores seguido de sus partidarios se puso en marcha. A poco desaparecieron entre las montañas y el tribunal volvió a ocupar sus asientos, esta vez reforzado con la presencia de un antiguo Gobernador de melena blanca y tez cobriza en el que parecían concurrir la dignidad y la sabiduría naturales en estos viejos indios.

El Gobernador dictó su sentencia:

—Te condenamos —le dijo al ladrón— a trabajar cinco días en la carretera sin percibir salario alguno y como huiste de la cárcel y los policías tuvieron que buscarte un día entero, te condenamos a pagarles su tiempo perdido.

El Viejo: —Arréglense. No anden con pleitos.

El ladrón impasible: —Nunca he andado en dificultades.

—Por hacerme cargos falsos —dijo el instigador— debe pagarme veinte pesos.

—No se culpen —exclamó el Viejo—, no se recriminen. Vivan en paz, contentos. Ha llegado la hora de pedirse perdón.

El ladrón y el instigador se arrodillaron, tocándose las puntas de los dedos.

—Ya se pidieron perdón —añadió el Viejo—; ahora falta saber cuánto vale ese perdón. No olviden nuestros consejos. Las resoluciones de la autoridad merecen respeto. Siempre que tengan una dificultad recurran a sus mayores y obedézcanlos. Perdemos el tiempo y eso no debe ser. No está bueno. A ti te decimos, muchacho, oye bien nuestros consejos. No cometas faltas para que no seas molestado en el futuro. Vive bien. No te emborraches. Trabaja. Con tu esfuerzo puedes comprarte un hacha y todo lo que necesites. Siembra y no te faltará de comer. Labra madera y cerca tus tierras. Si vives bien y eres honrado, Dios te ayudará. Ven acá —dijo volviéndose al hermano del ladrón— y ruégale a tu hermano mayor que no levante más falsos a sus compañeros. En cuanto a ti —señaló por primera vez al instigador—, el tiempo nos dirá si nos dijiste la verdad o si has mentido. Te damos un plazo de cinco años. En cinco años sabremos todo lo que hubo de cierto.

El ladrón y el instigador se arrodillaron nuevamente. En su lengua rápida solicitaron perdón al robado, a las autoridades, al viejo gobernador impasible. Luego se desbandaron entre los prados, con lentitud, sin hacer comentarios, como si pesara sobre ellos la advertencia del viejo, la seguridad penetrante con que dejó el esclarecimiento de los hechos en las manos del tiempo, un tiempo largo y por ello exacto, el que falla sobre el conjunto de la vida y no sobre una acción particular, confusa e indeterminada, el que dirá a todos la última palabra, la definitiva, porque será pronunciada muy tarde, cuando la conducta posterior del instigador confirme o niegue su verdad o su mentira, cuando el mismo juez haya desaparecido y el nuevo gobernador tenga la oportunidad de juzgar otra causa y de continuar la rota cadena de la vida con el eslabón que dejó abierto el viejo mendigo.

Entretanto, la carrera seguía su majestuoso curso. Era una carrera fantasmal que en apariencia no emocionaba a nadie. Los tarahumaras surgían de pronto anunciados por su pequeña bola dura, y desaparecían entre las rocas a intervalos regulares de dos y de tres horas.

Comimos en las oficinas del aserradero, dormimos la siesta y en la tarde tuve ocasión de contemplarlos cruzando los bosquecillos y los riachuelos y trepar, como un puñado de ciervos acosados, las cuestas arboladas de los montes.

Se hizo de noche. Cenamos y volvimos a dormir. A las doce nos dispusimos a salir en su busca. En el alto cielo de la montaña resplandecían las nubes preñadas de estrellas de Sagitario. Había llovido y el aire era frío. Al descender a la estrecha cañada, la montaña ardía con la viva luz de innumerables hogueras. A lo largo del camino, bajo los pinos, a la entrada de las cuevas, las llamas crepitantes de las fogatas rescataban de la sombra figuras antiguas de mujeres ataviadas con blancos turbantes, niños dormidos, viejos y jóvenes que se adivinaban entre el humo y el vapor de las ollas donde se preparaban los alimentos. Todos los habitantes de Cusárare habían dejado sus cabañas y estaban allí, anhelantes, poblando la montaña de seres fantásticos y de voces acariciadoras que parecían aumentar el líquido rumor de los riachuelos.

Nuestro camión corría con las luces apagadas al encuentro de los tarahumaras por una brecha abierta entre el boscaje de pinos. Primero escuchamos un vocerío confuso que iba acercándose y precisándose hasta formar un círculo sonoro, una canción que envolvía a los atletas en su cálido aliento:

—Güériga, güériga —exclamaban—, aprisa, aprisa. Fuerte, fuerte.

José Guadalupe, llevando un largo palo en la mano corría suavemente sin mostrar fatiga, rodeado de partidarios, de oriwuames, de portadores de antorchas. A su lado, rítmicamente, ondulando sus largas faldas, corrían tres mujeres. Llevaban la cabeza atada con los pañuelos de rigor y sus duros senos saltaban también rítmicamente al compás de sus faldas. La bola de encino se elevaba en las sombras y muchas veces caía entre los bosquecillos de pinos jóvenes, en los arroyos, en las depresiones del cortado terreno, y era preciso iluminar el paraje y detenerse, mientras José Guadalupe iba en su busca y la arrojaba con su pie descalzo y el desfile continuaba su marcha y se perdía nuevamente en los montes, envuelto en humos y llamas, seguido por dos perros y un jinete montado al pelo en una yegua junto a la cual trotaba difícilmente un potrillo de largas y frágiles patas.

3

Tepehuanes y nahuas
(Sur de Durango)

Vecinos y parientes de huicholes y coras, por un lado, y de los nahuas de Durango, por otro, los tepehuanes fueron los protagonistas —guiados por el "Hijo de Dios"— de la primera gran insurrección contra el dominio español, en 1616. Si bien se ha dicho que la cultura tepehuana se ha erosionado fatalmente, los testimonios chamánicos que reproducimos aquí refutan tal idea. Por otra parte, el diminuto núcleo náhuatl enclavado en San Pedro Xícoras —del que también consignamos algunos sueños aquí— ha sido muy influido por la cultura de los tepehuanes del sur de Durango.
"El gobierno debería ayudarnos a los indios tepehuanes porque nosotros con nuestros sacrificios hacemos llover en todo el mundo. Si nosotros no ayunáramos, si no aclamáramos a los dioses en el patio, el mundo se secaría."

Los mitos de fundación

El patio y el mitote fueron instituidos por los dioses en los principios del mundo de acuerdo con los mitos de fundación. Esos mitos nos hablan de que *in illo tempore* el sol, la deidad suprema, las dos estrellas gemelas, el músico Ixcaichiong —posible doble de una de las estrellas— y el Águila Blanca fundaron el patio y establecieron las reglas del mitote. Como no puede haber mitote sin la muerte ritual del venado, el sol Nuestro Padre ordenó que las dos estrellas, el Hermano Mayor y el Hermano Menor y en algunas variantes Ixcaichiong —el Hombre que Manda— fueran a cazarlo; pero después de la cacería el Hermano Mayor, es decir, la Estrella de la Mañana, se acostó con la Mujer-venado, cometió una infracción sexual estando "bendito" —en estado de pureza ritual—, perdió su puesto en el oriente y fue expulsado al poniente, el lugar del negro y del rojo, donde se convirtió en la Estrella Vespertina.

El mito crea una gran ambigüedad. La Estrella Matutina incurrió en el pecado carnal, perdió su rango, fue relegada al nefasto lugar del poniente —también Ixcaichiong el héroe cultural incurrió en la misma falta— y fue castigado con la purgación, de modo que en la sierra se recuerda obsesivamente un episodio fundamental de Quetzalcóatl el asceta, el héroe cultural, el instaurador del ayuno, que sucumbió a las tentaciones de los hechiceros de Tezcatlipoca, pecó con su hermana, fue expulsado de Tula al mar y allí se sacrificó para convertirse en la Estrella de la Mañana.

La caída de Quetzalcóatl establece una serie de tabúes que los tepehuanes respetan en el tiempo sagrado del mitote y que norman la vida entera de los indios. A su extrema sensualidad, oponen un sistema muy elaborado y riguroso de ayunos, abstinencias, retiros y sacrificios, pues la menor infracción sexual incurrida en el tiempo del mitote, debe ser confesada en el patio, sometiéndose todos a los rituales de purificación que salven de la enfermedad y de la muerte.

El patio es el centro del mundo, la abertura espacial que permite la comunicación con los dioses de las alturas y con los muertos, y el mitote supone la reactualización de las hazañas divinas, la única forma de recobrar el Gran Tiempo, la posibilidad de mantener la cohesión social y el equilibrio del mundo. Quien viole sus reglas se compromete a sí mismo y compromete a la comunidad, ya que gracias al mitote acuden las lluvias, pueden ser comidos los primeros elotes, se conjuran las enfermedades y se emprende la ascensión mística, objetivo fundamental de su vida.

El mitote, por su significación espiritual, es todo lo contrario de la obra particularmente diabólica, obscena y cruel que describieron los frailes con íntima complacencia. Basado en mitos tan antiguos como el propio mito de Quetzalcóatl, la ascensión mística exige un estado de pureza absoluta que se ha conservado hasta la fecha. Antes del mitote, en el mitote y después del mitote, nadie puede embriagarse, tocar a sus mujeres o guardar rencores, y esta reminiscencia del primitivo chamanismo ofrece un contraste brutal con la embriaguez y la violencia finales de las ceremonias católicas sin excepción.

Rituales del mitote y sus variaciones

De tarde en tarde, mientras los hombres rezan y confiesan sus pecados, aparece una familia cargando una rama verde de árbol. Los hombres y los niños las arrojan al montón reservado a los varones y las mujeres al suyo. Luego los recién llegados se sientan en torno del fuego —el fuego, como el de los huicholes, es un viejo que no puede alimentarse de leña seca sino de leña verde, de la misma manera que los ancianos no pueden comer tortillas duras—, mientras las mujeres veladas se arrodillan frente al tapeste dándole la espalda a los hombres.

Abajo del tapeste se alínean las flechas de los funcionarios del patio, y arriba principian a reunirse las ofrendas de pinole y las mancuernas de mazorcas destinadas a la siembra.

En dos cañas situadas junto a los horcones fronteros del tapeste, las mujeres atan un hilo con plumas —una pluma por cada miembro de la familia— y terminando el mitote se llevan las cañas al cerro del Alacrán.

Una vez concluidas las oraciones, todos los hombres salen a cortar leña y luego se dispersan para reunirse a la mañana siguiente. Durante cuatro días todo ocurre del mismo modo. El primer mitote que yo presencié fue un mitote que no se había celebrado el año pasado; el segundo, realizado veinte días más tarde, correspondió al que debió hacerse en enero por el cambio de autoridades y el tercero, el más importante, correspondió, ya ajustado su calendario, al mitote clásico de petición de lluvias unido a la corrida del alma, no del viejo notaste, según se había dicho, sino a la corrida del alma de la Tu'adam, la Jefa de la Cocina fallecida recientemente.

Esta inesperada sucesión de mitotes reclamó un gran esfuerzo. Hubo necesidad de mandar correos a los veinticuatro anexos de Santa María dando aviso de las tres ceremonias, de que los vecinos importantes donaran sus toros y que una multitud de cazadores saliera a matar venados y techalotes. Por desgracia, los venados, a causa de la destrucción del bosque, se han extinguido y sólo pudieron cazar algunas ardillas. La chuina, el alimento tradicional del mitote, hecha de venado y maíz, debió una vez más cocinarse con la carne del toro, y su sangre, sustituir a la sangre del venado que fue el alimento sacralizador por excelencia.

Ya desde el primer mitote, el gobernador, los principales funcionarios y el mismo notaste fueron a la remota cabaña del curandero Santos para rogarle que él iniciara la purificación del patio mayor.

Santos accedió, montó una enramada a poca distancia del patio y allí lo descubrí la segunda mañana. De pie, vuelto hacia el oriente, el manco chamán —se voló una mano pescando con dinamita en el río— empuñaba sus bastones y rezaba del modo rápido y cadencioso propio de los curanderos. Un corto abrigo rojo de mujer cubría su delgado cuerpo y un pañuelo verde le envolvía la cabeza. Frente a él, clavadas en una penca de maguey, se veían sus cinco flechas ceremoniales. Recogido en sí mismo, el pequeño chamán oraba por la salud del mundo, lo que constituía un desusado acto de piedad en medio del grandioso y solitario paisaje de la sierra.

Santos alternaba sus plegarias y sus limpias trenzando un cordón de lana negra y un cordón de lana blanca, lo que le permitió al cabo de cuatro días formar dos ovillos, cuyo uso me era entonces desconocido.

Los chamanes de la sierra llevan una vida nómada. En los patios, se construyen verdaderos campamentos y en las casas les basta ocupar un rincón para sentirse satisfechos, ya que duermen dos o tres horas y sólo comen unas tortillas y un poco de atole.

Las curaciones difíciles reclaman no sólo un ayuno riguroso sino unas veinte o treinta horas de plegarias, lo que los obliga a incurrir en numerosas repeticiones y a entonar letanías interminables de sus santos patrones. Así pues, el valor de la incantación parece radicar más bien en su reiteración obsesiva, en esa especie de salmodia cantada que va creando una hipnosis, un friso de tiempo y de espacio sagrados semejante al que establecían los muros de serpientes en Tenochtitlan, las máscaras de Quetzalcóatl y de Tláloc en Teotihuacan y las máscaras de Chac en Kabah o en Chichen Itzá.

En el primer mitote no se sabía muy bien si Santos limpiaba el patio de la suciedad que acumula un grupo conflictivo, la mancha de la muerte del viejo notaste, símbolo de una cultura agonizante, o la mancha de la muerte dejada por la Tu'adam: el caso es que sobre el patio pesaba un maleficio.

La noche del cuarto día este maleficio debía tomar una forma concreta. A las doce, la hora en que las potencias alcanzan el máximo de su peligrosidad, Santos sufrió un paroxismo. Algo venía, algo invisible para nosotros se acercaba. Ni siquiera el notaste era capaz de advertir lo que llegaba y la tensión de los peregrinos era la única señal de que ese algo nos amenazaba.

Santos veía un murciélago de grandes ojos luminosos que volaba silenciosamente hacia el patio. De pronto, el chamán saltó, arrojó una de sus flechas y se oyó la caída de un bulto. Santos estaba fuera de sí, a punto de desmayarse: "Allá, allá entre los pinos quedó el maleficio", dijo con voz anhelante.

Fue el umuagum y al poco tiempo regresó trayendo un informe muñeco de trapo, traspasado por la flecha de Santos. El chamán entonces lo destripó con su cuchillo y todos vimos salir de su interior un grano de maíz, cabellos, un clavo y algunos carbones.

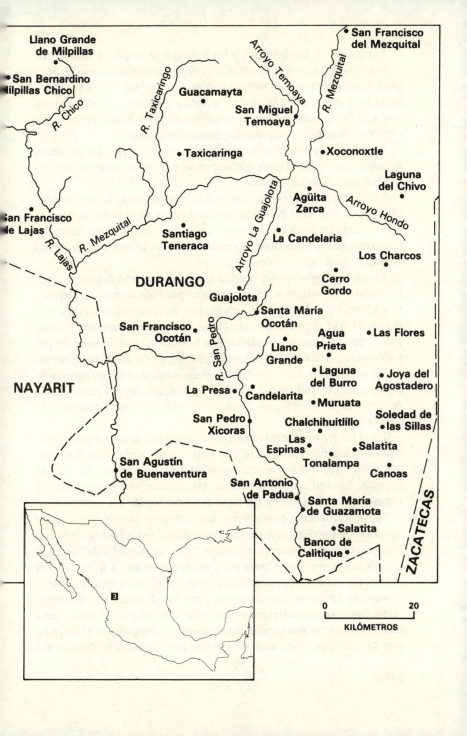

Santos tomó los despojos y los arrojó a la hoguera. Pensé que al haber sido destruido el maleficio, el patio quedaba limpio, pero esto, según lo reveló el último mitote, no era así. Permanecía indeleble la mancha de la muerte y ahora quedaba por saber si esa mancha la causaba el tenaz notaste difunto o la Tu'adam, cuyo espíritu no se había expulsado ceremonialmente.

De cualquier modo se experimentó cierto alivio. La noche siguiente se celebró el baile y el segundo y el tercer mitotes se celebraron de la misma manera.

En el último, donde se anunció ya oficialmente la corrida del alma de la Tu'adam, había muchísima gente venida de los anexos que acampaba bajo los árboles. Los niños dormían en hamacas improvisadas y los animales pastaban cerca de allí. De las ramas colgaban morrales y bules.

Lleno de hogueras, el bosque tomó un aspecto fantástico que recordaba los antiguos viajes de estos pueblos nómadas. Divisiones y conflictos habían sido olvidados. Aunque ya era el mes de mayo, el frío de las altas montañas me calaba hasta los huesos, pero ellos no parecían sentirlo. Los hombres, invadidos de un pesado sueño, despertaban instintivamente de tarde en tarde y empujaban con el pie el largo tronco puesto sobre el fuego siguiendo su costumbre tradicional. A veces el ladrido de un perro hacía perceptible el silencio nocturno. Soñaban. No sabía entonces lo que podían soñar.

En el tercer mitote mi condición urbana había cambiado y principiaba a familiarizarme con una naturaleza ya olvidada. Durante dos meses recorrí los vientos y polvaredas de marzo, las noches heladas, los ardientes mediodías, las auroras, los atardeceres, y reanudé mi relación con un cielo desvanecido de mi memoria.

Me sentí inmerso en un orden universal que discurría a lo largo de cambios prodigiosos. En cierto modo mi reloj biológico se había ajustado. El amanecer me despertaba, me llenaba de fuerza, y el anochecer me hacía bostezar y desear el sueño a la par de los indios. Descubrí lo que suponía la oración del patio donde se mencionan las 12 horas y las 24 horas y me hundí en un tiempo anterior a Copérnico. La tierra permanecía inmóvil y el sol nos circundaba. Era inhumano pensar lo contrario. Si alguna vez el viejo en que me he convertido despertaba, las nieblas blancas dueñas del bosque me sorprendían y en ese momento pensaba que el sol recorría dolorosamente su camino por el inframundo de los muertos, un camino que yo nunca recorrería pues habría de desvanecerme en la nada total.

Corrida del alma y postrer mitote

A las seis de la tarde, el viento, el que barre los caminos para que transiten las primeras lluvias, había dejado de soplar. Una atmósfera ligeramente cálida invadía el patio mayor, las dulces pendientes de las colinas, los pinares, los montes oscuros, violetas, azules, transparentes, desvanecidos en el cielo luminoso.

Según la costumbre, nadie parecía darse prisa. Del tapeste funerario colgaban los restos del toro sacrificado y de tarde en tarde las mujeres, subiendo trabajosamente por una viga que hacía las veces de escalera, depositaban sus últimas ofrendas.

La presencia de la muerta —pues era un hecho que la vieja Tu'adam andaba por ahí— lejos de originar una cierta tensión razonable, creaba una distensión.

Los hombres se veían relajados y su paz interior respondía al sosiego de la naturaleza. Reposaban tendidos en los bordes del patio, hablaban y reían según su costumbre, algunos trataban de hacerse huaraches con la piel del toro y su ánimo cordial era tan acentuado que por primera vez me rodeaban muy amistosamente dispuestos a la charla.

Media hora más tarde, el gobernador Pedro se acercó al tapeste de la muerta Tu'adam erigido en el poniente, tomó el ovillo de lana negra que el curandero Santos había puesto junto a su flecha especial de plumas de aguililla y levantándose los pantalones se limpió con él escrupulosamente las piernas y el cuerpo y después siguieron su ejemplo todos los asistentes —unos doscientos—, lo que se llevó un larguísimo tiempo.

Concluido el rito de purificación, los hombres, encabezados por el notaste, se fueron sentando frente al tapeste en tres largas filas paralelas a las filas un poco distantes de las mujeres.

Santos está magnífico. Su paliacate arrollado a la cabeza sostiene dos orquídeas y dos plumas de águila real, y su única mano empuña los bastones. Revuela como un moscardón ordenando que las filas se aprieten y ofrezcan un todo compacto. Las piernas de los devotos se abren sobre la espalda del vecino delantero hasta fundirse los unos a los otros en un cuerpo único del que se ha borrado la menor personalidad, pues ahí figuran indistintas las autoridades del patio, del gobierno y de la Iglesia.

Luego, Santos clava una flecha en el extremo alto del tapeste, amarra la punta del hilo negro, hace descender el cordón a una de las flechas clavadas en el suelo y con él va rodeando las piernas dobladas del grupo hasta llegar al tapeste, donde fija el ovillo en el extremo opuesto, hecho lo cual toma el ovillo blanco y haciéndolo pasar por la oreja del notaste y las cabezas de los asistentes envuelve al grupo nuevamente, de manera que establece dos niveles místicos: el inferior, el del cordón negro, los ata a la región subterránea de los muertos, y el superior los une a las regiones elevadas de los dioses, lo cual corresponde a la concepción chamánica del mundo. El grupo ha quedado atrapado en una especie de red mágica tendida muy diestramente con la única mano del curandero.

Estando "encadenados" a la tierra, el chamán inicia entonces una enérgica danza inclinando y levantando su delgado cuerpo para limpiar a los asistentes con las plumas, sin dejar de fumar su pipa. Limpia los pecados, limpia el maleficio de la muerte, limpia el tapeste y se lleva la impureza al borde del patio, donde termina de expulsarla por medio de sus bastones, cinco veces. Más tarde limpia las piernas y el cordón negro, limpia las cabezas y el cordón blanco, toma su pequeño calabazo, retiene un buche de agua en la boca y lo arroja con fuerza sobre los devotos, convertido en un pulverizador humano.

El notaste, que lleva el cordón blanco de la liberación en su oreja, se ha petrificado y el grupo guarda silencio.

El crepúsculo se prolonga. Santos, de pie con su ayudante, cerca del tapeste mortuorio y a la espalda del grupo, inicia su larga oración emitiendo cinco gemidos prolongados de gran dulzura. Es un gemido que parece venir de muy lejos y extenderse muy lejos llamando a la muerta:

Dios Inchat, Dios Inñan, Tata Dios, Nana Dios, me nombraron curandero, me dieron el poder de correr a los muertos. Tú, pobre alma finada, tú debes perdonarme la sencillez de mis palabras, tú debes perdonar que yo no sea capaz de ofrecerte un consuelo mayor del que ahora te ofrezco. Sin embargo, Dios Inchat nos oye, está frente a nosotros y no necesita de muchas palabras. A mí me ha dado mi nombramiento en el amanecer de los tiempos, en aquellos remotos días me ha otorgado el poder de hablarte y de hablar con la gente, porque tú ya no puedes hacerlo, porque tu vida se ha enfriado, tus manos están frías, tu corazón está frío. Todos estos hombres, todas estas mujeres que están reunidos en el Patio Mayor se han confesado y han dado dos, tres, cuatro, cinco pesos [centenares de pesos] a fin de que te salves y no sufras ya en las montañas, en los llanos o en el Cerro de los Muertos [un cerro situado cerca de Acaponeta] donde se hallan los cinco purgatorios y las cinco regiones subterráneas. No hay más que darte y con esto puedes salvarte. Háblame, dime si ya vienes a tu Patio o si todavía no quieres venir. Hazme saber tu voluntad. Aquí están mis curanderos, mis flechas, con las cuales borraré tus pasos, tus risas, tus palabras, ya que tú dejarás a esta gente y no volverás más. La raya de tu vida llegó a su fin. Cierto, no han venido tus hijos, ni tus nietos, ni tus parientes, porque están lejos y los correos no lograron encontrarlos, pero Dios es grande y tú vas a gozar en la Casa Alianza, en la Casa Oro, en la Casa Marfil, y te mirarás en el sol que es el espejo de Dios. Y tú, pobre alma finada, nada me reproches. El señor Notaste Compañero y el señor Gobernador me eligieron como su padrino y con sacrificios consiguieron un toro.

Que él te acompañe y te ayude en los peligros que te aguardan en el viaje. Pídele misericordia a la Virgen del Refugio, asilo de las almas, y a Santo San Gregorio, al que se le ha otorgado el poder de correr a los muertos. Óyeme, pobre alma finada, escúchame y responde a mis preguntas. ¿Por qué estas enojada? ¿Por qué estás afligida? ¿Por qué lloras? ¿Por qué te callas? Yo no soy el culpable de que no hayan venido tus hijos, tus sobrinos, tus parientes. Si tienes algún motivo de agravio quéjate conmigo para que haga llegar a Dios de parte de la comunidad tus justos reproches. A mí me faltan palabras dobles, palabras significativas y poderosas, pobre alma finada. No te escondas. No retrocedas, no pienses en huir de nosotros, antes al contrario, debes alegrarte, pues con hartos sacrificios hemos traído lo que tú recibías en tu cocina, el toro, el maíz, las tortillas, los leños y las flores. Canta, grita, silba, haz algún ruido, dame alguna señal que me indique tu presencia, tu llegada al Patio Mayor. Aunque vienes cargada de pensamientos, de nefastas ideas de venganza, haz esa carga a un lado y olvídate de todo lo que sufriste y de todo lo que hiciste cuando tenías un cuerpo. Ven a nosotros consolada con nuestro cariño y descansa en el tapeste donde hemos puesto agua bendita, mezcal, flores y amole para que tú te limpies y limpies el Patio Mayor y antes de que te vayas avísame, dime si te retiras conforme, porque si no esta gente podrá decir que yo no cumplí, que yo no hice bien las cosas, como Nuestros Padres nos lo ordenaron en el principio del mundo. La gente me nombró tu padrino, tu abogado, y yo debo alejarte de aquí y borrar los pendientes, lo que se quedó trunco e interrumpido, lo que no pudo arreglarse en vida tuya, y no pienses en regresar jamás. No hay ya permiso de que vuelvas a meter la mano en la cocina. Tus manos están frías. Tu vida es fría. Luego te irás con Nuestro Padre Dios y pídele que nosotros vivamos en tu lugar, ocupemos tu sitio en la tierra. Tú ya no puedes estar con nosotros. Nosotros seguiremos adelante y te estaremos salvando con palabras o con dinero. Dios es eterno. A Dios nadie puede engañarlo y Él decretó que tu raya llegara a su término. Ésa fue la causa de tu muerte. Te ruego me perdones estas mis cortas palabras, pobre alma finada. Me faltó cabeza, me faltó memoria para darte mejores consejos, mejores amparos y buenas alas. Ésta es mi culpa por no estudiar, por no acertar a decir palabras valederas.

Al terminar el chamán su oración, ya anocheció. La luna de mayo, una luna en creciente que parece correr entre las nubes, ilumina y oscurece la escena. El grupo blanco, casi desvanecido en la suave penumbra, semeja un enorme monstruo de doscientas cabezas al acecho, inmóvil y silencioso. Santos retoma el cordón negro, libera a los que están amarrados y corre a una hoguera situada en el poniente, lejos del patio, donde la arroja quemando los pecados y los maleficios. Luego corre hacia el oriente y emite cinco gemidos prolongados. Se escucha un grito.

—Ya te oí —exclama el chamán—. Ya salgo a encontrarte porque ha llegado la hora de la venganza. Apaguen todos los fuegos, no enciendan las lámparas.

De un modo mágico, mientras el chamán se pierde en la oscuridad de la arboleda, se extinguen todos los fuegos. Las dos cabañas que a través de las rendijas de sus paredes dejaban escapar un cálido resplandor, transformándose en palacios encantados, se vuelven dos masas negras cuyos altos tejados chinescos se destacan contra el cielo pálido, y se eclipsa la hoguera del patio mayor como cuando en Tenochtitlan, al terminar el siglo, morían las luces y las hogueras. El tiempo ha muerto o se ha establecido el tiempo de los muertos.

Santos pasa a la carrera llevando extendidos sus bastones de plumas, y dice lacónicamente:

—Los saluda.

Con gran cuidado sienta a Tu'adam en el tapeste, cerca de la cocina, donde ella preparó las comidas rituales durante muchos años, e inicia el diálogo.

—Dime, pobre alma ¿qué es lo que te falta? —preguntó Santos inclinándose hacia el tapeste.

Se escuchó entonces un murmullo imperceptible y Santos suspiró diciendo con una voz cambiada:

—Me falta mi red, mi ropa, mis trastes, mi telar, y por eso no estoy conforme.

—De tus cosas no sé nada —respondió el curandero—. Te daremos todo lo que sea necesario. No debes preocuparte. Ahora dime por qué te han castigado.

—Falté en el Mitote. No cumplí algunas mandas. Aquí en este mundo es peligroso cometer faltas, no cumplir con lo que ordenó Nuestro Padre. Ahora estoy presa. Sí, debemos cuidarnos para alcanzar una larga vida.

—Ya no hay remedio. Lo que hiciste ya está hecho. Sólo te queda rogarle a Nuestro Padre que se apiade de ti. Que Él te diga con cuántos miles de pesos puedes salvarte, y no pienses que yo tengo algún interés personal en estas cuestiones. A mí me obligaron los habitantes de este pueblo a ser su padrino, a cumplir los sagrados deberes de este Patio. Dispénsame que no hable de ciertos puntos. Es un favor que te pido a fin de que te vayas contenta y no vuelvas a manejar nuestro Patio administrado. Aquí está el Señor Notaste, el señor Umuagum, la señora Tu'adam, tres personas intérpretes de Nuestro Padre impuestos cuando el día amaneció, y ellos te dirán que a mí se me dio la autoridad para hacer que abandones este Patio. De lo que has reclamado yo le doy cuenta al pueblo. El pueblo dirá su última opinión. El pueblo te ha sacrificado un toro y ése es tu remedio; con él tu pobre alma quedará siempre en paz. Dios sabe que yo no engaño a nadie porque Dios lo ve todo y lo sabe todo. Y ahora no opino más. Perdónanos. Olvida tus agravios, deja tranquilas a las mujeres, no metas ya la mano en la cocina, pues te voy a encaminar en tu largo viaje y debes levantar los pendientes que has manifestado. Yo no soy otra cosa que un pecador, como tú misma lo fuiste. Pasa a quejarte directamente con Nuestro Padre. Él te dirá que tu castigo ha terminado. Oye bien lo que te estoy diciendo. Tú ya sufriste allí donde lo habías merecido, en dos cárceles, en un fuego, entre las serpientes, entre tigres, resguardada por sesenta federales. Pagamos ya en la mano con devoción cuatrocientos cincuenta pesos y logramos liberarte. Alístate. Aquí está tu red para que te lleves el pinole, la carne y las tortillas, el dinero necesario a tu viaje.

—Quisiera quedarme otro poco con ustedes. En el tapeste me siento bien.

—Te doy permiso de estar diez minutos más. Descansa tranquila, pobre alma finada.

En el tapeste, desde que llegó el alma, se ha encendido una veladora y esta luz mortecina redobla la sensación de que la vieja Tu'adam se halla con nosotros. El silencio es absoluto. El gran monstruo de doscientas cabezas permanece inmóvil. Se piensa que el alma descansa luego de estar entre los tigres y las serpientes, hundida en la cárcel y custodiada por sesenta soldados federales. Los dolientes padecerán los sufrimientos de la vieja y también pedirán un momento de reposo y de compañía.

Santos espera acuclillado frente al tapeste contemplando las estrellas. Después de un rato se levanta y pregunta:

—¿Estás contenta?

—Sí, estoy contenta, he olvidado mis agravios. A todos los perdono.

—No pienses más en este mundo. Aunque alguna persona malvada, aunque algún malhechor te diga arriéndate [regresa], no los creas. No hagas caso de sus palabras mentirosas. Vete con Nuestro Padre y llévate la confesión de esta comunidad. Tú ya sabes el lugar a donde están guardadas las súplicas que ha llevado el humo de mi pipa. Cuídate mucho, pobre alma finada. El camino de dios es angosto y espinoso y el de los malechores es una carretera andable. Súbete a mis plumas —dice tendiéndolas al tapeste— y no te hagas pesada para andar más aprisa. Ya te di tus alas. Levántate y deja aquí tus pecados.

Santos pasa corriendo a mi lado sosteniendo sus bastones y se pierde en el bosque exclamando:

—Les dice adiós, se despide de las mujeres, de todos sus hermanos.

Cuando regresa se apaga la veladora y el monstruo se fragmenta. Vuelven a sonar las voces y se encienden los fuegos. El maleficio del patio mayor ha sido borrado. La vieja se fue para siempre y ya no se oirán sus risas, sus pasos, sus intromisiones en la cocina, donde arden las hogueras y se preparan los alimentos del mitote.

El cielo truena, a lo lejos los montes se iluminan un segundo al brillo de los relámpagos y una racha de humedad recorre el patio anunciando la llegada de las primeras lluvias, la estación de la abundancia, de las flores, de las hierbas jugosas y de los ganados lucientes y grasos.

El músico, el que encarna en la tierra de Ixcaichiong la potencia vital, se sienta en su equipal de espaldas al fuego y comienza a tocar su arco resonante manteniéndolo sujeto con un pie al gran calabazo.

El gobernador y el notaste, tomados de la mano, encabezan la danza detrás de su bandera, seguidos de los hombres; la nueva Tu'adam encabeza a las mujeres y, siguiendo su bandera, avanzan y retroceden cinco veces frente al tapeste; después bailan los hombres alrededor de la hoguera juntando los pies y saltando, mientras las mujeres bailan en sentido contrario.

Una flauta de carrizo y un viejo tambor refuerzan el acompasado sonido del arco. La danza se anima. Las parejas, tomadas de la mano, bailan vigorosamente golpeando la tierra cada vez más aprisa, levantando polvaredas. Sus cuerpos esbeltos se destacan a la luz de la hoguera ritual y sólo entonces soy consciente de que estoy presenciando una danza antiquísima donde se imita el movimiento circular del sol y se relata la primera cacería del venado primordial, unida a un rito de propiciación de las lluvias.

El cielo es el mismo, los indios son los mismos, el patio es el mismo, el arco es el mismo, el viejo fuego es el mismo, el sentido místico de la ceremonia es el mismo que fue hace miles de años. Ya se han perdido las corona de plumas de urraca, las sonajas, la figura del bailarín cubierto con la piel de venado sacrificado que empuñaba sus cuernos seguido de los perros ladradores, pero estos hombres danzando alrededor de la hoguera, en el secreto de sus altas montañas, bastan para recomponer el cuadro de una vida sacralizada que los mexicanos hemos olvidado.

Hace dos horas el patio mayor estuvo habitado por la muerta Tu'adam, la jefa de las mujeres, y oímos su voz surgir de la oscuridad y el silencio nocturnos. A la muerte ha sucedido la vida; este profundo impulso de gozar las cosas que dejaron los dioses, en los principios, determina que el hombre sea el activo colaborador de los fundadores y el conservador del equilibrio universal, renovando el antiguo sacrificio y ligándose a la divinidad por medio de las más altas expresiones humanas: la música, la danza, la reactualización de los mitos.

El tepehuán, a semejanza del cora y del huichol, no se ve forzado a levantar templos para adorar a los dioses. En realidad ni las vastas cúpulas de Santa Sofía o de San Pedro, ni las bóvedas aéreas de las catedrales góticas pueden compararse a este cielo y su visión de una eternidad cuajada de signos misteriosos que ellos supieron interpretar integrándolo a su vida. Venus, la Estrella Comedora de Huaraches, la que fue expulsada del oriente por haber sucumbido a las tentaciones de la carne, presidió en parte los rituales funerarios de Tu'adam. Con ella desaparecen las constelaciones del invierno y surgen en su lugar la constelaciones del verano que anuncian la estación lluviosa; a medida que avanzan van señalando el paso del tiempo: la primera alba —la una de la mañana—, la segunda alba, la tercera, hasta la aparición de la Estrella Matutina, el héroe cultural de los tepehuanes, guía y heraldo de Nuestro Padre, el nombre ambiguo con que se bautiza al sol y al Dios de los cristianos.

El amanecer es despacioso. El día, para decirlo en tepehuán, florea, se abre como una corola. Lentamente el cielo pierde oscuridad y gana transparencia. Ha llegado la sexta alba, pero las altas montañas ocultan el ascenso del sol que abre sus puertas y ventanas rojas, amarillas y azules. Los danzantes redoblan su energía. Pedro el gobernador, tomado de la mano de Reyes su consejero, se lanza al baile y detrás de él saltan como venados los hombres y los jóvenes, siguiendo sus banderas. En la creciente claridad revuelan las faldas de color de las mujeres y se escuchan rítmicas las fuertes pisadas de los hombres.

De pronto, la ceja de la distante serranía se convierte en la boca de un horno y como el hierro fundido se derrama, cegadora y ardiente, la luz de la mañana. Los danzantes avanzan y retroceden cinco veces, cesa de sonar el arco y todos se inmovilizan mientras Reyes entona por última vez su larga oración.

El umuagum lleva el bule, el arco y los palillos del cantador al tapeste, y el notaste descuelga los bastones de las autoridades y se los entrega de acuerdo a la etiqueta.

Concluye el tiempo sagrado y se reanuda el tiempo profano. Todo lo esencial ha sido cumplido con el mayor escrúpulo de acuerdo a los cánones inalterables.

Dos horas después bajan en procesión, encabezados por sus banderas, a la plazoleta situada frente a la escuela, dan cinco vueltas y los mensajeros que llevarán las cañas cubiertas de plumas al santuario escalan velozmente la pendiente del cerro del Alacrán, en tanto que las autoridades se dirigen a la iglesia para salir nuevamente al patio mayor y allí comer el caldo de toro y los tamales rituales.

Pasado el mediodía el patio queda desierto. Los fantasmas han desaparecido.

Los sueños

En un pueblo donde los sueños constituyen invariables normas de conducta, el chamán es el primer soñador ya que todo se revela a través de los sueños. El sueño del chamán es el producto de un ayuno prolongado y de una concentración mental condicionada a su realidad. Hay por ejemplo una enfermedad invariable, fatal, llamada cochiste, que se presenta cuando el niño cumple uno y dos años y las niñas un año hasta cinco, y más tarde cuando les nacen los pechos y tienen su primera regla, de modo que los niños padecen dos enfermedades previstas en el ritual mientras las mujeres sufren seis que son de la competencia exclusiva del chamán y no del médico moderno. Al tratarse de cochiste, los curanderos sueñan invariablemente con fruta madura, con cinco pedazos de pan seco o con un queso, pues las enfermedades de los niños se originan principalmente en la comida.

Si se trata de tosferina, Julio sueña que limpia una camisa ensangrentada y se la entrega blanca al enfermo, y si es una enfermedad grave, el chamán se ve andando por las calles de una ciudad fantástica acompañado de gentes que le precisan la clase de padecimiento y la forma de curarlo; y si su alma viaja más allá de Acaponeta, donde se encuentra el cerro de los muertos, o si sueña que un hombre hermoso está sentado sobre el pecho del enfermo, ve claras las señales de un inminente deceso.

El espectro de los sueños que determinan el diagnóstico del chamán es muy amplio y puede dividirse en augurios buenos y malos. Para Julio son buenos sueños los siguientes: cinco curanderos rezando, cinco curanderos huicholes —los más afamados—, cinco soberbias cañas de maíz, cinco casas con techos de zacate, un tabacal, un tepehuán vestido de manta, un jardín florido —particularmente bueno—, la transformación de toros en hombres y de hombres en toros, andar en una ciudad llevando cobijas y un paño blanco, cinco soldados que persiguen al ladrón de un becerro sin lograr alcanzarlo, las hierbas medicinales de San Remedio, de San Marcos, de San Francisco, de laurel, de limón, de soyate, andar en México, muchos magueyes, tres tepehuanes con sombrero de soyate, tres caballos, cinco vacas blancas que traen de lejos, un montón de plata o de billetes, una milpa jiloteando, un hombre que sale de la cárcel o una orden dada por las autoridades.

Los sueños malos, los que presagian la gravedad o muerte, más numerosos que los buenos, son éstos: presencia de soldados o de agentes judiciales, una fiesta con música, un hombre echado al agua o al fuego, cinco cohetes que estallan en lo alto, lluvia, cielo nublado, viento, remolinos, tres águilas paradas en un pino, la acción de barbechar, zopilotes comiendo un animal muerto, azotes en la cárcel, hierba quemada —enfermedad del ganado—, una mujer enamorada, una buena comida, incendio del bosque, andar por el poniente, sonidos de campanas, desfile de un sepelio, velas encendidas, llevar un santo en procesión, cinco borrachos, cinco perros, un chillar, acostarse con una mujer. Son indicios de purgación: gusanos, rebaños de cabras o flores blancas y rojas.

Es muy posible que en una remota antigüedad cada sueño trascendente haya dado origen a un mito o que un mito haya influido en el sueño. De cualquier modo su estructura y su sentido simbólico son los mismos, como lo demuestra incluso la deteriorada cultura tepehuana.

El mito de Ixcaichiong y el mito de la Estrella Vespertina, señora de los curanderos que habitan el oriente y fueron desplazados al poniente a causa de una infracción sexual, constituyen hasta la fecha modelos oníricos presentes en los sueños rituales del chamán aunque éste no tenga ya memoria de estos mitos.

Una interpretación del simbolismo nefasto de una fiesta con música o de una buena comida podría ser el sentimiento de culpa, ya que para el indio de la Sierra Madre Occidental, sus presiones, sufrimientos y recuerdos dolorosos serían insoportables si él mismo no soñara, si el chamán no soñara por él, si no se librara gracias a la confesión y a los actos de purificación ritual. La diferencia entre el autoanálisis de un hombre occidental y el de un tepehuán consiste en que el espacio recorrido por aquél es más extenso y quizás más siniestro pues se enfrenta solo a sus infiernos, mientras el tepehúan recurre a un fondo común de vivencias arcaicas que se presentan en el sueño donde no cuenta la *ratio* o el control de sí mismo.

La purgación con que los dioses castigaron a Ixcaichiong en los comienzos sigue afligiendo a los tepehuanes. No se trata precisamente de una infección —que puede haberla— sino también de un sentimiento de culpa, debido con frecuencia a una violación, es decir a la infracción sexual delictuosa en que incurrió Ixcaichiong y que —no obstante la desaparición del mito— sigue castigando al indio de acuerdo a un patrón cultural perdurable. Cuando los tepehuanes visitaron al presidente Echeverría y le dijeron que muchos estaban enfermos de purgación, el presidente, alarmado, envió tres ambulancias dotadas de médicos y de antibióticos. Los médicos sólo encontraron algunos casos excepcionales en los muchachos venidos de la costa y comprobaron el origen psicológico de la pretendida plaga.

El chamán Celedonio Soto

Celedonio Soto es un joven chamán muy inteligente a quien afligía el robo de su ganado. Me dijo:

Mira, yo sueño con un niño que me habla así como estamos hablando ahorita: "Ese enfermo no cumplió el ayuno de diez días o se acostó con una mujer pero si, él confiesa su delito, promete cumplir la costumbre y paga doscientos o trescientos pesos, según sea el tamaño de su culpa, tú, Celedonio Soto, lo salvarás de la muerte".

Otras veces sueño con la Chu'ul. La sueño como una vieja ebria o como una muchacha —pues de muchas maneras se pinta el carajo ése— que baila en el mitote alrededor del fuego. Pide un niño, lo sube a su espalda y al poco rato se lo come sin dejar de bailar. Otras veces sueño que me invita a montarme en ella y éstas son muy malas señales, son señales de muerte porque uno no puede emborracharse, ni tocar a las mujeres estando bendito. Tampoco se puede maltratar a los niños, ni lastimarlos. Los niños son muy tiernos, muy delicados y se les debe querer y tenerlos contentos.

En la corrida del alma sueño que el muerto con su cara blanca y sus vestidos blancos me saluda y me habla de esta manera:

—Tengo hambre, tengo sed y ya necesito que me salven.

Entonces le pregunto dónde se encuentra para salir en su busca y traerlo al patio. Nunca sabemos dónde están los muertos. Unos viven en Chameta. Yo conozco Chameta. Fui una vez, acompañado de un amigo, no dormido, sino despierto. Es una gran ciudad grande, más grande que Durango, puesta sobre un cerro redondo. Allí vi a mis hermanos, a mis padres, a mis abuelos. Sonaba una música muy alegre y todos bailaban. Había mucha gente bailando. No me aparté mucho de la puerta. Me invitaban a quedarme y yo no respondí una sola palabra porque si hubiera hablado, nunca salgo de Chameta. Esto sólo pasa de noche. De día es un cerro como otro cualquiera.

Otros muertos van a la lumbre y de allí es muy difícil sacarlos. Se están quemando como se quema este cigarro. El muerto me dice que le avise a su familia, que le den agua y tortillas, que le maten un toro para salvarlo. A veces llega a su casa pero no permanece allí mucho tiempo. La casa se cierra y nadie debe tocar sus propiedades. El muerto puede estar también en un pozo muy hondo y si yo sueño con soldados me será difícil rescatar el alma. He de tener valor para luchar con los federales y vencerlos. Hay un camino ancho para Chameta y un camino angosto para el cielo. Antes de llegar a la presencia de Nuestro Padre, el muerto debe cruzar un río de sangre, un lugar donde hay jabalíes que muerden. El curandero debe matarlos con sus flechas antes de llegar donde está Nuestro Padre sentado en su silla de oro. Cuando él recibe el alma, ya no le permite regresar a la tierra.

Si sueño con una flor verde, es dolor de pecho, si sueño con carne es diarrea, si sueño con cinco nubes que aparecen en el oriente o con ollas de mezcal y con gentes que se emborrachan, éstas son señales de lluvia.

Cohetes en el aire, culebras, agua sucia, un palo seco que sale del agua, relámpagos y aguaceros, alguaciles, perros que persiguen y muerden son indicios de muerte. Caída de los dientes, señal de muerte de los padres. En cambio, es buen sueño que el Niño de las Enfermedades ponga una flor junto a la cabeza del paciente. Uso cinco flechas. Una de águila real se emplea únicamente para correr las almas; dos de gavilán para curar cochiste, una de verdugo para todas las enfermedades, y una más, sin plumas, es la flecha del poniente, la que sirve para sacar almas de la lumbre o de la cárcel. Las de color verde corren las almas, las de color rojo alejan las enfermedades. Yo dirijo mis súplicas a la Estrella de la Mañana que gobierna el poniente. El oriente es blanco, el poniente rojo, el norte es el lugar del frío, el sur el lugar del calor. Mis flechas, el águila, el gavilán, el tabaco, son mis principales auxiliares. Yo soplo el humo de mi pipa sobre el algodón de la flecha de la enfermedad y sale una nubecilla que sube a lo alto. Es todo lo que veo en el algodón.

La cuerda negra representa al mal, representa a la muerte, y debo quemarla en el poniente, porque todas las enfermedades vienen del poniente. Al quemarla le pido a la Estrella Comedora de Huaraches que sujete la enfermedad y no le permita volver. A la Estrella de la Mañana le pido vida, le pido que proteja a sus hijos dolientes. En el oriente está el Jesucristo Blanco, en el poniente está el Jesucristo Negro. Hay otro Jesucristo rojo que acompaña al sol. A los tres Cristos me dirijo siempre. Al fuego, cuando está en el patio, lo llamamos Madre Isabel. Es la Hermana del Sol, la que le da parte de nuestros ruegos.

No solamente soñamos los curanderos; los enfermos también sueñan. En realidad todos soñamos los sueños que nos mandan Nuestros Padres.

Nuestras flechas son más grandes que las huicholas. Los curanderos huicholes fuman mucho menos pero son mejores hechiceros. A nosotros nos falta mucho estudio para conocer todas las enfermedades. Hay pocos curanderos coras y casi todos los huicholes son curanderos.

Celedonio nos descubre una realidad que no se presenta en otros relatos. El chamán pone en movimiento, como hemos apuntado, una maquinaria cósmica. Valido de sus palabras, del humo de su pipa y de sus plumas logra establecer una comunicación con los dioses habitantes de las diversas regiones del cielo. Entonces unos hablan y otros responden. El cielo se carga de conversaciones divinas sólo perceptibles al oído del chamán. Él ve a las estrellas, a los pájaros, al sol y los oye, pero Celedonio también ve y oye al Cristo Blanco, doble de la Estrella Matutina, al Cristo Negro, doble de la Estrella Vespertina y al Cristo Rojo, doble del sol. Los tres se comunican entre sí del mismo modo que los sacerdotes aztecas se dirigían al Tezcatlipoca de diferentes colores ocupante de las cuatro regiones cardinales, un desdoblamiento conservado por los coras, poseedores de cuatro Cristos que desempeñan funciones distintas. Lo que el cora hace en la realidad, el tepehuán lo sueña. Para el cora el mal lo simbolizan los demonios de la Judea; para el tepehúan es la Serpiente Negra o también la vieja caníbal que destruye a los niños en el patio e incita al pecado carnal, tabúes que no pueden trasgredirse sin exponerse a la muerte.

El muerto ubicuo, está en diversas partes y el chamán sólo puede localizarlo en el sueño, un sueño donde lo ve en camino al inframundo de Chameta, o en cárceles ardientes. El tepehúan ha combatido a los soldados y sufre su persecución, y al sueño arcaico se suman los soldados y los policías modernos, contra los cuales debe luchar para rescatar el alma prisionera de los nuevos servidores del Señor de la Muerte.

El chamán Secundino Soto

Secundino Soto, hermano de Celedonio, desde hace años emigró a San Pedro Xícoras y fue el último gobernador de esa comunidad. Yo traté de entrevistarlo estando en San Pedro, pero al día siguiente de entregar el cargo desapareció. Una tarde, ya de regreso a Santa María, lo encontré como huésped de uno de los viejos chamanes huicholes, que emprenden largos viajes por territorios coras y tepehuanes, curando a los enfermos en sus pequeños campamentos instalados a la orilla de los centros ceremoniales. Era un hombre viejo y rechoncho. Se hallaba abrumado de dolor y se encontraba en medio de una enramada pintando sus flechas ceremoniales acompañado de su hermano. Un hijo suyo, Topica, admirable artesano, había sido el protagonista de un cuento de las Mil y Una Noches. La familia del presidente Echeverría en cierto modo lo había adoptado y vivía en la residencia de Los Pinos. Viajó por el mundo, tenía poder, ganaba dinero con sus tablas votivas, pero no le fue posible adaptarse a su nueva situación. Cometió excesos y abusos y debió volver a su lejano pueblo. Allí trató de reanudar su antigua vida al lado del padre y una noche salió de la casa y se ahorcó en un árbol cercano. Esta historia me hizo recordar la del huichol Ramón Medina, adoptado por los franciscanos de Zapopan y más tarde por el antropólogo Peter Furst, que le hizo pintar los mitos en sus tablas votivas. Ramón

Medina era un hombre excepcional. Aprendiz de chamán, relator prodigioso de historias, gran artista creador de un nuevo estilo apartado del arte tradicional, representaba al nepantla, al hombre que ya no es indio ni mestizo cabal. Golpeaba a su mujer Guadalupe, una notable india bordadora y cantante, le impuso una querida, era codicioso, pendenciero, se embriagaba salvajemente y terminó asesinado en una riña.

Tratándose de indios debemos ser extremadamente cuidadosos. El cambio no es fácil. Han sufrido miserias y humillaciones atroces y cuando aprenden nuestros vicios y pierden sus normas tradicionales se opera en ellos un desajuste psíquico que por lo demás también es observable en los "hijos de Sánchez" y en los grandes boxeadores hijos del barrio, aunque el cambio no sea tan grande para éstos como lo es para los indios, insertos en una cultura, en una lengua y en unas condiciones totalmente diferentes a las nuestras.

El viejo padre de Topica no comprendía su tragedia y permanecía silencioso fabricando sus preciosas flechas, en espera de la clientela. Hablé con Secundino y no opuso dificultad alguna para revelarme sus sueños chamánicos.

Dios Nuestro Padre —me dijo— hizo todas las cosas sin ningún trabajo y las dejó bien hechas, bien pensadas. Desde el principio nombró a los curanderos para que nosotros con las plumas, las flechas y el trabajo defendamos la vida de nuestros hermanos. No hay nada que no haya previsto. Si existen las enfermedades, éstas existen por nuestras culpas, pero Nuestro Padre nos dio licencia para borrar los dolores y nos enseñó a luchar contra Jaok, el Espíritu Malo. Nosotros no estamos solos. Tenemos abogados en el oriente y en el poniente. Ellos son los mayores curanderos, los mayores fumadores, Nuestro Padre y Nuestra Madre el Gavilán Amarillo, Nuestro Padre y Nuestra Madre el Pájaro Azul, Nuestro Padre Ixcaichiong, Nuestros Padres y Nuestras Madres las Estrellas del lugar del Rojo y del Negro.

El águila nos dice de qué enfermedad se trata, nos lo dice el gavilán y el Santo Cristo nos responde. Nosotros nos dirigimos a Nuestro Padre y le decimos que perdone al culpable porque no le ha llegado su hora, porque el mundo es hermoso y Dios lo hizo para que disfrute de esa belleza en compañía de su familia. Dios lo puso en este mundo para que viva y no para que muera. Aunque hay agravios, hay pecados y hay muchos enredos, Dios los sabrá perdonar porque todos, buenos o malos, somos sus hijos y Nuestro Padre no permite que agarren más tristeza de las muchas que ya tenemos los tepehuanes. Entonces es tiempo de hablar, de pedir y ya llegará el tiempo de que la raya de su vida termine y entonces ya no habrá remedio, ni valdrá ninguna palabra.

Dios nos dio nuestros útiles [la parafernalia chamánica] y nos dio nuestros abogados y nos dio nuestros sueños y nos permitió adivinarlos.

Mira, éstos son nuestros sueños: cohetes que truenan en el aire, repique de campanas, la música del arco, un toro bravo, un caballo que se encabrita, un perro mostrando los dientes, una culebra atacando, una mujer que me abraza, un venado de gran cornamenta, un cerdo de largas orejas, un hombre armado con un cuchillo, soldados, judiciales, policías, topiles con sus varas colgadas en el hombro, un capitán enojado, carreteras —porque uno se va por ellas y ya no regresa—, sueños tristes, son anuncios de enfermedad grave o de muerte.

Un techalote que muerde, pájaros, aguacates, manzanas, plátanos, membrillos, queso, ratones, codornices, excrementos, son sueños del cochiste. Gusanos, flores blancas o rojas, zopilotes, moscos, el cuerpo color de sangre, son señales de purgación.

Gusanos negros y blancos, algodón, masa, carbones encendidos representan dolor de muelas; cañas de azúcar, dulce, chicharrón, mangos, significan enfermedades de tos y de catarro; carnes de res, de venado, de cerdo, de chivo o de borrego, soltura o chorro; hombres o mujeres peleando, aviones que vuelan, agua sucia corriendo, perros persiguiendo y mordiendo, cazos con agua hirviente, arroyos, barrancos, peñascos, pilas de agua, son señales de hechicería.

Sombreros de soyate con flores, hombres y mujeres desnudos, algodón muy limpio, curanderos indios, águilas, aguilillas, gavilanes, son vida muy limpia. La vida está representada por un muchachito. Cuando se sienta en la cabeza del enfermo es indicio de alivio, cuando se sienta a sus pies es indicio de muerte. Una mujer cercana anuncia la cacería del venado.

Yo todas las noches sueño, pero sólo cuando ayuno y me pongo bendito y ayudo a mi prójimo, recuerdo el sueño. Otros sueños no los recuerdo.

Curo la enfermedad con algodón, curo el cochiste con las cuentas de los collares porque ellas ven bien la enfermedad. Hay curanderos que saben correr a los muertos y emplean plumas de águila. Yo no conozco ese oficio, yo sólo sé curar ante Dios con mis flechas.

El chamán Pedro Flores Reyes

"Tengo 89 años y conozco los sueños", me dice el chamán Pedro Flores Reyes al iniciar la conversación. Este Pedro me había llamado la atención desde que lo conocí pero no había tenido ninguna oportunidad de hablar con él. Casi toda la Semana Santa se la pasó ebrio perdido. En plena reunión del gobierno yacía dormido sobre una banca sin que su mano inerte dejara de sostener la botella de mezcal. Hombre huesoso y de elevada estatura, llevaba un pañuelo muy sucio atado a la cabeza y su rostro antiguo, anguloso, era impresionante en su majestad a pesar de la relajación del sueño y de su embriaguez. Profanaba la santa mesa, pero su edad y el respeto que los indios sienten por los borrachos le permitían roncar apaciblemente en medio de las más serias discusiones.

Como trabajaba de peón en el aserradero de Guajolota y debe levantarse a las cuatro de la mañana, trabajar diez horas acarreando tablas y andar doce kilómetros diarios, lo perdí de vista y sólo de regreso a Santa María le fue dable platicar un poco conmigo.

Yo en sueños busco al enfermo. Si lo encuentro antes de llegar a Chameta, antes de pasar la raya de su vida, todavía hay esperanzas de sacarlo. Toma la forma de un animal y lo voy arreando, sin decir palabra hasta la casa del enfermo. Al devolverle su alma, el doliente recobra la salud.

El cochiste es muy trabajoso, a veces se tarda uno quince días en curarlo. Sueño que el cochiste está en la frente de la criatura y que yo le entrego un jarro de miel. Sueño también a las queridas ocultas, las descubro, porque ellas enferman también a los niños. Si sueño que un muchacho tiene un látigo en la mano y le pega al enfermo, ésta es señal de muerte; si sueño que le puedo quitar de encima un tercio [carga] muy pesado, es indicio de que se alivia. A veces los sueños son falsos. Cuando un niño perdido regresa a su casa es señal de alivio, pero puedo soñar que no llega y me equivoco. Arar es bueno en la vida, pero si yo sueño que aro mi campo es malo. Cuando se paran las yuntas veo que la vida se para; cuando rompen el yugo y se escapan veo que no le toca la muerte, que puede vivir más días.

Cuando el gavilán llamado Huara se sienta en un árbol y luego persigue al enfermo porque no le da su alimento de tabaco macuche, porque no ha cumplido la costumbre y olvida a las águilas, es también señal de muerte.

El zopilote me ayuda. Yo lo llamo en auxilio del enfermo de la barriga y el zopilote limpia la pobredumbre. No todos los curanderos aclaman al zopilote.

Los excrementos significan que la mujer de uno se ha ido con otro hombre. Los gusanos blancos y colorados son indicio de purgación. Debo chuparlos porque se meten en la piel del enfermo, debo limpiarlos con mis plumas como lo hizo en aquellos días remotos Nuestro Padre el Músico Ixcaichiong.

Una víbora que ataca, muchos soldados, hombres armados con agujas y cuchillos, son señales de que vienen muchas enfermedades, entre ellas la enfermedad del corazón. Una muela que se cae anuncia la muerte de mi madre, un diente que se pierde, la muerte de mi hijo.

Un sombrero de soyate, una red de mujer, son buenos sueños, si el río se los lleva es señal de muerte. Si se rompe el malacate o la mano del metate, es indicio seguro de que la mujer morirá.

Flores, milpas, dinero, elotes, esquite, maíz en el silo, un hacha nueva son buenas señales, y son malas señales carbones, un río grande, un rayo que cae sobre un cristiano, la lluvia, una comida de fiesta.

La hechicería da mucho trabajo. Sigo el rastro del enfermo, entro a la cárcel acompañado de mis amigos, saco al doliente, me persiguen los soldados, quieren quitármelo y yo lucho porque no me lo quiten. Si les gano la batalla es señal de que el enfermo se alivia. Si pierdo, el enfermo morirá sin remedio.

El gobierno debería ayudarnos a los indios tepehuanes porque nosotros con nuestros sacrificios hacemos llover en todo el mundo. Si nosotros no ayunáramos, si no aclamáramos a los dioses en el patio, el mundo se secaría. El gobierno es fuerte, el gobierno no tiene hambre. Aquí hay muchas pobrerías.

Mi Padre Dios, desde chico, me dijo que yo viera por el prójimo y me dio esa virtud, esa suerte. El trabajo te viene de lo alto, me dijeron mis padres, los ancianos como yo, y a querer o no tuve que aceptar esas órdenes venidas de lo alto pues si no las obedecía, los dioses me castigaban. Me da mucha pena que mis enfermos se me mueran, mucho dolor. A los tres días de no beber agua ya nada más está uno tirado con los ojos abiertos. Sufrimos. Ésta es la vida del pobre curandero tepehuán.

El viejo don Pedro me besó la mano y se fue. Mañana, cuando aparezca su principal abogado, el Muchacho-Estrella, se pondrá en camino hacia el aserradero. Tiene 89 años y está convencido de que la raya de su vida se encuentra aún muy lejos de Chameta.

Los sueños de un náhuatl de San Pedro

Felipe Reyes, mi principal informante de San Pedro Xícoras, no era chamán sino uno de los principales vecinos nahuas del centro ceremonial. Hombre pequeño, sus negros ojos inteligentes, su dignidad y compostura me hacían ver en él a un prototipo de esos tlaxcaltecas que durante cuatrocientos años se quedaron atrapados en la cárcel de piedra de la Sierra Madre Occidental.

Durante largas jornadas permanecía sentado en el tronco hueco de los bailes, fumando, atento y concentrado. Dos días antes de mi partida me contó el siguiente sueño.

Habiendo muerto su padre, él siguió viviendo en la casa del difunto y aún se tapaba con su cobija abandonada. En esas condiciones soñó que su padre entró a la casa, le amarró los brazos utilizando una soga nueva y se lo llevó por el camino del poniente. Y muy lejos aparecieron dos tepehuanes que le preguntaron al padre:

—¿A dónde llevas al muchacho?

—Lo llevo a mi casa.

—¿Cómo? No admitimos que te lo lleves pues el muchacho vive en este lugar. De modo que ahora mismo nos lo entregas.

El padre, enojado, opuso resistencia, pero los tepehuanes cortaron las sogas con sus cuchillos y lo regresaron custodiado a su casa.

Felipe despertó entonces y al día siguiente le contó su sueño a un curandero. El chamán le dijo que mientras no organizara la corrida del alma de su padre, no debía vivir en la casa ni taparse con la cobija del muerto.

Desde luego Felipe había incurrido en una grave falta. La casa del muerto no debe ser habitada, ni tocadas sus pertenencias ya que, como hemos apuntado, el difunto forma un todo con su casa, sus familiares y sus objetos personales. La muerte supone una suciedad, una mancha, establece una especie de cuarentena, de entredicho, un tabú que ha de ser respetado escrupulosamente. El padre, al llevarse a Felipe por el camino del poniente, es decir, a la región de los muertos, lo estaba castigando y pudo ser salvado no por los suyos sino por los tepehuanes, un sueño paralelo a otro que me refirió Felipe.

En este sueño, estaba muy enfermo cuando llegó a su casa un hombre en un automóvil y lo invitó a pasear. Felipe accedió. Tomaron la carretera, penetraron en un cerro y desembocaron "a lo parejo", a un mundo antípoda de la sierra donde se advertía, lejana, una ciudad.

El hombre detuvo el automóvil frente a su casa, salió la familia y lo invitaron a sentarse.

—¿De dónde vienes, niño? —le preguntaron.

—Vengo de allá, de donde vivo —contestó Felipe.

—Qué bueno que viniste. ¿Tienes hambre? ¿Qué sabes comer?

—Yo sólo tomo chocolate.

Le dieron chocolate y después lo invitaron a conocer la ciudad.

Felipe vio un juego de pelota, un gran patio donde bailaban hombres y mujeres, unos corrales atestados de vacas, un potrero con harta caballada y una estación llena de trenes.

De vuelta a la casa descansaron un rato y la mujer del amigo le preguntó:

—¿Ya te quieres ir?

—Pues sí, ya me quiero ir.

—¿Cuándo vienes otra vez?

—No sé, dentro de unos años seguramente.

—Ya nos vamos —dijo el amigo.

—Muchas, muchas gracias, señora.

—¿Está bonito mi pueblo? —preguntó el hombre cuando iban de regreso.

—Sí, es muy bonito.

Cruzaron el cerro y Felipe despertó en su cabaña. "Se me quebraba la cabeza de dolor —me dijo—. Estuve a punto de morir. Ellos, los del poniente, querían llevarme al otro mundo pero Dios no lo admitió y me devolvieron."

Un tercer sueño de Felipe nos descubre un nuevo aspecto de la relación entre los vivos y los muertos.

—Soñé una vez —me dijo— que mi mujer enfermó y yo me fui lejos. Allá lejos un poblano me preguntó:

—¿Estás enfermo?

—No —le contesté—. Yo no estoy enfermo sino mi mujer.

El poblano entonces dijo:

—Mira, yo sufro todos los días, me quejo y nadie me trae nunca nada de comer, ni agua, ni leña. Yo le he pedido a tu suegro que me pague doscientos pesos que me adeuda y tu suegro se hace el sordo y ni siquiera me trae de comer. Dile que si no me paga o hace una costumbre, su hija no se aliviará.

—Cuando desperté, mi mujer amaneció enferma, muy enferma. Yo le conté al papá lo que había soñado y él me contestó que no sabía nada, que no creía en mi sueño y hasta su muerte afirmó que no debía los doscientos pesos. Mi mujer se agravó y yo le propuse al curandero pagar la deuda con tal de que sanara mi mujer, pero no lo admitió. Tampoco creyó en mi sueño. Mi mujer se fue por un camino. Hace muchos años que se fue y yo no me he vuelto a casar.

En el sueño de Felipe un muerto acreedor reclama su dinero para salvarse, es decir para que los familiares lo expulsaran del mundo y, al no ser escuchado, se vengó enfermando y matando a la hija de su deudor pues los muertos sólo abandonan la tierra cuando todos sus asuntos —sus "pendientes" en el lenguaje de los serranos— quedan arreglados de modo satisfactorio. Si al muerto le deben algo o él debe algo, si ofendió a una persona o si lo ofendieron, si hay querellas, si falta uno solo de sus parientes o de sus pertenencias, el difunto inconforme se niega a marcharse porque la muerte supone un arreglo de cuentas general, una solución de todo lo que quedó pendiente.

4
Coras
(Nayarit)

La Semana Santa de los coras constituye uno de los acontecimientos más misteriosos y espectaculares del sincretismo mexicano. Como sus vecinos los huicholes, también los coras conocen las virtudes del Divino Luminoso, el peyote; sus prácticas religiosas, sin embargo, están más imbuidas de símbolos cristianos, mismos que han llevado a extrapolaciones delirantes, fascinantes. La carcajada y lo sagrado, la orgía y la muerte, el carnaval y la liturgia empalmados

En los fragmentos que siguen, se narran las circunstancias en que los coras se rindieron a la Corona española con dos siglos de retraso, se presenta el contexto de la última derrota de los pueblos de indios en el siglo XIX, y se describe el ballet aterrador y maravilloso de la Semana Santa cora.

Tiempo barroco, tiempo liberal

I

Cierta mañana de febrero de 1721 la capital de la Nueva España contempló un espectáculo ya entonces desusado: la rendición de un príncipe indio al monarca español. Tonati, como se llamaba este príncipe, era el Gran Sacerdote del Sol y el rey de El Nayar, una provincia montañosa situada al noroeste de México que durante dos siglos preservó su independencia mientras las provincias de Nueva Galicia y Nueva Vizcaya habían sido exploradas y conquistadas en su mayoría por los frailes y los soldados del virreinato. Felipe V había ordenado el asalto final a ese intolerable islote de herejía, pero el siglo XVIII carecía del empuje y de la pasión religiosa que caracterizaron al XVI. Los pocos soldados reunidos bajo las órdenes de unos cuantos finqueros sedentarios se dispersaron ante la vista de la sierra o fueron derrotados de modo vergonzoso. Así las cosas, el capitán don Pablo Felipe, guardián fronterizo, aprovechando una aguda carestía de sal, había logrado persuadir al Tonati de que fuera a entrevistarse con el virrey, y ahora el victorioso príncipe nayarita, acompañado de veinticinco principales y de los capitanes don Juan de la Torre y don Santiago de la Rioja, desfilaba por las calles de México.

El Tonati era un joven alto, "bien apersonado y de tanta severidad que declinaba a ceño", según lo describió el jesuita José Ortega, autor de la *Maravillosa Reducción y Conquista de la provincia de San Joseph del Gran Nayar*.[1] Salían en tropeles "los señores y señoras de primera clase", la "gente plebeya" y los clérigos y frailes "con el deseo de ir a ver si eran capaces de domesticarse los que la

---

[1] *Maravillosa Reducción y Conquista de la provincia de San Joseph del Gran Nayar*, por el P. José Ortega S. J. Ed. Layac, México, 1944.

común voz publicaba indómitas fieras". El Tonati llevaba en la mano un bastón de mando y en la cabeza una corona de hermosas plumas. La vista de las suntuosas casas y de los numerosos españoles, con los cuales, según apunta el padre Ortega, se podían formar ejércitos "no sólo para conquistar su rebeldía, sino para acabar con todos sus paisanos", debe haberlos admirado y suspendido, "aunque, bien aleccionados, su astuta sagacidad lo disimulaba guardando las reflexiones de sus discursos con el silencio, sin que les asomara en su semblante".

Les dieron una amplia casa situada en el camino del santuario de Guadalupe y cuando el virrey, Marqués de Valero, volvió de Jalapa a la capital, los principales salieron a la puerta y el Tonati al balcón, donde se mantuvo guardando una "seriedad majestuosa". Al paso de su excelencia, le hizo tres reverencias con el "despejo y gravedad que en él era como natural" y el virrey respondió saludándolo afablemente. Al día siguiente, por órdenes suyas, un sastre le cortó un traje de moda, una capa de grana adornada de un bellísimo galón, y así vestido asistió a la primera audiencia.

Nuestro cronista, el padre Ortega, pertenecía a la élite de una Compañía de Jesús que a principios del siglo XVIII alcanzaba su apogeo. Misionero —viviría veinte años entre los nayaritas—, escritor barroco aficionado a las metáforas delirantes, consumado lingüista —a él se debe el primer diccionario cora—, era al mismo tiempo un cortesano y un refinado adulador. Su crónica de la conquista del Nayar ofrece un notable paralelismo entre su retórica y su falta de caridad cristiana, entre los adjetivos que dedica a los indios, ovejas de su futuro rebaño, y los que consagra a los gobernantes, a los capitanes y a sus superiores eclesiásticos. Para él, los nayaritas son bárbaras fieras, hipócritas, falsos e interesados, criminales y ebrios, sensuales polígamos cuyas ciegas almas, esclavas del demonio, se revuelcan en el cieno de la herejía. En cambio, su Excelencia el Marqués de Valero resulta un Argos vigilante, generoso de espíritu, tan buen manejador del bastón como de la pluma cuando lo piden la gloria de Dios y el bien de la monarquía, imitador de San Francisco de Borja que sabía hermanar la sabiduría con lo humano, eficaz razonador y hombre piadoso; el dignísimo Arzobispo de México don Fray José Lanciego y Eguilaz es "gloria de la siempre ilustre y esclarecida religión del gran padre San

Benito"; sus hermanos los jesuitas, compendios vivientes de "virtud, celo, prudencia y literatura"; los capitanes, señores bizarros y tan acaudalados en prendas morales y en fortunas que pueden disparar balas de plata contra aquellos corazones rebeldes.

El Tonati mantuvo su dignidad ante la pompa del virrey. Sin embargo, su "notable despejo" no le evitó la humillación de arrodillarse con los principales ante el representante del lejano monarca y de poner a sus pies una flecha votiva, su bastón de puño de plata y su corona de plumas.

La España acosada de Felipe V, nieto de Luis XIV, el Rey Sol, había sometido, sin esfuerzos, al pequeño principado del Nayar. El virrey se condujo como un gran señor benévolo y el tono que empleó fue más bien paternal: perdonaba cualquier delito pasado cometido por malicia o inadvertencia y dijo estar dispuesto a concederles las mercedes "que sin queja de lo lícito" quisiesen demandarle. El Tonati, por su parte, se limitó a entregarle un memorial con sus quejas y peticiones, y el virrey lo despidió fijando la fecha de una nueva audiencia.

Lo que preocupaba a las autoridades era el aspecto religioso del problema. La presencia de unos paganos, en una ciudad donde proliferaban los conventos, los teólogos y los misioneros, cuya especialidad consistía en erradicar herejías y supersticiones, se entendía como un reto, y el mismo virrey, durante la segunda audiencia concedida al Tonati, siguiendo el ejemplo de Hernán Cortés, modelo todavía vigente del piadoso conquistador, leyó un papel donde les demostraba al Tonati y a los Principales que el sol, obra del verdadero Dios, cuando lo adoraban los nayaritas se convertía en el mismo demonio. Añadió el virrey que la obediencia jurada a nuestro rey y monarca, Felipe V, era una manera de dar las gracias a Su Majestad, el Verdadero Rey de Reyes, y por lo tanto de someter el cuello al "suavísimo yugo de su santa ley".

Quizá el virrey empleó otro lenguaje menos oscuro, pero, de cualquier modo, el Tonati y sus consejeros no entendieron una sola palabra de aquel discurso teológico. El sol no era obra de Dios sino el mismo Dios, el dador de la vida, de la luz y del día, el que combatía a los espíritus malignos de la noche, y si bien ellos estaban acostumbrados a las más espectaculares metamorfosis, les era imposible aceptar que su deidad suprema se convirtiera, por la sola lectura de un papel, en el diablo de sus enemigos los españoles.

El padre Ortega, en ese momento, desecha la menor posibilidad de duda. Le parece tan convincente el discurso, que a sus ojos el virrey, con su chupa de encajes, su casaca bordada y su peluca, de pie en el gran salón del palacio, apareció como el propio sol, o al menos como una figura luminosa capaz de disipar las tinieblas de la ceguedad india. El Tonati, deslumbrado, rendido, solicitó entonces el envío de "padres prietos", es decir de padres negros o jesuitas, para que éstos terminaran de alejar las sombras del paganismo que pesaban sobre su desgraciado reino.

Al oír de boca de "estos bárbaros" la anhelada petición, el Marqués dejó de resplandecer y se convirtió en un Orfeo. Con su teología, su prudencia, sus razonamientos y dulcísimos cantos hizo el milagro de trocar los feroces lobos en mansos corderos y, operando este milagro, ordenó que los llevaran a los pies del Arzobispo de México.

Don Fray José Lanciego y Eguilaz vio con gozo a las rendidas fieras inclinarse reverentes ante su trono y con santas palabras "aplaudió la acertada resolución de los coras y los exhortó a llevarla adelante y a perseverar constantes hasta lograr que la siguiese toda su numerosa nación".

Intrigas y maniobras del demonio

El virrey sabía que el demonio no permitiría que le arrebataran fácilmente a sus millares de esclavos nayaritas. Los indios, privados del poder luminoso del Marqués, podían caer de nuevo en el paganismo, aconsejados por Lucifer, y para no darles tiempo de que se arrepintieran, mandó llamar al padre Alejandro, prepósito de la Provincia, y le pidió se hiciera cargo de la conquista espiritual del Nayar, como deseaba el Tonati.

El padre Alejandro acató desde luego unos deseos "tan conformes al servicio de Dios y al de nuestro católico monarca" y de paso hizo ver al virrey, sutilmente, que la designación podía despertar el recelo de los franciscanos, a quienes llamó "religiosos seráficos animados de un incesante y apostólico fervor".

El virrey le prometió resolver los inconvenientes previstos, y el

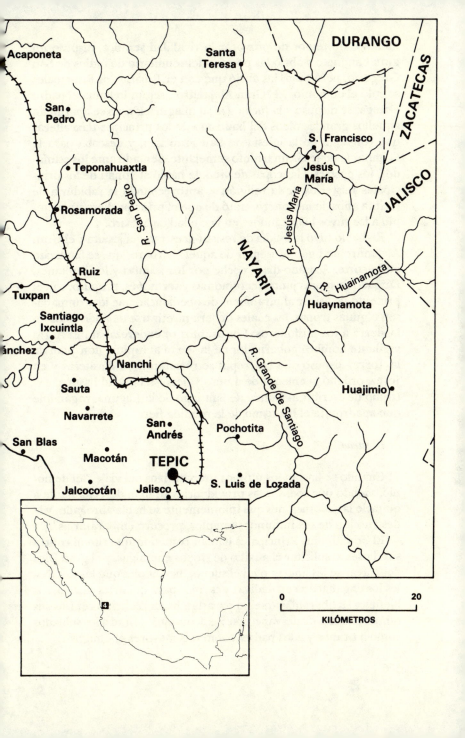

italiano, sin temor de provocar la rivalidad seráfica, dispuso un gran banquete y abrió las puertas del seminario de indios de San Gregorio, pero tanto las abrió que con el Tonati y los Principales se coló el demonio. El "Gran Alejandro", según lo llama el padre Ortega, se dispuso a la lucha. De su imaginación no se apartaban aquellos grandes óleos del bautismo de los príncipes tlaxcaltecas que colgaban de la iglesia de San Francisco, y deseaba para la Compañía de Jesús un triunfo semejante. Sentado ante los estofados, los postres y las copas de vino, le habló al Tonati de los principales misterios de la religión y, aprovechando la sabiduría de treinta años de misionero, trató de que el príncipe diera un ejemplo a los suyos bautizándose en la ciudad de México.

El diablo tuvo la osadía de resistir la estrategia jesuita y el Gran Alejandro no pudo conseguir de aquel "bárbaro" que se bautizase en la corte. Acosado día y noche por los jesuitas y los capitanes, fatigado de tantas juntas, ceremonias y sermones, propuso, con el pretexto de asistir al juramento de obediencia, que lo acompañasen algunas tropas, las cuales deberían retirarse dejando solos en la sierra a los misioneros. Los asuntos se enderezaban. El Argos vigilante nombró gobernador de la sierra al capitán don Juan de la Torre, dispuso que las tropas se reclutaran en Zacatecas y en Jerez, ordenó la entrega de dinero y llevó su bondad hasta el extremo de escribir al Conde de Santiago de la Laguna, rogándole que apadrinara el bautismo de la rendida fiera.

El sueño

Cuando se hacían los últimos preparativos del viaje, "el demonio, viendo que todas estas providencias tiraban derechamente a quitarle las adoraciones que infamemente se había abrogado, y la destrucción de sus inmundos templos, procuró embarazarlas".

El Tonati y los Principales habían cometido un crimen contra sus dioses al solicitar el auxilio de tropas enemigas, y el gran Dios del Nayar se les apareció en el sueño, diciéndoles que los españoles los engañaban con dádivas y cariños para quitarles su vida, sus bienes y su libertad, y que no pararían hasta reducir a cenizas sus templos. Antes de desvanecerse les aconsejó: "Mirad a los soldados como a tiranos y a los padres como mis mayores enemigos".

El efecto de este sueño fue espantoso. El padre Ortega escribe que se levantaron enajenados y fuera de sí, semejantes a "estatuas sin sentido". Los capitanes, sospechando algo muy grave, los interrogaron y el intérprete don Pablo Felipe logró arrancarles la confesión del sueño. El virrey y sus teólogos vieron claramente su sentido oculto. No revelaba los deseos o los temores de los indios, sino los deseos y los temores del demonio. Contra su aparición espectral resultaban inútiles las espadas o la ilimitada generosidad desplegada por el Marqués, el Arzobispo o el Gran Alejandro. El diablo estaba jugando sus últimas cartas en la misma capital de la Nueva España, y era necesario armarse de paciencia, conjurar su imagen, librar la batalla en el terreno de lo sagrado y apresurar la salida del trastornado Tonati para evitar que un segundo sueño truncara la obra de su conversión.

Todavía la víspera de marcharse el Tonati, el virrey le regaló una cruz de oro a fin de "introducir el aprecio de la devoción con lo estimable de la materia", y la expedición inició el regreso a la sierra. Por el camino, el padre Juan Téllez Girón, ardiendo en celo apostólico, no cesó de hablarles a los indios del modo miserable con que el diablo los tenía engañados, y tanto insistió y remachó sobre el tema que ya cerca de Zacatecas un viejo Principal estalló, y con "sobrado atrevimiento" le reprochó al Tonati el haber admitido frailes y soldados y lo amenazó con que, llegando a la sierra, lo habría de castigar a la vista de todos el temible guerrero Guamocat.

El poder lo ejercían —como todavía lo ejercen— los viejos Principales. La acometida del virrey, de los jesuitas, los honores recibidos, el despliegue del poderío español, causaron su efecto en el joven príncipe. Sentía que había entrado a un mundo cargado de fuerzas irresistibles y, aunque él se mantuvo firme y nunca renunció a su dignidad, su espíritu estaba desgarrado entre la convicción de enfrentar una potencia abrumadora y sus más arraigados sentimientos religiosos.

Su crisis era la misma que sufrieron los príncipes indios durante la conquista. Había una posibilidad de sobrevivir, de conservar sus prerrogativas, cediendo a la presión, y una posibilidad de volver a los suyos y de luchar contra los enemigos. Las amenazas eran ciertas; los viejos y los guerreros no aceptaban concesiones, pues no olvidaban las palabras del Dios Sol pronunciadas en el terrible sueño: "Mirad a los soldados como a tiranos y a los padres como mis mayores enemigos". El príncipe se decidió por la ambigüedad. Eludió entrar a Zacatecas, donde debía ser bautizado, y a pesar de los ruegos del gobernador por que se quedara algún tiempo en la Villa de Jerez mientras se reunían las tropas necesarias, se marchó con los suyos a La Mesa, no sin prometer que estando en la sierra se pasaría al campo de los españoles.

Donde la historia se repite

La verdadera conquista del Nayar es una reproducción a escala mínima de la verdadera conquista de la Nueva España. No se trataba de Cholula o de Tlaxcala —en el siglo XVIII habían desaparecido las grandes metrópolis—, sino de una entelequia mística erigida por los indios en el cráter extinto de un volcán. Tampoco existían pirámides y palacios, sino bosques de pinos, una laguna mágica, templos rústicos y cavernas, moradas inaccesibles de Toakamuna, el dios solar de la fertilidad.

El 26 de septiembre, después de muchos cambios, vacilaciones, órdenes y contraórdenes, pudo salir el ejército de Huejuquilla en dirección a la Puerta del Nayar. Esta famosa puerta, distante treinta leguas, era la obsesión de los españoles. Se la imaginaban como la puerta de acceso a una ciudad amurallada, como la frontera de una tierra incógnita, y en realidad era sólo una abertura entre las montañas o un puerto cercano al río Chapalangana, desde el cual se divisaba un paisaje de montañas, cantiles y barrancos dominados por la distante Mesa del Nayar.

La idea de unas puertas mágicas la conservan los huicholes. Durante su viaje a Viricota los peregrinos deben cruzar cinco puertas guardadas por venados azules. El chamán, luego de limpiar a sus compañeros y de pedir permiso de entrar a los venados, las abre con sus bastones de plumas, y una vez que han pasado las cierra, en el caso de tomar a la vuelta un camino diferente.

Como las puertas forman parte de una geografía mística, es posible que la famosa del Nayar haya sido la primera del conjunto destinado a proteger el acceso a La Mesa. Los españoles, privados de sus claves religiosas, sólo vieron en aquel grandioso paisaje velado por las nieblas un espantoso laberinto de "quebradas montañas, de sierras altísimas, de barrancos profundos, de cuchillas y laderas pendientes".

Un caballero "juicioso y discreto" expresó el sentimiento de los cruzados, diciendo "que esta tierra sólo era a propósito para apóstoles o para apóstatas", y el padre Ortega comenta: "y es así, porque sólo puede entrar para vivir en aquella horrible, espantosa soledad, un hombre a ciegas, o como misionero a quien dichosamente venda los ojos la obediencia o como apóstata a quien su propia ceguedad le hace apetecibles los precipicios".

En aquel momento se delineó el final de la aventura. Al padre Antonio Arias le causó tanto dolor ver que en el centro de la sierra el demonio se hubiese fabricado el más erguido templo, que exclamó: "Espero que en esa Mesa, teatro hasta hoy de la idolatría, hemos de ver levantado un templo a la Santísima Trinidad para que sea nuestro verdadero Dios adorado donde ha sido tantos años tan bárbaramente ofendido".

La barroca profecía se cumplió fielmente. Las trampas de los indios, sus escaramuzas, sus parlamentos, revelaron que sólo podían ser dominados por la violencia. El 15 de enero de 1722 los soldados rezaron de rodillas el rosario y ejecutaron fervorosos actos de contrición, "para que al peso de sus armas no se sumara el peso de sus culpas", y el día 16 decidieron escalar La Mesa cantando el Alabado.

El Señor no fue sordo a sus devotos clamores y supo protegerlos del diluvio de flechas, piedras y peñascos que arrojaban los indios desde lo alto, despedazando los árboles. Entre las innumerables señales del favor divino, el padre Ortega destaca dos episodios ocurridos ese día memorable: estando el capitán Nicolás de Escobedo parapetado detrás de un árbol, "alguien" lo empujó a buscarse otro refugio, y apenas había caminado algún trecho, un peñasco hizo astillas el tronco recién abandonado. La segunda muestra de la voluntad celestial determinó que un grupo de soldados en vez de tomar el único sendero accesible y casualmente el único fortificado, se extraviara por el monte y, con gran sorpresa, se viera frente a la trinchera central de los coras.

El final fue abrupto. Tahuitole, el temible guerrero que ya había prestado obediencia a los españoles, se levantó sobre la trinchera y "con rabiosa saña y furor" les gritó a sus compañeros:

—Ha llegado el tiempo de arrojarnos en medio del peligro y detener el paso del enemigo; los Principales que me empujaron a la obediencia deben mostrar ahora su valentía.

Empuñando su alfanje, se arrojó contra los pasmados españoles y el capitán don Cristóbal de Torres le disparó un flechazo, bajo el brazo que sostenía la espada, y, antes de que pudiera levantarse, los soldados lo remataron a balazos.

Cesó el griterío, desmayó el orgullo, las fieras huyeron arrojándose desde un alto barranco, sin que nadie, aparentemente, las persiguiera, y los soldados pudieron ocupar el centro ceremonial y prenderle fuego.

Realizada la conquista, los indios le preguntaban al padre Ortega quién era un español montado sobre un caballo blanco que los perseguía blandiendo en una mano la espada y en la otra sosteniendo una capa a manera de escudo, con la que paraba las flechas del enemigo. El padre Ortega comprendió entonces que sólo podía tratarse del Apóstol Santiago, pues "¿quién no reconocerá la mano de Dios y tendrá por más ordinario favor de sus altas providencias que sólo 75 hombres se atreviesen a combatir con una tan grande multitud de bárbaros? ¿que penetrasen una montaña inaccesible a la mayor osadía y sólo superable con una singular maravilla? ¿que de los 75 que la subieron ninguno muriese y sólo saliesen heridos un soldado español y seis o siete indios amigos?". Desde luego, el padre Ortega reconoce que la pérdida del más valiente de los nayaritas influyó en la derrota y en la huida final, mas su planteamiento es válido no sólo para esa pequeña escaramuza sino para las conquistas espectaculares del Imperio Mexicano y del Imperio Incaico. Otra vez un puñado de soldados vence fácilmente a una muchedumbre de guerreros en un terreno enemigo y la victoria se produce en el momento en que el jefe ha sido muerto o hecho prisionero.

Tocado el Principal, sobreviene automáticamente la victoria debido a que el jefe ostenta un poder conferido por los dioses y los ancestros. El jefe desciende de un dios —lo que lo diferencia de otros hombres—, forma parte de un sistema donde el mito establece la jerarquía, el poder y las normas sociales. Destruido el monarca o el Principal, con él se destruye el pacto divino, la cohesión del grupo basada en una conformidad total, y el guerrero subordinado, incapaz de sobreponerse a la destrucción de los poderes en que se basa su mundo, pierde el valor, se desbanda y se necesitará mucho tiempo para que los indios recuperen su fuerza y estén en condiciones de librar una nueva batalla. La rebelión y la derrota de los tepehuanes, sus vecinos, ocurrida en el siglo anterior, deben haber influido en el ánimo de los coras. El Tonati desapareció de la escena oscuramente. El padre Ortega recuerda que, después de la batalla, los soldados hallaron como parte del botín el suntuoso vestido regalado por el virrey sin señales de haber sido usado. Unos meses después de tomada La Mesa, el Tonati mismo se entregó a los españoles y presentó a sus cuatro hijos para que fueran bautizados. Habrían recibido las nuevas aguas sagradas en una ceremonia conjunta e indiscriminada si uno de los caciques no hubiera intervenido con los padres, haciéndoles notar que los hijos del gran Sacerdote del Sol merecían un trato excepcional.

El Tonati representa la transacción, las dudas y los conflictos que condenaron al anonimato a muchos príncipes indios desde el siglo XVI. El padre Ortega habla compasivamente del buen corazón del Tonati y sus elogios los reserva a los valientes guerreros que defendieron su tierra y murieron sin entregar el rebelde cuello al dulcísimo yugo del cristianismo.

Donde las fieras se convierten en mansas ovejas

Antes de siete años, la Compañía de Jesús había completado el milagro de Orfeo iniciado por el virrey. Bautizados los salvajes, atraídos con los "suaves silbos de sus pastores" y establecidos en algunos pueblos, sólo quedaban algunos rastros de idolatría y de ceguedad que disipó la visita pastoral del Ilustrísimo Señor don Nicolás Gómez de Cervantes, catedrático jubilado de decreto en la Real Universidad de México y Obispo Dignísimo de Guadalajara, "cuyos indios deben vivirle eternamente agradecidos porque a más de las crecidas limosnas con que socorrió su pobreza, emprendió por ellos el peligroso viaje a esta serranía sin que lo arredrara lo precipitado de sus caminos".

El dignísimo Obispo de Guadalajara —digamos en su honor, que ningún gobernador de Jalisco ha pisado jamás la sierra— no entró en mula, ni en caballo, sino sentado en una silla que cargaban sus mansas ovejas. Para subir o bajar los barrancos amarraban al catedrático jubilado y varios indios sostenían la silla con sogas desde las alturas a fin de "evitar las desgracias que se temían". Estos sinsabores se trocaron en dulzuras cuando en Guaynamota, y luego en Jesús María y José, vio "tan domesticados a los nayares".

Un día de confirmaciones, el Obispo le pidió a una india que le rezara una oración y la india le preguntó al padre Ortega si la había de decir en cora o en castellano. Ordenó la rezara en ambos idiomas y la india lo hizo con tanta devoción que al prelado le rebosaba el gusto por el semblante. Concluida la confirmación, don Nicolás mandó llamar al padre Ortega y le dijo:

—¡Ah, padre mío! Dios sabe el consuelo que ha tenido mi corazón, viendo a estos indios más adelantados en la fe, aun no teniendo siete años de conversión, que muchos pueblos cristianos con casi doscientos años de reducidos. Sucedióme —prosiguió Su Ilustrísima— preguntarle a uno de esos cristianos antiguos que había llegado a confirmarse que me dijera el Credo y, no pudiendo desatar ni atar, mandé al fiscal o maestro del pueblo que cuidaba de la doctrina, que le dijera a aquel indio que rezara el Credo y, reconviniéndole de no haberme obedecido, le dijo: "¿Pues qué, no sabes el *Toncio Pilato*?"

Ya ido el Obispo, todavía se acumulaban algunas negras nubes en el risueño panorama de la evangelización. Los obreros de la viña del Señor recelaban de los viejos, en quienes la idolatría había echado más hondas raíces, y, convertidos en linces, día y noche trataban de descubrir entre las sombras una luz infernal que les indicara la presencia de un adoratorio donde el demonio continuara su predicación. Al fin un indio, cristiano devoto, le reveló al padre Urbano de Covarrubias el lugar donde habían ocultado la escultura del Dios Sol, y una serie de posteriores delaciones permitió que en un solo pueblo localizaran veintitrés deidades, que, naturalmente, fueron destruidas y enterradas, sepultándose así para siempre los antiguos errores.

El padre Ortega da fin a su libro con un entusiasta recuento de las ganancias. Todos concurrían a los rosarios. Todos confesaban y comulgaban anualmente y todos visitaban las capaces iglesias atestadas de santos, lámparas, ornamentos, sagrarios, cálices y custodias, aunque los mismos jesuitas anduvieran andrajosos y muertos de hambre.

Donde la sierra se transforma en una tierra incógnita

En 1767 los "padres prietos" fueron expulsados de los dominios españoles y la mayoría tuvo que buscarse un refugio en los países protestantes que hicieron posible el auge de la Compañía. Sus misiones, y sobre todo las del noroeste de México hasta la California, quedaron abandonadas. Los frailes que los sustituyeron carecían de su energía y por ello la evangelización iniciada medio siglo antes casi se paralizó, o marchó de mala manera. Después, las guerras de independencia, los horrores de la descolonización, la miseria del país y la pérdida de la mitad del territorio, determinaron que esa parte de la Sierra Madre Occidental quedara aislada. México luchaba simplemente por no desmembrarse. Como debía reforzar los sitios más amenazados e importantes, grandes fragmentos del territorio se convirtieron en tierras incógnitas. Nadie sabía dónde estaban los huicholes, los coras, los pimas o los tarahumaras, y a nadie le interesaba su existencia. La Iglesia, privada de sus riquezas y carente del apoyo de los presidios, tampoco estaba en condiciones de sostener la evangelización.

Los indios, por lo tanto, durante siglo y medio, tuvieron ocasión de no ser estorbados ni interferidos. Seguían manteniendo sus autoridades, sus curanderos, sus chamanes, su dispersión. Los mayores pueblos —Jesús María, La Mesa, Santa Teresa— funcionaban como centros ceremoniales, el sincretismo engendró una duplicidad de sistemas religiosos y una radical transformación de las innovaciones llevadas por los jesuitas. Las vacas, los toros, los burros o los cerdos importados eran tan escasos que no alteraron en lo fundamental una economía basada en el maíz, la cacería y la recolección.

Posiblemente los coras, en la primera mitad del siglo XIX, todavía viajaban a los desiertos de San Luis Potosí donde se daba el peyote, y desde luego seguían visitando la costa de Nayarit, asiento de la diosa del mar y centro proveedor de sal, de pescado seco, de mercancías, de armas de fuego y de ciertos objetos de hierro que cambiaban por su trabajo de peones o por frutas y artesanías.

Abajo quedaban algunos pueblos indios de agricultores, pero las viejas y las nuevas haciendas iban arrebatándoles sus tierras y creciendo a sus expensas. El proceso lo aceleró la victoria de los liberales contra la invasión francesa y el imperio de Maximiliano. Los coras, más cercanos a la costa, principiaban a tener una idea de lo que suponía la lenta invasión de los latifundistas, y el odio y el temor por los mestizos también fue creciendo.

Necesitaban un caudillo que reuniera a los dispersos bajo una bandera convincente —religiosa o agraria—, para romper un cerco cada vez más estrecho y dar la batalla a sus enemigos. ¿Quién podría ser ese caudillo? El distrito de Tepic pertenecía a Jalisco y las autoridades de Guadalajara apoyaban a los hacendados y no a los pueblos. El centralismo federal trataba de nulificar precisamente a los caudillos militares que habían hecho posible la victoria, y los acosados jefes en todo pensaban menos en defender los derechos de los pueblos y de los indios. Había llegado el tiempo de consolidar el latifundio y no de destruirlo. Así las cosas, ocurrió una serie de hechos que modificaría la situación en Tepic y culminó, como era de esperarse, en la derrota definitiva de los pueblos. El reinado de los hacendados ya se avizoraba.

II

Una mañana de enero de 1873 —casi un siglo después de expulsados los jesuitas— un hombre consumido estaba frente al pelotón de fusilamiento. Sus ropas se hallaban sucias y rotas. Uno de sus pies estaba calzado con un botín y el otro con un huarache. Toda la vida de esa cara impasible se concentraba en el brillo extraño de su único ojo. En el silencio del campo rodeado de volcanes, habló:

—Soldados de la Federación, vais a presenciar mi muerte que ha sido mandada por el gobierno y que así lo habrá querido Dios; no me arrepiento de lo que he hecho; mi intención era procurar el bien de los pueblos. ¡Adiós, distrito de Tepic! Muero como hombre.

Esas pocas palabras, que constituían su propia oración fúnebre, resumían la vida y el carácter del general Manuel Lozada, más conocido como el Tigre de Álica: el hecho de que su destrucción fuera ordenada por el Gobierno Federal, su convicción de haber trabajado en favor del pueblo, el fatalismo del mestizo, la despedida al amado distrito de Tepic, su última orgullosa afirmación de que moría como hombre.

Cuando lo fusilaron, Lozada era un despojo humano. Muchos años atrás había perdido un ojo y la movilidad de un brazo pescando en el río con dinamita; padecía neuralgias y una extrema tuberculosis. Hacía poco le había escrito a uno de sus seguidores: "Hoy estoy inservible, sin ver lejos, ni distinguir cerca, sin ser dueño de montar a caballo con libertad. Si estuviera bueno de la cabeza y vista, nada necesitaría [...] pero te digo que la vista y la cabeza me hacen mucha falta: la mano no importaba".[2]

Su vida no fue precisamente la de un héroe. Católico, provinciano marginado, medio indio que odiaba a Juárez por ser indio completo y presidente de la Federación, tal vez en el fondo un separatista, dejó pasar la oportunidad de integrarse a la guerra de liberación nacional y se unió al imperio de Maximiliano. Había sido un liberal tibio, un conservador insignificante y mantuvo cierta neutralidad ya que le importaba su provincia de la cual fue el cacique supremo durante quince años. Astuto caudillo familiarizado con la sierra, amigo de coras y huicholes, al concluir la guerra en 1867 "reconoció" al gobierno de Juárez y éste le permitió quedarse al frente del distrito militar de Tepic.

No se sabía si era un guerrillero afortunado, un cacique de tantos o un bandolero romántico, pero el gobierno de Guadalajara y el de la Federación lo temían y detestaban. El Tigre, lejos de mantener la paz y de velar por los intereses de la gente decente, tenía una propensión desenfrenada a crear problemas y a perturbar un orden democrático ganado después de tantas luchas y trabajos. Ya hacía una década, en 1857, el novelista Manuel Payno lo había acusado de ser un "forajido comunista" porque Lozada pretendía arrebatar las tierras de los hacendados y devolvérselas a sus antiguos dueños, los pueblos indios de Nayarit. Muerto Juárez, su

---

[2] He preferido tomar los datos de este capítulo del magnífico ensayo de Jean Meyer, "El ocaso de Manuel Lozada" (*Historia Mexicana*, n. 72) y no de los deficientes compendios sobre la historia nayarita que circulan.

sucesor, el presidente Lerdo de Tejada, observaba con creciente desagrado las actividades ilegales del Tuerto Lozada.

Valido de su impunidad y seguro de que el gobierno no intervendría, inició en grande el reparto de tierras. Si se le había perdonado el crimen de haber sido un imperialista, no se le podía perdonar el "robo escandaloso hecho a los propietarios de sus más fértiles terrenos, [...] ligera muestra de la honda división y del enconado odio que produce la guerra de castas".

El problema de Nayarit lo complicaba la circunstancia de que no se trataba de una lucha entre propietarios honorables sino de un enfrentamiento de indios salvajes contra blancos civilizados. Todavía no se había olvidado la sangrienta lucha de Yucatán, y el espectro de la guerra de castas se levantaba nuevamente en las fronteras mismas de Jalisco, Zacatecas y Sinaloa.

Tenía una idea clara de la cuestión agraria: "Dar a cada uno lo que es suyo [...], sea quien fuere, y fuerza es que los pueblos y haciendas se sometan a lo mismo". Una comisión, nombrada por él, estudiaba los títulos de propiedad, y como no reconocía límites entre ranchos y haciendas, y sólo contaban los pueblos "esclavizados por la tiranía de los gobiernos y de los ricos", pensaba restituir los derechos antiguos realizando una expropiación general.

La impecable documentación reunida por el biógrafo de Lozada, Jean Meyer, demuestra que el proceso de absorción de tierras nayaritas estaba en marcha. Lerdo de Tejada pedía que Lozada recurriera a los tribunales constituidos —ya entonces la tendencia legalista contra la justicia también se anunciaba— pero la "fiera desde su guarida" —se reactualizan los adjetivos del padre Ortega— sostenía que ese recurso tan gastado como efímero no haría más que exasperar a los pueblos.

Lozada practicaba un doble juego que siempre ha sido fatal en la política mexicana. Por un lado enviaba embajadas con el propósito de apaciguar al presidente Lerdo y por otro seguía su implacable reforma agraria. Expropió las haciendas del poderoso monopolio Barron & Forbes, que dominaba enteramente la economía de Tepic, y este hecho casi suicida fue una de las causas de su ruina. En un medio rural donde prevalecían los latifundistas, los grandes acaparadores y los políticos, Lozada tenía de su parte a los indios y a los pueblos, un apoyo incierto que minaban diariamente enfermedades y deserciones, hasta que a fines de 1872 el gobierno decidió liquidarlo y para ello concentró tropas en los estados vecinos.

El Tigre, en lugar de concentrar las fuerzas en su propio territorio y librar una guerra de guerrillas, aceptó el desafío del gobierno, dividió sus fuerzas para detener los avances federales en regiones tan apartadas como Zacatecas o Sinaloa y, a la cabeza de seis mil infantes y trescientos jinetes —casi todos huicholes—, pudo llegar sin oposición a doce leguas de Guadalajara.

El 19 de enero el periódico tapatío *Juan Panadero* lanzaba una edición de "última hora" con este comentario editorial: "Las fieras de la Sierra de Álica han salido de sus cuevas [por lo visto los silbos de sus pastores no los habían troncado en mansas ovejas] y vienen robando, asesinando, quemando nuestros pueblos. Los bandidos de Lozada han creído necesario extender sus dominios [...] No se trata ya de combinaciones políticas, la lucha es entre los hombres honrados y los bandidos [...] ahora es preciso defender la propiedad, la honra de nuestras familias, la dignidad del Estado. [...] La hora del combate ha llegado. [...] ¡Viva la sociedad! ¡Viva Jalisco! Salgamos en defensa de nuestros más caros intereses".

Se formaría una antología divertida con todas las frases que la "gente decente del país" ha elaborado cuando sus esclavos intentaron rebelarse. En ningún momento se les ha concedido un mínimo de razón. La patria son ellos, la honra de las familias y la dignidad del Estado les pertenecen por derecho propio.

Un periódico oficial, al llegar las primeras noticias de la sublevación de los indios mayas en Yucatán, decía en 1847: "Estemos alertas los de las otras castas; seamos un Argos para observar, valientes para atacar al enemigo común, inexorables para castigarlo. Sangre y no más que sangre de indios sublevados debe ser el santo de nuestros pueblos".

La conjunción *propiedad-patria-honor-civilización-decencia* llama a la sangre y la sangre, en efecto, ha ahogado todo intento de tocar el mito sagrado. Lo mismo dijeron los hacendados y los tenderos en la guerra de Independencia, e idénticas exclamaciones lanzaron contra Zapata los propietarios de ingenios del estado de Morelos. Los que despojaron a los pueblos de sus tierras durante siglos, llamando cruzada a su rapiña, ahora se estremecían de asco y de horror. La lucha era entre hombres honrados y bandidos, entre civilizados y fieras, entre el poder maligno que encarnaba el indio "con su cara de idiota y su costalito al hombro" —como escribió el honorable don Victoriano Salado Álvarez— y el bien absoluto atrincherado en los despachos de las fincas y en las trastiendas de los prestamistas y los acaparadores.

Por supuesto, Lozada fue derrotado. Era un ciego que conducía a otros ciegos armados de flechas, de palos y de viejas escopetas. El general Ramón Corona, enemigo del Tigre y uno de los mejores soldados de la República, detuvo a las "hordas". Los cañones disparaban sobre las masas —en las que abundaban mujeres y niños— poniéndolas en fuga y el lugarteniente de Lozada, Plácido Vega, jefe de la caballería, fue cohechado y desapareció misteriosamente.

Al día siguiente, Corona, sin saber que había triunfado, se retiró a Guadalajara. Lozada, perdida su artillería, logró refugiarse en la sierra, donde presentó varios combates. Habría vivido algún tiempo como guerrillero si una última traición no lo hubiera entregado a los enemigos. El ojo brillante, la cara lívida y ligeramente patibularia del Tigre, sus vestidos desgarrados, uno de sus pies calzado con un botín y el otro con un huarache, se desdibujaron en la imaginación de los indios. Perdió sus rasgos históricos y lentamente fue mitificándose. En 1936, según relata Zingg,[3] los chamanes de Tuxpan cantaban un mito del ciclo cristiano donde el mismo Jesucristo, condenado a muerte por los judíos, se presentó en el Palacio Nacional y le entregó un papel escrito a San Nacario, para el Presidente de la República, Ramón Corona, en que le rogaba se le perdonara la vida, pero Corona, que compartió con Judas las treinta monedas, le negó el indulto. Después de sesenta años Corona, elevado a la categoría de presidente, era visto como un traidor y Lozada como uno de los dobles de Cristo. Coras y huicholes tenían conciencia de que el general mestizo había sido el único que defendiera sus tierras. La derrota militar significó su derrota final, y para convencerse basta visitar la fértil costa de Nayarit, donde todas las tierras de los pueblos han pasado a las manos de los nuevos latifundistas y de los caciques políticos. El

[3] Zingg, R.M., *The Huichols, Primitive Artists*. Denver University, 1938.

monopolio de Barron & Forbes ya no existe y su lugar lo ha ocupado más eficazmente el monopolio norteamericano del tabaco. Los huicholes y los coras perdidos en sus montañas son, como en los buenos tiempos de don Porfirio, los peones temporales de los ricos finqueros.

Al ser fusilado, en un rito sacrificial que está en la base de todo suceso histórico mexicano, Lozada expió sus culpas y sus veleidades. Había rechazado la oportunidad de ejercer un cacicazgo militar y prefirió encabezar una revuelta agraria, intuyendo su derrota, pues era un provinciano que luchaba contra el centralismo federal y un iluso que se empeñaba en devolver sus tierras a los más desvalidos. Hablaba de propiedad y parecía no entender que el gobierno, cuando usaba esa palabra, se refería sólo a la propiedad de los blancos y de los ricos.

Su pasado monárquico evitó que la revolución lo reivindicara. ¿Quién se acuerda hoy de que el Tigre de Álica fue la última consecuencia de una lucha iniciada por los tepehuanes en el siglo XVII? El noroeste de México es un mundo cortado del resto del país, un mosaico de tribus que siempre combatieron a los invasores. Coras, huicholes, tepehuanes, mayos, yaquis, nahuas, tarahumaras, se han rebelado y han sido vencidos una y otra vez. Cada derrota acarreó una serie de infamias. Aunque algunos mayos o yaquis han prosperado, la mayoría vive en condiciones subhumanas. El Estado ha creado imperios agrícolas en Nayarit, en Sinaloa, en el norte de la Baja California, de los cuales han sido implacablemente eliminados los indios y los pobres.

La Semana Santa

Es Domingo de Ramos, en Jesús María, el villorrio sale penosamente de su letargo y vuelve a la vida de la fiesta. Un invisible mecanismo, que comprende a centenares de personas, está ya en marcha aunque su acción apenas se advierta. Ha llegado poca gente de sus ranchos. Algunos viejos comerciantes mestizos han instalado sus puestos en un ruinoso soportal casi frontero a la iglesia. Una miseria: metates con sus manos cuadradas, cubetas de zinc, pilas eléctricas, hilo, agujas, alfileres: la "ancheta" de costumbre.

El sol hace brillar las latas vacías de cerveza que se han bebido los mestizos durante el año y que, tiradas entre la yerba, crean espejismos de riqueza. De tarde en tarde, el viento forma remolinos y los indios corren tratando de esquivarlos, porque traen las enfermedades y las almas de los muertos.

En la iglesia, de acuerdo con el nuevo ritual, se ha erigido un altar frente al antiguo y abajo del presbiterio, sobre una mesita, descansan las palmas tradicionales. De un lado están las mujeres, del otro los hombres, y en el pasillo central las autoridades indias, ordenadas jerárquicamente y manteniendo alzados los bastones de mando adornados con listones blancos, rojos y azules. Si bien predominan los mestizos, el despliegue del Gobierno de la Tribu da a entender, ya desde los comienzos, que la fiesta pertenece a los indios de un modo inequívoco.

A las diez llega el Obispo. El Tenanche Mayor y sus ayudantes toman las vestiduras eclesiásticas sin tocarlas directamente y una por una se las van ofreciendo, después de hacerle una reverencia. Primero es el alba y la estola, luego la capa pluvial y por último la tiara y los guantes blancos bordados de cruces. Los guantes son vistos con particular asombro y devoción a causa de su rareza. El Obispo ha sufrido una metamorfosis que puede insertarse y operar en el contexto religioso indio. Desaparecidos los atavíos resplandecientes de los chamanes y de los guerreros antiguos, sólo el Obispo retiene la potestad de prolongar los rituales, aunque el penacho de plumas de cuervo y de guacamaya ha sido sustituido por la tiara y el manto de los principales por la capa pluvial. Sobre el Obispo recae, gracias a sus vestiduras, el poder de "hacer y deshacer" reservado a los sacerdotes indios, y los tres gobernadores, los justicias y los mayordomos, sufren un eclipse momentáneo.

Una vez bendecidas las palmas y repartidas entre las autoridades, inicia la misa dicha en español frente al pueblo. Lo que importa es la sacralización de las palmas, el disponer de un nuevo objeto sagrado. El español resulta un idioma tan esotérico como el latín y la representación de la pasión y de la muerte de Cristo es enteramente ajena a los coras, porque tienen no sólo su propia versión del drama, sino una idea muy precisa del lugar, del tiempo y de la forma en que deberá celebrarse. Para un pueblo regido por los mitos y su exacta reactualización es absolutamente incomprensible que Cristo pueda morir y resucitar todos los domingos. La misa pertenece aún a los mestizos, los únicos capaces de entender a medias su oculto significado.

Aparentemente, este Domingo de Ramos no se diferencia de las otras ceremonias celebradas en millares de pueblecitos, a excepción del Obispo que encabeza la obligada procesión. Desfila solemne, con las manos juntas y los ojos semicerrados, entre nubes de incienso, seguido de dos niños que llevan en sus manos, protegidas por un lienzo blanco, la mitra y el báculo.

Otro niño, no mayor de doce años, ataviado con una corona de palma y una túnica color azafrán, viene adelante del Nazareno, puesto sobre unas andas, y atrás, en orden jerárquico, avanzan los Tenanches y los Gobernadores, cargando palmas y candeleros. La aristocracia del pueblo —las esposas y las hijas de los tenderos y los campesinos mestizos— muy a pesar suyo deben ocupar un lugar secundario en relación a las autoridades. Un centenar de jóvenes indios y de mujeres cierra la procesión.

Fuera del Nazareno y del niño su doble, la ceremonia se conduce del modo más ortodoxo posible, y hasta el llanto de los niños puede insertarse fácilmente en el Evangelio: "Sí, ¿es que nunca leíste que de la boca de los pequeñuelos y de los que maman te aparejaste alabanza?".

Lunes Santo

Ya casi oscureciendo, pasa frente a nosotros la diminuta procesión que diariamente organiza el Obispo con la finalidad de introducir algo de la ortodoxia católica en las ceremonias de la Semana Santa. El viejo Tenanche Mayor lleva una cruz cubierta con un paño morado, rodeada de ciriales e incensarios, y sus ayudantes cargan unas pequeñas andas sobre las cuales oscila rígidamente la imagen de San Miguel Arcángel, uno de los dobles de Tajá o Hátzikan, la Estrella de la Mañana. Atrás, rodeado de mujeres mestizas, viene el propio Obispo vestido de franciscano, mascullando el rosario. Me gusta mucho esta pequeña procesión tan humilde a la que se suma la humildad del Obispo. Las luces de los cirios, el humo del incienso, los vestidos de colores fuertes, se funden a los oros apagados de la tarde del mismo modo que los viejos ritos se funden a los nuevos. La Estrella de la Mañana, Hátzikan y el Águila Kuajrave han reencarnado en el alado Arcángel y ahora, incorporado al rito cristiano, se le pasea triunfalmente sin que las mujeres ni el mismo Obispo tengan la menor idea del complicado sincretismo.

Los indios no se interesan por la procesión y no forman parte de ella. Los dos centuriones están muy ocupados. El segundo está en la casa del Santo Entierro preparando el ceremonial, y el primero en su casa del barrio de San Miguel, que ofrece un aspecto desusado. Millares de plátanos traídos de la costa se extienden a lo largo de unas tablas adosadas a los muros; centenares de huevos forman montañas en los rincones; botellas de miel y sacos de arroz, de panela y de frijol, montones de hermosas calabazas amarillas y jaspeadas cubren el suelo, y del techo cuelgan enormes bultos de pescado y ruedas de hojas de maíz destinadas a la fabricación de los cigarros.

Lo que ha podido comprarse en la costa y lo que se ha logrado traer de los pueblos y los ranchos vecinos con grandes sacrificios, está ahí, y la visión de abundancia es tan asombrosa que crea un verdadero espejismo.

En un corralillo cercano comen su ración de hojas, ajenos a su sacralización, los dos caballos, uno blanco y otro negro, que montarán los centuriones.

Afuera, tendidos, sobre petates y mantas, están echados los vecinos del barrio y la luna blanca da a los durmientes un aire fantasmal. Cuando regresamos a nuestra casa, el Basta con una jícara, seguido de dos funcionarios alumbrados con velas, pasa camino de la iglesia llevando los algodones de la ofrenda destinados al Santo Entierro. Pronto las luces se alejan y se pierden entre las nuevas estrellas del cielo de primavera que asciende, como una marea, del hondón oscuro del río.

Martes, procesión de fantasmas

El martes, sentados frente a mi casa, aguardamos el primer

desfile de la Judea. Las noches, en la sierra, establecen la liga celeste que ha cortado nuestra existencia urbana. El sol, la sequía, el polvo y la miseria se desvanecen. A las siete, Hátzikan, el Gran Flechador, aparece sobre la colina de San Miguel, con su perro, seguido de los muertos que él resucitó y se convirtieron en estrellas. A las ocho, se oculta Hátzikan. Las constelaciones de Orión y de Auriga inician su lenta declinación, mientras el pueblo se hunde en el sueño y la oscuridad.

Permanecemos escuchando el apagado sonar de los tambores. A las diez, un Basta acompañado de tres ayudantes cava un agujero en medio de la calle y deposita la ofrenda de algodones y de flores de cempoal a fin de propiciar a una de las deidades subterráneas de Jesús María. Concluidas sus incantaciones, protege la ofrenda con una piedra plana, la cubre de tierra y, aunque ha borrado toda huella, sabemos ya que bajo nuestros pies, en sitios desconocidos, residen innumerables deidades con las cuales debe mantenerse una incesante comunicación.

A las doce bajan del barrio unas sombras blancas y se acerca el sonido del pífano y del tambor. Aparece la Judea desplegada en tres filas y encabezada por el Segundo Centurión montado sobre su caballo blanco. Todo es blanco: la claridad de la luna llena, las máscaras, los vestidos. El tiempo de los comienzos anula las diarias procesiones del Obispo o cualquier otra idea de temporalidad cristiana. Desfilan los venados, los búhos, las iguanas, los monstruos que vivían en las cavernas antes de la creación de Tayau, Nuestro Padre el Sol. El polvo ahoga las pisadas de sus pies. Recogidos en sí mismos, silenciosos, casi intangibles, establecen una atmósfera siniestra. Reconocen el lugar donde van a librar su batalla. No son todavía seres infernales. La demonización, como la sacralización, exige procesos muy lentos y complicados. Principian a salir de lo cotidiano para entrar sin peligro en lo sagrado, mas ese primer ensayo supone que una fuerza maligna ha despertado y amenaza el equilibrio del mundo.

Ningún vecino presencia el desfile. Se diría que la gente tiene miedo a los espectros y los evita encerrándose en sus casas como hacían los griegos cuando los muertos se apoderaban de las calles. En la iglesia solitaria aguarda el Santo Entierro. Su poder es inmenso, pero el que se le enfrenta desborda el suyo. Las milicias del mal, brotadas de la noche, recorren varias veces el pueblo y en el mayor silencio se desvanecen. Al día siguiente Jesús María recobra su rostro habitual.

Miércoles, tiempo de engendrar, tiempo de matar

A las diez, bajo el sol llameante, los "judíos" descienden del barrio de San Miguel y principian a pedir de casa en casa su ración de tabaco y de cigarros. Todavía los jóvenes conservan vestidos blancos recién lavados y sus máscaras blancas de la víspera.

No se trata de una procesión ni de un tranquilo desfile. Llegan a la puerta gritando, y apenas el casero vacía el tabaco en la bolsa que le tiende un capitán o le da su paquete de cigarros, la Judea emprende la carrera a la próxima casa. En ocasiones veo sólo sus máscaras y kepís desfilar a gran velocidad por encima de las bardas y en ocasiones los veo desembocar en las plazuelas como un ejército victorioso.

Esta calidad fantasmal de aparecer y desaparecer en un abrir y cerrar de ojos marcará la pauta de los días siguientes. A la Judea se le exige el máximo esfuerzo. Un tamborcito sordo y una flauta de carrizo los arrastra en una ronda demoniaca.

Terminado el acopio del tabaco sagrado, la Judea vuelve al centro ceremonial y se inician las danzas en una explanada cerca de la cual se ha levantado una "enramada de ceremonia". Son danzas de alegría y de bienvenida en las que el rito y el juego se mezclan íntimamente.

De hecho sólo se canta y se repite indefinidamente el título de la melodía: Tachakú Te'uwene, Tachakú Te'uwene: "A nuestra casa venimos, a nuestra casa venimos."

Los que están dispersos y aislados en sus ranchos, los campesinos solitarios de la Sierra Madre Occidental, llegaron a su casa y están alegres. Se ha quebrantado el silencio y la soledad de sus ranchos y la fiesta los acoge haciéndolos regresar a los comienzos.

Bañados en el río, inician su vida con la inocencia de un recién nacido, pero a mediodía la escena cambia bruscamente. Los capitanes desenvuelven una larga cuerda negra de crines de caballo y, manteniéndola tendida entre los danzantes, con toda su fuerza los golpean, derribándolos al suelo.

La cuerda simboliza la Gran Serpiente, el Espíritu del Mal que saliendo del río devora a los hombres. Ha entrado en su cuerpo y los ha contaminado. Su pureza manchada provoca una metamorfosis: de seres humanos se transforman en demonios, y al levantarse de la tierra nace la milicia infernal.

Su objetivo último no es precisamente devorar a los hombres sino dar muerte al sol, simbolizado en Cristo, el Dios Sol, Tayau o Tayashure. Cuando los jóvenes han sido golpeados y devorados, los Principales enrollan la cuerda y la llevan a la casa del Santo Entierro para que el viernes, el Centurión Blanco ate con ella las manos del Nazareno, culminando así uno de los ritos esenciales de la Semana Santa. Todo lo que va a ocurrir más tarde no será más que una consecuencia de esta danza. Los "judíos" derribados, manchados, devorados, deberán conducirse en adelante como diablos.

Al mediodía las autoridades sacan cestos de tortillas, ollas de arroz y frijoles, y una vez que el Basta aparta las primicias del Santo Entierro, echa comida en algunos platos puestos en círculo con el propósito de que caiga en ellos el polvo levantado por los pies de los danzantes. Éste será el sucio alimento de la Judea y la primera prueba que sufra en el largo camino de la Semana Santa.

Habiéndose establecido el tiempo sagrado, los demonios deben llevarlo a sus últimas consecuencias, no sólo haciendo todos los horrores prohibidos durante el tiempo cotidiano, sino extremando su irracionalidad. A partir del miércoles, los judíos hablan al revés, y este lenguaje del absurdo se ha de mantener hasta el sábado, del mismo modo que los huicholes, en una de las primeras etapas del viaje a la Tierra Mágica del Peyote, están obligados a bautizar de nuevo todas las cosas del mundo.

La procesión del miércoles, encabezada por un franciscano, es la respuesta, cada vez más débil, que ofrece la Iglesia al desencadenamiento creciente de los ritos heterodoxos. En vano nuestro amigo el padre Godo se esfuerza en rezar el rosario circundado de nubes de incienso. Lo acompañan diez o doce mujeres mestizas y sus voces se pierden dominadas por el sordo golpear de la tambora que baja del barrio de San Miguel. No hay nadie en las calles; los judíos danzan arriba de la loma, pero se siente que el pueblo está cercado por un ejército de espectros y que algo de la mayor trascendencia se prepara en el alto centro ceremonial.

A las nueve desciende nuevamente la Judea. Los fariseos con sus lanzas circundan al Centurión Blanco y los judíos vienen atrás formados en largas filas, manteniendo sus machetes en la mano. La Judea está completa y despliega su poder. Después de recorrer las calles se concentra en el llano que se extiende frente a la casa del Santo Entierro, formando un inmenso círculo.

La luna llena establece esa atmósfera borrosa de los comienzos, cuando los Formadores trataban de crear mediante nuevos sacrificios una luminaria más brillante. En esa claridad opaca, todo es blanco y fantasmático. Los vestidos blancos, las máscaras blancas, las armas blancas.

El tambor sordo y la flauta inician la danza de la tortuga y los capitanes, señalando con sus espadas a un danzante, lo hacen avanzar al centro del círculo. Uno por uno bailan la danza de la tortuga llamada en cora Moaritzé Moajvará, que significa, de acuerdo con varias traducciones, las tortugas se acoplan, las tortugas se hacen el amor, las tortugas se pisan, las tortugas se pican la cola.

La tortuga es el símbolo erótico de los mexicanos y es también el símbolo de la Judea, ya que todos llevan sin excepción una pequeña tortuga de río atada a la cintura. El solista baila manteniendo su machete entre las piernas, como si se tratara de un falo, y apoyado en él se dobla y se contorsiona sacudido por los espasmos del orgasmo. Concluida la danza —muy breve— regresa al lugar inicial y lo sustituye su vecino. Los dolientes, los guardianes del Santo Entierro, están acuclillados a la puerta, en el borde del círculo, fumando largas pipas. No ha muerto Cristo, pero su casa está de duelo, grandes cirios la iluminan y sus vestidos y sus bienes están regados por el suelo, en la mayor confusión. Las mujeres de los centuriones lloran amargamente. Cristo agoniza y la inminencia de su sacrificio, la convicción de que su muerte hará posible la renovación de la vida vegetal, de toda vida, lleva aparejado el desenfreno sexual. Sin embargo, el rito orgiástico, el otro polo de lo sagrado, carece de una sensualidad real. El coito de los adolescentes es semejante al de los pájaros. Privado de una cadencia prolongada, se resuelve siempre en el espasmo. El danzante debe bailar de pie y esto lo fuerza a doblarse, a mantenerse casi arrodillado y a descargar simbólicamente el semen, manteniendo su machete apoyado en la tierra.

Es el principio de la danza. Luego vienen los solistas estrellas, los grandes bufones, y ellos no se conforman con imitar el coito. Unos, desatándose los calzones, muestran sus falos y sus traseros desnudos oscilando al compás de la música, y otros, los más audaces, fingen que los calzones se les enredan en los pies y empujados por el frenesí del orgasmo caen al suelo. Lo que permanece oculto en la vida cotidiana, los actos secretos de una locura sexual que sólo se manifiesta en la intimidad nocturna, se exhiben impúdica y bufonescamente. En el interior de los coras se levanta el viejo grito etíope: "Es hora de engendrar, es hora de matar". La agonía de Cristo, su muerte próxima, el derramamiento de su sangre que ha sustituido a la sangre del Bisabuelo Cola de Venado, exalta el sentimiento erótico y suscita la locura sagrada.

La melodía los empuja al acoplamiento de un modo obsesivo: Moaritzé Moajvará, Moaritzé Moajvará, y los danzantes bailan en parejas, acoplados, las manos aferradas a sus nalgas musculosas, mientras las máscaras fijas e irracionales coronan sardónicamente el coito ritual.

Los huicholes, ciertamente, no son ajenos a lo sexual ni a lo bufonesco, pero carecen del sentido escénico de los coras. Sus representaciones eróticas no traspasan la caricatura occidental. En cambio, los coras, educados en la geometría de la danza, conservan el gusto por los grandiosos espectáculos sagrados de los aztecas. Cada uno de los danzantes ha tenido oportunidad de mostrar su talento y, concluido el baile individual, los jóvenes, sin deshacer el círculo, se acoplan de dos en dos, y luego se acoplan los trescientos, formando el muro de la Gran Serpiente que circundaba los templos y las pirámides.

Los coras, también a semejanza de los huicholes, no pueden concebir un ritual sagrado sin su contraparte, el ritual bufonesco. La avidez huichola por lo cómico queda limitada al cantador, al recitado del mito, en tanto que el cora la reactualiza mediante la danza y el teatro. La palabra del chamán, sus salidas humorísticas, aquí se transforman en acción, en movimiento. El adolescente hace como que es una tortuga, y se acopla como una tortuga. Su danza funde a Eros y a Tánatos, al impulso de la vida y al impulso de la muerte y, sobre cualquier posible interpretación etnológica, predomina la lucha de los dos elementos, jugada "a la mexicana", es decir con la bufonería de los indios actuales. Frente a la casa del Santo Entierro, del moribundo Dios Sol, que inicia su descenso, la Gran Serpiente se muerde la cola.

La victoria de lo erótico es efímera y debe ser destruida por medio del sarcasmo. Degradan el acto sexual transformándolo en una masturbación o en un acto burlesco. El caimán, el toro, el venado ruedan por el suelo mostrando su desnudo trasero. Es la suprema bufonería. "Frente a la santidad, frente a la muerte, está mi culo", parecen decir. Y está su sexo. Con los calzones bajados lo empuñan orgullosamente: ésta es la vida, ésta es el arma del ejército de la tortuga.

Después de las doce, el caporal del Santo Entierro conduce los caballos de los Centuriones frente a la casa y el Basta, fumando su pipa y ahumándolos con ayuda de sus plumas, les habla:

—Los hemos traído para decirles que ustedes serán buenos. Dios los ha enviado a esta tierra para que sirvan al hombre. Dios los hizo caballos para que los hombres los monten. A ti, Vestido de Blanco, y a ti, Vestido de Negro, queremos decirles que los hemos elegido a fin de que nos presten un gran servicio. Sean mansos durante la fiesta, no vayan a tirar a nuestros queridos Centuriones, ni a reparar, ni a causarles molestias. El Santo Entierro los premiará concediéndoles más vida. Esto es todo lo que queríamos decirles.

Jueves, día de nacimientos y de profanaciones

El jueves a las seis, desde lo alto del cañón, observo el verdadero nacimiento de la Judea: centenares de jóvenes medio desnudos aparecen como una reunión de alegres duendes, sorprendidos por el amanecer. Se están "borrando", lo cual significa que están tratando de borrar su apariencia humana para tomar la figura diabólica. Han elegido una lengua de piedra rojiza donde el agua se remansa y el doble rito de la purificación y de la demonización se realiza con lentitud.

Los únicos que a esa hora ya han terminado su metamorfosis son los cuatro capitanes conductores y responsables de la Judea. El resto es todavía un confuso amontonamiento de cuerpos desnudos. La mayoría lleva minitaparrabos, calzones arremangados y un pañuelo atado a la cabeza. Todos se ayudan en la difícil tarea de borrarse. Artistas o maquillistas de un camerino infernal, primero pintan de negro los cuerpos y luego, con greda blanca, utilizando sus manos van trazando anchas bandas circulares en torno del cuerpo desnudo. Lo curioso de este espectáculo consiste en seguir el proceso de las metamorfosis. Unos sólo muestran una pierna de demonio, la cabeza o los brazos, otros casi han completado su transformación: una cara blanca, dividida por una línea negra que pasa sobre la nariz y el torso rayado; y otros más no se han quitado sus ropas blancas, pero llevan los rostros embadurnados. Los recién ingresados, a diferencia de los veteranos, exhiben una banda transversal del hombro a la cintura que se destaca sobre la negrura uniforme del embije.

No hay hombres maduros; casi todos son adolescentes o jóvenes de dieciocho a veinte años. Ninguno está grave o serio. Todos sonríen, contemplando orgullosos y fascinados su creciente despersonalización. Han vuelto al río después de haber sido devorados por la Serpiente Negra, y del río saldrán para dar muerte a Cristo, la deidad solar.

A las ocho se ajustan la máscara negra y blanca e inician en la playa los ejercicios preliminares de la Judea, bajo el mando de los capitanes. El tambor y el pífano guardan silencio.

La entrada a la Judea puede verse como un rito iniciático muy antiguo, inserto en el vasto ceremonial de la Semana Santa. Ingresan los adolescentes de trece o catorce años sin excepción y deben obedecer ciegamente las órdenes de los capitanes, mostrar una resistencia física excepcional, ayudar toda la mañana, no despintarse dos días, ejercitarse en la carrera, aprender a bailar y a combatir, a representar y a familiarizarse con la vida sexual, mediante una serie de pruebas agotadoras.

La Judea está organizada militarmente. El tiempo y la capacidad personal determinan que se ascienda de soldado raso a fariseo, a capitán y más tarde a centurión. El jueves, una parte lleva kepís blancos de principios de siglo adornados con papel rizado y otra porta máscaras de animales. Predomina lo que llamaríamos el estilo "zebra". Sus cuerpos delgados, musculosos y expresivos, contrastan con las grandes máscaras rígidas o con las manchas blancas que circundan grotescamente los ojos y la boca.

La muerte prematura de Cristo

A esa misma hora, la caja del Santo Entierro ha sido llevada a un altarcillo lateral cubierto de flores y de algodones. El poder numinoso del Cristo trasciende la madera de su ataúd.

Más que una muerte, parece celebrarse una boda o una resurrección. El altar mayor está vestido de blanco y adornado de palmas y naranjas, símbolo de abundancia. Del centro de la bóveda cuelgan largas bandas de encaje y de papel. Cinco violines, una tambora sorda y un triángulo, desde el coro, derraman, si así pudiera decirlo, minuetos y pavanas.

A las ocho disparan los cohetes y repican las campanas. El Tenanche Mayor, seguido de sus ayudantes, abre la caja, toma el Cristo y principia la ceremonia del amortajamiento. En sus manos, protegidas con un paño, la pequeña escultura de Cristo da la impresión de un niño que hubiera nacido muerto y que por una aberración tuviera una barba y un bigote negrísimos.

Consulto mi reloj: son exactamente las 9.30, hora de su muerte oficial. Después extienden varias telas negras sobre su cuerpo —las capas de tierra que cubren a los difuntos—, encienden cuatro velas amarillas de cera virgen, y colocan un platito cerca de su cabeza, la cual descansa sobre una almohada bordada. Mientras tanto, la orquesta no ha cesado de tocar sus pavanas y minuetos impregnados de júbilo. Una mujer arrodillada tiene la obligación de quemar copal en un incensario de barro.

Llegan los devotos, se arrodillan a los pies de Cristo, oran largamente, sacan una moneda de su pañuelo cuidadosamente atado e, inclinándose sobre el Santo Entierro, la dejan en el plato de las limosnas. Todos lloran y muestran la más honda pesadumbre. El Cristo, que ha permanecido oculto en su caja durante largos meses, está a la vista de los indios y su presencia les provoca un hondo sentimiento de veneración y de terror.

Han sido inútiles los ruegos del Obispo para que Cristo muera a las tres de la tarde del viernes, según el rito. La muerte prematura del Santo Entierro podría significar la anulación del drama, pero los coras han resuelto y superado ese problema. Si bien, como es evidente, Cristo ha muerto, también es evidente que los dobles o los nahuales pueden desempeñar su papel durante la pasión, el sacrificio y la resurrección.

De hecho ha estado muerto el año entero, dentro de su caja —la "cajita", para emplear el diminutivo reverencial cora—, cubierto de telas negras.

El niño de diez años, su doble, está ya en la iglesia. Lleva la corona de palma que le impusieron el domingo de Ramos, como la lleva el Nazareno, su otro doble. Lo acompañan siempre doce niños (los apóstoles) y, sobre todo, el Cireneo, su guía, su apoyo y su consejero. Cada media hora, el Cireneo lo toma de la mano y los dos se arrodillan frente a una hoja de plátano extendida a corta distancia. Al concluir la guardia, matan la luz de sus velas sobre la hoja, pues la cera bendita por ningún motivo debe caer al suelo y perderse el trabajo de las abejas, animales propiedad del Santo Entierro. El Tenanche Mayor se encarga a su vez de cortar los pabilos de las velas y de recogerlos en un plato.

Son los "judíos" ahora los dueños absolutos del pueblo. El Gobernador de la Tribu ha mandado fijar avisos en las esquinas haciendo saber que a partir del jueves se establece el gobierno absoluto de la Judea. Los novios no pueden andar cogidos de la mano ni las mujeres tejer, ordeñar o espulgar a sus hijos. Está prohibido bañarse en el río, hacer trabajar a las bestias o realizar cualquier trabajo, por insignificante que sea.

El portal del ayuntamiento, cuartel general de centuriones y fariseos, ha cerrado sus puertas, y los franciscanos no participan en el complicado ritual de la Semana Santa. Los gobernadores han pedido a los comerciantes que guarden sus mercancías hasta el sábado para que no se quejen después de las "travesuras" de los "judíos".

La cesación de la vida es total. Eliminado el gobierno indio, el municipio y la iglesia, sólo quedan como autoridad y árbitros supremos los "judíos"; en verdad no es posible concebir un contraste más pronunciado que el que ofrece la calle polvorienta abrasada de sol e invadida por las turbas de demonios con el fresco interior de la iglesia donde resuena la alegre música de los minuetos.

El drama se ha iniciado. Cristo ha sustituido al Dios Venado y yace de la misma manera que yace, entre lágrimas y oraciones, el Venado cazado. El Venado-Cristo está muerto y al mismo tiempo sigue viviendo en sus dobles; como el venado mágico, gracias a la participación mística, vive eternamente por sí mismo y en sus dobles el peyote y el maíz. La trilogía de los pueblos cazadores del norte se hace presente en el seno mismo de la Semana Santa.

Los demonios danzan

Una hora y media después de haber sido expuesto el Santo Entierro, la Judea toma posesión formal del territorio conquistado. Al frente marcha el Segundo Centurión, vestido de blanco y montado en un caballo blanco, y a la cabeza de sus escuadrones marchan los "capitanes" con sus kepís de largas plumas rizadas.

En la derruida entrada de la iglesia han puesto una guardia doble de pequeños demonios y el ejército la ronda incesantemente, dando a entender que es un lugar cercado y prohibido al que sólo tienen acceso los centuriones y sus fariseos.

Nada puede dar una idea de lo demoniaco mejor que estos adolescentes proyectados sobre el seco paisaje de yerbas agostadas, de paredones cenicientos y de polvo. Los huicholes que emprenden el viaje a la Tierra del Peyote reactualizan el mito de la cacería del venado cuya sangre fundará el orden de la vida, cantándolo, recorriendo el espacio donde tuvo lugar ese acontecimiento divino, pero los coras, que ya no hacen el viaje y han olvidado el mito, la representan aún de un modo insuperable. La palabra del chamán huichol no crea tan plástica y tan vívidamente las escenas de los brujos lanzándose en persecución del Dios Venado como lo logran mediante su escenificación los coras. Aquí vemos a los principales de los antiguos brujos de las tinieblas salir del arcaico simbolizados en los capitanes, y a los oscuros hijos de las sombras cercar la iglesia y emprender sus danzas mágicas. Son los mismos: las serpientes, los monstruos mitad animales, mitad hombres, los seres que pertenecen a la edad en que son posibles todas las metamorfosis.

Por supuesto no importa que lleven kepís del XIX, anteojos ahumados o que figuren toros o cerdos. Lo que cuenta es que cada uno de los actores haya borrado su personalidad humana, la haya proscrito, y su conducta se ciña a otros cánones y a otras exigencias. Sin la máscara protectora y sin el estímulo del peyote, los "judíos" sentirían vergüenza de entregarse a una representación que en muchos momentos exige el desenfreno. Los "judíos" han surgido del río no sólo para ejecutar actos malignos sino para destruir, mediante la obscenidad y la burla, lo que impone y genera lo sagrado.

El miércoles y el jueves se danza reiteradamente la canción "Tachakú te'uwene" ("A nuestra casa venimos"), la cual simboliza el júbilo de los exiliados a quienes la fiesta permite congregarse, establecer relaciones y reactualizar el imperio del tiempo divino. Otra danza, la llamada "Temuavirá, temuavirá" ("Estamos contentos"), confirma y amplía este sentimiento de júbilo, esta disposición de ánimo incomprensible dentro del contexto cristiano, pero enteramente conforme a un mecanismo religioso en que la homogeneidad de lo sagrado debe ser rota a fin de que su carga no resulte intolerable. El elemento lúdico, como en el caso de las peregrinaciones y fiestas huicholas, desempeña, también aquí, un papel de importancia, según lo expresa la canción "Visto Ritievi Visto", que significa: "Andamos alegres, andamos alegres."

Varias danzas tienen objetivos sexuales: la llamada "Naviye Metiesé Tijúatzi", significa lo mismo "Cuero tendido en lo alto" que "Arriba está la frente del tamal", alusión al inicio del monte venusino llamado "frente" por los coras.

En la mañana del jueves se baila tres o cuatro veces la danza de la tortuga, aunque no empleando solistas, y la danza común "Yati'ive Na'atauné" o "Yait'iye Yapuneteaune" ("Ya tengo comezón en el trasero y ya tengo comezón más arriba"). Los adolescentes la bailan apoyándose en su machete y con el talón del pie se tocan las nalgas, cada vez más arriba, hasta que el cuerpo se tiende horizontalmente, descansando en una de las piernas. Cuando los "judíos" son presentados al nuevo centurión —Centurión Tejakúa— hablan de su hija, Centurión Pe'eri tajakúa, y aluden a su sexo, Shapiyeme Tetiezú, el sexo de esa muchacha.

Otras danzas son meros divertimientos, como Moashá Shite

Tusurá, "Venado caca redonda", o Sa'arejti Tikakai, "La hormiga no tiene huaraches", Tzakuriti Vua'atuve, "El vaivén del huacal en mi espalda", o Shumoavika Tampiri, "El Judío con su tambor"; sin embargo, predomina la danza de la tortuga y las danzas con tema sexual que se repiten una y otra vez ante el público de mestizos y coras.

La plaza frontera a la iglesia es el escenario de las danzas, que se prolongan toda la mañana y buena porción de la tarde. Dentro de reglas invariables, cada bailarín dispone de una gran libertad de acción. Se trata de mantener la alegría y de que el público disfrute sus bufonerías, sus travesuras y disparates. El espectáculo permite el lucimiento de los bailarines y de los actores cómicos mejor dotados, que bailan con los perros, emprenden pequeñas batallas, fingen pánicos y desmayos, ejecutan cabriolas y se acoplan grotescamente ante la puerta de la iglesia.

Los capitanes no dan reposo a las huestes infernales. De tarde en tarde los hacen correr velozmente por calles y plazas, rondar la iglesia, vigilar el río o traer cubetas de agua.

Banquete y prendimiento

La plaza situada frente a la Casa Fuerte, destinada a las ceremonias civiles, ofrece otra imagen de abundancia. Los "judíos", durante la noche, siguiendo las reglas del juego, tomaron presas a varias mujeres, sorprendidas fuera de sus casas, y las llevaron ante la Tenanche Mayor para que la ayudaran en la preparación del gran banquete ritual.

Las prisioneras y las voluntarias, alineadas bajo la sombra de los mezquites, muelen maíz, inclinadas sobre sus metates, lo que me hace recordar las fotografías tomadas por Lumholtz, hace más de setenta años, de algunas ceremonias huicholas. Otras se encargan de vaciar centenares de huevos en grandes cazuelas, cuidando mucho no romper los cascarones destinados a otros fines ceremoniales; otras más preparan moles, arroces, frijoles, guisados, envuelven tamales, despluman gallinas, destazan cochinos y borregos, ahuyentan a los perros y atizan los fuegos, de acuerdo con las instrucciones de la Tenanche Mayor, una mujer vieja y respetable que ordena los pormenores de la estrategia culinaria.

El Segundo Centurión, el Centurión Blanco, ha establecido su campamento en el portal del ayuntamiento y allí pasa la mayor parte del día y de la noche rodeado de los fariseos. De tarde en tarde, monta su caballo blanco, que tiene atado al tronco de una casuarina, y, seguido de los fariseos, hace una ronda alrededor de la iglesia. Luego descabalga, cruza el atrio, y de pie frente al Santo Entierro, permanece inmóvil un cuarto de hora. Como carcelero del Santo Entierro, debe conservar una actitud severa y de insolencia despectiva. No se quita el sombrero. Los fariseos, ordenados en dos filas, mantienen sus lanzas enhiestas. El de la cabeza golpea tres veces el suelo con el cabo de la lanza, le responde el último de la fila opuesta y después, siguiendo un orden cruzado, el resto de los fariseos da los tres golpes convenidos.

Terminadas las señales de aviso y de amenaza, el Centurión ordena la retirada y se vuelve al portal del Ayuntamiento. Cumplir esta obligación durante veinticuatro horas sin dormir y comiendo sólo al mediodía no le es tan penoso como soportar el tormento de sus zapatos nuevos. Acostumbrado a los huaraches, los brillantes zapatos de los rancheros mestizos ricos le producen molestias de las que se alivia descalzándose y moviendo los pies doloridos enfundados en unos calcetines de nylon.

Al mediodía, hombres y mujeres, amigos y parientes cargados de canastas, de ollas, de cazuelas y de bules se dirigen a la enramada erigida en el centro de la plazoleta.

Se dispone el banquete ceremonial costeado por el Segundo Centurión, las autoridades y los vecinos que pagan una deuda religiosa. En la amplísima enramada sólo figura una larga mesa. El Niño ocupa la cabecera principal. Detrás de él, están de pie el Moayú, el Campanero Mayor, sosteniendo en la mano una vara que lleva una crucecita metálica, y un Basta especial, hombre viejo y digno, vestido de blanco. En la otra cabecera, el Cireneo y los niños apóstoles ocupan sus bancos.

Esta comida reactualiza una Última Cena en la que sus participantes, debido a una extraña anulación del tiempo, se hubieran convertido en niños. Eliminada la edad, el banquete cobra un aire de inocencia absoluta. Al Niño, entre reverencias, se le ofrecen los primeros alimentos y a los pocos minutos ya tiene frente a sí varios platos de arroz, de frijoles, de carne, docenas de quesos, de plátanos, de tortillas, de pescado y de botellas con miel. El Niño, rígido dentro de su túnica, tocado con su corona de palma, es indiferente a las viandas que se le ofrecen. El Basta se encarga de dar las gracias por los presentes recibidos, sin dejar de mirar molesto y alarmado a los fotógrafos que le disparan sus cámaras.

Las autoridades emplean un tiempo excesivo en servir el banquete y, a medida que la mesa se llena de viandas exóticas, los niños extreman su desinterés y su alejamiento. Cuando el Doble de Cristo, al fin, principia a comer, los vecinos le presentan sus platos para ser consagrados.

Los "judíos", a todo esto, corren veloces y aúllan en torno de la enramada. Después comen ellos también como perros echados en el suelo, cogiendo al vuelo las tortillas y los pescados que les echan las mujeres. Por un momento se hace el silencio sofocante del mediodía, un silencio que sólo interrumpe el seco crepitar de la matraca.

Pasada la comida, el Niño, defendido por el Cireneo y el Basta, regresa a la iglesia y los "judíos" lo siguen gritando y bailando. Activos demonios recorren las calles y las orillas del río en busca de infractores, renuevan las guardias apostadas frente a la iglesia, ejercen su dominio despótico. Ni dan cuartel ni lo piden. El "judío" que trata de descansar y se esconde en un rincón, el que cae durante las danzas, el que se rezaga, es levantado a cintarazos. Varios han sido lastimados y sólo a los que presentan golpes y heridas de cierta gravedad se les autoriza a retirarse. Los capitanes, antiguos soldados rasos de la Judea, se conducen como los sargentos de los ejércitos civilizados.

Al llegar la noche, el papel del Niño, limitado a orar frente al Santo Entierro, pierde relevancia y es sustituido por la escultura del Nazareno, segundo doble del Cristo.

El Nazareno se halla en el atrio rodeado de cañas verdes. Nadie le hace compañía, y este abandono representa el desamparo que lo circundó en el Huerto de los Olivos.

La hora de las tinieblas iniciada con la velación del Santo Entierro sólo ha potenciado su dolorosa tensión y entra en una nueva fase: el prendimiento. Poco después de las siete, el Centurión Blanco, desciende de su caballo y se dirige ceñudo al Monte de los Olivos. Curiosamente, en la Semana Santa cora no existe Judas y por lo tanto no existe la traición. Este elemento necesario en el drama cristiano, al que otros indios conceden una gran importancia, es inútil en la reactualización de un mito donde el sacrificio obedece a imperativos divinos y cosmológicos inexorables. Para llegar a la inmolación sobran las acciones humanas, y con Judas o sin Judas el drama ha de realizarse fatalmente.

El Centurión ata las manos del Nazareno empleando la cuerda negra de crines de caballo que en la mañana del miércoles, durante la danza ritual, simbolizó a la serpiente, salida del río. No es pues una cuerda la que lo reduce a la impotencia, sino la serpiente, el signo del mal y del agua que en su eterna lucha contra el sol se apunta una victoria.

Los fariseos con sus largas lanzas derriban en un segundo las cañas sin tocar la escultura y el Centurión se retira ocultando la cara. Se escuchan los gritos de alegría de los "judíos" celebrando el triunfo de la serpiente sobre el dios solar y el de los espíritus del mal sobre Cristo. Nuevamente los diversos caminos donde transcurre la acción coinciden y desembocan en una sola. La muerte del Santo Entierro absorbe al Niño, convirtiéndolo en su tributario. El Nazareno, llevado en procesión solemne, recorre las calles del pueblo. Lo espera la cárcel ya dispuesta a la izquierda de la iglesia. Toda la noche velarán los fariseos al divino prisionero y los Mayordomos, los Tenanches, los Justicias, al Santo Entierro. La música no cesa de ejecutar sus minuetos. Entre el Cristo enterrado, cuyo papel consiste en estar muerto siempre, y el Cristo doliente, cuya actuación se limita a ser atado, vejado y encarcelado, el Niño simboliza un lazo de unión.

Metamorfosis y desdoblamientos son propios del culto chamánico. En Viricota, cuando el Venado-Peyote es flechado y despedazado, del fuego surge Tamatz Marracuarrí y transformado en nube descarga su agua bienhechora sobre las milpas. Si los coras ebrios de peyote asisten a una metamorfosis semejante y pueden ver al Santo Entierro convertido en flores y en venados volantes, éste es un secreto que guardan los cantadores.

El día de la sangre

El alba del Viernes Santo es silenciosa y tranquila. La Judea ha vuelto al río y se está repintando. Los demonios se han alejado de Jesús María, pero he aquí que surge un personaje inquietante: es el Primer Centurión, el jefe supremo de las fuerzas del mal. Se ha vestido con el saco, los pantalones y el sombrero negro que pertenecen a los bienes del Santo Entierro y se guardan en un cofre. Luce en el cuello una mascada roja sujeta por un anillo, una camisa blanca y zapatos rancheros nuevos. El sombrero y los zapatos le causan molestias, así como el anticuado saco de "catrín" que ha servido a varias generaciones de dignatarios. Los arreos y la silla son nuevos y la gualdrapa está adornada con flores de listón rojo. En su mano derecha una lanza vestida de blanco y rojo sostiene la sentencia de muerte. El traje y el caballo negro simbolizan el luto y el rojo de la mascada, de la lanza y de la gualdrapa, la sangre que él mismo derramará, pues el Viernes Santo es el día de la sangre.

Imponen su gravedad y su recogimiento. Semejante a un gigantesco zopilote, hace su ronda describiendo amplios círculos alrededor de la iglesia. En las calles desiertas resuenan las pisadas del caballo y los niños miran con temor su figura.

A las nueve, el Centurión se retira al soportal del ayuntamiento y la Judea, brotando del río, se apodera del pueblo. Lo que era blanco el miércoles, negro y blanco el jueves, es hoy de color. Las máscaras, los cuernos, los machetes se han pintado de amarillo, de azul, y sobre todo de rojo, lo que hace pensar en una película filmada en color, sobrepuesta sin transición a una filmada en blanco y negro. Veloces, los brillantes demonios recorren el pueblo y se forman en círculo frente a la iglesia. Va a iniciarse la persecución y el segundo apresamiento de Cristo. El Nazareno ha sido sacado de la cárcel y llevado con los otros Santos a la sacristía. Para él, está a punto de terminar su actuación. El Santo Entierro desde las tres de la mañana yace de nuevo en su caja puesta sobre un altar y, desaparecidos los dobles, queda el Niño, en quien recaerá todo el peso de la jornada.

Esta vez los "judíos" cargan un mapache disecado, el animal sabio que debe rastrear las huellas de Cristo. El Niño aparece con su túnica y su corona de palma en la entrada de la iglesia, llevado de la mano del Cireneo, y los dos corren lo más aprisa que pueden

◼ Huicholes

Los mitos se cantan y se llevan a los rituales.

1 Huicholes

El viaje a la tierra mágica del peyote.

2 Tarahumaras

Mujeres y hombres en el juego sagrado de la pelota.

2 Tarahumaras

La carrera, la danza, la música y el canto.

3 Tepehuanes y nahuas

La muerte del venado se traspasa a la de Cristo.

3 Tepehuanes y nahuas

La máquina del tiempo actualiza el año mil.

4 Coras

Los inocentes se transforman en "judíos" demoniacos.

4 Coras

Muerte de Cristo. Lavan los santos de la mancha de la muerte.

4 Coras

Fernando Benítez entrevista a un "judío".

5 Otomíes

Después de dos mil años sobreviven los habitantes del desierto.

5 Otomíes

Los otomíes creen que cada hombre es un dios.

6 Tzeltales y tzotziles

Un pueblo huérfano se inventa dioses bienhechores.

7 Mixtecos

Una ascensión mística y una veneración a sus muertos.

8 Mazatecos

María Sabina, la maestra suprema del éxtasis.

8 Mazatecos

Tierra de nieblas, hongos sagrados como las hostias.

Semillas caídas en las rocas estériles.

y se meten a una casa designada de antemano. Los capitanes van adelante seguidos de los judíos. El Niño se mantiene oculto y la puerta es guardada por dos neófitos pintados de negro a los que se les da el nombre significativo de zopilotes. Los judíos lo han visto entrar y fingen no haberlo visto. Su desesperación recuerda la que invadió a los espíritus de las tinieblas cuando, entre los huicholes, la mosca Zaipo perdió el rastro del venado y los animales tuvieron que valerse de la magia de los hechiceros. En alguna parte están los indicios, los papeles "escritos" o los objetos tirados por el Niño en su huida, los cuales deben ser localizados para continuar la cacería.

Los viejos, que a su vez van tirando excremento de burro —señales de su naturaleza demoniaca—, con la ayuda del mapache, han logrado descubrir un trozo de periódico pintarrajeado abajo de una piedra y dibujan en el suelo la huella de un pie desnudo.

—Por aquí pasó el Niño —le dicen a los capitanes—. Sin duda está escondido en esa casa.

Los capitanes tocan a la puerta y la entreabre otro viejo:

—¿Qué es lo que buscan?

Los capitanes responden empleando el lenguaje al revés obligatorio para la Judea:

—No hemos venido por Jesús. No lo andamos buscando ni sabemos que esté aquí escondido. Jesús no nos pidió dinero prestado. Nada nos debe. No tenemos ninguna razón para perseguirlo. El sabio mapache nos ha engañado.

—Están equivocados —contesta el viejo—. Ustedes nunca me han encargado que guarde a ninguna persona en mi casa.

—Eso es lo que quiero saber —responde el Primer Capitán—. Tu respuesta me satisface mucho. Tú me dices que Jesús no está en la casa y te creo. Tú dices siempre la verdad. Las huellas del Niño no se pierden en la puerta de esta casa. Estos dos zopilotes están aquí de balde. Nunca han visto al Niño.

—¿Tú crees que yo soy un cómplice de los bandidos? ¿Que lo estoy escondiendo?

—No, no lo creo. Tú eres una persona honrada.

—Mira, te diré esto: hace mucho tiempo unas gentes pasaron por un lugar donde hay pinos. Unos pinos negros. Todos quemados.

Al oír estas palabras los "judíos" gritan y lanzan carcajadas de burla y de rabia.

—Ja, ja, ja —exclaman golpeando el suelo con sus machetes.

—Bueno —añade el viejo—, estoy autorizado a decirte la verdad. ¿Quieres que te entregue a la persona que andas buscando, ya que te debe tanto dinero?

—No, no quiero —contesta el capitán.

—¿Por qué no lo sacas entonces?

—No quiero sacarlo.

—¿Para qué traes esa cuerda? —pregunta el viejo principal, señalando la cuerda negra que el capitán lleva en la mano.

—No pienso amarrarlo. Tampoco quiero amarrarte con ella, mi principal.

El viejo se desamarra los calzones y tomando su miembro viril lo sacude frente al capitán diciéndole:

—Aquí está lo que andas buscando, aquí está tu cuerda.

Los "judíos" ruedan nuevamente por el suelo aullando:

—Uuuu, uuuu.

Permanecen un rato desmayados, se levantan y gritan:

—Ajá, ajá, ajá.

El capitán, repuesto de su sorpresa, trata de amarrar al viejo:

—No te exijo que me entregues a esa persona. Ahí tenla si quieres. No deseo amarrarte.

En ese momento se abre la puerta y aparece el Niño, le arrebata la cuerda al capitán, ata a los dos viejos y, aprovechando la confusión y el terror de los "judíos", emprende una loca carrera.

Yo trato de seguirlo, inútilmente. El Niño, desembarazado de sus enemigos —le ha dado una patada al más audaz que logró tomarlo de su túnica—, muestra una excepcional aptitud de corredor y pronto desaparece. Al poco rato lo diviso trabajosamente en la ceja de un montecito vecino y siento por él la admiración que experimenta la Judea. Su pequeña figura enfundada en la túnica se destaca sobre el cielo seguida del Cireneo y de los demonios desnudos.

Juego, cacería y víctima propiciatoria

El juego es complicado. Se debe representar una cacería mágica del neolítico y la pasión de Cristo. La noche del jueves, dentro del mayor secreto, los enviados del Gobernador han colocado debajo de las piedras y entre las ramas de los árboles los planos detallados de los lugares donde se esconde el Niño. Por supuesto no hay tales indicaciones. Se trata de simples trozos de periódico que trabajan como planos y forman parte del juego. Dentro de esta convención, el Niño conserva una naturaleza invisible, y sólo recobra su apariencia humana en el momento en que, abriéndose bruscamente las puertas del escondite, su poder ciega y derriba por tierra a los perseguidores.

Ninguno de los actores del drama está representando conscientemente la antigua cacería del Dios-Venado. En el drama católico, Jesús no debe ser cercado y perseguido tan afanosamente por espacio de tres o cuatro horas; los "judíos" no emplean animales de poderes mágicos a fin de seguir su rastro como lo emplearon los Brujos de las Tinieblas cuando perseguían al Dios Cornudo en el tiempo originario.

Los elementos del catolicismo, en esta etapa del cambio, se insertan en el contexto arcaico de los cazadores del norte y los dos se mezclan profundamente, ya que el fin último de ambas religiones descansa sobre la sangre derramada de una víctima.

Aunque los niños son fuertes y capaces, han de ser guiados por el auxiliador o el Cireneo, que en una mano sostiene al doble de Cristo y en la otra una pequeña cruz adornada con un ramo de flores amarillas.

En Niño debe correr a gran velocidad seis o siete kilómetros, ocultarse en las casas y defenderse de los espíritus del mal. En ocasiones el sabio Mapache encuentra los papeles, en ocasiones no logra descubrirlos, pero siempre está sobre el rastro del Niño. Las últimas vueltas al pueblo se dan a la mayor velocidad posible. El Niño corre con todas sus fuerzas sin soltar la mano del agobiado Cireneo, y detrás de ellos viene la Judea lanzando gritos, levantando nubes de polvo y golpeando a quienes tienen la desgracia de interponerse en su camino. El poder de los demonios se manifiesta en forma de una tempestad que todo arrasa. Al último, el Niño y el Cireneo se detienen frente a un huizache, acorralados. Resuena por primera vez el tambor anunciando que el Niño ha sido hecho prisionero. Los "judíos" celebran su victoria tirándose al suelo, aullando y bailando de júbilo. Todos acezan de excitación y fatiga. Los cazadores han cobrado la pieza y el Niño, atado de las manos con la cuerda negra que sostienen los dos zopilotes, avanza entre las turbas vociferantes de los demonios.

No han terminado los sufrimientos. Los "judíos", sin dejar de correr, lo llevan a los cuatro barrios y, puesto de pie frente a cada cruz, le dan muerte simbólica golpeando el madero con sus machetes. En una de ellas, el pequeño no sólo soporta el diluvio de sablazos y de estocadas sino que uno de los bufones ceremoniales le dispara el tiro de gracia con una pistola de chinampinas, aplicada a su sien derecha, lo cual provoca la hilaridad de los espectadores.

Muerto el Niño, se le conduce a la puerta del atrio y allí lo entregan al Tenanche Mayor y a sus ayudantes. El primer capitán encargado de su custodia está llorando de emoción. Sus negras lágrimas se mezclan a las corrientes de negro sudor que invaden su negro rostro. Las palabras expresan una negra pena. El Niño, atado, empapado también en sudor, escucha con la cabeza baja el discurso de su carcelero.

Pocos minutos después el Nazareno es sacado en andas por el atrio. La cuerda que ata sus manos pasa por encima de los hombros del Niño y sus puntas las llevan dos fariseos, uniendo así a los principales dobles de Cristo. El Centurión Negro, sin bajarse del caballo, vigila la procesión. Afuera, entre los paredones destruidos, asoman los "judíos". El atrio permanece inaccesible hasta el fin. Los hijos que engendró la serpiente Sumávika asoman sus máscaras grotescas e impenetrables por el hueco de la puerta o sobre las bardas, componiendo la estampa de un mundo a punto de extinguirse.

Aun cuando los tiempos y los rituales coinciden, les está vedado profanar un recinto donde rigen otras leyes, porque ellos representan la edad mítica, la pureza de una tradición, y los centuriones representan el mundo cristiano, aceptado a medias y a medias rechazado.

La misma separación se advierte entre los huicholes. Lo que fue importado, sea de carácter religioso o civil, funciona con independencia de lo indígena no obstante coincidencias y similitudes. Cristo, despojado de su cuadro histórico, devuelto al tiempo originario y transformado en héroe cultural, funda otro orden, establece nuevas normas, pero nunca se mezcla a las deidades o a los héroes culturales del arcaico. Aceptado y resacralizado, mantiene una categoría específica, supone una vivencia superpuesta, discernible en el gran complejo de la sedimentación religiosa, y este mismo proceso se advierte con mayor claridad entre los coras. Entre ellos, presionados más enérgicamente por los jesuitas, Cristo, a semejanza de Hátzikan, la Estrella de la Mañana, ha ido apoderándose de los atributos del sol nocturno y del dios venado, hasta convertirse en lo sagrado absoluto. Por este mecanismo de selección y de transferencias paulatinas, los "judíos", es decir los antiguos seres del mal y de la noche, los brujos y los animales del neolítico a quienes aluden los mitos, permanecen lejos del recinto cristiano al que sólo pueden acceder sus protagonistas, los fariseos y los centuriones, quienes a su vez fueron transformados en los Señores de los Animales.

El Nazareno, al concluirse la procesión, concluye su papel de prisionero y es devuelto a la iglesia. Pasará un año olvidado y ocioso, simplemente esperando que llegue otra Semana Santa donde será de nuevo encarcelado y atado por el doble de la Serpiente. Para el Niño ha terminado también su papel de representante de Cristo. Se le ha despojado de su corona y de su túnica naranja y puede mezclarse a los otros niños reanudando su vida ordinaria.

Los dobles, como los personajes míticos de las fiestas agrícolas, aparecen y desaparecen mágicamente. Su actuación queda subordinada a las exigencias tradicionales. La Iglesia cuenta la historia de la pasión de una manera lineal y homogénea; los coras la cuentan místicamente, introduciendo rupturas a partir de una muerte primordial que se compensa valiéndose de metamorfosis y desdoblamientos. El prendimiento del Nazareno, la persecución y las muertes del Niño, han creado una nueva tensión y la Judea prepara ya la respuesta que borrará la mancha de la muerte e iniciará la serie de las pascuas indias. Los cascarones de los huevos utilizados en el banquete de los centuriones, formando collares interminables, principian a revestir los cuerpos de dos adolescentes: el mayor es el doble del Primer Centurión y el más pequeño el doble del Niño.

Cuando no son otra cosa que dos montañas de huevos ambulantes, de las cuales sobresalen sus pies y sus manos, el Centurión es montado al revés en un asno y atrás viene el Niño. Así se organiza una caricatura de la pasada procesión. Los demonios, burlándose de los frailes, caminan en largas hileras leyendo trozos de periódicos y diciendo frases sin sentido.

El desfile, según la costumbre, recorre las calles durante un largo tiempo. Llegados frente a la puerta de la iglesia y en una parte de la calle erizada de piedras y desechos, le pican al burro los testículos, éste cocea y el Centurión se derrumba. Casi instantáneamente, el Niño, víctima de una zancadilla, sufre igual suerte, y vemos levantarse a los dos entre una nube blanca de cascarones pulverizados. Para completar la farsa, un demonio corre con un incensario de barro, pero no quema copal sino chiles, de modo que los espectadores tosen, carraspean y lloran. Un golpe de viento le arroja sobre la cara una humareda picante y el demonio cae al suelo tosiendo y estornudando.

La farsa establece de nuevo un violento contraste con la paz de la iglesia donde se prepara la sexta y definitiva muerte de Cristo. Los cascarones, alusión a los huevos pascuales, desempeñan aquí otra función: la de transformar a los protagonistas en reyes de burlas y en pasar sin transición de lo sagrado a su antípoda, la irreverencia, el desacato brutal, y su destrucción por medio de la comicidad hilarante. Los símbolos sagrados son desacralizados de golpe. La Judea baila la Danza de la Tortuga y, de cara a la iglesia los más atrevidos, empuñan sus sexos profanando el lugar donde agoniza Cristo en la cruz.

La verdadera muerte de Cristo

En la casa del Santo Entierro, el Segundo Centurión, auxiliado por sus ayudantes, trabaja desde la mañana preparando la urna donde descansará el Dios Sol.

La pequeña urna se adorna de espejos, de listones, de flores de papel, de algodón café a medias recubierto por algodón blanco, hasta que desaparece su armazón y queda convertida en un diminuto catafalco, resplandeciente de luces y colores, hecho para evocar no la muerte de Cristo sino su resurrección y la vuelta de la primavera.

Mientras concluye su trabajo el Segundo Centurión, se organiza el banquete del primero, en la enramada del barrio de San Miguel, al que asisten los miembros del Gobierno de la Tribu, los Principales y los funcionarios religiosos.

Una muchedumbre de topiles y regidores chicos dispone fuentes de arroz, de frijoles, de gallinas y de pescado. Abundan los plátanos y las calabazas cocidas. Ninguno piensa que abajo, el Centurión Negro, calzándose con un gesto de sufrimiento sus zapatos nuevos y empuñando su lanza, se dirige, seguido de sus fariseos, a la iglesia desierta. Su cara, antes impenetrable, refleja una atroz decisión. Atraviesa la nave a pasos de lobo y tres veces alancea el costado del tercer doble, un pequeño crucificado que desde la mañana figura en el altar mayor. Después se vuelve horrorizado entre las lanzas de los fariseos que llevan las caras tapadas con pañuelos rojos para precaverse de la sangre derramada y de sus mortales efectos.

Todo ha sido consumado. Matados y rematados los dobles de Cristo, anulados, desaparecidos, Tayau ha muerto a las tres de la tarde y el Obispo puede ganar esta única victoria a favor de la ortodoxia cristiana.

Sobre el pueblo desierto se extiende el silencio. La muerte de Cristo cobra, en la ardiente soledad del mediodía, una significación escatológica. Llegó el tiempo de que los vaticinios se cumplieran al cerrarse una edad, y podemos hacernos una idea del temor que invadía a los aztecas cuando tocaba a su término el tiempo de los soles cosmogónicos.

Durante un cuarto de hora el Centurión y los fariseos permanecen anonadados. Son conscientes de la magnitud de su crimen, de que este crimen puede devolverlos al caos de los principios, y se les ve sentados bajo el soportal, con la cabeza inclinada entre las manos.

Haciendo un esfuerzo el Centurión, abrumado de dolor, monta a caballo y se encamina a la enramada de San Miguel donde se ha dispuesto el banquete.

Separadas por la anchura de la mesa, están allí las cuatro parejas que forman los dos centuriones viejos, los dos nuevos, llamados "Sayos", y sus respectivas mujeres. Luego, los ocho, tomándose de la mano, dan cinco vueltas en sentido contrario y quedan de nuevo frente a frente ocupando ahora los lugares opuestos. Terminada la carrera, toman asiento, y antes de comer, habla el Basta del Santo Entierro:

—Ésta es nuestra última comida, nuestra última fiesta. Todo se acaba, todo llega a su fin y estamos tristes porque ya no nos veremos, porque ya no estaremos juntos en mucho tiempo. Venimos lejos, de nuestra tierra, y nos vamos a nuestra tierra. Coman los frijoles, la carne, los pescados, la comida que nos ha dado el Santo Entierro. Nosotros la aprovecharemos y la aprovecharán nuestras mujeres y nuestros hijos. Ven aquí, Dios de la Fiesta, y aparta las primicias y llévalas a la casa de los Centuriones para que primero coma el Santo Entierro, Nuestro Padre Tayashure.

El Dios de la Fiesta, vestido de blanco, toma de cada olla una porción mínima y, en un platito cubierto con un paño, lleva el alimento a la casa del Santo Entierro.

Los "judíos", abatidos, bailan y cantan el verso de la despedida: "A nuestra tierra, a nuestra tierra". Finalizando, se sobreponen y transforman el banquete en otra representación bufa. Vuelan los plátanos y las tortillas, las cazuelas, los frascos de miel son vaciados sobre sus cabezas. Ben Turpin, los hermanos Marx entran en acción; las carcajadas, el sonido del tambor y la flauta llegan débilmente a la iglesia desierta. A la muerte total se responde una vez más con la orgía total.

Las siete palabras

El Primer Centurión es el encargado de escoltar la urna florida a la iglesia. El tránsito del Señor ha despertado en todos los actores del drama, y principalmente en los "judíos", sentimientos de culpa. Su alegría salvaje, su frenesí, han cedido el paso a la tristeza. La Judea agoniza. Ha sonado la hora de la destrucción y del éxodo.

El Tenanche Mayor y sus ayudantes abren la caja del Santo Entierro y depositan su imagen en la urna. Para ellos no ha transcurrido el tiempo. Por un mecanismo inexorable, el pequeño Cristo está recién muerto y el dolor que suscitó su primera muerte, la mañana del jueves, vuelve a reproducirse sin atenuación. Esta vez sí ha muerto el Santo Entierro y las mujeres transidas de horror y de piedad lloran e inciensan la urna.

En una capilla lateral contigua, la única que el Obispo ha logrado conservar después de siete años de lucha, se levanta un altar que puede ser visto, dentro del agitado mar de la pasión india, como la roca inconmovible de la ortodoxia católica.

Frente al altar se han dispuesto unos bancos que van ocupando los mestizos. La hija del tendero más rico, una señorita de larga nariz espolvoreada, es el modelo. Lleva una mantilla violeta de nylon, medias de seda y unas zapatillas nuevas de charol. Es evidente que no pueden competir con ella sus amigas y las mamás de sus amigas, muchachas sin medias y con zapatos de plástico, matronas gordas vestidas de colores chillantes y viejas chupadas y cubiertas de rebozos desteñidos, las cuales forman un grupo divorciado del indio. En un espacio no mayor de diez metros, el antropólogo puede abarcar las dos sociedades en que se divide Jesús María: el final de la cultura cora y la culminación de dos siglos de cristianismo interferido. Aunque la iglesia es de todos y no hay sitios señalados para unos y otros, las jerarquías imperan desde hace siglos y la costumbre es la ley.

El padre Godo (abreviación de Godofredo) en ausencia del Obispo, a las 3.45 inicia penosamente el sermón, pero es evidente que las mestizas analfabetas, preocupadas en arreglar los pliegues de sus mantillas, no entienden el significado ni la glosa de las Siete Palabras. El texto más patético de los evangelios, el joven Dios que muere para redimir los pecados del hombre, resbala por la seda chillante sin tocar sus corazones. Los verbos españoles, y las imágenes de los pastores y de los campesinos hebreos, les son incomprensibles.

Los indios entienden aún menos el español del padre Godo: "Yo soy la Vid verdadera, y mi Padre es el Labrador. Todo pámpano que en mí no lleva fruto se quitará; y todo aquel que lleva fruto se limpiará para que lleve más fruto. Ya vosotros sois limpios por la palabra que os he dado". Su cultivo no es la vid, ni el olivo, ni el trigo; el pámpano no se inserta en su cultura americana del neolítico y permanece como un símbolo indescifrable. El dolor que les provoca la última muerte del Santo Entierro es el que muestran cuando arrojan al agua hirviente la reina del maíz y no lo mitiga el convencimiento de que su espíritu está ya en la región del oriente del mismo modo que Cristo, salido de su pobre caja, se encuentra en Moayantá, el lugar de las Diosas de las Espigas del Maíz.

¿Una guerra florida?

En la tarde, frente a mi casa, se celebran los combates gladiatorios. No es posible que estas milicias den más de lo que han dado, y sin embargo aquí están ofreciendo el espectáculo de un combate teatral. Muerto Cristo, las fuerzas del mal que lo sacrificaron deben ser disueltas por sí mismas, ya que la fuerza opuesta ha desaparecido.

Su poder, de acuerdo a una antigua concepción mesoamericana, no debe ser aniquilado de golpe, sino fragmentado y destruido sucesivamente. De este modo los combates se organizan en pares: un "judío" luchando contra otro y utilizando su machete de palo como la única arma. Principia la lucha entre saltos, gesticulaciones y alaridos. Si un combatiente recibe un golpe doloroso que encienda su cólera, debe pedir autorización al capitán para transgredir las leyes de la Judea y pelear hasta el fin. En ese caso los dos se traban en una lucha cuerpo a cuerpo, hasta que uno de ellos toca el suelo con las espaldas y se rinde públicamente. Resulta excepcional este tipo de combates, pues lo que rige es la ley de la fraternidad, el cuidarse los unos a los otros, y sobre todo la ley de la bufonería destinada a provocar el regocijo de los espectadores. En la primera media hora muere casi la totalidad de los guerreros. La calle polvorienta, como el escenario de Stratford on Avon, se cubre de cadáveres, que son llevados fuera, de acuerdo con la costumbre azteca de la guerra, arrastrados y puestos en una larga fila a la orilla de los corrales y las casas.

Después quedan diez o doce parejas de luchadores y los capitanes, que deciden intervenir ellos mismos y darles a sus soldados la oportunidad de combatir con ellos. La masa de espectadores —casi ninguno ha ido nunca a un cine o a un teatro— se ha divertido en grande y literalmente ha sufrido accesos de risa loca, presenciando cómo hijos, ahijados, sobrinos y parientes hacen cabriolas, cojean malheridos, se revuelcan aullando por el polvo, o solicitan perdón del vencedor teniendo la punta del machete en el pescuezo. Al final quedan en pie el mejor actor cómico y su opositor. El primer actor es un adolescente alto, delgado y musculoso cubierto con una máscara sonriente, unas antiparras amarillas y un taparrabos. Se ha esforzado inútilmente en aniquilar a su adversario recurriendo al estrangulamiento, al degüello y a las cuchilladas. Su adversario es invencible y se le escapa dando saltos y cabriolas o fingiéndose muerto. Entonces, el diablo Cuatrojos procede a desollarlo, después de hacerle largos cortes —procedimiento que se ha practicado con algunos "judíos" muertos— pero el contrincante, volviendo bruscamente a la vida, huye o le tira las gafas, lo que lo obliga a fingirse ciego y trata de buscarlas en cuatro patas sobre el espeso polvo de la calle.

La Pascua de los Santos

La primera pascua, la que podíamos llamar la Pascua de los Santos, se abre a las once de la noche en la Casa Fuerte, con un rito orgiástico. La luz amarilla de dos quinqués de petróleo colgados al muro lateral no basta a disipar la oscuridad. En un rincón, la orquesta —tres violines, la gran tambora y el triángulo— ejecutan sus minuetos dominados por el hueco sonido de la tarima. Los tres gobernadores, los justicias, los mayordomos, sentados en vigas adosadas a las paredes, fuman reposadamente. Cada vez que hacen un nuevo cigarro, el topil, el hijo menor, acude y se los enciende. Los bastones descansan sobre una mesita.

En la penumbra saturada de alcohol y de humo ningún cora presta atención a los bailarines que golpean con sus pies la hueca tarima. Una mujer ebria, llevando a su hijo dormido, grita agitando los brazos. Yo había contemplado algo semejante en Chiapas, hace ya mucho tiempo, y volvió a sorprenderme la intensidad de aquella voz alta y apasionada. Se descargaba de los dolores y de las humillaciones acumuladas durante el año y los hombres la dejaban vaciarse. Comprendían muy bien que este desahogo la aliviaba. Gritó un largo rato; se acurrucó más tarde en un rincón y lloró manteniendo la cara tapada con su rebozo.

Después de la una, las autoridades se dirigen a la iglesia débilmente iluminada. Puestas sobre andas, se levantan las imágenes de San Juan Evangelista y de Santa María Magdalena, rodeadas de pequeños grupos de hombres y mujeres sentados en el suelo. Nadie tiene prisa. El Tenanche Mayor se mueve de un lado para otro, silenciosa y gravemente disponiendo los detalles de la procesión.

A las tres de la mañana, salen llevando las imágenes entre candeleros. Se lanzan los cohetes. La procesión, no muy numerosa, avanza por la calle bordeada de retamas en flor bajo el cielo centelleante. Un tambor y una flauta marcan el paso. Así llegamos al lugar donde el Arroyo del Fraile se une al río de Jesús María. Callan la flauta y el tambor y la orquesta reanuda sus minuetos. San Juan y la Magdalena descansan en las rocas de la orilla sin abandonar sus andas y sus imágenes se quiebran desdobladas en el agua. El Tenache, casi invisible entre nubes de copal, inicia la penosa tarea de desnudar a los Santos. Primero los despoja de sus aureolas de plata; luego les quita sus mantos, sus túnicas y sus camisas. La ropa sagrada, y particularmente las dos camisas, están cribadas de agujeros causados por los comejenes y las cucarachas. Gordos insectos rayados, interrumpidos en medio de su sacrílego banquete, se deslizan sobre las caras y las espaldas divinas, y escapan asustados. La operación lleva mucho tiempo. Es necesario remover una serie de vestiduras antiguas sujetas por cintas y alfileres, empleando la mayor minuciosidad. Además, el Tenache debe trabajar inclinado a causa de su elevada estatura y tocar lo menos que pueda el cuerpo de los Santos.

Se les deja una especie de ropones semejantes a los que usan las mujeres cuando se bañan en el río; dos hombres con los calzones arremangados empuñan las andas y dan dos vueltas ceremoniales en el centro del arroyo. Resumen la música. Los cohetes estallan anunciando el comienzo de la primera Pascua. Los hombres se desnudan en la orilla del arroyo y se zambullen ruidosamente. Las mujeres, aferrándose con sus pies descalzos a las rocas —recuerdan las extremidades de las aves palmípedas—, se lavan el pelo y la cara. Surgen voces y gritos de las sombras. También se lava a los niños. El agua refleja las luces de las velas.

El Tenanche Mayor, con algodones mojados en agua bendita tomada de una jícara, lava a los Santos, los seca y los viste empleando la misma minuciosidad. Recuerdo las cabezas agujeradas de San Juan y de Santa Magdalena, su patética desnudez, los cuerpos de los nadadores y sus gritos de júbilo, los reflejos y manchas doradas del agua, el regreso entre las flores de las retamas y el canto de los gallos.

Cristo no ha resucitado y de algún modo se ha establecido el ambiente de la Pascua con absoluta independencia del Santo Entierro. Queda la mancha de su muerte, que es necesario borrar para evitar el maleficio dejado por los difuntos y organizar el rito del pasaje. El agua sagrada es el elemento de la purificación. Debe limpiar a los vivos —un modo también de limpiar al pueblo culpable del sacrificio— y a María Magdalena y a San Juan Evangelista, los que estuvieron cerca de Cristo y los más afectados por la sangre vertida.

Evangelio y segunda pascua

María Magdalena y María la de Cleofas, prima de la Virgen, fueron la víspera del sábado muy temprano al sepulcro y lo hallaron vacío. La piedra había sido quitada y sólo quedaban la mortaja y el sudario que cubría su cabeza.

—¿Por qué buscáis entre los muertos al que está vivo? —dijeron los ángeles a las dos Marías.

Entonces ellas corrieron para darles la nueva de la resurrección a Simón Pedro y a Juan Evangelista, el otro discípulo que amaba a Jesús, y los dos corrieron hacia el sepulcro.

San Mateo, San Lucas, San Juan, hablan expresamente de carreras. Todos los personajes hacen el camino corriendo —San Juan va más de prisa y tiene el privilegio de asomarse primero a la tumba—, y este rasgo llama la atención de los indios.

Escenificando el episodio, la mañana del sábado, suben en andas a San Pedro y a San Juan y emprenden con ellos una loca carrera en sentido opuesto. Cuando desfilan ante la imagen de la Virgen María, expuesta frente a la puerta, bajan las andas, en señal de reverencia, y todas las veces que se cruzan los dos apóstoles se saludan ejecutando otra reverencia menos profunda.

La ceremonia, llamada el Paseo de los Santos, constituye en realidad una segunda pascua, inicio de la tercera y última.

Tercera y verdadera pascua

La mañana del sábado, el disminuido ejército, reunido en la plaza, se entrega a sus juegos infernales. Se ejercita la esgrima, se lanzan ofensivos desafíos, se organizan pequeños duelos; son incendiados enormes haces de paja y arrojados de uno a otro bando. Algunos tocan sus acordeones, cargan gallinas y animales empajados que ofrecen a los hambrientos y se los meten en la boca por la fuerza.

A las diez, un cohete anuncia la resurrección de Cristo y los "judíos" toman el camino del río. Van en grupos, corriendo y gritando, descargando palos y machetazos sobre los pitahayos y los guamúchiles, hiriéndolos para que las plantas alimenticias renazcan y se llenen de frutos.

Llegados los primeros grupos a la orilla, frente a un cantil bermejo, entran en el nuevo Jordán y el agua verde se puebla de cuerpos desnudos y de monstruosas cabezas. En tanto que para los huicholes, el fuego, el Abuelo Tatevarí, es el insustituible purificador de las culpas, para los coras es el agua. El agua desborra a los "borrados", destruye la pintura detrás de la cual permanecieron ocultos, limpia sus pecados, y los devuelve a su condición humana.

El rito que surgió del agua vuelve y termina en el agua. Distante parece la mañana del jueves, cuando desde lo alto del cañón descubrí a la Judea ya organizada iniciar el acto de pintarse. Todavía eran los adolescentes semidesnudos, que ayudados de parientes y veteranos principiaban a "borrar", como el hombre invisible de Wells, su condición humana, para cobrar la naturaleza de espíritus. Ahora el hombre reaparecía a medida que el agua se llevaba sus galas pintadas e iniciaba la destrucción de sus máscaras.

Cuando la playa y el río están henchidos de jóvenes, aparecen los últimos "judíos" en una especie de procesión fúnebre, levantando sobre sus cabezas al actor cómico de las antiparras amarillas. Ha muerto en plena resurrección y su deceso simboliza la muerte de la Judea. Tendido rígidamente sobre la arena de la playa, dos curanderos se empeñan en revivirlo cantando parodias chamánicas, soplando y barriendo la muerte con sus plumas. Habiendo destruido al Centurión y al Niño-Cristo, los símbolos más altos de la Semana Santa, se trata de destruir a la Judea por medio de una caricatura de la curación mágica. El sexo del "muerto", el sexo glorificado en la Danza de la Tortuga, es objeto especial de irrisión y de burla. Los "curanderos" levantan delicadamente su pene, soplan y acarician sus testículos con las plumas de águila y, juntando la enfermedad, la expulsan no sin haberla emborrachado lanzándole humo de acuerdo con la exigente técnica de los chamanes.

El muerto, con todo, no vuelve a la vida y los judíos apesadumbrados, convencidos de que su muerte es definitiva, proceden a cubrirlo de arena entonando cantos funerarios. Cuando pasan dos largos minutos, el muerto, aventando la arena, como una tortuga, sale de su tumba, y los "judíos" se apoderan de él y lo arrojan al río, cuna y sepulcro de la Judea.

La alegría de la pascua, el júbilo de la resurrección se mezcla con el doloroso regreso a lo cotidiano. La playa, los islotes rocosos, están adornados con cuerpos desnudos y jóvenes. Levantan espumas los "bañadores". Frente a mí los muchachos saltan en el agua mostrando sus máscaras demoniacas. Después se hunden y reaparecen circundados de ondas.

En la orilla, un muchacho a medio despintar mira el río y sostiene su machete en las manos, como si fuera el cetro de un monarca destronado. En el agua oscura flotan las flores, las máscaras, los papeles pintados. La pascua ha dejado de ser la resurrección para convertirse en la media muerte del más desvalido de los campesinos mexicanos. Rota la cohesión de la fiesta, desvanecida la visión de la fraternidad y la abundancia, queda el desierto polvoriento, el ocio, el hambre que no sacian los pitahayos ni los frutos del huizache y del guamúchil.

El despertar de un sueño

La Semana Santa se efectúa en diversos planos que muchas veces se apartan o se sobreponen confundiéndose. Mitos y ceremonias del arcaico se reactualizan en el modelo cristiano. Una parte escenifica, a la manera india, la terrible frase de Cristo: "Ha llegado el poder de las tinieblas, haced de mí lo que queráis".

El Bosco deshumanizaba a los judíos, es decir, los demonizaba caricaturizando a los tipos de su época. No los despoja de sus trajes ni de sus armaduras; no recurre a la ficción de pintar judíos o romanos. Se limita a darles rostros bestiales y crueles expresiones, ya que no hay caras de animales capaces de expresar la infamia, la ruindad y el odio como la cara del hombre. Este mal bufonesco permite al pintor hacer resaltar la santidad y el dolor de Cristo. El

Salvador sufre más por este hombre degradado y envilecido que por sus propios tormentos y humillaciones.

Sería más tarde, cuando el genio del Bosco alcanzara su plenitud en los grandes trípticos del Jardín de las Delicias o del Juicio Final, que, apartándose de lo convencional, se valdría del lenguaje simbólico para crear una visión del mundo semejante a la del primitivo. Se vive la pesadilla, la atmósfera de los desdoblamientos, de las metamorfosis. Lo sagrado engendra la piedad, el amor y el horror extremos; exige las lágrimas, la petrificación, los actos malignos, la obscenidad y la mofa delirantes. Los hombres llevan máscaras; son cocinados en cazos; proliferan los símbolos sexuales, los traseros flechados, los traseros floridos, los traseros que arrojan humo, pájaros, monedas y perlas; pululan los demonios, los animales de la noche, los fantasmas, los monstruos mitad hombre y mitad animal, los acoplamientos.

El ambiente mágico de la Semana Santa cora guarda semejanzas con el del Bosco. Sus claves son inteligibles para los iniciados. Nos es posible decifrar algunos de sus símbolos: la cuerda, representante de la Serpiente Negra; la tortuga, de la sexualidad; el desdoblamiento del Cristo-Sol, la deshumanización de los actores, la mofa de los rituales eclesiásticos, la irreverencia y la libertad frente a la Iglesia, las apariciones y desapariciones que rigen las fiestas agrícolas, los ritos iniciáticos de los adolescentes, el habla irracional, la anulación de lo cotidiano, la muerte y la orgía, el mancillamiento de la pureza, la inexorabilidad del rito sacrificial. Otros muchos, como la misma pintura de los adolescentes —Preuss creyó ver en las rayas blancas representaciones de estrellas—, guardan su secreto.

Queda también por esclarecer la influencia de la mezcalina, omnipresente en los rituales de la Semana Santa. Las estructuras que dominan el Jardín de las Delicias, los lagos, las rondas de los espectros, la obsesiva multiplicación de los desnudos, la ininterrumpida renovación de las visiones alucinatorias, pertenecen al dominio de la mezcalina, y la droga, el sueño y el mito que están unidos, nos impiden saber dónde terminan unos y dónde comienzan otros.

Las comparaciones de este tipo corren el peligro de llevarnos demasiado lejos. El mundo medieval del Bosco y el mundo del arcaico americano sostienen su independencia y pueden ser explicados por sí mismos. Cada grupo crea sus símbolos, las imágenes que reflejan su propia conciencia y su ambiente cultural, pero los Apocalipsis, el Sabbat, las noches de Walpurgis, el sentimiento de culpa por un crimen que funda la existencia y que el hombre lleva consigo, la mitificación de la vida, el sacrificio de la víctima inocente, el mal y el bien, las visiones de los paraísos y de los infiernos, pertenecen a todos los hombres y a todos los tiempos.

El arte del Bosco, tan poderoso, cuando llega a su culminación debe recurrir en mayor medida a los símbolos y en ese sentido se une a los símbolos creados por un pueblo de la Sierra Madre Occidental. Sus sueños y sus mitos —los descubrimos entre los esquimos del Polo Norte o entre los bororo de los bosques tropicales de América del Sur— en el fondo surgen de los estratos más profundos de la conciencia humana. Cuando la Judea se desborra en el río de aguas sagradas y recobra su antigua apariencia, nos queda la impresión de haber tenido un sueño. Jesús María recobra su aspecto sórdido y miserable. El reino de lo sagrado ha concluido. Las legiones infernales se desvanecen en la montaña.[4]

---

[4] Debemos a Preuss la referencia más antigua a la Semana Santa. Él piensa, basándose en un mito titulado "Cristo y los Negros", que los coras confunden a Jesús con Hátzikan, la Estrella Matutina, y cree ver en este hecho una prueba de que los indios "adoptan las historias de Cristo sin la menor comprensión y sin la más primitiva concatenación lógica". La reflexión de Preuss es característica de su forma de pensar. Habla de una incapacidad de comprensión y de una ausencia de lógica, precisamente cuando enfrenta un fenómeno de sincretismo que le permitiría entender mejor la naturaleza específica de la religión y la forma en que los coras modificaron audazmente el hecho central del cristianismo, haciéndolo funcionar dentro de sus propias concepciones. Pero el mito recogido por él aclara algunos episodios de la nada ortodoxa persecución del Niño y de su crucifixión. Tatei, Nuestra Madre, tiene un hijo que al llegar a la edad adulta se va por el mundo. Su madre lo busca en los cuatro rumbos cardinales, lo busca en la sierra, bajo el polen, entre las flores y los pinos, de casa en casa, y las gentes siempre le responden que no lo han visto, que se trata de algún ocioso que roba y mata por el mundo. Finalmente lo encuentra, pero ya no lo reconoce y Cristo la engaña, diciéndole:

—No he visto a nadie. Ando por todo el mundo y no he visto a nadie. Ve a buscarlo y lo encontrarás. Yo no te diré nada, yo no he visto a nadie.

La madre (la Diosa de la Luna) le ordena a su guardia —los negros— que lo prendan. Entonces ellos lo persiguen por todas partes del mundo y la gente les da respuestas ambiguas para engañarlos:

—No ha venido el muchacho que tiene un vestido rojizo amarillo ("posible alusión al color de las estrellas o a la piel de puma que se pone el Lucero

Vespertino"), hace mucho tiempo vino. Una sola vaca tenía; ahora tiene muchas. Es cierto, hace mucho tiempo llegó. El árbol todavía era chico.

"Estas contestaciones —dice Preuss— tienen el propósito de despistar a los perseguidores de acuerdo con las tradiciones de los indios de Guatemala. Allí Cristo perseguido encarga a un indio sembrar pronto el maíz. El maíz, por arte de magia, creció rápidamente y cuando pasaron los judíos preguntando por Cristo, el indio contestó: Este Hombre pasó por aquí antes de que yo sembrara el maíz."

Los judíos concluyen prendiéndolo, lo golpean con machetes y correas ante su madre. Ella dice:

—No dije que le pegaran. Así yo no lo recibo. Lo que hicieron, no les dije que lo hicieran de este modo. Por este motivo llévenselo.

Cristo ordena que le hagan la cruz y los clavos y lo crucifiquen. Ya clavado, dijo:

—Fíjense en mí sea cual fuera la hora cuando vuelva.

"Luego murió, el jinete lo mató. Allí murió."

Toda la última parte se ciñe al mito huichol de la pasión y la muerte que yo recogí entre los huicholes. Cristo va levantando obstáculos —nopales, cañas, carrizos, magueyes, arena— entre él y sus perseguidores. Cristo quiere morir y él mismo ordena la fabricación de la cruz y de los clavos, lo que confirma una vez más la semejanza de los rituales coras y huicholes. La persecución de Cristo se realiza en Jesús María tal como la describe el mito de Preuss e incluso se mencionan los pinos entre los cuales lo buscan provocando la hilaridad de los "judíos".

No es extraño que su madre lo entregue a la muerte ni que Cristo reclame su sacrificio dentro del contexto religioso cora. Las respuestas misteriosas que les dan a los "judíos" se explican por la obligación de decir las cosas al revés y la identificación de Cristo con Venus confirma la idea de que se ve en Él al Dios Venado y se le caza como a un venado. Así pues, no sólo en su segunda parte el mito de Preuss corre paralelo al mito del ciclo cristiano huichol, sino que la forma de la representación cora ofrece una ceñida semejanza con el mito de la cacería mágica del venado, reactualizado por los huicholes mediante la peregrinación anual a Viricota.

5

Otomíes
(Hidalgo)

Para los aztecas, los otomíes eran bárbaros. Sin embargo, el torpe, el ridículo, el perezoso, el lujurioso, el imprevisor otomí sobrevivió a la conquista. No construyó ciudades —ni para sus gentes, ni para sus dioses—, y por ello el español no arrasó con su cultura. Hoy, los otomíes del Distrito de Riego sobreviven, sojuzgados por otros como siempre —por el cacicazgo del *agribusiness* en este caso—, pero íntimamente unidos por sus señas de identidad. A manera de misterioso símbolo, a la vera de su territorio se levantan las ruinas de Tula, la ciudad donde nació y dispensó sus bienes Quetzalcóatl, el héroe cultural de todos los pueblos mesoamericanos, el dios blanco y barbado que se marchó luego de embriagarse y cometer incesto, y que prometió volver y fue confundido con los conquistadores españoles.

En la cuenca del Tula

La cuenca del Tula es un mundo en sí mismo. Sus enormes diferencias físicas corresponden a sus desigualdades sociales y económicas. Las márgenes del río están cubiertas de sauces y ahuehuetes —los viejos del agua—; manantiales de aguas termales forman oasis dispersos, pero la realidad es el desierto, un desierto áspero donde sólo prosperan los agaves de diversas especies, los cactos y los arbustos espinosos. Como es común en enormes regiones del país, se siente casi de una manera física el sufrimiento de estas plantas prisioneras entre los peñascos rojizos e hirientes de las montañas. Las delgadas columnas de los *cereus* y los cactos candelabros de un verde oscuro acentúan el carácter trágico del paisaje y sólo de tarde en tarde se advierte el resplandor helado de la *opuntia tunicata*, un cardo que protege sus carnes con brillantes vainas semejantes al celofán.

En el mismo borde del antiguo desierto se yerguen las ruinas de la ciudad de Tula, morada de Quetzalcóatl, el Dios Civilizador, uno de los centros de la cultura tolteca y el enigma más profundo de la historia mesoamericana. El mismo otomí es extraño e inquietante. Extraño, porque desde épocas muy remotas siempre ha vivido en los lugares más inhospitalarios formando un grupo homogéneo, e inquietante, porque perteneciendo a las altas culturas, nunca edificó ciudades ni llevó una existencia urbana.

Tal vez fue el habitante más antiguo del centro de México. Asistió de algún modo al esplendor y la caída de Teotihuacán, de Tula y del imperio mexicano. Testigo de ilustres civilizaciones, esclavo de los victoriosos, incluidos los españoles, sobrevivió aferrado a su lengua, a sus caracteres étnicos y a su desierto.

Todavía en la actualidad constituye uno de los grupos indígenas más numerosos de México. Habita una parte del estado de México; a partir de las áridas cuestas del volcán de Toluca, se extiende como una mancha por el estado de Hidalgo e invade porciones de Puebla, Querétaro y Guanajuato.

Si la historia de Mesoamérica no fue otra cosa que una invasión constante de los "bárbaros" cazadores y recolectores venidos en oleadas sucesivas del norte, los cuales arrasaban los grandes centros ceremoniales construidos por otros bárbaros ya civilizados y edificaban nuevos imperios, los otomíes, cuyo origen nadie ha logrado precisar, permanecieron congelados en las fronteras que dividían a los bárbaros chichimecas de los civilizados. Sus desiertos no ofrecían atractivo a los invasores. Simplemente el suyo era un territorio de paso, de campamentos provisionales o más tarde de fortalezas avanzadas. Siendo sedentarios, vivían como ahora viven, de cazadores y recolectores, del pulque de sus magueyes y de tejer las fibras de sus plantas.

Los aztecas despreciaban y hablaban muy mal de ellos según el testimonio de fray Bernardino de Sahagún. Para ofender, decían: "¡Ah, qué inhábil eres! Eres como un otomite, que no se te alcanza lo que te dicen. ¿Por ventura eres uno de los mismos otomites? Cierto, no lo eres semejante, sino que lo eres del todo, puro otomite."[1]

Los acusaban también de ser borrachos, holgazanes e imprevisores. En la época de las cosechas, devoraban sus escasos bienes exclamando: "Gástese todo nuestro maíz que luego daremos tras hierbas, tunas y raíces; nuestros antepasados creían que así era el mundo; unas veces hay de sobra y otras falta lo necesario; y así —concluye Sahagún— del que en breve se comía lo que tenía, se decía por injuria que gastaba su hacienda al uso y manera de los otomíes, como si dijera de él que bien parecía ser un animal".[2]

Reconocían que las mujeres hacían lindas labores y al mismo tiempo las acusaban de lujuriosas. Si un hombre, en una noche, no las tomaba diez veces se apartaban de él descontentas, y los hombres, si ellas no soportaban ocho o diez entradas, también las repudiaban buscándose otras más ávidas y resistentes.

El aristócrata náhuatl, a quien correspondía el privilegio de usar joyas y vestidos preciosos e incluso de llevar ciertas flores, le

---

[1] Fray Bernardino de Sahagún, *Historia general de las cosas de la Nueva España*. Ed. Porrúa, México, 1965.
[2] Ibid.

reprochaba a los otomíes de baja estofa que se adornaran como señores y amaran desorbitadamente toda clase de adornos, lo cual hacía que se vieran grotescos y ridículos.

De su lengua decían que no hablaban sino "balbuceaban", atacando la característica fundamental de los otomíes que se llamaban a sí mismos "Nian Nyu", el que hablaba la lengua,[3] aunque Sahagún afirma que tomaron ese nombre de un caudillo antecesor suyo llamado Oton.

Sin embargo el torpe, el ridículo, el perezoso, el lujurioso, el imprevisor, sobrevivió a todos los conquistadores y le fue dable asistir a la ruina y a la humillación de los aztecas que tanto los despreciaban, zaherían y maltrataban. Las castas mujeres mexicanas, sin excluir a las princesas, fueron violadas de mala manera por los recién llegados y los aristócratas fueron matados, esclavizados o marcados a fuego, mientras el otomí siguió llevando su vida sin cambios apreciables.

En una ocasión, lograron establecerse precisamente en la isla de Xaltocan pero en general nunca sintieron el impulso que movía a los emigrantes hacia las pródigas riberas de los lagos, consideradas como tierra de promisión y meta mítica de su peregrinaje. El amargo desierto, las cuestas frías y miserables de las montañas que nadie ambicionaba terminaron por ser su mejor refugio y su única defensa.

Todo lo que producían debían cambiarlo por alimentos a los agricultores y esos patrones han permanecido inalterables. Un pueblo tan pobre, no llegó a construir templos, ni estatuas, ni ciudades, y su arte —fuera del tejido, oficio de mujeres— se limitó a utilizar el lenguaje —sus señas de identidad— componiendo unos breves poemas íntimos que recuerdan los haikais japoneses y tan originales que los mismos aztecas, grandes poetas religiosos, tradujeron al náhuatl.

Poesía, espejo del alma

Los escasos poemas llegados a nuestro conocimiento proyectan cierta luz sobre el espíritu de los otomíes. Privados de riquezas, de centros ceremoniales y por lo tanto de una poderosa teocracia, el

---

[3] Jacques Soustelle, *Les quatre soleils*, Ed. Plon, París, 1967.

lenguaje es su bien más preciado y para ellos su canto riguroso equivale a moldear oro y a engastar esmeraldas.

Todo se marchita y muere, incluso en el desierto, pero el canto prevalece:

> No cesarán mis flores,
> no cesará mi canto:
> > lo elevo.

> Sólo soy cantor:
> se deshojan, se esparcen,
> se marchitan las flores.

El otomí entiende el poder destructor de la muerte y, si bien comparte el pesimismo del azteca, se conforma con vivir; este sentimiento compensa sus dolores:

> En vano he nacido,
> en vano he llegado
> aquí a la tierra.
> > Sufro,
> pero al menos he venido,
> he nacido en la tierra.

Hay en estos versos una gran humildad, una conformidad serena que constituyen los rasgos esenciales del carácter otomí. Su filosofía existencial se expresa mediante un laconismo misterioso y delicado. Al menos ha nacido y está vivo, pese a la crueldad de su medio y de sus conquistadores. La vida dura un solo instante y ése es el don más preciso de la tierra:

> ¿Es acaso verdad que se vive en la tierra?
> ¡No para siempre en la tierra: tan sólo un breve instante!
> Si es esmeralda, se rompe
> o si es oro, se quiebra,
> o si plumaje de quetzal, se rasga.
> ¡No para siempre en la tierra: tan sólo un breve instante!

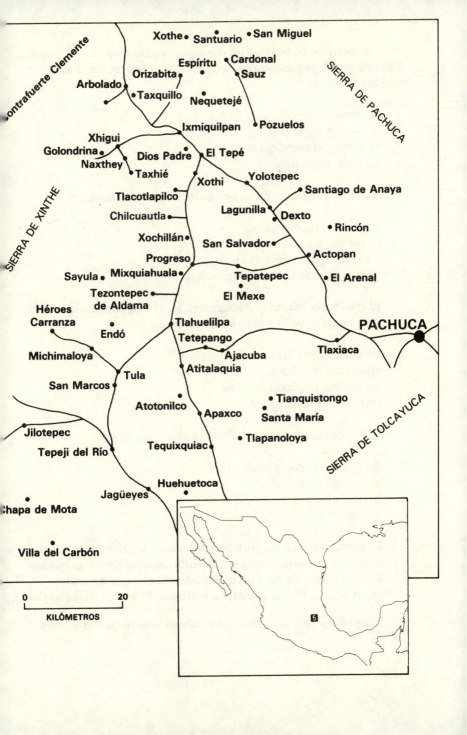

Lo mejor de su poesía está consagrado a las mujeres y a cargar de sentido el pequeño mundo que rodea al sedentario habitante de los desiertos:

Ya damaga engra baga
ya damaga engra boi.
Ya sharagani engra rgane
magateni engra deni

cuarteta de rima interna que el padre Garibay traduce así:

Ya me voy dice la vaca,
ya me voy dice el buey.
Ya van bajando, dice el abejorro:
yo tras ellos voy, dice la luciérnaga.[4]

El trasfondo celeste que alienta en los indios permite describir de este modo el bello rostro de las mujeres:

En el cielo una luna:
en tu cara una boca.
En el cielo muchas estrellas:
en tu cara sóto dos ojos.

Otro poema amoroso, el último que recojo, dice así:

En la gota de rocío brilla el sol:
la gota de rocío se seca.
En mis ojos, los míos, brillas tú:
Yo, yo vivo.

El azteca canta en las grandes ceremonias los himnos religiosos compuestos por sus sacerdotes o en el interior de las pequeñas cortes los versos de los poetas oficiales destinados a ensalzar las hazañas bélicas de los príncipes mecenas. El otomí, relegado al

---

[4] Ángel María Garibay K., *Historia de la literatura náhuatl*, Ed. Porrúa, México, 1953.

desierto, pule sus breves poemas como una joya. También participa del sentimiento de marchitarse y perecer que simbolizan las flores, pero esa idea melancólica y obsesiva, en él se ve atenuada por el amor y el poderoso instinto de la vida. El otomí simplemente vive, y esa sensación de estar vivo, de conservar en sus ojos el brillo del rostro de su amada, el desfile de los animales a la luz de la luciérnaga, lo relaciona con una intimidad que expresa valiéndose de un juego de palabras sabia y hermosamente ordenadas.

La masa amorfa y gris, relegada al páramo grisáceo y reseco, el conjunto de los indios flecheros, un tanto estereotipado, cobra así una personalidad que confirman los datos aportados por la historia etnológica. Aunque el destino del hombre es sufrir y pasar un instante sobre la tierra, mientras viva, debe adornarse y maquillarse a fin de transformar su imagen y vencer el polvo y la monotonía del desierto.

Tula, la ciudad de Quetzalcóatl

Tula es un fantasma y aparece semejante a un fantasma en lo alto de las suaves colinas azules que dominan el llano calizo y reseco. Casi todo se reduce a una pirámide escalonada y a unas columnas rotas que alguna vez formaron vastas salas hipóstilas. Sólo esa pirámide consagrada a Quetzalcóatl, el Señor de la Aurora, y los cuatro gigantes guerreros montando la guardia en la cima. También ellos sostuvieron la techumbre de un templo, y despojados de su papel de atlantes y guardianes de lo sagrado, quedan como otros fantasmas enigmáticos. Sus anchas caras enmarcadas en pesadas orejeras y altas coronas de plumas son las caras impasibles y secretas de todos los guardias. Yo los he visto en la tumba de Lenin o en el Palacio de Buckingham. Se les ha dicho: Tú representas algo. Una potencia, la de la muerte o la del soberano, y te exigimos que seas una estatua y observes la conducta de las estatuas. Debes quedarte petrificado un cuarto de hora sin mover un músculo, imitando a la perfección la rigidez de la muerte.

La diferencia consiste en que estos guardias de Tula se quedaron rígidos para siempre. Rígidos e impotentes. Concebidos en forma de columnas redondas, los brazos, plegados como alas, sostienen incensarios. Un inmenso pectoral de mariposa descansa sobre su pecho. El faldellín bordado descubre las piernas monolíticas. Los pies juntos, están calzados de preciosos huaraches.

Lo que vieron finalmente, debe haberlos llenado de horror, pues se quedaron desorbitados y boquiabiertos en lo alto de la pirámide, mancos y ciegos entre las columnas serpentinas del templo.

¿Acaso las estatuas son mudas?

A las cinco de la tarde se había retirado el último turista, y el viejo otomí, guardián de las ruinas, permitió que me quedara sentado en lo alto de la pirámide. Atrás, sentía casi de una manera física la presencia de los colosos. Allá lejos se levantaba la sierra donde el pregonero llamaba a la gente de los pueblos, cuando el rey Quetzalcóatl tenía algo urgente que comunicarle.

Yo debo decir que una vez, estando en las selvas del sur, entrevisté a una de las cabezas gigantes olmecas y la cabeza me dijo muchas cosas que registré en un libro, pero aquella tarde no tenía ningún propósito de hablar con los dioses. Es siempre difícil entrevistarlos. En el fondo desconfían de los periodistas y, aunque toleran las preguntas e incluso parecen escucharlas atentamente, no acostumbran contestarlas.

Yo ni siquiera hablaba en voz alta. Pensaba que ése debió ser el templo de Quetzalcóatl. El Señor de la Aurora y la Estrella de la Mañana. Por haber nacido el año Uno Caña, llevaba el nombre de Ce Ácatl. Era un dios, el Dios Serpiente Emplumada, y de eso no había la menor duda. A pocos metros de distancia, en el interior del santuario, estaba su imagen echada y cubierta de mantas porque tenía barba, una cara muy fea, parecida a un cerrojo y la cabeza alargada, mientras los toltecas eran lampiños y de cabezas redondas.

También sabemos que fue un rey —se le llama Topiltzin, Nuestro Príncipe—, y un sacerdote —Tlamacazke—. Me gusta imaginar que pudo vivir cerca del vecino patio cuadrado, a la sombra de las salas hipóstilas, meditando en el banco de piedra, esculpido y pintado.

—Sí —me dijo una voz muy delgada a mis espaldas—, allí vivía casi siempre. Sin embargo, tenía varias casas hechas de piedras verdes preciosas, de plata, de conchas coloradas y blancas, de plumas y turquesas.

—¿Te acuerdas? —preguntó otra voz tan débil y quebrada como la anterior—. Aquí venía todas las noches, y hacía penitencia, sacándose sangre de las piernas con espinas de maguey. A media noche se bañaba en la fuente Xipacoyan —En-donde-se-Lavan-Turquesas— y durante todo el tiempo pasado los sacerdotes siguieron su ejemplo.

Yo comprendí que los atlantes querían hablar conmigo y saqué mi pluma y mi libreta de apuntes porque mi memoria no es buena. Pregunté, sin moverme, temiendo no poder mirar las inmensas cuencas vacías de sus ojos:

—Quiero saber cómo sobrevino la ruina de Tula. Bueno, si ustedes desean hablar.

—Llegó el tiempo en que se acabó la fortuna de Quetzalcóatl. Tres magos llamados Tezcatlipoca, Ihuimécatl y Titlacauan decidieron perderlo. Uno, el llamado Titlacauan —Aquel-de-Quien-Somos-Esclavos— se convirtió en un enano viejo y canoso y se fue al palacio. Les habló a los pajes que custodiaban la entrada:

—Quiero ver y hablar con el rey Quetzalcóatl.

—Anda, vete, viejo —le respondieron— que no puedes verlo, porque está enfermo y le darás enojo y pesadumbre.

—Yo tengo que verlo —insistió el viejo.

—Aguarda pues. Se lo diremos:

Y le hablaron a Ce Ácatl:

—Señor, un viejo está aquí y quiere hablarte. Lo hemos echado y dice que te ha de ver por fuerza.

—Que entre y venga. Hace muchos días que lo estoy aguardando.

Y entrando el nigromántico, preguntó:

—Señor, ¿cómo estás de tu cuerpo y de tu salud?

—Estoy muy mal dispuesto y me duele todo el cuerpo. No puedo mover los pies ni las manos.

El viejo mostró un jarro y se lo tendió a Quetzalcóatl:

—Señor, ve aquí la medicina que te traigo, es muy buena y saludable. Emborracha a quien la bebe. Si quieres beber, te ha de sanar y te ablandará el corazón, pues te hará pensar en los trabajos, las fatigas y la muerte de tu ida.

—Oh, Viejo, ¿dónde tengo que ir?

—Por fuerza has de ir a Tlillan Tlapallan en donde está otro viejo aguardándote. Hablarás con él y a tu vuelta estarás otra vez como un muchacho. Bebe ahora esta medicina.

—Oh, Viejo, no quiero beber.

—Bébela porque si no más tarde se te ha de antojar. Al menos ponte en la frente un poquito.

Ce Ácatl la probó:

—¿Qué es esto? Parece ser cosa muy buena y sabrosa. Ya me sanó, ya me quitó la enfermedad, ya estoy sano.

—Señor, bébela otra vez, porque es muy buena la medicina y estarás más sano.

Bebió el vino blanco, hecho de los magueyes, y se emborrachó. Se le ablandó el corazón y lloró tristemente pensando que debía irse de Tula.

—Así fue. Más o menos así fue.

—Pero has olvidado muchos detalles —dijo la otra voz—. Los brujos deseaban que Ce Ácatl hiciera sacrificios humanos, matara gente, y él nunca quiso, porque amaba a sus vasallos.

—Eso se dijo más tarde, cuando a los dioses les llamaban demonios.

—¿No vino Titlacauan y lo emborrachó? Todavía lo veo ofreciéndole el vaso, diciéndole que debía marcharse de su ciudad.

—Los tres conjurados dijeron: Démosle pulque para hacerle perder el tino y que ya no se entregue a la penitencia. Recuerdo que habló Tezcatlipoca:

—Yo digo que vayamos a darle su cuerpo.

Y fue primero Tezcatlipoca, tomó un espejo, lo envolvió y les dijo a los pajes que custodiaban a Quetzalcóatl:

—Díganle esto al sacerdote: Ha venido un joven a mostrarte y a darte tu cuerpo.

Los pajes le avisaron a Ce Ácatl. Éste les dijo:

—¿Qué cosa es eso de mi cuerpo? Miren lo que ha traído y luego entrará.

Respondió Tezcatlipoca:

—Díganle al sacerdote que yo en persona he de mostrárselo.

—No accede —dijeron los pajes—. Él insiste en mostrártelo, señor.

—Que venga, Abuelo —ordenó Quetzalcóatl.

Entró Tezcatlipoca:

—Hijo mío, sacerdote Ce Ácatl, Quetzalcóatl, yo te saludo y vengo, señor, a hacerte ver tu cuerpo.

—Sé bienvenido, Abuelo. ¿De dónde has arribado? ¿Qué es eso de mi cuerpo? A ver.

—Hijo mío, sacerdote, yo soy tu vasallo, vengo de la falda de Nonohuelcaltépetl. Mírate y conócete, que has de aparecer en este espejo.

Y en el espejo aparecieron las muchas verrugas de sus párpados, las cuencas hundidas de sus ojos, toda su cara hinchada y deforme. Quetzalcóatl se asustó mucho y dijo:

—Si me vieran mis vasallos se echarían a correr. No saldré nunca de aquí.

Se despidió Tezcatlipoca y salió a reírse de lo que concertó con Ihuimécatl. Éste dijo:

—Que vaya ahora Brujo del Coyote, el Oficial de las Plumas.

Y fue Brujo del Coyote y le habló a Quetzalcóatl:

—Hijo mío, yo digo que salgas a que te vean tus vasallos; voy a aliñarte para que te vean.

—A ver. Hazlo, Abuelo mío.

Primero compuso la insignia de plumas y la máscara verde; tomó color rojo, le pintó los labios bermejos; tomó amarillo y le pintó la cara; le hizo después los colmillos y una barba de plumas. Terminando su trabajo le ofreció el espejo. Cuando se vio Quetzalcóatl quedó muy contento y enseguida salió donde sus vasallos lo aguardaban.

Ihuimécatl, Toltécatl, fueron luego a la tierra de Maxtla y cocieron mazorcas tiernas, frijoles verdes, tomates, chiles. En cuatro días hicieron pulque de los magueyes de Maxtla y volvieron a Tula, a la casa de Quetzalcóatl. Los guardias no los dejaron entrar. Los echaron tres veces y tres veces regresaron:

—¿De dónde vienen? —preguntaron al fin.

Oyéndolos Quetzalcóatl, ordenó que entraran. Después de saludarle le sirvieron los quelites. Comió y le ofrecieron el pulque.

—No lo beberé porque estoy ayunando. Quizás es embriagante o matante.

—Pruébalo siquiera con tu dedo meñique, porque está enojado. Es vino fuerte.

Quetzalcóatl lo probó con su dedo y le gustó. Dijeron los brujos:

—Has de beber cuatro veces, cinco veces. Ésa debe ser tu libación.

Les dieron también cinco vasos a los pajes. Ellos se embriagaron enteramente.

—Hijo mío, canta. He aquí tu canción que has de cantar —le dijo entonces Ihuimécatl. Y cantó éste:

—Mi casa de plumas de Quetzal, mi casa de plumas de Zacuan, mi casa de corales, yo tengo que dejarlas. ¡An-ya!

Alegre, Quetzalcóatl ordenó:

—Traigan a mi hermana mayor Quetzalpétatl (Petate de Quetzal).

Los pajes fueron al lugar donde ella hacía penitencia:

—Señora, hija mía, Quetzalpétatl, ayunadora, hemos venido a llevarte. Te aguarda el sacerdote Quetzalcóatl. Vas a estarte con él.

—Sea en buena hora —respondió ella—. Vamos, Abuelo y paje.

Se sentó junto a Quetzalcóatl, le dieron de beber cinco veces y los emborrachadores cantaron:

Hermana mía, ¿en dónde vives?
¡Oh, Quetzalpétatl, ya embriaguémonos!

Después de embriagarse ya no dijeron: "pero si nosotros somos ermitaños", ya no bajaron a la acequia, ya no se punzaron con espinas. Se acostó con su hermana. Amaneciendo, Quetzalcóatl dijo: "Desdichado de mí", y cantó esta canción:

Ya no sea contado este día en mi casa
¡Aquí quede yo! ¿Y cómo aquí?
También aquí, y ojalá más bien yo cante,
sólo tengo cuerpo hecho de tierra;
sólo congoja y afán de esclavo:
¡nunca más habré de recobrar mi vida!

Y aún otra palabra cantó de su cantar:

¡Ay, me sustentaba mi madre,
la Diosa que tiene serpientes en la falda,
era su hijo yo, pero ahora
no hago más que llorar!

—¿Quién se pone de acuerdo después de tantos años? —dijo el primer atlante—. Todos los que cuentan la historia de Ce Ácatl la cuentan de una manera distinta.

—Sólo conocemos fragmentos de historias. Había olvidado que el rey Quetzalcóatl llamó a su hermana y se acostó con ella.

—Quetzalcóatl era un sacerdote, el gran sacerdote de Tula. El rey entonces se llamaba Huémac.

—Ésa es otra historia.

—No, es la misma historia de cuando trastornaron los hechiceros la vida de Tula, y nadie sabe si las cosas ocurrieron al principio o al fin. Si reinaba Quetzalcóatl o reinaba Huémac. Titlacauan inventaba siempre nuevos embustes. Un día se apareció en la figura de un indio forastero, de uno de esos indios toueyo que andan desnudos. Se sentó en el tianguis situado frente al palacio, a vender chiles verdes. Más tarde, pasó la hermosa hija de Huémac, la que deseaban los nobles para casarse con ella y miró al forastero, y se le antojó tanto su sexo que enfermó de amor y de deseo. Estaba como loca. Se le hinchó el cuerpo y gritaba. Huémac les preguntó a las damas de compañía:

—¿Qué mal tiene mi hija? ¿Qué enfermedad es ésta que se le ha hinchado todo el cuerpo?

—Señor, tu hija miró el sexo de un indio forastero que vendía chiles verdes en el mercado y está enferma de amores.

—¡Ah, toltecas! —exclamó Huémac— busquen a un toueyo. Andaba en el mercado y por fuerza tiene que aparecer.

No habiéndolo encontrado en ninguna parte, subió a la sierra el pregonero gritando:

—Ah toltecas, si ven por ahí un toueyo que andaba vendiendo chiles verdes, tráiganlo ante el señor Huémac.

Lo buscaron por todas partes sin encontrarlo.

De pronto, apareció, donde antes estaba y, llevado a palacio, Huémac le preguntó:

—¿Por qué tardaste? ¿Por qué te pones el maxtle [taparrabos] y te cubres con la manta?

—Señor, en nuestra tierra tenemos la costumbre de andar desnudos.

—Tú te le antojaste a mi hija y tú la has de sanar.

—Señor, de ninguna manera puede ser esto. Mejor mátame. Yo no soy digno de oír esas palabras y prefiero morir. Sólo vine a buscar mi vida vendiendo chiles verdes.

—No tengas miedo —le contestó Huémac—, por fuerza has de sanar a mi hija.

Lavaron al toueyo, lo trasquilaron, le tiñeron el cuerpo con tinta y lo vistieron con un maxtle y una manta.

—Anda —díjole el señor Huémac—. Anda y entra a ver a mi hija, allá adentro, donde la guardan.

El toueyo se acostó con la hija de Huémac y luego fue buena y sana.

Entonces comenzaron a enojarse los toltecas y a decir palabras injuriosas y afrentosas contra Huémac: ¿por qué el señor Huémac casó a su hija con un toueyo?

Huémac los mandó llamar y les dijo.

—Vengan acá. Yo he oído todas las palabras injuriosas que han dicho contra mí, por amor a mi yerno, el toueyo. Y ahora ordeno que lo lleven disimuladamente a pelear en la guerra de Zacatepec y Coatepec para que lo maten nuestros enemigos.

Los toltecas, armados, llegaron al lugar de la pelea y enterraron al toueyo en compañía de los pajes, los enanos y los cojos, un ardid que solían emplear durante sus guerras.

Después fueron en busca de los enemigos, pero los enemigos los hicieron huir. Llegados al palacio de Huémac, le hablaron de este modo:

—Señor, ya hemos dejado a tu yerno con los pajes, en poder del enemigo.

Entre tanto, el toueyo miraba cómo los enemigos avanzaban.

—No tengan miedo —les dijo a los enanos y a los pajes—. No tengan miedo. Ya llegan los enemigos y yo los voy a matar.

Saliendo luego de la tierra se lanzó contra los de Zacatepec y Coatepec, los persiguió y mató innumerables. Cuando la noticia llegó a Huémac, el rey pesaroso salió a recibirlo con los toltecas, bailando, cantando, tocando las flautas con mucha alegría. Dentro del palacio le emplumaron al toueyo la cabeza, le pintaron la cara de colorado y el cuerpo de amarillo, el regalo de los victoriosos.

Pero Titlacauan no descansaba. Ordenó que el pregonero anunciara una fiesta y acudieron millares de indios forasteros. Él descansaba tocando el atambor y cantaba un verso que repetían todos. Danzaban toda la noche, empujándose y rodando por el barranco del río donde se convertían en peñascos.

El mago rompió un puente de piedra y los que pasaban caían al río convirtiéndose en rocas. Era el tiempo en que los toltecas andaban como borrachos y sin sesos. Otra vez llegó el mago, se sentó en medio del mercado, haciendo bailar a un muchachito del tamaño de un dedo en la palma de su mano y por ver el prodigio las gentes se empujaban y se arremolinaban pereciendo un gran número, ahogadas y aplastadas. El mago gritó:

—Ah toltecas. ¿Qué es esto? ¿No ven que se trata de un engaño? Maten a pedradas al hechicero y al muchachuelo.

Apenas los mataron, el cuerpo del nigromántico apestó el aire. El viento echaba el hedor a los toltecas por lo que muchos morían.

Ordenó el mago:

—Arrojen fuera al muerto porque ya se mueren muy muchos de los toltecas del hedor de este nigromántico.

El muerto pesaba tanto que nadie podía arrastrarlo. Fue necesario que el pregonero ordenara venir a la gente con sus cuerdas. Lo ataron y comenzaron a jalarlo dándose ánimos entre sí:

—Ah toltecas, ea pues, arrastren con sus sogas a este muerto.

Las cuerdas se rompían y al romperse los que jalaban caían unos sobre otros y morían. No se podía arrastrarlo hasta que dijo el mago:

—Ah toltecas, este muerto quiere un verso, el verso de un canto y éste es el verso:

Arrastra al muerto, Tlacauepan nigromántico.

Así lo llevaron al monte y los que volvían a Tula no se daban cuenta de lo sucedido pues estaban como borrachos.

—¿Por qué ocurrió todo esto? —preguntó el segundo atlante—. ¿Qué pasó con nuestro señor Ce Ácatl? ¿Era incapaz de defender a los toltecas? En esta tierra el mal tiene una seducción mágica, una seducción de infierno. Recuerdo esa ave blanca traspasada por una saeta que volaba en el aire. Los toltecas alzaban la cara y la veían. Quedaban paralizados de horror.

—No recuerdo ese otro embuste de Tezcatlipoca. Sólo recuerdo que llovieron piedras del cielo y después cayó una piedra grande llamada tlehcatl. Luego apareció una vieja que vendía banderas diciendo:

—¡A las banderas! Cómprame una banderilla.

Al que se la compraba, lo llevaba a la piedra y allí le daba muerte y no había nadie que dijese:

—¿Qué es esto que nos acontece?

—Cuando los pueblos se pierden, los hombres están como locos. Nadie pregunta de dónde caen la piedras. Apenas tienen tiempo de correr con la esperanza de salvarse. No hay defensa contra los hechiceros que deciden perderlos. Ellos se revisten de las más extrañas formas. ¿No oíste hablar de aquella vieja que tostaba maíz en Xochitla, el Lugar de las Flores?

—Oí hablar de ella. El olor del maíz llegaba a los pueblos más apartados de la comarca, llegaba a mis propias narices, y porque los toltecas andaban ligeros e incluso los muy viejos llegaban pronto a donde querían, venían corriendo y la vieja les daba muerte. Ninguno de esos toltecas volvió a sus pueblos.

—Entonces Quetzalcóatl, engañado y burlado, decidió salir de Tula. Quemó sus casas de plata y de conchas, enterró sus tesoros en los montes y en los barrancos de los ríos, convirtió en mezquites las plantas de cacao.

—Pretendió quemarnos a nosotros. Ardió la techumbre de su templo, se convirtió en cenizas. La plata derretida caía en gotas sobre los frescos, pero estaba escrito que nosotros éramos invulnerables y habíamos de quedar como testigos de la grandeza tolteca. Rodeados de llamas, ennegrecidos, a punto de desplomarnos, vimos salir a Quetzalcóatl. Adelante, mostrándole el camino, volaban los pájaros de preciosas plumas y lo seguían sus enanos, sus corcovados y sus pajes tocando flautas y caracoles. Así llegó a Cuauhtitlán, donde crece un árbol gigante. Pidió a los pajes un espejo y viéndose la cara gritó de nuevo: "Ya estoy viejo", porque nada hay que dé mayor cólera y mayor dolor que sentirse viejo.

Tomando piedras las arrojó al árbol con tanta fuerza que se hundieron en su tronco desde la raíz hasta las ramas, y así pueden verse todavía.

—En otro lugar se sentó en una piedra. Al mirar hacia Tula por última vez, lloró tristemente y sus lágrimas horadaron y cavaron en la piedra, donde también quedó la huella de sus nalgas y de las palmas de sus manos. Luego cruzó un río grande y ancho a través de un puente que él mandó construir y los nigrománticos lo importunaban preguntándole: "¿A dónde vas?" "¿Por qué dejas a tu pueblo?" "¿A quién lo encomendaste?" "¿Quién hará penitencia?" Y el señor Quetzalcóatl contestaba: "Voy a Tlapallan. De ninguna manera podrán impedir mi ida; por fuerza tengo que irme."

—Más adelante atravesó las dos sierras nevadas y allí murieron de frío sus enanos y corcovados, muertes que sintió mucho el señor Quetzalcóatl. A lo largo del camino iba dejando señales de su paso. Construyó un juego de pelota y en medio del campo abrió una profunda grieta, arrojó un árbol, como una saeta, contra el árbol llamado pochotl y allí quedó formando una cruz, edificó casas subterráneas para los muertos y puso una gran piedra que se puede menear con el dedo meñique, pero si muchos hombres quieren moverla, permanece inmóvil porque es una piedra encantada. Nombró las sierras, los montes y los sitios que recorría y al llegar a la playa ordenó hacer una balsa de serpientes y se fue por el mar del cielo navegando, y no se sabe cómo y de qué manera llegó a Tlapallan.

—Yo te lo puedo decir. Llegada la balsa al lugar del Rojo y del Negro, al lugar del Crepúsculo, nuestro señor Quetzalcóatl mandó preparar una hoguera y se echó al fuego sacrificándose a sí mismo como lo hicieron en Teotihuacán los dioses principales. Quetzalcóatl no pereció en la hoguera. Su sacrificio no fue inútil. Ascendió a los cielos convertido en una estrella, en la Estrella de la Mañana, y por ello se le llama el Señor de la Aurora.

Mientras tanto había caído la tarde y sobre las montañas desnudas brillaba intermitente y rojiza la estrella vespertina. Los atlantes enmudecieron al aparecer Tezcatlipoca. Habían sido eliminados de las tinieblas porque ése ya no era su reino y otra vez se repetía su vencimiento. Me habían contado la historia de un fratricidio, el fratricidio que fundaba la vida, y callaban esperando que el señor

Quetzalcóatl, terminado su recorrido por el inframundo, surgiera en el oriente para matarlo con sus flechas.

Me disponía a marcharme cuando oí muy cerca de mí la voz del guardián de las ruinas que me decía:

—Señor, ya es muy tarde.

—En efecto, es muy tarde —le respondí levantándome—. Dime, ¿tú no has oído hablar a los gigantes?

—Algunas veces hablan pero no hablan en otomí. Hablan en otro idioma que yo no entiendo. A veces pienso que es el viento o los muertos los que hablan. Hay muchos muertos, muchos nahuales sueltos en la noche. Aúllan como los coyotes y se ven bolas de fuego saltar sobre las pirámides.

—¿Cuántas horas pasas junto a los gigantes?

—Desde la mañana que llegan los turistas hasta la tarde. Nadie piensa en robárselos, pero me obligan a estar aquí ocho horas diarias, y ya me acostumbré a su compañía. Al principio me daban miedo sus ojos abiertos que me seguían a todas partes. Son piedras, y no me explico por qué, si son piedras viejas, vienen tantas gentes del mundo a verlas. Hablan en inglés, en francés, en alemán, en japonés y no se cansan de tomarles fotografías. Entonces, algo raro deben tener, algo que yo no entiendo. Hace diez años, un guardián que murió hace poco, me contó que una noche de truenos y relámpagos vio a los gigantes bajar la escalera de la pirámide. Dijo que las piedras se rompían bajo su peso y corrió a encerrarse en su casa. No entraron. Andaban por la plaza cantando y al llegar la mañana aparecieron de nuevo en lo alto del templo como si nada hubiera pasado.

Suspiró añadiendo:

—Es duro este oficio de guardián de los muertos. Cuando llegan los arqueólogos siempre descubren tumbas y hablan del señor Quetzalcóatl que vivía allá abajo, en el Palacio Quemado.

—¿Y no lo has visto?

—Bueno, dicen que era muy viejo y tenía una cara muy fea. Yo una tarde vi un bulto, sentado en un banco, pero era un indio que había entrado a las ruinas sin pagar su boleto. Ése sí hablaba otomí. Le dije que se fuera y desapareció. Parecía un muerto.

La luz de la invisible ciudad de Tula iluminaba el cielo. El ojo de Tezcatlipoca parpadeaba con destellos rojizos, antes de ocultarse en la serranía. Atrás quedaban los rígidos atlantes. Tula guarda su secreto, un secreto que en vano han tratado de descifrar arqueólogos e historiadores. Lo cierto es que aquí vivió Quetzalcóatl y de aquí partió para no volver nunca. Fue un príncipe, un supremo sacerdote, un maestro de artes y ciencias, un asceta entregado a las más duras penitencias y al mismo tiempo fue el pecador, hombre dotado de poderes excepcionales que se dejó tentar y huyó vencido por la hechicería de sus contrarios. Lo perdió extrañamente el maguey, la planta maravillosa que civilizó al desierto.

No existe un solo Quetzalcóatl, pues todas las culturas mesoamericanas tienen su propio Quetzalcóatl. El códice mixteco Vindobonensis lo muestra naciendo de un pedernal gigantesco o descendiendo del cielo por una escala de plumón, revestido con todas sus insignias para levantar el cielo de agua que se había caído sobre la tierra.

El que baja al reino de los muertos y rescata los huesos de su padre para fundar la nueva humanidad es el Quetzalcóatl del tiempo de los cazadores y recolectores; el que transformado en hormiga se roba el maíz y lo entrega a los hombres, es el fundador de la agricultura; el que nace de un pedernal gigante, según lo describe el códice Vindobonensis, más tarde desciende del cielo por una escala, revestido de sus insignias y, por orden de los Fundadores, levanta el cielo de agua caído sobre la tierra, es ya el protector del hombre y el ordenador de la vida; el personaje dual de Tula encarna tanto el mito de los gemelos celestes como el del Héroe Civilizador en toda su grandeza.

Los aztecas, herederos de la cultura tolteca, no prescinden de él porque simboliza, en igual medida que la Luna, el trasfondo uránico en que descansa su religión, pero ya no es Quetzalcóatl el dios y héroe supremo sino Huitzilopochtli, la deidad tribal de los mexicanos, la deidad solar de la guerra a la que deberán su encumbramiento y su inexplicable derrota final.

En esta serie de mitos que van desde los tiempos arcaicos hasta la caída de los aztecas, puede muy bien residir la clave de Quetzalcóatl y de la historia mesoamericana. Un dios no permanece inalterable a lo largo de los siglos. Cada etapa cultural le otorga nuevos atributos y lo carga de sus propias vivencias y preocupaciones. Los historiadores y los arqueólogos no han logrado desatar este nudo debido a que para ellos el Quetzalcóatl de Tula representa el momento en que el mito se mezcla de un modo inextricable a la historia. Desean delimitar con precisión los dos campos, ignorantes de que el mito es el modo único en que el primitivo cuenta su historia y que esta historia no es una historia de tantas, sino la única verdadera a causa de su carácter ejemplar, normativa de toda acción humana trascendente.

La clave del secreto de Quetzalcóatl no radica en sus múltiples desdoblamientos ni en su ambigüedad soberana, sino en su polaridad de hombre-dios, de pájaro-serpiente (en forma de serpiente emplumada), estrella matutina-estrella vespertina, asceta-pecador, fundador-destructor de pueblos. Una imagen celeste capaz de explicar el funcionamiento del universo debe llevarse a todas las manifestaciones de la vida. Cada uno de sus atributos simboliza el conjunto y es su suma, su totalidad. Para muchas culturas lo que sobrevive, bajo diversos aspectos, es la figura de Quetzalcóatl. Relegado a un segundo término, bastó una promesa de retorno para acelerar la caída del imperio nahua. Muchos años después los frailes seguían discutiendo si este dios blanco y barbado era Santo Tomás llegado muchos siglos antes de la conquista.

6
Tzeltales y tzotziles
(Chiapas)

En Chiapas, los indios tzeltales y tzotziles parecen vivir suspendidos en un momento que data de hace cuatro siglos: el momento en que el esplendor de los mayas ya había decaído y llegaron los conquistadores españoles a someterlos a un dominio feroz que todavía en nuestros días perdura, envileciéndolos, y que parece eterno.

El costumbre

Las velas y los cohetes tienen una gran demanda entre los indios. Estaba en una tienda de San Antonio cuando llegó una numerosa familia indígena. Los hombres traían vestidos de manta negros y harapientos. De la tela primitiva de las camisas no quedaba seguramente el más pequeño fragmento. Remiendos paralelamente cosidos con gran esmero se sobreponían unos a otros formando un admirable deshilado.

Preguntaron el precio de una docena de cohetes. La dueña, una mujer gorda de aplastadas caderas de elefante, les enseñó un atado, diciendo:

—5.50 pesos la docena.

—No —dijo el más osado—, queremos cohetes más grandes.

La mujer tomó otro manojo.

—Estos cuestan 6.50.

Hablaron los indios largamente entre sí sin resolverse a comprarlos.

—Tomen cinco pesos —les dije— y compren los cohetes grandes.

Se quedaron mirándome con asombro, paralizados. La dueña intervino presurosa:

—Denle las gracias al señor, denle las gracias al caballero y no se queden ahí como unos pazguatos, estorbando la entrada.

Los indios decidieron al fin comprar cinco docenas de los cohetes más grandes.

—¿Por qué no te compras mejor una camisa? —le pregunté a uno de ellos—. Te hace más falta que los cohetes.

Bajando la vista respondió:

—Es *el* costumbre.

Escuchaba, por primera vez, esa terrible, constante palabra —memoria, hábito, rutina, sinrazón todopoderosa— que habría de escuchar, que habría de levantarse como un muro infranqueable a lo largo de mi viaje: el costumbre. La costumbre de bajar la cabeza, la de consultar a los brujos, la de comprar al santo velas y cohetes, la de embriagarse hasta la muerte, la de ser explotados, la de arruinarse con mayordomías y cargos innecesarios de autoridades subalternas o perfectamente inútiles, la de creer en los nahuales, los espantos y los esqueletos voladores. La costumbre, esa corteza dura de vicios y supersticiones que los mantiene atados de pies y manos y es al mismo tiempo la unidad del grupo, la preservación de su carácter y de su vida.

Asoma la embriaguez

Es vieja la inclinación que el indio ha manifestado por la embriaguez. Gaspar Antonio Xiu —descendiente de los príncipes Xiu de Uxmal—, escribía: "Disminuyeron, porque antes que entrasen los españoles vivían de su placer y gran contento; siempre andaban de fiestas, en bailes y en bodas y en casamientos, bebiendo".[1] Xiu se refería a una época de absoluta decadencia, cuando los imperios mayas yacían en ruinas y sólo quedaban tribus aisladas que luchaban entre sí y se desintegraban, perdida su cohesión y su cultura.

La llegada de los españoles no hizo más que acelerar esta decadencia. Reducidos a la ignorancia, tratados peor que a bestias de carga, respirando una atmósfera grosera y sofocante, los indios, en aquel naufragio donde desaparecían todas las razones fundamentales de su existencia, se aferraron desesperadamente a la embriaguez.

Por su parte, los españoles no vieron con indiferencia la ebriedad de sus esclavos. El alcohol fue para ellos, desde el principio, un sistema de represión tan eficaz como un ejército o una policía sabiamente organizada que tenía, sobre el ejército o la policía, la ventaja de proporcionarles enormes ganancias.

El alcohol, debido a esta serie de intereses y de tendencias exacerbadas, llegó a transformarse en la razón suprema de los grupos indios. Está ligado, de manera entrañable, a la religión, al naci-

---

[1] Frans Blom, "Vida precortesiana del indio chiapaneco de hoy". En *Homenaje a Manuel Gamio*, Universidad Nacional Autónoma de México, 1956.

miento, al matrimonio, a la muerte, a la autoridad, a la medicina, al trabajo, a los cambios y al ritmo de la naturaleza. Un ceremonial puntilloso prescribe las botellas que deben beberse en las ceremonias religiosas y civiles con tal precisión y cuidado de los detalles, que el aguardiente, el "posh", puede ser visto como el combustible que lubrica la complicada maquinaria de la vida indígena.

No es pues de extrañar que San Cristóbal sea la metrópoli de los indios, del alcohol y de los enganchadores. Ha vivido un poco miserablemente de los intercambios comerciales, de las ventas en reducida escala, de sus artesanías feudales, pero los buenos negocios, las fortunas de cierta consideración, las ha hecho embriagando a los indios y enviándolos por generaciones a las fincas de la montaña o a las fincas de la Tierra Caliente en el Soconusco.

No es tampoco obra del azar que el único millonario de San Cristóbal, un tal Pedrero, haya logrado acumular millones reteniendo el monopolio del aguardiente. Sus guardias armados, durante una larga época de terror, asesinaban a los indios, destruían sus alambiques o los sepultaban en la cárcel con la complicidad de las autoridades locales.

Yo tuve oportunidad de visitar la cárcel de San Cristóbal hace diez años [1950] y todavía no se borra de mi memoria el rostro de un indio asomado entre los gruesos maderos de la puerta. En realidad no se trataba de un rostro. Su forma, su piel, sus ojos, se desvanecían en la oscuridad de la celda y toda la luz del exterior se concentraba en la boca abierta o, mejor dicho, en la doble hilera de los dientes, en aquella dura y caliza materia, en aquellos huesos que con su brillo de navajas expresaban la desesperación impotente del animal enjaulado de un modo que no podían expresar su español elemental ni sus manos casi invisibles moviéndose sobre los maderos acribillados, densos y oscuros de la puerta.

El brujo, llamado ilol en Chiapas

Hay en Chiapas brujas y brujos dotados de grandes poderes. Los jueves y los viernes de luna se encaminan a una cruz y les basta decir una sola palabra mágica, la palabra Yalambequet, que traducida significa "bájate carne", para que la carne se les desprenda de los huesos.

Convertido el brujo en un esqueleto —conserva el corazón, las tripas y el sexo—, adquiere la facultad de volar, de penetrar en las casas a través de las puertas y de los tejados para robarles el alma a sus enemigos, y una vez realizado este avieso designio —supremo fin de la hechicería mexicana—, regresa a la cruz y pronunciando otra palabra mágica, la palabra Muyambequet que significa "súbete carne", el ilol recobra su humana apariencia.

La idea del Yalambequet es una idea muy generalizada. En las noches de luna, si los indios oyen un "tronido" de huesos en el aire, exclaman santiguándose:

—Ahí va el Yalambequet. Dios tenga piedad de nosotros.

Los indios viven bajo el continuo temor del Yalambequet y como no le hacen daño escopetazos ni conjuros, para librarse de su amenaza o matan al brujo, o recurren a la ingeniosa estratagema empleada por el marido de una partera acosada, aunque debo decir en honor a la verdad, que este último sistema es más bien un producto de la imaginación y del deseo de venganza, ya que hasta la fecha, las víctimas del ilol eligen casi siempre la vía expedita del asesinato.

La historia de la comadrona me fue contada así: la pobre mujer sufría la competencia profesional de otra partera, bruja temida en la región, que se había propuesto eliminarla por medio del Yalambequet.

Un día, aterrorizada, le habló al marido:

—Me han dicho los vecinos que esa mujer entra a la casa para robarnos el alma. No sabemos quién de los dos morirá.

—Descuida —contestó el marido—, yo estaré vigilando.

Un jueves de luna llena tomó el machete y el morral que tenía preparado dirigiéndose a la cruz levantada en las afueras del paraje, aguardó las doce de la noche oculto entre unos arbustos del camino.

A las doce en punto llegó la bruja, hizo su encantamiento y apenas se marchó, el marido regó con sal la carne dejada al pie de la cruz y pudo ver, sin remordimientos, la forma en que se retorcían y saltaban algunos de los mejores pedazos de su enemiga.

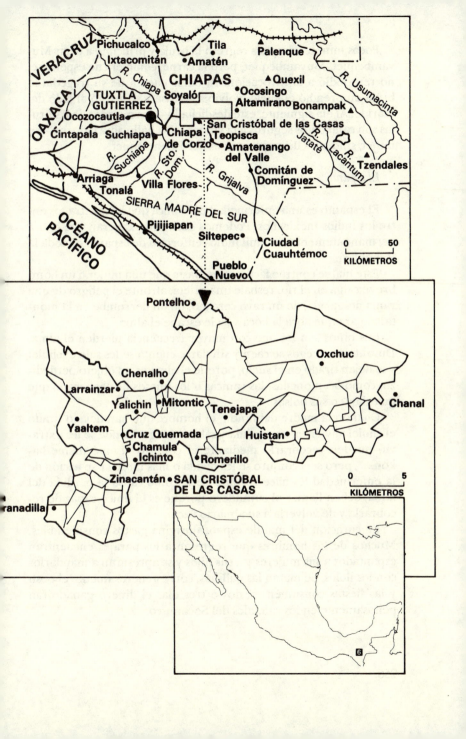

Pocos minutos después regresó la bruja y principió a decir Muyambequet, Muyambequet, pero la carne, como era de esperarse, no respondió a la invocación. Al darse cuenta de su tragedia la bruja emprendió el vuelo, volvió a su casa y se acostó al lado del marido. Al día siguiente, este desdichado —los maridos de las brujas son candidatos seguros a la viudez—, se halló abrazado, no a su mujer, sino a los despojos inertes del Yalambequet.

El espanto

El espanto es una enfermedad endémica que hace estragos entre los indios mexicanos. Podemos decir, sin exagerar, que habrá permanentemente cien mil indios enfermos de espanto en toda la República.

Este mal se contrae fácilmente. Basta que una mujer o un hombre se caiga en el río, resbale una grieta, afronte el peligro de una rama desgajada, de un rayo cercano, de un derrumbe en la montaña, para que abra la boca y se le escape el alma.

Los niños son los que con mayor frecuencia pierden el alma. Durante sus juegos se caen y sin darse cuenta se les sale el chulel y lo dejan tirado en el suelo, porque el alma es un objeto perdedizo, como las monedas, las canicas o los huesos de chabacano que guardan en sus bolsas.

Cuando la madre del niño o el hombre que han dejado tirado el chulel advierten su pérdida y saben el lugar donde se les extravió pueden recobrarlo mediante el conjuro "Lamé memeshakon...", pero si el conjuro se les olvida o más tarde la aparición de la enfermedad les hace ver que tiene como causa la pérdida del alma, deben llamar al curandero porque es el único capaz de recobrarla y de volverla a su almario vacío.

La curación del mal de espanto origina gastos considerables. Muchos de los hombres que regresan a los parajes encuentran espantados a sus mujeres y a sus hijos y se apresuran a mandarlos con los iloles. Se matan las gallinas, corre generosamente el posh y las fiestas consumen en dos o tres días el dinero ganado tan penosamente en los cafetales del Soconusco.

El día de Todos Santos

El primero de noviembre Romerillo se veía desierto. Durante la noche, el ciclón Hattie, que destruyó Belice, desbordó los ríos de Chiapas y anegó campos, aldeas y ciudades; había golpeado sin cesar las ventanas de la clínica donde pasamos la noche. Envuelto en una manta escuchaba sus furiosos bramidos. Las rachas de la lluvia helada entraban por todos los resquicios inundando las habitaciones y a la mañana siguiente mis zapatos flotaban en el agua como pequeñas arcas de Noé.

El esperado día de Todos Santos no podía ofrecer un aspecto más lúgubre. Los senderos brillaban como plata; las mazorcas, en los maizales secos, caían sobre sus tallos doblados, llovía copiosamente y los rebaños gigantescos de las nubes, aguijoneados por la tempestad, corrían sobre el horizonte ocultando encinares y montañas.

Tomamos una taza de café en la cocina del maestro y salimos a visitar las cabañas. Los muertos habían llegado a las seis de la mañana y estarían ya con sus familiares, reposando junto al fuego y comiendo los manjares preparados la víspera. Había que apresurarse. Por un sendero, entre maizales solitarios y protegidos con nuestras amplias mangas de hule, llegamos a la primera cabaña. En el fondo se levantaba un altar con tazas de caldo, panes, tamales, flores amarillas y dos velas que chisporroteaban. Al centro ardía la imprescindible hoguera y junto a ella, un chamula, de pie, tocaba la guitarra y cantaba. Su mujer, arrodillada y vestida de negro, nos dio pan y una taza de atole agrio.

Había una gran paz, un extraño recogimiento en aquella choza azotada por la lluvia. El hombre musculoso, de encorvada nariz, con su chamarro de lana y su pañuelo atado a la cabeza, siempre de pie, estaba recogido en sí mismo y tañía la guitarra.

—Sí, ésa es la verdad —nos dijo en su español quebrado— los muertos han llegado a las seis y se irán mañana a las ocho. Maté a un toro para recibirlos.

Hizo una pausa. En realidad, no se dirigía a nosotros, sino al altar cargado de flores y de platos donde los espíritus devoraban la sustancia oculta en el caldo, en el atole, en el pan recién horneado. Aquellos seres amados que durante tanto tiempo vivieron, sufrieron y gozaron en esa cabaña, habían regresado y la familia estaba completa.

El hombre los veía y les hablaba. Suspiró.

—Estoy contento y triste. Contento porque están aquí, triste porque se irán mañana.

—¿De dónde vienen los muertos? Vienen del cielo, del infierno y del purgatorio. Todos vienen con licencia.

Rasgueaba suavemente la guitarra, acompañando sus palabras espaciadas.

—Cuando murió mi papá, recuerdo que me dijo: "Cuídate mi hijito; cuida a tu familia. Busca su pan, busca su pozol, busca su leña". Yo le besaba las manos llorando. ¡Ah qué gran pena, ah qué gran dolor es perder a los suyos!

Hablaba sin levantar la voz, en un murmullo que se confundía con el de la lluvia.

—Ya muerto, le dimos 2.50 pesos en monedDitas, en dieces, para que se comprara en el camino su refresco, sus dulces, su aguardiente. Los muertos, como nosotros los vivos, tienen dos caminos: uno, con flores, lleva al infierno; otro, con espinas y piedras, lleva a Dios. Lo pueden reconocer porque Dios anda vestido, como está vestido en la iglesia nuestro Señor San Manuel, nuestro Señor San Salvador.

Principió a cantar:

Señor San Manuel,
Señor San Salvador,
guíame, cuídame,
sálvame de todos
los sufrimientos
que paso...

El hombre absorto, siguió cantando acompañándose de la guitarra. La mujer permanecía inmóvil, mirando con fijeza al altar. En el suelo, se movió un montón de hilachos que me había pasado inadvertido y se escuchó la voz, muy débil, de un niño chiquito, el tierno gemido de un recién nacido que, a su modo, se unía al canto del padre y le daba la bienvenida a los abuelos difuntos.

La noche de Chalam

Serían las once de la mañana cuando salimos de Chenalhó. En el fondo del estrecho cañón, casi rozando los montes escarpados, se desliza el río de aguas sonoras y brillantes. Dejamos atrás la blanca torre de la iglesia y principiamos lentamente el ascenso a la sierra. Los dos caballos —el del profesor Ismael y el mío— se hundían en el lodo que llenaba el camino salpicado de rocas. Recorrimos así un largo trecho desierto, acompañados del rumor del río, cada vez más apagado y distante.

A ratos llovía y a ratos el sol aparecía entre las nubes tempestuosas. Mientras el camino vencía la curva del cerro, se abría ante nosotros un paisaje de águilas. Montañas color de humo, de verdes y violetas pálidos, esfumaban sus contornos, suavizando, matizando, velando su excesiva grandeza.

Tres horas después se inició el descenso. El café y el perfumado liquidámbar sustituían a los pinos y a los ocotes. Los caballos, empapados de sudor, resoplaban fatigados y se dejaban deslizar, con las patas extendidas, por las rocas empinadas del camino. Así llegamos a una pequeña escuela. El maestro, joven tzeltal de dieciocho años, salió a buscar huevos para la comida sin encontrarlos. Debíamos conformarnos con unos elotes. Juntamos unas varas y en el centro de la cabaña prendimos la hoguera, que despedía más humo que fuego. Soplábamos los tres con todos nuestros pulmones sobre las varas mojadas y llorábamos como unos benditos. Por el hueco de la puerta veía caer la lluvia sin descanso terminando de ensombrecer el paisaje.

De nuevo ensillamos y reanudamos la marcha. Las nubes se derramaban de las montañas. Entre la niebla, los árboles surgían fantasmales y el camino se miraba empedrado, no de buenas intenciones como el camino del infierno, sino de enormes rocas que yo trataba de evitar subiendo las piernas con la esperanza de salvar lo que todavía quedaba de mis rodillas machacadas.

A las cuatro cesó de llover. Nos acercábamos a Chalam, término de nuestro viaje, y ya transitaba alguna gente por el camino. Niños, mujeres, hombres, andaban penosamente, medio borrachos, cargados con garrafones de aguardiente.

Un muchacho de camisa desgarrada a quien el barro le llegaba a los muslos, se detuvo un momento, apoyado en su largo palo:

—¿Qué horas son? —dijo trabajosamente.

—Son las cuatro.

—¿De la mañana?

—De la tarde —contesté, dándome cuenta de que estaba borracho y había perdido completamente cualquier idea, incluso la del tiempo.

Anduvimos todavía una media hora bordeando el lomo de la sierra. Abajo, a quinientos metros, apareció Chalam, o mejor dicho, lo que debía ser Chalam: dos techados diminutos de lámina y un espacio llano —la plaza—, tan grande como un pañuelo, donde podían advertirse, semejantes a hormigas, dos o tres docenas de personas.

—Oiga usted sus gritos —me dijo Ismael—, están borrachos.

En efecto, el viento nos traía, claros y distintos, los aullidos de aquellos ebrios lejanísimos. Todo lo que se me había dicho sobre la ebriedad de estos indios cobraba su verdadera dimensión y Chalam, el paraje tendido a mis pies en la inmensidad de las montañas, era dentro de su insignificancia, la metrópoli, el paraíso de los borrachos.

¿No estaba en Chiapas para estudiar el problema del alcoholismo? Chalam me daba la bienvenida, me ofrecía sus turbadores secretos y yo no apresuraba el paso. Sentía una aversión a penetrar en aquella realidad nauseabunda y seguía clavado en lo alto de la sierra contemplando la plaza —el único sitio plano en centenares de kilómetros.

Por sus tres lados, la circundaba un pobre techado de paja sostenido sobre postes de madera groseramente trabajados. El lado descubierto lo llenaban dos casas de enganchadores: las que tenían tejado de lámina. La escuela del Instituto Nacional Indigenista se hallaba en un extremo, bajando una ligera cuesta y la escuela de Educación ocupaba el extremo opuesto. No era otra cosa Chalam. El resto lo constituían algunas chozas dispersas entre las rocas de la montaña.

Apenas bajé del caballo, frente a la escuela del INI que había de ser nuestro alojamiento, se me ofreció un espectáculo deprimente: una vieja despeinada y cubierta de harapos trataba de sujetar a su yerno, joven bien plantado que se hallaba en completo estado de ebriedad. Difícilmente se podrá concebir una imagen más repelente de suegra. Los ojos enrojecidos le brillaban de modo siniestro en su cara de mico y escupía continuamente una baba que caía sobre el manto sucio y desgarrado. El yerno se esforzaba en huir, no tanto de las garras de su madre política, como de las injurias que le brotaban de la boca desdentada, si bien con escaso éxito. Se tambaleaba manoteando y forcejeando y después de luchar largo rato se vino al suelo en compañía de la vieja furia y los dos se quedaron dormidos instantáneamente.

Diego, el profesor, un indio descalzo y silencioso, desensilló los caballos, dejó nuestros equipajes en la escuela —era una cabaña de altísimo techo— y nosotros subimos por una de las empinadas cuestas que llevan a la plaza. Esas cuestas, la misma plaza, estaban llenas de un lodo consistente y pegajoso. Bajo los precarios tejados se guarecían de la lluvia fría y menudita, pedranos, chamulas, migueleros, vecinos de Tenejapa, de Mitontic, de Chalchihuitan. Las sombras crecientes habían invadido el cobertizo, de modo que sólo eran visibles las personas situadas en la primera fila. Cerca de mí un chamula estaba sentado en el suelo. La poderosa espalda doblada hacia adelante, las piernas recogidas y musculosas, el cuello de toro, completaban la figura de un atleta en reposo. A poca distancia, cuatro o cinco hombres, con las cabezas juntas, estaban empeñados en una discusión. Hablaban todos a la vez, repitiendo palabras incoherentes que subrayaban moviendo los brazos y escupiendo enérgicamente en el suelo.

A su lado, un miguelero de cabeza entrecana había emprendido un monólogo interminable. La mujer, que llevaba cargando a un niño casi invisible bajo su enorme sombrero, no lo perdía de vista y de vez en cuando le ofrecía aguardiente en una taza de peltre. Otros hombres vagaban a lo largo del cobertizo, tambaleándose sobre sus fuertes piernas y otros, acosados por las mujeres, se decidían a marcharse, pero al llegar a la cuesta resbaladiza perdían indefectiblemente el equilibrio y rodaban en el lodo. De hecho no necesitaban rodar para volver al barro primario. Estaban cubiertos de esta sustancia elemental, y el mismo Chalam, a la caída de la tarde, parecía naufragar en el lodo.

En su conjunto, este cuadro era la cara opuesta a toda idea

clásica que nos hayamos formado de la ebriedad, el revés de los silenos traviesos o de los jóvenes bacos coronados de pámpanos de Rubens, el antípoda de los alegres bebedores de Hals o de los risueños y aplomados borrachos de Velázquez. Aquí no hay encajes ni terciopelos, sino harapos y piojos; la embriaguez no es el gozo del animal civilizado sino una especie de locura primitiva, un delirio tristísimo y cargado de remordimientos.

Odio eterno y precocidad amorosa

En el centro de un cobertizo, cuatro o cinco hombres, sólo cubiertos del taparrabos a pesar del intenso frío, se dirigían los más gruesos insultos del idioma español. A cada momento venían a las manos, acudían los vecinos y regresaban a sus lugares sin dejar de insultarse. Al último, dos de ellos se trabaron en una furiosa riña. Su pasión salvaje me recordaba a la de los bandoleros japoneses, tanto por los ojos oblicuos y los suaves músculos propios de los orientales, como por esa violencia enteramente animal e incontenible que se había apoderado de ellos. Se lanzaban uno sobre otro aullando y dando saltos simiescos y se golpeaban hechos un nudo, batiéndose en el lodo.

Un hombre logró levantarse y rechazando a las mujeres que siempre con los niños a la espalda trataban de sujetarlo, se encarnizó en el vencido pateándolo sin misericordia. El caído estaba como muerto. Su cabeza era una informe masa de sangre y de barro y su respiración entrecortada se había convertido en un estertor apenas audible. Se lo llevaron a rastras fuera de la plaza mientras el victorioso, arrastrado por la cólera, se entregaba a una danza frenética, aullando y profiriendo espantosas injurias.

Concluida la batalla, mi atención se fijó en un niño, vestido con un limpio traje de manta, a quien su embriaguez le impedía abandonar el poste del cobertizo donde se apoyaba. Su intención era sin duda la de reunirse con un niño de su misma edad y una niña mucho más pequeña que desde el cobertizo contiguo observaban seriamente la escena. Más tarde, pudo cruzar el reducido espacio y trataba de abrazar a la pequeña que retrocedía espantada, cuando de un modo brusco e inesperado, el otro niño salió en su defensa y asestándole una bofetada, lo hizo rodar por el suelo.

—¿Por qué le has pegado? —le dije— ¿No ves que está borracho?

—Le pegué porque se lo merecía —contestó el niño—. Quería molestar a mi hermanita.

—¿Cuántos años tiene tu hermanita?

—Ocho años.

—¿Conoces a ese muchacho?

—Sí, lo conozco. Siempre que se emborracha le da por enamorar a mi hermanita.

—¿Y cuántos años tiene ese muchacho?

—No lo sé. Tendrá mi misma edad. Doce años.

Entretanto, la niña miraba indiferente a su enamorado que se levantaba del suelo y manchado de barro su vestido blanco, con la cabeza inclinada y tambaleándose, se alejaba prudentemente de la plaza.

El diluvio

La lluvia terminó arrojándome de la plaza. Me senté en la puerta de la escuela, con Ismael, esperando la cena que se preparaba en la casa del maestro, y a poco llegó un hombre empapado y dijo con una voz muy suave:

—¿Puedes darme posada en la escuela? Vengo de muy lejos.

—¿De dónde vienes? —le pregunté.

—Del Soconusco. Estuve allí tres semanas y voy a mi casa.

—¿No tienes dinero? —intervino Ismael.

—Perdí todo mi dinero.

—¿Y cómo lo perdiste?

El hombre bajó la cabeza y contestó:

—Bebiendo trago. Perdí 150 pesos, el chamarro, los pantalones. Por pendejo bebí tanto.

—¿Y tu mujer? ¿Le dejaste algún dinero?

—Mi mujer sólo tiene un poco de maíz. Es una desgracia.

—Bueno —dijo Ismael sin extraer consecuencias morales de la tragedia—, puedes quedarte en la escuela.

El hombre se acostó en un rincón y me quedé solo fumando en la abrigada penumbra de la cabaña. La lluvia espesa, monótona, implacable, descendía de esa infinita extensión de un gris sucio que era el cielo y se fundía a esa reducida parcela gris y sucia, a ese islote de barro erguido sobre las rocas que era la plaza de Chalam.

Presenciaba el diluvio. La inclemencia y la hostilidad del mundo, acribillando con sus flechas a un puñado de sobrevivientes. Y los sobrevivientes allí, al amparo de su endeble cobertizo, entregándose al estado orgiástico, a esa exaltación impura, transitoria y miserable que borraba el mundo exterior, y los hacía flotar asidos al madero de la embriaguez común. Sólo las voces me llegaban. Las voces mezcladas, el vocerío sordo y rítmico sonando en el atardecer, como un tambor ritual, como un salmo roto que inútilmente intentara golpear las cerradas puertas del cielo.

Bigamia y pedagogía

Marcelina, la hijita de Diego el maestro, vino a decir que la cena estaba lista, y nos dirigimos a su cabaña. En el centro ardía una hoguera circundada de ollas. Había dos baúles y dos camas improvisadas aunque confortables y, como no existían trasteros, una gran cantidad de platos, de cántaros y de jarros estaban regados por el suelo de tierra apisonada.

Dos metates dispuestos en los extremos de una mesa larga y baja, eran ocupados por las dos mujeres de Diego. Las dos compartían la cabaña y las dos parecían llevarse bien dentro de ese régimen patriarcal que ha eliminado "la casa chica" de los ricos y la ha sumado a la casa grande, haciendo de ambas un hogar sólido y respetable.

Las mujeres molían maíz cargando a los hijos recién nacidos y sus espaldas encorvadas semejaban dos cunas en perpetuo movimiento. Diego, sentado en una sillita, tenía un aire satisfecho. Las mujeres se daban las caras sudorosas y no despegaban los labios. Los niños, en pares, muy gordos, andando o gateando iban al encuentro de Diego y se abrazaban a sus piernas desnudas. Las gallinas picoteaban en el suelo y los polluelos, gordos y veloces, entraban y salían acurrucándose bajo las plumas de la madre como hacían los niños con Diego.

Lo más notable de esta familia, con ser tan notable, era la niña Marcelina, de cara dulce y apacible. Descalza, vestida con la gruesa y negra falda de las mujeres y una camisita bordada, llevaba las tortillas al comal, cargaba a uno de sus hermanos, soplaba el fuego y no descansaba un momento a pesar de que se había levantado a las cinco de la mañana.

Diego, a su manera, es un filósofo. Hombre de pocas palabras, su inteligente cara sólo resplandece cuando sus hijos lo buscan y le dicen al oído secretos que nos conciernen. Le ha costado un considerable esfuerzo estudiar la carrera de maestro y enseña a los niños de Chalam lo mejor que le es posible. Diego oscila entre las viejas costumbres y las nuevas y no parece importarle esa mezcla de inocente bigamia y ardua pedagogía que constituyen los dos polos de su existencia. Contra la embriaguez y la desintegración de los suyos él no puede luchar. Necesitaría cambiar la estructura de su sociedad y eso está fuera de su alcance y del nuestro, pero su continencia, su casera felicidad, el ser un maestro y no una bestia de carga, son ejemplos que de alguna manera deben influir en Chalam.

Los condenados

De regreso a la escuela, junté dos o tres bancos y deslizándome en mi saco, traté de dormir. En el silencio, el vocerío de los ebrios se escuchaba como el viento entre las ramas de los árboles. Era un sonido lejano, sordo. Miles de voces extrañas, sonando acompasadas y rítmicas en la profunda noche de la montaña.

Empezaba a comprender algo de aquel misterio. El pasado domingo visitaba la iglesia de San Francisco en Las Casas. A las dos de la tarde el templo estaba vacío y una vieja guardiana lo cuidaba vigilando con sus ojos de pájaro los cepos y las mesitas de la entrada que ofrecían las velas, las estampas de santos y las medallas acostumbradas.

Entraron sin hacer ruido tres indios. Un viejo, una mujer y un joven. En la capilla de San Antonio dejaron tres velas y se arrodillaron en el suelo. El hombre más viejo principió a rezar, en voz alta, y poco a poco, su rezo fue subiendo de tono y cobró una cadencia, un ritmo agudo y plañidero.

Era como si en aquella helada iglesia, helada a pesar de sus rojos de sangre y sus oros estofados, se hubiera encendido un fuego. El viejo se prosternaba, tocando el suelo con la frente, mientras el joven rompía a cantar en voz más alta, componiendo los dos una salmodia que expresaba un dolor salvaje. No entendía una sola palabra de ese lamento, pero veía correr sus lágrimas, oía los sollozos desgarradores y sentía toda la desesperación que latía en su plegaria.

No he visto en ninguna parte del mundo a ningún creyente que se dirija a su Dios con esa reverencia, con ese abandono, con esa efusión tan conmovedora, porque el indio, en su extremada orfandad, sabe crearse una pasión, un delirio, un éxtasis, a los que nosotros los blancos no tenemos acceso. De todo el naufragio de sus antiguas culturas es quizá esa capacidad de trascenderse lo único que ha logrado salvar. Un espíritu acosado, vejado, martirizado, que conserva intacto su vigor primitivo, halla en los paraísos artificiales, sean groseros como los del alcohol o refinados como los del peyote y los hongos alucinantes, una puerta de escape, y al mismo tiempo una excitación tan poderosa que le permite durante largas horas dialogar con sus dioses y sus muertos.

Bebo para hablar, dicen los brujos. Bebo para curar. Bebo para tener fuerzas y hablar con Dios. Bebo para impartir justicia, declaran las autoridades. Sí, principiaba a entender algo de su mecanismo espiritual. Hombres mudos, hombres atados a la esclavitud, hombres asustados, sólo con el alcohol recobran la palabra, el valor, la esperanza.

Voz clamando en el desierto

Una voz de mujer, una voz plañidera se destacó del coral. Cantaba igual que cantaban los indios borrachos dentro de la helada iglesia de San Francisco. Otra vez sonaba en mis oídos la salmodia, la queja desesperada, el desahogo del alma primitiva. Ardía entera como la zarza del Antiguo Testamento.

Abrí los ojos. Diego permanecía sentado a poca distancia, junto a un cabo de vela parpadeante.

—Diego, ¿qué dice esa mujer? —le pregunté incorporándome—. Tradúceme lo que dice esa mujer.

"Aquí estás, aquí estás junto a mí. Pasaremos toda la noche juntos. Acompañándonos."

—¿A quién le habla?

—Le habla al marido que debe haberse dormido:
"Dame posh. Ah, no hablas. Yo te rogaba que no tomaras, que nos fuéramos a nuestra casa, y no quisiste oírme. Te empeñaste en que yo bebiera y bebí. Ahora que estoy caliente, que no me importa nada, me has dejado sola. Me has abandonado."

Había un divorcio entre la queja familiar y la tensión dolorosa de la salmodia. Lo que contaba, después de todo, no era el significado de las palabras, sino la tensión de ese gemido desgarrador:

"Pégame. Hazme lo que quieras. No me dejes sola."

También en Chalam encontraba el anhelo de sumisión, el deseo vehemente de fundirse al hombre poderoso, de buscar su fuerza protectora. Y el hombre la abandonaba, la expulsaba del estado orgiástico en el momento en que esa pobre mujer había logrado desatar sus ataduras y el alcohol la quemaba con su fuego.

—¿Qué más dice, Diego? —insistía yo.
—Dice siempre lo mismo: "Soy pobre, soy muy pobre, por eso estoy tomando. Ah, que me peguen, que me molesten, que me digan algo, una sola palabra".

Después de un largo rato se escuchó el rasgueo de una guitarra. La mujer acompasó la salmodia y elevó su tono. Diego se marchó a su cabaña y habrá elegido, como el Emperador de China, a la concubina que ha de compartir su lecho de tablas. Carecía pues de traductor y debía resignarme a seguirla, guiado por el tono de su canción. Ya no le importaba la ausencia ni la traición del marido. Su espíritu se desprendía del tejaván, de los hombres dormidos, de las toses, de los lloros de los niños, y liberada de penas ascendía en el delirio de la embriaguez. Era la dueña del mundo. La reina de la noche. ¿Quién ve en la oscuridad el agua y el barro del diluvio? ¿Quién advierte en la sombra los andrajos? Su cabeza piojosa estaba coronada de flores. Ya no dependía de nadie, ya no la sujetaba ningún miedo. Se bastaba a sí misma. Cantaba, es decir, se liberaba. Alcanzaba el éxtasis. Sobre las voces graves, de sucia textura, sobre el coro opaco de los hombres, la salmodia bordaba sus lágrimas de fuego. Ardía purificada; se la oía como una esquila en medio de las grandes campanas, tocando a rebato.

Más, todavía más...

Dormí al fin y a las tres de la mañana desperté. Salí a la puerta de la escuela. La luna mordida del menguante parecía correr en el cielo. Desaparecía entre los nubarrones y volvía a surgir, por lo que la plaza se oscurecía y se iluminaba a intervalos regulares. El coro, el vocerío sordo de los hombres seguía escuchándose como un viento constante. La mujer había enmudecido, pero en lugar de su aguda, de su alta salmodia, se oía la imprecación de un hombre oculto en el cinturón de sombras del tejaván. El suyo no era un canto, sino un sollozo sin palabras, un aullido, un estertor que salía de una garganta desollada. Toda la fuerza brutal de ese corazón, todo el dolor estrangulado, sofocado de los suyos, todos los silencios y las humillaciones brotaban en torrente de su boca inundando la noche. Estaba en el fondo del abismo, en el vórtice de esa tempestad de locura, en el círculo final de ese infierno donde todos sufrían y donde todos estaban condenados para siempre.

Había pasado el minuto de la comunicación, del deseo que busca en las tinieblas el cuerpo dócil y caliente, y volvía siempre el dolor, una entrega al desgarramiento de tal manera inhumana, una voluntad de destrucción tan completa y tan definitiva que no se confundía con el suicidio, sino que era ya el suicidio, la dinamita espiritual, la hecatombe indiscriminada.

En la noche de Chalam había volado todo en fragmentos. Presenciaba la desintegración de un grupo humano. La llama prendida en el interior de las conciencias, el fuego que los redimía de su miseria, de su mudez, de su impotencia, de su esclavitud, se había convertido en un incendio devorador y los había reducido a cenizas. Sus cabezas se inclinaban vencidas y rodaban por el suelo. Ya no quedaba nada. El barro de Chalam, como las arenas movedizas, se los había tragado y reinaba el silencio de la nada.

Mañana del sábado

A las nueve de la mañana se animó de nuevo la plaza. Aún bajo los techados de paja se guarecía la misma gente. Los hombres medio desnudos, los ojos enrojecidos y las cabelleras despeinadas, tiritaban de frío. Una mujer yacía de espaldas, con las piernas abiertas, como si fuera a dar a luz. Dormía el sueño de la embriaguez, mientras un pequeño revolvía los andrajos de la blusa y se prendía al seno de la madre.

Reclinado en una pared de adobe, un joven matrimonio cantaba. La blusa de la mujer dejaba al descubierto su pecho en el que se destacaba, como una flor, el gran pezón oscuro. Su rostro juvenil estaba marcado por el vicio. Cantaba con la boca abierta, mostrando los dientes desiguales y los ojos oblicuos, fijos y sin expresión, a punto de cerrarse. En cambio, la mirada del niño reclinado en su hombro se clavaba en mí cargada de reproches.

Docenas de hombres representaban, adecuadamente y dentro de un breve espacio, todos los grados de la embriaguez. Había unos que dormían de espaldas también con las piernas abiertas o tendidos de costado, apoyando la cabeza en el brazo doblado; otros, sentados, vencidos por el sueño, iban inclinando lentamente la cabeza hasta pegar la frente en el suelo y otros más, de pie aunque vacilantes, no permitían adivinar si habían logrado salir de la embriaguez o se estaban hundiendo en la inconsciencia absoluta.

Entretanto, comenzaban a llegar los chamulas. Apenas llegados, descargaban sus panzudas ollas de chicha, clavaban en el suelo su largo palo colgando en él la piel de borrego con que se protegen las espaldas, y se disponían a esperar, sentados en el barro, a los primeros clientes.

Detrás de ellos hicieron su aparición los vendedores de aguardiente y en el acto se vieron rodeados de hombres y mujeres. El aire soleado de la plaza se llenó de este olor fuerte y dulce. El posh se servía en jícaras —todos tienen derecho a beber un sorbo gratuitamente—, o mediante tubos de plástico, alimentaba las botellas que tendían sin cesar centenares de manos ansiosas.

Había muchos hombres que llevaban una redecilla angosta colgada a la cintura, como la vaina de un puñal, hecha para cargar botellas pequeñas y tenerlas al alcance de la mano, y mujeres y niños transportaban sin excepción sus grandes redes con tres o cuatro botellas de posh, posh-medicina, posh-esperanza, posh-religión, posh-justicia, posh-amor, posh-alegría, posh-desunión-y-unión, posh-brujería, posh-remedio, posh-comunicación, posh-lengua, posh-locura, posh-panacea, posh-muerte-y-resurrección.

Barricas, botellas, calabazos henchidos de posh. Unos gritaban; otros cantaban. Hundían las caras trastornadas en las jícaras; apuraban ávidamente los vasitos. Volvían a la vida y los acordeones sonaban en la plaza.

En medio de aquella muchedumbre andrajosa y cubierta de lodo, sobresalían algunas figuras antiguas. Hombres de elevada estatura y soberbios rostros, tocados de paños y turbantes, recorrían majestuosos el mercado sin mezclarse a los grupos de bebedores y mirando las cosas con sus ardientes ojos. De ellos emanaba una fuerza de los primeros días del mundo, una violencia contenida y arrogante que ya no puede verse entre nosotros. Sin duda eran los descendientes de los príncipes mayas, de esos caudillos que como el señor de Bonampak, vestido con pieles de tigre, era él mismo un tigre, un gran felino ansioso de echarse sobre los vencidos y destrozarlos con sus garras.

Atrapados en la miseria de sus parajes, viviendo la servidumbre de los suyos, estaban entre los ebrios de Chalam como el testimonio de una gloria pasada, como la prueba de un esplendor que de tarde en tarde se reanima y proyecta su claridad sobre las cenizas de esta decadencia generalizada.

Apartada de la plaza y sentada en un saliente calizo del terreno, una muchacha peinaba sus largos cabellos mojados. Su cuerpo duro y joven tenía esa armonía, esa luz serena que permea las esculturas de Maillol. La cabeza era nuestra. Una cabeza altiva, firme, de ojos oblicuos, pómulos salientes, fuerte nariz y boca de labios salvajes, una cabeza cuya arrogancia desdeñosa recordaba la de las cabezas olmecas dispersas, durante siglos, en las selvas de Veracruz y de Tabasco.

En mis cuadernos ha quedado también esbozada la figura de un adolescente. Vestía una túnica blanca ceñida a la cintura que le llegaba a la mitad de los muslos. El pelo largo, el cayado en que se reclinaba con indolencia, la piel rizada del carnero echada sobre sus hombros sugerían una imagen mucho más concreta que la indeterminada de un pastor bíblico. ¿Dónde la había visto? Pensé un momento en José y en David, los niños guardianes de ovejas tan amados por Jehová. No. Era otra cosa diferente. A José no logro verlo fuera de las páginas de Thomas Mann y a David me es imposible imaginarlo de un modo distinto a como lo representó

Miguel Ángel. De pronto se me vino a la memoria el San Juan Bautista de Donatello. Los emparentaba una semejanza, un aire común, el mismo oficio, la misma virilidad todavía en pugna con la fragilidad de la infancia, por más que el toscano perteneciera a la rica atmósfera del Renacimiento y el tzeltal a la soledad y a la barbarie de las montañas de Chiapas.

7

Mixtecos
(Oaxaca)

"Después de un viaje en que recorrí las dos Mixtecas llegando hasta la costa del Pacífico, y luego de observar cómo viven los mixtecos, pensé que si lograba contrastar su miseria y decadencia con su antigua grandeza, podía dar a los lectores una idea más cabal de las dimensiones de su tragedia": con estas palabras da inicio *En el país de las nubes,* relato de un periplo por algunos de los parajes más sufrientes de Oaxaca.

En el país de las nubes

A las seis de la mañana el joven arqueólogo abandonó la tumba. Aún persistía, impregnándolo, el olor dulzón y caliente de la lámpara de gasolina y respiró con delicia el aire fresco del amanecer. Volaban los pájaros. Desde la altura en que se hallaba, las montañas rosas, pajizas, azules, cobaltos, unas duras, casi minerales, otras muy dulces, casi traslúcidas, brillaban en el cielo invadido por una luz creciente.

Unos minutos después, el sol terminó su ascenso y de pronto todo el Valle de Oaxaca desplegó sus tiernos azules, sus ocres matizados, sus verdes jugosos. Principiaba un nuevo día y con él esos juegos de luces y de sombras, esas ondas de colores, esas melodías que los señores de Monte Albán habían contemplado sobre las terrazas de sus templos, durante un milenio.

A sus pies se extendía abrupto el cementerio de los zapotecos —cementerio viejo de dieciocho siglos—, que acababa de entregar uno de sus turbadores secretos: la tumba más rica del continente americano.

Una idea fija dominaba al arqueólogo: "Todos de niños —se decía— soñamos con encontrar un tesoro, pero yo lo he encontrado realmente".

No, no estaba soñando. Tenía en las manos una caja de zapatos en la que había colocado sobre algodones 35 grandes joyas de oro y de su memoria no podía desvanecerse la visión de aquella tumba ruinosa, invadida por el polvo y las piedras caídas de la bóveda, donde centelleaban las orejeras de cristal de roca, los huesos de jaguar labrados con escenas históricas, los jades, las copas transparentes de la más pura forma. Lo que Cortés le había escrito al emperador Carlos V acerca de los tesoros de Moctezuma, el pasmo de Bernal Díaz cuando vio las joyas indias la noche terrible en que se juntó el botín de Tenochtitlán y los soldados se jugaban su parte con cartas sacadas al cuero de los tambores, cobraban una nueva realidad. No habían exagerado. No trataron de deslumbrar a Europa con historias fingidas. Allí estaba, en su caja de zapatos, para demostrarlo, el pectoral de Xipe Totec, el dios de la primavera y de los joyeros, cubierto su rostro con la piel del enemigo vencido, como la primavera viste la tierra y el joyero derrama el oro fundido sobre su molde. El pequeño rostro monumental y severo de Xipe Totec. No guardaba ninguna relación con los rostros ahogados por los plumajes y los tocados de las urnas zapotecas. La sencilla cinta de la corona que rematabán finos hilos de oro y dos cordones caídos a los lados, las grandes orejeras esculpidas con muertes, el bezote en forma de mariposa, subrayaban el recogimiento de ese rostro enmascarado donde las aberturas de los ojos —dos medias lunas invertidas—, establecían una correspondencia con la abertura de la boca entreabierta, como los triángulos grabados en los párpados lo establecían con las grecas apenas insinuadas que circundaban los ojos y venían a cerrarse sobre la misma curva de la hermosa nariz.

No había tiempo de pensar en el Xipe Totec. No había tiempo de pensar tampoco en el Caballero Tigre —la imagen del guerrero victorioso—, o en los signos inquietantes que revestían su pecho, ni había tiempo para deleitarse con los pendientes, los collares y los brazaletes que llenaban su caja, ni mucho menos tratar ahora de descifrar esa escritura y ese nuevo estilo artístico tan diferente de todo lo que se conocía entonces como zapoteco. De un Monte Albán zapoteco, de la tumba zapoteca de un cementerio zapoteco, salían los fantasmas de una nueva cultura, los huesos, las joyas y la escritura de unos señores extranjeros —y por ello doblemente intrusos— que estaban en medio de la esplendorosa Acrópolis sin que nadie —ni el mismo arqueólogo— pudiera explicar plausible, satisfactoriamente su arbitraria presencia.

Fascinación de la Montaña Sagrada

La historia de la Tumba 7 no comienza en 1932, fecha de su descubrimiento, sino cinco años atrás, cuando Alfonso Caso visitó por primera vez Monte Albán en compañía del arqueólogo italiano Callegari, atraído por los signos misteriosos de las estelas zapotecas.

—Aunque Monte Albán —principia Caso su relato— era entonces una montaña más del valle de Oaxaca, un lugar de límites imprecisos que peleaban las aldeas de San Martín y Jojocotlán, se consideraba como una de nuestras grandes reservas arqueológicas. Gamio había logrado que los dos pueblos cedieran al Estado su montaña; incluso se nombró a Martín Bazán inspector de la zona, y el mismo Gamio tenía la idea de emprender exploraciones allí, proyecto que nunca pudo realizar por haber entrado a la política.

—En ese año de 26 los campesinos habían dejado de sembrar, pero todavía se veían en la gran plaza los surcos del arado y las cañas de la última cosecha. Los montículos bajo los cuales yacían palacios y templos estaban cubiertos de enormes cedros, de arbustos y de hierba.

—Monte Albán ejercía sobre mí una fascinación creciente. Recuerdo una mañana que habíamos subido entre la niebla espesa y blanca que cubría el suelo de la plaza de donde surgían los montículos como islotes oscuros. Los caballos permanecían invisibles y sólo nuestras cabezas sobresalían de la niebla. Arriba brillaba el sol intensamente. Parecía que caminábamos en el país de las nubes, lejos del mundo y de sus preocupaciones habituales.

—En aquella época se cruzaba el Atoyac por un vado y en el ascenso empleábamos una hora o una hora y media. Llegados a las ruinas, tomaba fotografías, dibujaba estelas, piedras, dinteles, y en la tarde emprendíamos el regreso a Oaxaca. La inmensa montaña había sido transformada por el hombre, modificada profundamente. Ahí estaban las huellas, aún borrosas, de una compleja y extraordinaria civilización dispuesta a revelar sus secretos. Decenas de montículos inexplorados, de tumbas, de patios, de terrazas que corrían a lo largo de las faldas, esperaban al arqueólogo. Y no sólo era Monte Albán. Los cerros vecinos Argompai, el Gallo, el Plumaje, el Pequeño Albán, habían sido trabajados de un modo semejante y aquella obra de convertir montañas enteras en santuarios, la visión de ese paisaje mágico, las leyendas que circulaban acerca de tesoros fabulosos, me hicieron perder la cabeza. Años más tarde, cuando todo había pasado, encontré una de las primeras historias que originó la Montaña Sagrada de los zapotecos.

La historia del Capitán Manco

El capitán de nuestro cuento había perdido el brazo a causa de una vulgar reyerta, después de la Conquista, lo cual le impidió escribir al Emperador el usual memorándum solicitando, a cambio de su heroico miembro sacrificado en defensa de la Religión y la Corona, un modesto repartimiento de indios. No aprovechó tampoco la simpatía que despierta un guerrero mutilado a fin de obtener un tenentazgo, un corregimiento o un empleo de sellador de la plata real. Lejos de eso, o de intentar el descubrimiento de una mina, se fue derecho al palacio de Coyoacán y le pidió a Cortés una autorización para saquear legalmente las tumbas de Oaxaca. Cortés debe haberse sonreído socarronamente entre su barba y firmó la autorización. Gracias a Dios estaba acostumbrado a las chifladuras de los conquistadores y ciertamente México ofrecía más sepulcros de señores indígenas de los que podían solicitarle sus antiguos compañeros de armas.

El capitán apareció luego en Oaxaca y, con el mismo fervor que repartió cuchilladas durante la guerra, se dio a la tarea de violar los sepulcros en que disfrutaban un bien ganado reposo los sacerdotes, los guerreros y los príncipes. Sus huesos fueron dispersados. Las urnas, las imágenes de los dioses, los vasos y los platos pintados, quedaron hechos pedazos. Al capitán le interesaban las joyas. Su única mano recogía y apartaba amorosamente del polvo sepulcral las perlas, los jades labrados, las máscaras de mosaicos, los collares, brazaletes y pectorales de oro, y los iba guardando en cofres cinchados de hierro y protegidos con enormes cerrojos que él había mandado construir a los herreros de la Nueva España.

Pronto llenó sus cofres; las mulas los cargaron a Veracruz y se embarcó para España. Sólo a bordo de la nao, protegido por los cañones de la flota imperial, podía sentirse a salvo. Se había escapado a la piedra de los sacrificios, a las flechas, a las calenturas mortales, a la miseria.

Tenía la convicción de que lo aguardaba el paraíso y en esto, como en lo demás, no se engañaba. Un día sopló el huracán y en un remolino se hundió la nave y desapareció el capitán manco con su tesoro.

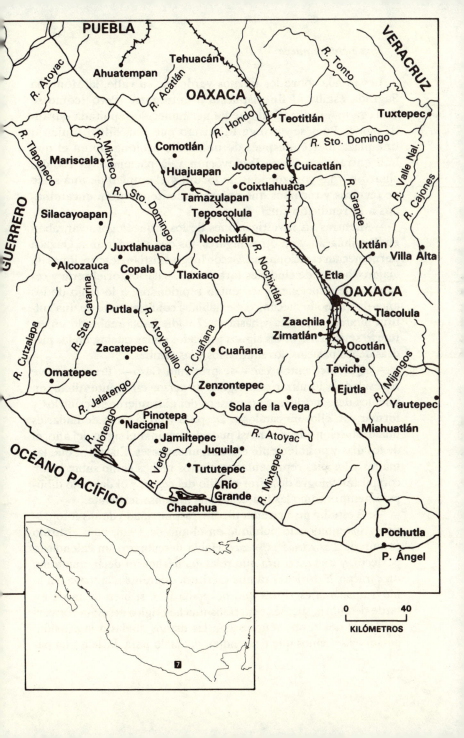

Una escritura nueva

Levantada sobre los tiernos verdes de su valle, la Montaña Sagrada estaba al fin dispuesta a entregarse. Pero ¿cómo se entrega una civilización que ha permanecido sepultada durante siglos? Pues se entrega lo mismo que una difícil mujer, o una plaza fuerte, después de un asedio prolongado en el que han entrado en juego la devoción y la paciencia, el estudio riguroso y las corazonadas, la locura y el empleo de una serie de técnicas y recursos que aparentemente no están encaminados a la rendición final.

—Mientras las investigaciones de los arqueólogos avanzaban en Teotihuacán y en otros lugares, las que se referían a Oaxaca permanecían estacionarias. Desde luego existían descripciones de viajeros acerca de ciudades fortificadas, palacios, orfebrería y cerámica, descripciones que venían repitiéndose a lo largo de los años de un modo mecánico. Se hablaba confusamente de una cultura mixteca-zapoteca y hasta 1927 nadie había realizado un esfuerzo serio por leer los signos grabados en las estelas, en las piedras de los palacios, los santuarios y las tumbas.

—¿Qué hice entonces? —se pregunta Caso—. Primero, tuve necesidad de localizar esos signos dispersos en Monte Albán, en pueblos desconocidos y en museos del extranjero, describirlos y formar con ellos un catálogo. Después vino la tarea de hallarles una traducción adecuada. Así pude determinar el signo del año, el de los días y posiblemente el de algunos meses. Encontré que las manos y los pies representaban ciertos verbos como subir, bajar, conquistar, y logré descifrar el glifo del cerro, y el del cielo dibujado siempre como las fauces de una inmensa serpiente.

—Mi estudio de cuarenta piedras, acompañado de sus fotografías y sus dibujos, lo publiqué en el año de 1928, bajo el título común de *Las estelas zapotecas*. Había descubierto un calendario perfecto, y una escritura que relataba hechos, es decir, que tenía un carácter histórico. Era una escritura diferente a la maya o a la mexicana, una escritura que no podía leer, si bien de tarde en tarde descubría sucesos ocurridos muchos siglos atrás: la conversación de dos reyes; señores con las manos atadas a la espalda; personajes divinos que descendían del cielo para darle a una pareja de príncipes el regalo más precioso: el hijo por nacer, simbolizado en un collar de jades.

—El estilo de esas cuarenta estelas guardaba una estrecha semejanza con las urnas funerarias y una profunda diferencia con los códices, y como las urnas y los códices se atribuían en aquella época a los zapotecos, pensé que en realidad podía tratarse no de una sino de dos culturas. Las estelas, las urnas, concluía yo en mi libro, producto de una misma cultura, deben ser zapotecas, y los códices, por no ofrecer el lenguaje formal, ni las deidades y los jeroglíficos representados en las estelas, deben ser mixtecos, pues resulta inadmisible que un pueblo trabaje la piedra y el barro con un estilo y maneje el pincel con un estilo y una escuela diferentes.

—Por primera vez lo mixteco y lo zapoteco quedaban separados. Mi trabajo, sin embargo, era sólo el primer intento para estudiar sistemáticamente las antigüedades de Oaxaca. Urgía explorar Monte Albán. Debajo de los cedros, en el interior de la Montaña Sagrada, se hallaba la respuesta a muchas de las interrogaciones que despertaron en mí las estelas zapotecas.

Ciudades y tumbas

A partir de ese año, la exploración de Monte Albán comenzó a perfilarse. Caso estaba preparado. Organizó un grupo de donantes particulares, tenía un poco de dinero y había obtenido una concesión federal para emprender la aventura.

—¿Cuándo explora usted Monte Albán? —le preguntó el nuevo gobernador de Oaxaca.

—Cuando usted construya la carretera —fue su respuesta.

La carretera se terminó a fines de 1930 —una brecha abierta en las escarpadas laderas del cerro—, mas el temblor casi destruyó a Oaxaca el 14 de enero de 1931 y la estación de lluvias lo obligaron a posponer los trabajos iniciales hasta el mes de noviembre.

Caso no era un neófito en arqueología de campo. Había trabajado en Michoacán, si bien es cierto que existía un abismo entre las modestas ruinas de Zacapu y el conjunto imponente de un centro ceremonial al que debía sumarse la existencia de un enorme cementerio saqueado en buena parte.

En ese mes de noviembre, Caso y sus tres ayudantes —Martín

Bazán, Eulalia Guzmán y el licenciado Juan Valenzuela— descombraron tres montículos y la escalinata de la Plataforma Norte, revelándose una superposición de estructuras que andando el tiempo ayudarían a establecer las diferentes épocas en que fue construido Monte Albán.

—En cuanto a las tumbas... Bueno, allí la exploración no ofrecía perspectivas halagüeñas —me dice don Alfonso—. Comencé un poco al azar, abriendo pequeños montículos de los muchos que se veían en las faldas de la montaña. La que llamé Tumba 1 fue un error mío: se trataba del corredor del montículo J, cubierto por los escombros. La número 2 —de hecho, la primera—, situada a quinientos metros de la gran Plataforma Norte, en una terraza baja, contenía vasijas de escaso valor y un esqueleto.

—A poca distancia de la Plataforma Norte, ya cerca del camino que conducía a Oaxaca, descubrí una pequeña tumba cruciforme y hallamos algunas pequeñas vasijas y muchos huesos. Estas tumbas cruciformes se utilizaban como osarios y siempre constituyen una desilusión para el arqueólogo. Fue ésa mi tumba número 3. La 4, situada en el cementerio norte, estaba saqueada. Los ladrones habían hecho un gran agujero en la bóveda y contenía un poco de polvo y abundantes murciélagos. La 5, a la que se le había caído el techo, guardaba un soporte de barro y dos esqueletos. La exploración de la 6 —consistía en tres tumbas superpuestas— estuvo a cargo de Valenzuela porque tuve que venir a México. Al regresar, Valenzuela había terminado el trabajo y tampoco ofreció nada particularmente interesante.

—Ahora bien, cuando trabajaba en la Tumba 3, observaba un montículo al otro lado del camino que prometía ser una tumba, y decidí explorarlo. Cruzamos el camino, se inició la excavación y pronto quedaron al descubierto los muros del pequeño templo levantado usualmente sobre las tumbas de Monte Albán. Estos pequeños templos —mucho después habría de hallar el modelo en piedra de uno de ellos— se componen de un templo y siete estancias —debajo de la estancia del fondo se halla la tumba—, dispuestos en torno a un patio cuadrado, pero el templo de la Tumba 7 era una excepción ya que carecía de patio central. Desde luego, el templo se hallaba en ruinas desde hacía muchos siglos —quizá se había destruido antes de la conquista mixteca—, y quedaban de él los cimientos y unos muros no más altos de veinte o treinta centímetros. Localizado el muro tendido en dirección norte-sur, horas más tarde surgió un piso de estuco, y para seguirlo Valenzuela cavó una segunda trinchera.

La mañana del sábado, Caso bajó en su camioneta a Oaxaca para recoger el salario de los peones y al regresar a las once en compañía de María, su esposa, Valenzuela, siguiendo el ceremonial de la fiesta zapoteca de los regalos, lo saludó colgándole en el cuello un collar de jades al mismo tiempo que le decía: "Guelaguetza, maestro Caso".

¿Qué había pasado? Valenzuela, al seguir el piso de estuco, había descubierto un collar, unas orejeras y una trompeta de caracol, ofrenda que señalaba la presencia de una tumba importante. Caso comprobó que a cinco metros de la ofrenda se bajaba un escalón, desapareciendo el estuco, y decidió cavar un agujero a fin de bajar por el techo y no localizar la entrada todavía invisible de la tumba, lo cual le hubiera llevado demasiado tiempo.

Se retiró una de las losas que formaban la bóveda y deslizándose a través de la angosta cavidad, bajó Valenzuela. Caso, por el hueco abierto, iluminó con su lámpara un cráneo y una brillante copa negra que le pareció una pieza de cerámica pulida.

—Baje, maestro —se oyó la voz de Valenzuela brotando de las profundidades de la tierra—, esto es precioso.

Valenzuela era mucho más delgado y Caso miró con recelo la estrecha abertura que lo aguardaba. Me dice excitado:

—No sé cómo le hice, pero entré.

La primera impresión

—Mi primera impresión al entrar fue la de hallarme ante una inmensa riqueza. La luz de la lámpara hacía brillar las cuentas de oro y de cristal de roca, las perlas, los jades y las placas de turquesa desprendidas de sus antiguos mosaicos. En el centro se destacaba una vasija cubierta de polvo. Acerqué la lámpara, iluminándola por dentro, y la vasija cobró transparencia: estaba hecha de alabastro, el mármol mexicano, llamado tecali, que se da en el estado de Puebla.

—Del polvo sobresalían ricos brazaletes y una corona con su pluma trabajadas en una fina lámina de oro. Las piedras grandes y chicas, desprendidas de la bóveda, habían lastimado la corona, y lo que era más sensible, destruyeron un cráneo revestido de turquesas. No toqué nada. Resistí la tentación de buscar nuevas joyas entre el polvo y las piedras que cubrían el piso de la tumba y sólo me atreví a examinar una de las placas de oro que los señores llevaban cosidas en sus trajes de ceremonia.

—A la mitad de la tumba, los salientes del muro formaban una pequeña portada que la separaba en dos cámaras, y al fondo estaba la puerta de acceso tapiada desde hacía seiscientos años por los señores de Monte Albán. A las 4.30 de la tarde salí con mucho trabajo, utilizando el agujero del techo. No permanecí ni media hora en el interior, aunque me bastó para darme cuenta que nunca se había descubierto en América un tesoro semejante.

—Le confieso a usted que me entró miedo. Estábamos Valenzuela, mi mujer y yo en la punta del cerro con un tesoro enorme, no conocía a los trabajadores y era indudable que el descubrimiento no podía mantenerse secreto.

—Cerremos el hueco —le dije a Valenzuela tomando una decisión—, y entremos por la puerta.

En ese momento —doña Eulalia se hallaba en México— apareció Bazán preguntando:

—¿Cómo va la exploración?

—Pienso —contestó Caso— que hemos descubierto una de las tumbas más ricas de América.

—Qué bueno, licenciado, qué bueno —exclamó riéndose Bazán, pensando que se trataba de una broma.

Habiéndose medido la tumba en el interior, los trabajadores no tardaron en abrir un pozo frente a la puerta. En el dintel descansaban tres pesadas urnas, o mejor dicho, tres elaboradas cajas funerarias, cuyas cubiertas representan a dos Cocijos —el Tláloc zapoteco— y al Dios Viejo, asociado con el fuego. El rostro arrugado y maligno del Dios Viejo y los rostros enmascarados de los Cocijos resaltaban llenos de misteriosa gravedad en el centro de las joyas y los profusos tocados de plumas, como el corazón de una flor se abre en medio de sus brillantes y magníficos pétalos. Se estudiaron cuidadosamente las urnas y a las once de la noche quitaron los escombros con que los indios obstruyeron el acceso, fue removida la gran piedra que hacía las veces de puerta y entraron a la tumba.

A la luz de una lámpara de gasolina —para mí, dice Caso, el olor de la gasolina está asociado a la exploración arqueológica—, se tomaron las coordenadas, y los objetos de oro más preciosos se colocaron en la caja de zapatos previamente forrada de algodones.

Cuando Caso retiraba el Caballero Tigre, oyó una fuerte respiración entrecortada. Frente a él, encandilados, su chofer y un guardián acechaban con la boca abierta y aquella primitiva manera de expresar su admiración permitió, mejor que otras reacciones más civilizadas, calcular la trascendencia del hallazgo.

Un negro presentimiento

Caso bajó a Oaxaca llevando 35 objetos de oro en su caja de zapatos —Valenzuela y Bazán se quedaron cuidando la tumba—, tomó un baño y extendió las joyas sobre la mesa del comedor. María, su mujer, que no había dormido en toda la noche cuidando a sus hijos enfermos, inició esa mañana su familiaridad con los tesoros de las tumbas antiguas y con la maldición que de un modo inexplicable pesa sobre los violadores de sus secretos.

De regreso a Monte Albán se decidió que María y Valenzuela, por ser los más delgados y los únicos capaces de bajar a través del agujero, explorarían la tumba desde el fondo y Caso y Bazán desde la puerta. Fueron días de embriaguez y de intenso trabajo los que se sucedieron. Durante largas horas debían permanecer arrodillados o sentados sobre sus piernas, tomando notas, ubicando y limpiando cuidadosamente los objetos.

—Mire esto —gritaba enajenado Valenzuela señalando un pectoral de oro—, no puede haber nada más hermoso.

—No —protestaba María—, el Xipe Totec es incomparable.

El hecho de que fumaran cigarrillos alemanes de boquilla dorada y los apagaran en la tierra de la tumba los llevaba a sufrir equivocaciones. A veces, María exclamaba:

—Pero, ¿cómo se me pasó este anillo? —y cuando alargaba la mano, advertía que no se trataba de un anillo mixteco sino de una boquilla olvidada, y todos soltaban la risa.

En uno de esos días, Bazán exclamó sin poder contener su admiración:

—Qué maravilla hemos encontrado, licenciado. ¡Cómo se van a alegrar todos!

Caso, herido por un presentimiento, contestó:

—Verá usted las amarguras que nos traerá haber descubierto este tesoro.

—¿Por qué habla usted así, licenciado?

—Porque nos atacarán mucho.

—¿Cree usted que haya gente tan miserable?

—Si no lo creyera sería un recién nacido. En la vida todo se perdona, menos el éxito.

Después de treinta años, la herida sigue doliendo. Su voz seca, acostumbrada a mandar, se hace incisiva y cortante. Detrás de las gafas los ojos le brillan de indignación y la boca acentúa su curva despectiva.

—Se ensañan con los que hacen algo. Los mediocres, cuando no se ven amenazados por una personalidad, están contentos. No valemos nada, se dicen entre sí. En México nadie vale nada. Ah, pero que un hombre destaque y entonces los que están al acecho de un escandalito para hacerse de una reputación, los impotentes, los mediocres, se disponen a dar la batalla. Y la dieron. Sin embargo, ésa, como dice Wells, es otra historia.

Favores y desfavores de la fama

Los cuidados caseros y las señales de la naciente fama se mezclaban a los trabajos de exploración.

—Los niños —me dijo la señora Caso— padecían urticaria y había que bañarlos con agua de almidón. En realidad, siempre tenían algo atroz.

—Todos los días bajaba yo a Oaxaca llevando las joyas, y atrás marchaba Alfonso con una pistola empuñada. Vivíamos en una casa de bajareque que no ofrecía mucha seguridad y las joyas las guardábamos en el ropero de nuestra recámara, al cuidado de Fidel, un mozo de absoluta confianza. Más tarde, al hacerse público el hallazgo, Alfonso las depositó en una caja del banco.

—A todo esto los periódicos de México publicaban noticias descabelladas. Se leía en una nota de primera plana: "Se cumple la maldición de la tumba. Alfonso Caso sufre el destino de Lord Carnarvon y está gravemente enfermo". Su mamá, alarmada, pidió informes por telégrafo. Yo contesté optimista: "Alfonso, enfermo de salud", pero en México el empleado omitió la A y el telegrama se leía: "Alfonso enfermo de *slud*". Al día siguiente la señora preguntaba: "¿Qué clase de enfermedad es ésa?"

Los huesos de los señores mixtecos ocupaban el sótano de la casa y los niños eran los encargados de alojarlos en su morada provisional. La existencia de este panteón privado determinó que para ellos los muertos se dividieran en buenos y malos, es decir, en muertos frescos y en muertos representados por sus esqueletos, concepción bastante generalizada que los hijos de Caso aprovecharon para obtener un enorme prestigio entre los chicos del barrio y ventajas materiales en los cambalaches celebrados al amparo de su recién adquirido prestigio.

Así pues, los chicos y grandes comenzaban a sentirse acariciados por la fama. La Paramount envió a sus fotógrafos y realizó un corto que se proyectó en todo el mundo; los corresponsales de las agencias noticiosas y de los periódicos llegaban a diario por avión y exigían entrevistas; el *Science Service*, el *National Geographic Magazine*, el venerable *Illustrated London News* solicitaban artículos, y una multitud de funcionarios, curiosos y personajes extraños, en arduas peregrinaciones, escalaban el cerro que todavía no hacía dos meses sólo era visitado por ladrones ocasionales y pastores de cabras.

La medalla tenía su reverso. Una tal señora Purleson, a quien su marido, un militar norteamericano, le había pagado un viaje alrededor del mundo con la intención de disfrutar de unas tranquilas vacaciones, se instaló en Monte Albán y a diario importunaba a Caso, diciéndole:

—Estoy haciendo una colección de recetas culinarias de hombres célebres. ¿Podría usted decirme, al fin, cuál es su plato favorito?

También habían acudido los fabricantes de aparatos para localizar tesoros ocultos, los agentes de turismo deseosos de instalar pequeñas salas de baile en tumbas abandonadas con el atractivo adicional de algunos esqueletos principescos, y numerosos caballeros, a quienes se les había despertado un vehemente amor por la arqueología, ofrecían emprender exploraciones gratuitas con la esperanza de que se les diera una tumba llena de oro.

Con todo, la fama suele marchar —al menos en México— al parejo de la miseria. El sueldo de Caso, por razones burocráticas, no llegaba a Oaxaca y María, con su habitual sentido de humor, tuvo que mandar a sus familiares el siguiente telegrama: "Descubridores tesoro muertos de hambre. Cobren sueldo de Alfonso y remitan dinero en el acto".

Ya casi concluida la exploración quedaban centenares de pequeñas perlas y de piezas de turquesa revueltas entre el polvo que era necesario cernir y colocar en cajitas. Beatriz, la hija de Caso, y Susanita, hija del arqueólogo Marquina, tenían a su cargo la tarea.

En un momento se oyó decir a Beatriz:

—Susanita, tú te haces cargo de las cuentas de oro y jade y yo de las perlas y las turquesas.

Marquina comentó:

—¿No parece que estas criaturas están imaginando las cosas? Todo sucede como en un cuento de hadas.

El cuento llegaba a su fin y, después de cernir diez veces la tierra, Valenzuela pronunció la esperada y temible frase que cierra las exploraciones:

—Maestro, en esta tierra ya no queda nada.

Principiaba a tenerse una idea de lo que suponía ese tesoro. Valuado en términos de los conquistadores españoles, esto es, con una absoluta indiferencia a su calidad artística, el botín de la tumba arrojaba más de siete kilos de oro, tres mil perlas —Tiffany juzgó que había entre ellas una de las más hermosas del mundo— y centenares de objetos de jade, de turquesa, de coral, de hueso, de concha, y por primera vez, de ámbar y azabache.

La resurrección de Monte Albán

—Un hecho de la mayor importancia fue precisándose a medida que avanzaban las exploraciones en el Centro Ceremonial: Monte Albán no se había construido de una sola vez, sino muchas veces. Liberadas las ruinas de los cedros, de la maleza y de la hierba, surgió una ciudad que ocultaba otras ciudades invisibles. Debajo de una gran escalinata ceremonial, aparecía una escalinata anterior; detrás del muro de una pirámide estaba el muro de otra pirámide; oculto en la masa de un palacio, yacía sepultado otro palacio más antiguo.

—La costumbre de no destruir nada sino de sobreponer nuevos edificios o simplemente de reconstruir lo viejo subordinándolo a diversas exigencias ceremoniales y estéticas, determinó una serie de superposiciones que me enfrentaban al rompecabezas, no de una sola ciudad arqueológica, ya de por sí bastante compleja, sino al de cinco o seis ciudades erigidas a lo largo de mil quinientos años.

—Para establecer con exactitud las épocas de las diferentes superposiciones tomamos en cuenta los diversos estilos arquitectónicos, estudiamos las piezas encontradas en las tumbas y los tepalcates que a diferentes niveles se localizaron en los pozos excavados durante las exploraciones. De este modo se pudieron determinar cinco épocas fundamentales. La Época I, que ya existía en el año 600 antes de Cristo, es el capítulo inicial de una cultura que va a prolongarse, en medio de dramáticas vicisitudes, hasta el año 1400, cuando los príncipes mixtecos lograron apoderarse de la Montaña Sagrada.

Monte Albán en la época de su máximo esplendor

—¿Cómo se imagina usted a Monte Albán al finalizar la época III? —le pregunto a Caso.

—Los templos, ahora desaparecidos, levantaban sus techumbres sobre los tableros, las bajas puertas y los macizos muros que sostenían los pesados mosaicos de piedra de las fachadas. Si bien quedan restos de pintura roja, quizá distinguió a la ciudad una deslumbrante blancura que debe haberse destacado entre el azul del cielo y los verdes oscuros de las montañas arboladas. En medio de esta blancura y del brillo de las plazas y de los patios estucados, los sacerdotes, vestidos con trajes de vivos colores y penachos de plumas, aparecían como dioses ante los ojos de los campesinos que subían a la montaña para solicitar el agua de las lluvias, la preservación del rayo, de las enfermedades y la muerte.

—No era infrecuente que los campesinos tuvieran ocasión de contemplar un milagro. El Gran Sacerdote, que estaba de pie en uno de los templos, aparecía de pronto en otro templo, sin que nadie lo viera cruzar la plaza. En realidad había utilizado un pasaje subterráneo, pero los devotos, ignorantes de aquel pequeño truco, renovaban su fe en los dioses y en los poderes mágicos de sus sacerdotes.

—La plaza, en las fiestas, se llenaba de hombres y mujeres que cantaban y bailaban siguiendo el ritmo de los tocadores de caracoles, tambores y chirimías, situados en los templos centrales. Cuando las fiestas no congregaban al pueblo, la inmensa plaza se extendía blanca y solitaria en la cima de la montaña. Se escuchaban los pasos del sacerdote que llevaba el incensario de templo en templo, ofreciendo a los dioses su alimento de oraciones y conjuros. En las noches de luna, la plaza daba la impresión de estar suspendida irrealmente en el aire, y las hogueras encendidas frente a los santuarios eran los únicos signos de que Monte Albán no sólo estaba habitada por los dioses. No sé si esto fue de la manera como se lo digo, pero siento que así debió haber sido.

Decadencia y ruina de Monte Albán

—Si de la época III-A pasamos a la III-B, no advertimos en ella una diferencia muy apreciable, sino antes bien, una cristalización, un anquilosamiento del estilo zapoteco. Aun cuando es la época del mayor poderío económico y político y en que se afirma un estilo propio, se ha perdido el vigor de la época anterior. Podríamos caracterizarla como la expresión de un nacionalismo un poco chovinista, a diferencia de la III-A, mucho más abierta a las influencias exteriores. La cultura zapoteca se ha encerrado en sí misma y lo que gana en definición de su perfil, lo pierde en universalidad, dentro del ámbito mesoamericano. Fue la última época de ocupación zapoteca, puesto que en la época IV los entierros y las ofrendas se hacen entre los escombros de los templos y de los palacios. Sus orgullosas construcciones caían en ruinas y el esplendor de la Montaña Sagrada había muerto para siempre. Los tiempos eran tormentosos. La presión cada vez más enérgica de los invasores mixtecos y, más tarde, la presencia de los aztecas lanzándose a la conquista del Valle, obligaron a los zapotecos a dejar Monte Albán y a gastarse en una tarea defensiva con grave quebranto de sus facultades artísticas.

¿Quiénes fueron los mixtecos?

—En nuestra tierra, donde existen verdaderos y nada frecuentes oasis rodeados de inmensos y trágicos desiertos, bastaba la posesión de una llanura como es el caso de Teotihuacán o de tres vallecitos irrigados, como es el caso de Monte Albán, para que florecieran culturas e imperios asombrosos.

—Los mixtecos, en cambio, no llegaron a constituir un gran imperio sino accidentalmente, cuando el Príncipe 8-Venado-Garra-de-Tigre, en el siglo XII, extendió sus conquistas por un territorio que va del sur de Puebla hasta Tututepec, en las costas del Pacífico. Al morir este príncipe y repartirse el imperio sus herederos, los señores mixtecos recobraron su autonomía y se volvió a la dispersión política todavía imperante en Oaxaca, a esos quinientos municipios que constituyen otras tantas repúblicas independientes y con frecuencia antagónicas. El territorio de los mixtecos, formado de vallecitos fértiles, separados por montañas desnudas o cubiertas de bosques, sólo podía sostener a pequeños grupos aislados, lo que alentó, desde épocas muy tempranas, la creación de numerosos principados cuyo poder aumentaba o disminuía conforme estos príncipes combatientes sufrían derrotas o lograban conquistar a sus vecinos y concretar entre ellos favorables alianzas dinásticas.

—A pesar de que cada uno de estos valles formaba un conjunto económico y político que en cierta medida era autosuficiente, su aislamiento no fue total, ni impidió la comunicación entre ellos mismos o con otras culturas de Oaxaca y fuera de Oaxaca. Vivían de la misma manera que los zapotecos o los toltecas y su economía estaba basada igualmente en el maíz y en el frijol que cultivaban gracias a una agricultura avanzada, bien sea en sus angostos valles, bien mediante terrazas conservadas hasta la fecha en las faldas de sus montañas. Construían pirámides alrededor de patios cuadrados; tenían las mismas armas que sus vecinos, con una más: el hacha de piedra; se regían por el calendario ritual de 260 días, combinado con el año solar de 360, dividido en dieciocho meses de veinte días, a los que añadían los cinco habituales de la mala suerte. En la numeración utilizaban el punto como coeficiente de los días y la barra para indicar el 5. Sus jeroglíficos —sol, luna, noche, cerro, agua, casa, tierra— son muy semejantes y su escritura no sólo la encontramos en sus manuscritos pictóricos, sino también en piedras y maderas labradas, jades, joyas de oro y plata, cerámica y huesos de jaguar esculpidos de un modo no inferior a los marfiles chinos. El arte mixteco posee una característica: su refinamiento. Son objetos elaborados para una aristocracia amante del arte y alejada del pueblo, como lo confirma la lengua, ya que hay un modo para nombrar las cosas pertenecientes al señor y otro distinto para nombrar las cosas ordinarias del pueblo.

—Los comerciantes formaban una casta poderosa y respetable que se encargaba de llevar a lugares lejanos las obras de sus artistas y de traer las mercancías y los víveres tan necesitados en los valles erosionados de la Mixteca. Al establecerse los señores chichimecas en el Valle de México, apreciaron mucho las obras mixtecas y las adquirían con la avidez que los bárbaros siempre han mostrado hacia el arte y la ciencia de los pueblos aniquilados por ellos.

—La cultura mixteca es muy semejante a la que florece en Puebla, y ambas constituyen el antecedente inmediato de la cultura azteca. Los dioses de los manuscritos mixtecos son los mismos dioses que se reverencian en Tenochtitlán. Los signos de los días ofrecen una gran semejanza en su diseño y un significado idéntico al de los signos mixtecos. Hay, claro está, sus diferencias: el signo del año mixteco constituido en forma de una A y una O entrelazadas no aparece en los documentos aztecas y sólo una vez lo hallamos, aunque modificado, en los códices de la región de Puebla y Tlaxcala, pues hay una relación muy estrecha entre la cultura de esta región, que se expresa de un modo insuperable en el códice Borgia, y la cultura mixteca del sur de Puebla y de la parte occidental de Oaxaca. Por eso hemos hablado de una cultura Mixteca-Puebla-Tlaxcalteca.

—La agresividad de los príncipes y de los comerciantes mixtecos se acentúa en el último siglo de su historia. Para ellos, encerrados en sus vallecitos, condenados a no formar un imperio, la imagen de los tres valles zapotecos, dominados por la Acrópolis de Monte Albán, la Meca de los habitantes de Oaxaca, la ciudad sagrada por excelencia, no sólo era la imagen de la abundancia, el codiciado lugar donde se daban los víveres, sino el sitio que irradiaba un incalculable prestigio social y religioso. Esta visión de la Tierra Prometida debe haber sido, durante siglos, una obsesión, y un objetivo constante donde emplear el exceso de fuerza que los hacía lanzarse unos contra otros y vivir en guerras interminables, porque la guerra para los mixtecos era su industria nacional y el poderío fundado por la guerra, según decía Montesquieu, está obligado a mantenerse por la guerra.

—El objetivo se hallaba al alcance de la mano, y no tenían más que cruzar una sierra para tomarlo. El imperio de Monte Albán se desintegraba y unas veces unidos a sus enemigos los zapotecos, otras luchando ferozmente contra ellos, resistiendo la presión de los aztecas o quedando vencidos temporalmente, un día se arrojaron sobre los valles codiciados, tomaron la Montaña Sagrada y, no encontrando un lugar más venerado para sus muertos, vaciaron algunas respetables tumbas zapotecas y allí depositaron las joyas magníficas y los huesos de sus príncipes. Años después conquistaron Cuilapan, Xoxocotlan, Zaachila —donde se establecieron los reyes zapotecos— y construyeron soberbias tumbas vigiladas por el pájaro protector de los muertos. La conquista española logró salvar al rey de Zaachila, ya refugiado en una montaña situada al sur de Oaxaca, de la completa victoria de los príncipes mixtecos. El episodio heroico de la princesa Donají, arrojándose de lo alto de una montaña, demuestra hasta qué punto la situación del rey zapoteco era desesperada.

—Precisamente la época Monte Albán V, contemporánea en parte de Monte Albán IV, revela el predominio de los mixtecos, visible sobre todo en la zona norte de Monte Albán, en Yaque, en Mitla y en Zaachila. Las tumbas descubiertas recientemente por Gallegos en esta ciudad, tienen una importancia fundamental, pues gracias a ellas ha logrado comprobarse que algunos de sus objetos, idénticos a los de la Tumba 7, salieron del taller y quizá de las manos del mismo orfebre mixteco.

El mundo de los códices

Esta tarde, por lo demás, como todas las tardes de los últimos treinta años, Caso está sentado en su mesa de trabajo leyendo un códice, uno de esos pequeños biombos abigarrados que los escribas indios —tlacuilos— llenaron de figuras y signos extraños.

La gran biblioteca silenciosa se ve un poco oscura. Afuera, a través de una ventana, las nubes amenazadoras se acumulan sobre la antigua Tenochtitlán y ese recogimiento solemne de la naturaleza que precede a la tempestad, los millares de libros ordenados en los estantes, el hombre absorto en su lectura, parecían aumentar el recogimiento interior y rodear de interés concentrado la brillante escritura del códice.

—¿Qué lee usted en los códices? —le pregunto.

—Leo —me responde— una escritura que habla de guerras, de luchas dinásticas, de intrigas cortesanas, del orgullo celestial y de las pasiones de unos hombres que como todos los hombres nacieron, lucharon y murieron. En última instancia, habla del hombre detrás de las máscaras, de los complicados atavíos, de los glifos, de los dioses que ellos mismos encarnaban.

—Se oye mucho decir que los indios no escribieron historia.

—Así es. Después de quemarles sus historias, todavía se afirma que los indios no escribieron historia. Pero venga usted y observe con cuidado este códice. Aquí se menciona brevemente un hecho: el rey-sacerdote 5 Lagarto, el año 973, cambió el calendario. Nada más y nada menos. Cambiar un calendario posiblemente ya atrasado y sustituirlo por otro, supone la existencia de un grupo de astrónomos, un cúmulo de observaciones previas y un acto de gobierno capaz de aprovechar ese trabajo científico.

Las sagas del pueblo

—Ante todo, los códices mixtecos son epopeyas que seguramente cantaba el pueblo. En esos códices, verdaderos memoranda de los poetas, se consignaban hechos nada fáciles de retener en la memoria: la fecha de los nacimientos, la boda de los príncipes, sus conquistas y sus muertes. Lo que cantó Homero. La vida y las hazañas de reyes y de príncipes que tenían, como Aquiles o Héctor, un origen divino.

—Los aztecas, herederos directos de la civilización tolteca, tenían también reyes que eran dioses a la vez. En el altar de los sacrificios, de Tizoc, conservado en nuestro museo, el escultor nos ha dejado el relato de las conquistas realizadas por este poderoso monarca. Tizoc aparece en la forma del dios Huitzilopochtli y los señores a quienes toma prisioneros son los dioses de los lugares que el monarca mexicano ha conquistado. La historia humana se convierte así en una teomaquia, en una lucha de dioses que reproduce sobre la tierra la lucha que en el cielo libran eternamente el sol y las estrellas.

—Había pues un fondo mágico-religioso que le daba a todas las acciones humanas, incluyendo la guerra, un carácter sagrado, y era indispensable penetrar en ese mundo si se quería entenderlo. Por eso yo he dicho que la historia de los mixtecos, como el *Fausto*, tiene su prólogo en el cielo; y nadie ignora que es en el cielo donde se inician las dificultades.

Lo que fue para Caso su "Piedra Rosetta"

—En 1943 ya habíamos logrado descifrar una parte de los códices mixtecos. Con ayuda de mis alumnos principié a formar un catálogo de príncipes que más tarde debería transformarse en un diccionario biográfico. Quedaban numerosos problemas sin resolver. Faltaba un hilo capaz de guiarme en el laberinto, una clave que me permitiera interpretar con seguridad los caracteres de aquella escritura cifrada.

—Por supuesto, no dejé de explorar numerosos manuscritos de la Colonia. Felipe II había pedido a los corregidores y alcaldes mayores informes estadísticos sobre las regiones sujetas a su jurisdicción y esta masa documental constituía una información muy detallada que yo aproveché publicando diversas relaciones concernientes a pueblos de la Mixteca. Entre esas relaciones figuraba la de Teozacoalco, sede de un importante principado, si bien la publiqué sin su mapa anexo porque el mapa lo habían vendido los herederos de don Joaquín García Icazbalceta a la Universidad de Texas y no fue sino hasta el año de 1944 que pude tener en las manos una copia del manuscrito.

—El Mapa de Teozacoalco, como hoy se le conoce, fue la clave que yo necesitaba, mi verdadera "Piedra Rosetta", el documento que me permitió traducir a nuestra cronología la cronología mixteca y describir los códices Vindobonensis (reverso y parte del anverso), Nutall, Selden I y II, Becker I y II, Colombino y Bodley.

—Por primera vez, después de largos años de tanteos, de exploraciones aisladas e interpretaciones incompletas, podíamos afirmar que ese grupo de códices no era obra de los aztecas, como lo había dicho la señora Zelia Nutall, ni de los zapotecos como lo pensara Cooper Clark, ni se refería a dioses o a príncipes de un modo exclusivo, sino a genealogías reales, a príncipes de carne y hueso, aunque sus genealogías, según hemos visto, se originaran en el cielo y todos se sintieran descendientes de Quetzalcóatl.

—¿Quiere usted ver el mapa? —me pregunta Caso.

—Claro está. ¿Como voy a prescindir de conocer su Piedra Rosetta?

Caso despliega sobre la alfombra un enorme lienzo, me ofrece un banquito y él se sienta en el suelo, con las piernas dobladas al modo de los príncipes mixtecos.

—Ésta es mi postura normal —exclama sonriente—. Así me he pasado una buena parte de mi vida explorando tumbas, pero usted, que no está acostumbrado, puede sentarse en el banquito.

—Es un hermoso mapa.

—No es muy hermoso. El antiguo lenguaje ha perdido mucho de su imaginación creadora al entrar en contacto con la técnica europea y el tlacuilo, que se mueve en otro mundo y debe aceptar influencias extrañas, ya no es el mismo del códice Vindobonensis. Usted podrá más tarde establecer comparaciones. Ahora, examinemos nuestro lienzo. A la derecha está el pueblo de Teozacoalco y sus estancias circunscritos en un círculo, y a la izquierda, dos columnas de personajes que a través de un camino se enlazan con una tercera columna ya dentro de Teozacoalco. ¿Qué ve usted en el círculo?

—Veo el sol amarillo naciendo en el oriente, las montañas verdes y arboladas, los ríos semejantes a serpientes, una iglesia que señala el pueblo de Teozacoalco, trece más pequeñas que tal vez indiquen sus trece estancias y una multitud de signos en los bordes del círculo cuyo significado se me escapa.

—Ésa es la parte geográfica del mapa, donde se mezclan lo indio y lo español, cargando el paisaje de un nuevo sentido. Los caminos, por ejemplo, no sólo muestran las viejas huellas de los pies descalzos, sino las herraduras de los caballos españoles; los templos desaparecieron y en su lugar se levantan las iglesias católicas; los montes perdieron su antiguo simbolismo y se les representa de una manera convencional, pero los ríos siguen pintándose a la manera india y los signos que usted advirtió en el borde del círculo son 44 jeroglíficos de los lugares limítrofes a Teozacoalco. Veamos ahora la parte genealógica de nuestro mapa. En la base de la primera columna figura el glifo de Tilantongo, representado por un templo que descansa en un tablero de grecas negras sobre fondo blanco y con un techo azul donde se ven los signos de las estrellas. Encima del templo está el Príncipe 5 Movimiento-Humo-que-Cae-del-Cielo con su mujer 2 -Hierba-Quetzal-Turquesa, y arriba de ellos está su hijo 2 Lluvia-20-Tigres, llamado en mixteco Ocoñaña. Debo decirle que esa pareja de reyes no inicia la primera dinastía de Tilantongo, una de las grandes capitales mixtecas. De hecho, la dinastía la inicia 9 Viento-Cráneo-de-Piedra, hijo de la Reina 7 Flor nacida en el año de 692, la fecha más antigua que he logrado establecer acerca de las genealogías mixtecas.

—¿Y a qué se debe la omisión del tlacuilo?

—Posiblemente no se trate de una omisión sino de un escamoteo deliberado. El último príncipe de la casa de Tilantongo, el cacique don Felipe de Santiago, vivía en Teozacoalco en 1580 y al presentar la historia de su genealogía se cuidó mucho de no mencionar el origen celestial de sus antepasados, ya que Cráneo-de-Piedra, el fundador de la primera dinastía, era descendiente directo de Quetzalcóatl y este origen divino, del cual habían derivado el poder los suyos, podía ser interpretado como una señal inequívoca de idolatría y superstición. Así pues, don Felipe de Santiago, para no sufrir las represalias del Santo Oficio, ni perder sus prerrogativas de cacique, tuvo que suprimir el prólogo celestial con el que los códices iniciaban la genealogía de las orgullosas casas mixtecas.

—Era necesario hacer trampas. A los príncipes vencidos no les quedaba otro camino.

—Ya volveremos a don Felipe de Santiago y sigamos ahora con Ocoñaña I. Aquí tiene usted a siete nobles ofreciéndole el trono. Uno de ellos le presenta una codorniz que deberá ser sacrificada cortándole la cabeza frente al fuego, y los otros, un manto real, un arco con tres cuentas de jade y un manojo de plumas de quetzal. La duración de Ocoñaña I en el trono no fue larga ni venturosa.

Al morir su padre se encendió una lucha dinástica en la que su defensor, el Príncipe 3 Lagartija, fue derrotado y hecho prisionero por un cuñado suyo, el Rey de la Montaña que Escupe. Este rey perdió a sus tres hijos en la lucha —sólo sobrevivió una hija que después debía ser un famoso personaje— y el propio Ocoñaña I fue sacrificado en honor de Venus cuando apenas tenía veinte años de edad.

—Nuestro mapa es muy esquemático y no menciona esta sangrienta lucha ni el sacrificio del joven Ocoñaña, aunque señala claramente que su desaparición dio fin, en el año 992, a la primera dinastía de Tilantongo. Como ninguno de los príncipes que intervinieron en la lucha logró el dominio de la ciudad, aquí tiene usted de nuevo a siete nobles ofreciéndole la realeza al sacerdote, descendiente de reyes, 5 Lagarto-Tláloc-Sol, con el que se inicia la segunda dinastía. Éste es el señor a quien el códice Vindobonensis atribuye un cambio calendárico de importancia el año 973 o 985 después de Cristo. Tampoco menciona el mapa este episodio, ni el hecho de que 5 Lagarto fuera padre del gran conquistador 8 Venado-Garra-de-Tigre. Mi trabajo consistió precisamente en llenar esas grandes lagunas con los datos e informaciones que me proporcionaban otros códices y poco a poco principió a tomar forma el mosaico destruido de las genealogías mixtecas. Con este método logré establecer que el Príncipe Coyote Manso, al casarse con la hija de los últimos reyes de la primera dinastía de Teozacoalco, inauguró la II Dinastía, lo cual aseguró para la familia de 8 Venado la realeza de esa importante ciudad. Observe usted mismo el episodio. Coyote Manso sale de la columna formada por la genealogía de Tilantongo a través de este camino donde están impresas las huellas de unos pies descalzos, cruza el suntuoso glifo de Teozacoalco y se instala en la segunda columna, dando origen a una serie de siete príncipes.

—Podemos conjeturar de qué modo terminó la II Dinastía. Muerto el último rey, muerto posiblemente su único hijo varón, quedaban dos mujeres, una ya casada con el rey de Tilantongo y otra casada con el rey de un lugar llamado Cerro-Torcido-Quetza. Por ello, el otorgamiento de la realeza se hace al hijo de esta reina, el Príncipe 2 Perro-Trenzado-de-Pedernales y a su esposa 6 Joya-Quetzalcóatl-con-Joyas. Sin duda hubo una nueva lucha dinástica porque los nobles que le ofrecen la realeza y lo conducen a la ciudad de Teozacoalco, a lo largo de este camino, vienen todos armados de espadas y rodelas.

—La III Dinastía de Teozacoalco es de corta duración y debería transcurrir bajo un signo trágico. El biznieto de 2 Perro, su fundador, fue el Rey Ocoñaña II, 5 Caña-20-Tigres y gobernaba su reino cuando ocurrió la conquista española, en el momento en que los mixtecos, a pesar de las invasiones aztecas, alcanzaban su máximo poderío. Era el principio del fin. El hijo de Ocoñaña II, siguió en el cacicazgo, pero estaba sujeto a la autoridad del corregidor, de los alcaldes mayores y de los rapaces encomenderos. La III Dinastía concluyó con su nieto, ese pobre hombre solitario que lleva la cabeza inclinada y cubierta por la piel de un animal manso.

—Extinguida la III Dinastía en la pesada atmósfera de los vencidos, inicia la IV este señor que vemos desprenderse de la genealogía de Tilantongo y figurar en la columna de Teozacoalco sentado en la estera tradicional, frente a su mujer, al viejo estilo mixteco. En el mapa no aparece siquiera su nombre calendárico, ya que ostenta el nombre español de don Felipe de Santiago y es el cacique de Teozacoalco en 1580. Arriba de él se ve a su hijo soltero, el señor don Francisco de Mendoza. Don Felipe, cuyo tlacuilo se encargó de establecer su larga y enrevesada genealogía, es un nepantla. Está a la mitad del camino. Ya no es indio ni español; ni es un príncipe ni ha descendido al nivel de los macehuales. En una de sus figuras lo cubre aún una piel de tigre y asoma su rostro asombrado por las fauces del felino, pero va descalzo y lleva pantalones, y este contraste entre su piel de tigre y sus pantalones es tan violento y significativo que nos permite medir la distancia que separa al príncipe descendiente de dioses, al soberbio conquistador ataviado con plumas y joyas, de este ser patético que muestra un palo en la mano en lugar de su macana y a quien ya no adorna la pintura ritual, ni la nariguera de jade, símbolo de su elevada jerarquía.

—Para resumir —dice Caso mientras dobla cuidadosamente su copia del manuscrito—, gracias al estudio del mapa establecí completas las cuatro genealogías de Tilantongo y las cuatro de Teozacoalco. Pero hay algo más. El mapa me permitió leer las historias y las genealogías de otras casas de la región, atar muchos cabos sueltos y, sobre todo, establecer la concordancia entre la cronología mixteca y la cristiana. ¿Que cómo pude establecerla? Ah, éste es un asunto bastante complicado, pero en síntesis le diré que logré precisar con seguridad el año de 1466 como la fecha en que nace la hermana del último príncipe de Teozacoalco, y teniendo al mismo tiempo la fecha mixteca correspondiente, me fue posible continuar hacia atrás leyendo los años y buscando sus correspondencias ya que, como usted sabe, el signo del año no se repetía nunca dentro del conjunto de 52 años que formaban el siglo de los indios.

—Teniendo una idea de conjunto acerca de la vida mixteca, ¿no sería posible que usted me ofreciera algunos ejemplos más detallados?

—Abundan los ejemplos. Cuando se trata de grandes personajes los códices son muy explícitos, y nos permiten seguir paso a paso la vida de algunos de sus príncipes.

—¿La vida del Príncipe 8 Venado-Garra-de-Tigre?

—Es ya conocida, pero a cambio, podría contarle la historia de 4 Viento-Serpiente-de-Fuego que está relacionada con la historia dramática de 8 Venado.

El Príncipe 4 Viento-Serpiente-de-Fuego

—El Príncipe nació el día 4 Viento del año 2 Pedernal, correspondiente a 1040 d.C. Su padre, rey de dos ciudades gemelas, se llamaba 11 Viento-Tigre-Sangriento y su madre, que era hija del rey de la Montaña que Escupe, tenía el nombre de 6 Mono-Blusa-de-Serpientes. No era éste el primer matrimonio de Tigre-Sangriento. Veintinueve años antes se había casado con la princesa 6 Lagartija-Abanico-de-Jade, media hermana del gran conquistador 8 Venado-Garra-de-Tigre y hermana del Príncipe 12 Movimiento, hijos del gran rey de Tilantongo.

—La existencia de estos dos matrimonios y de sus numerosos hijos complica excesivamente la historia de nuestro príncipe porque al morir su padre el año 9 Caña (1047) se inicia una lucha por el trono de una de las dos ciudades gemelas, llamada Bulto de Xipe. De un lado está el pretendiente al trono, el Príncipe 12 Movimiento apoyado en su hermano 8 Venado, ya entonces rey de Tilantongo y Teozacoalco; y del otro, los hijos del primer matrimonio de su padre, los príncipes 10 Perro-Águila-Ardiente, 6 Casa-Hilera-de-Pedernales y la Princesa 13 Serpiente-Serpiente-de-Flores, apoyados en otros señores mixtecos.

—La lucha pone en juego a todas esas figuras un poco rígidas, y en una expedición guerrera donde está presente el Rey de Tula 4 Tigre-Pintura-de-Antifaz-Negro, el Príncipe 12 Movimiento es hecho prisionero y llevado a la piedra de los sacrificios. Conocemos nada más el epílogo de este primer drama: 8 Venado preside las ceremonias fúnebres y observa cómo las llamas devoran el cadáver de su medio hermano. Un año después, en 1049, 8 Venado conquista el disputado Bulto de Xipe y aprehende a sus dos reyes, 10 Perro y 6 Casa, parientes cercanos suyos. Según es la regla en la historia de México, ignoramos las terribles escenas que debieron ocurrir entre el vencedor y los vencidos y sólo nos es dable asistir al desenlace. 8 Venado se halla cubierto por una piel de tigre. El hocico, con sus resplandecientes colmillos, se abre amenazador sobre su rostro, la mitad pintado de negro y adornado por la nariguera de jade emblema de la monarquía; entre las piernas asoma la cola del felino y las dos garras cuelgan encima de sus pies calzados de ricas sandalias. En una mano lleva el escudo y las flechas y en otra empuña el lanzadardos. La piel le comunica al príncipe la agilidad y el carácter sanguinario —la fatalidad inexorable—, propios del tigre. En cambio, el vencido 10 Perro, hijo de la Reina 6 Lagartija, su media hermana, se ve despojado de sus atavíos guerreros, atado y con los ojos llenos de lágrimas. 8 Venado no lo manda sacrificar; le concede el honor de matarlo en un sacrificio gladiatorio. Al desdichado 6 Casa se le reserva una muerte peor. El códice lo muestra, casi desnudo, amarrado a dos palos, los ojos también llenos de lágrimas y con una flecha clavada exactamente en el corazón. Es el mismo 8 Venado el que lo ha flechado:

—¿Qué es entretanto de 4 Viento? Ha logrado salvarse ocultándose en la Cueva del Murciélago, como asimismo pudo escapar a la matanza su hermano 1 Lagarto, niño de siete años que, a pesar de su edad, logra subir al trono de Montaña que Escupe, heredado de su madre. 4 Viento no ha cesado de buscarse aliados. El mismo año en que mueren sus medios hermanos solicita la protección de la Diosa Reina 9 Hierba, y el año de 1053 se entrevista con varios reyes de la Mixteca, entre ellos el misterioso 1 Muerte, señor de un lugar legendario llamado el Cerro del Sol.

—Los pintores mixtecos que han descrito tan detalladamente los sucesos ocurridos durante la infancia de 4 Viento, cesan de darnos noticias suyas hasta que el Príncipe tiene veintiséis años de edad. En ese lapso ha ocurrido un hecho de la mayor importancia: 8 Venado, su enemigo, ha muerto, no de muerte natural, como era de esperarse, sino en la piedra de los sacrificios. El códice Bodley nos describe en tres cuadros sucesivos la forma en que el más grande príncipe de la Mixteca se lanza a la conquista de la ciudad Papagayo-Sobre-el-Árbol-y-el-Río, el episodio de su apresamiento y sacrificio y la escena de sus solemnes exequias, presididas por el Rey Vencedor, donde aparece su bulto funerario pulcramente atado, antes de ser entregado a las llamas de la pira.

—Con su muerte no terminaron los problemas de 4 Viento Serpiente-de-Fuego. El año 1051, su tío 8 Venado, siguiendo una costumbre militar y política, se había casado con la hermana de los príncipes sacrificados, 13 Serpiente Serpiente-de-Flores, había tenido un hijo de ella, y ahora este hijo, no mayor de siete años, era el heredero de Bulto de Xipe que pretendía 4 Viento; la guerra dinástica vuelve a encenderse.

—En la nueva lucha 4 Viento trata de ganarse al Rey de Tula, antiguo compañero de armas de 8 Venado, pero con escasa fortuna, ya que, según puede usted observar, el códice lo pinta escondido primero en Temazcal y luego en el Cerro de Tláloc. Poco después es hecho prisionero, y aquí hubieran terminado las aventuras del Príncipe si no interviene el Rey-Sacerdote 1 Muerte y hace la paz entre ellos, ordenándoles que emprendan una expedición a Tula donde se debe consagrar a 4 Viento como rey de Pedernal.

—El día 1 Zopilote, en Tula, 4 Tigre, después de agujerearle la nariz, le pone la nariguera de jade y le da, entre otras insignias, una lanza con el símbolo de Venus que parecía tener el carácter de cetro real y una bandera con dibujos de estrellas. Por medio de esta ceremonia 4 Viento es tecuhtli, y puede subir al trono de Pedernal, que ocupa el año 1068, seguido por un cortejo de 31 personajes. Aquí se inicia la carrera victoriosa de este gran príncipe mixteco. Rey de Pedernal, señor de Coixtlahuaca —lugar donde se halla la Serpiente-con-Cuchillo-de-Pedernal-en-la-Nariz—, posible regente de Bulto de Xipe, su vida es una serie de entrevistas con reyes y príncipes, de alianzas dinásticas y de guerras, ya que sólo el año de 1075 conquista Cerro-Torcido-Rojo, Río-de-Perro, Barranca-de-la-Boca, Cerro-de-la-Trompeta-de-Caracol y Cerro-de-las-Flores-Enhiestas.

—A los 32 años, en 1072, se casa con 10 Flor-Lluvia-Telaraña, hija de 8 Venado, y su hermano 1 Lagarto tiene como mujeres a otras dos hijas de quien había sido su enconado enemigo. Al año siguiente se casa con 5 Lagarto, hija de los señores de Muro-Dentro-de-la-Cueva. La abundante descendencia femenina de 8 Venado le proporciona todavía otra de sus hijas, la llamada 5-Viento-Joya-de-Oro-Resplandeciente, y en una fecha indeterminada se casa por cuarta vez, con una princesa designada como 10-Zopilote-Árbol-con-Rostro-y-Nube-de-Polvo.

—4 Viento-Serpiente-de-Fuego muere a una edad muy avanzada para un príncipe guerrero: a los 73 años, el día 6 Perro del año 9 Pedernal, que corresponde a 1112 d.C. Su muerte es un episodio que no altera la sucesión de las cortes mixtecas. Una hija suya está casada con un hijo de 8 Venado y los dos ocupan el trono de Pedernal. Otros dos de sus hijos, los hermanos carnales 11 Flor-Manto-Arrugado y 5 Viento-Tocado-de-Nubes, se casan entre sí y gobiernan el principado Llamas, y otro de sus hijos inicia la dinastía de Zacatepec. 8 Venado ha vuelto al trono en la figura de sus hijos unidos a los descendientes de los príncipes que él mató con su mano, y la gran familia principesca, desembarazada de los rivales más peligrosos, puede continuar el curso de su vida.

El mundo mixteco exhumado por Alfonso Caso no pide misericordia ni la otorga. "¿Quién es este hombre sangriento?", pregunta Duncan en la tragedia de Macbeth. Son todos, podríamos responderle. 8 Venado. 4 Viento. 10 Perro. El flechado 6 Casa. La realidad "es el grito del agonizante, el silbido de la espada, el golpe del puñal", o, traducido al mundo mixteco, las lágrimas de los que van a morir, el silbido de las flechas, el golpe del pedernal abriendo el pecho de los sacrificados. Y no son los príncipes de los señoríos lejanos los más castigados, sino los príncipes de la misma ascendencia, porque como dice Donalbein, el hijo de Duncan:

> En donde estemos
> hay puñales en las sonrisas y nada hay
> más sangriento que lo más cercano a
> nuestra sangre.

La misma sangre. Los hermanos que se asesinan y los hermanos que se unen, los padres exterminándose entre sí, y sus hijos casándose y ocupando tronos. Amor y violencia. Sobre todo, violencia. Exclama Macbeth:

¿Dónde está la noche?

y Lady Macbeth le responde:

> Casi en lucha con la mañana
> y una es la otra.

Este sentimiento de lucha que Lady Macbeth proyecta en el cielo, como un reflejo de su estado de ánimo, entre los mixtecos es permanente. El cielo es para ellos un campo de batalla, e incluso cuando Venus desaparece es que está luchando con los demonios del inframundo, como ellos luchan y se desangran prolongando en la tierra el combate eterno de los dioses.

Aquí se aparta el curso paralelo de la historia y toma por otros rumbos. El mundo mixteco, a diferencia del de Shakespeare, gobernado por la fatalidad de la condición humana, es un mundo que puede obtener una tregua, en que los reyes más poderosos se ven forzados a reconciliarse, y a obedecer las órdenes de una autoridad espiritual que está por encima de la suya.

Los tejedores de Santa Magdalena

Como se lo prometí a Prisciliano, pasé por él ya atardeciendo a la casa de un compadre suyo para salir después a la cueva donde tejen sus sombreros.

En la casa, tirada en su petate, estaba una vieja ebria. A veces se callaba y a veces emprendía un largo soliloquio donde ella se preguntaba y se respondía cosas incomprensibles, que terminaban con quejas y lamentos desgarradores. El marido, un viejo, tiene la cara y el pecho pintados de cruces negras. Se cayó en una hondonada vecina, la noche anterior, persiguiendo a una cabra, se asustó, perdió su alma y no fue sino hasta esta misma mañana que pudo recobrarla.

—¿Se la robaron los duendes chaneques? —pregunto.

—No, no —respondieron todos—. Nomás la perdió y pudo encontrarla sin dificultades. Si se la hubieran robado los chaneques era cuestión de hablarles para que le devolvieran su alma al pobre viejito. Gracias a Dios los chaneques no se dieron cuenta de nada.

Cantan los pájaros antes de recogerse y el aire ha refrescado. Debido a la humedad, la palma está blanda y no hay necesidad de subir a la cueva. Sin embargo, para que yo tenga oportunidad de verlos trabajar en el ambiente de los tejedores, se organiza una expedición donde figura Prisciliano, su compadre el viejo de las cruces, una mujer parienta de Prisciliano, el Presidente Municipal y nuestro amigo Donato, un muchacho mestizo de barba y bigote negros, con una cabellera profusa y alborotada y una ropa de mezclilla que tiene tantos parches como desgarraduras.

Cruzamos el arroyo que corre a lo largo del cañón y trepamos por una de sus escarpadas laderas, donde se encuentra la cueva. La cueva, excavada a mano en la dura caliza rosada, es una cueva minúscula. Se entra a ella a través de una estrecha boca formada con dos losas horizontales y dos verticales, lo que le da el aspecto de una verdadera tumba. Hecha para gente delgada y pequeñita en extremo, tuve que arrastrarme como un gusano y después de mucho trabajo logré pasar la estrecha abertura y sentarme en el suelo cubierto de palma seca. Detrás de mí se deslizó Prisciliano —dueño de la cueva— con sus acompañantes y ocuparon su sitio haciendo una rueda, muy cerca unos de otros. La cueva a esa hora estaba a oscuras, por lo que se encendió el pequeño candil colgándolo de un gancho. El olor del petróleo dominaba los débiles olores de la humedad y de la palma fresca.

—Aquí estoy —dice Prisciliano— como un zorro en su cueva. Mira bien en qué consiste nuestro trabajo.

Tomó una hoja de palma y con una larga aguja —la llevan siempre consigo, ya sea en el sombrero o en la ropa—, principió a rasgarla en delgados filamentos. Después de preparar sus hojas, le pidió a Donato el sombrero que estaba tejiendo y mostrándomelo, dijo:

—Ahora fíjate. El sombrero comienza por el centro, con este cuadro —nosotros lo llamamos flor—, y de aquí parten las palmas para formar la copa en la que entran doscientos filamentos. Terminada la copa se comienza el ala con una resiembra —consiste en añadir nuevos filamentos— y se termina con otra resiembra. Las hojas más pequeñas, las de los extremos, son las que se utilizan en el ala.

Terminada la explicación, que fue bastante más prolija y enredada, todos comenzaron a tejer sus sombreros. La maestría de los antiguos artesanos, privada de incentivos, había venido a desembocar en esta cueva. Fuera del centro del sombrero y de las resiembras que exigen mucha atención, el resto se hace un poco mecánicamente. Sus dedos avezados tomaban varios filamentos a la vez, los iban trenzando con perfecta regularidad y el sombrero surgía como una flor blanca y extraña de las finas y ordenadas tiras de la palma.

—Los abuelitos tejían sarape —dice Prisciliano—, tejían cobija y petate. De a poco se enseñaron a tejer sombrero y ésa fue la desgracia y la salvación de los mixtecos.

—Yo mucho sufrimiento —dice el Presidente, cuya nariz aguileña, sus rasgados ojos orientales y su barba y su bigote ralos le dan la apariencia de un doliente Cristo de pueblo—. Todo el día metido en líos y la gente no entiende. Quiero suplicar a la gente que no beba porque dejan el sombrero, porque hay mucha dejación.

La mujer esbelta, ya envejecida, lleva un vestido blanco y un mazo de cuentas rojas en el cuello; teje su sombrero sin pestañear con el sosiego de una reina mixteca.

—El sombrero es la sustancia de nosotros —habla el viejo de las cruces—. El que no trabaja, chico o grande, no tiene víveres. El que pierde un cuarto de hora ha dejado de ganar cinco centavos. Ésa es la vida del pobre tejedor de sombrero.

—Sí —afirma Prisciliano—, si el terreno fuera bueno otro gallo nos cantara. Por eso los niños, los viejos, las mujeres, los hombres están obligados a tejer sombrero.

Interviene el Presidente:

—Cansa pulmón y no da vida. Apuradamente se vive en la miseria.

—Desde que uno se mueve —concluye Prisciliano—, se comienza a tejer.

—Hasta enfermo —suspira Donato—, hasta el día de la muerte, nunca descansaré: hasta en el sepulcro estaremos moviendo las manos.

—¿Y si se fueran a la Mixteca Baja? —le pregunto a Donato—. Allí hay buenas tierras y hay grandes ríos y ustedes podrían salir de la miseria.

—No —dice Donato apoyándose en la pared húmeda—, es inútil. Mi Dios no quiere soltarme. Nacimos en la pobreza porque Dios quiso que vivamos en este lugar. Aunque el mixteco salga, luego se arrepiente y regresa a su tierra porque lo llama la Virgen Magdalena y tiene que obedecer su llamado. Y otros, los que salen lejos y andan muchas leguas, cuando les cae encima la enfermedad, recuerdan que aquí nacieron y regresan a morir a su tierra.

—La Virgen Magdalena eligió este lugar para que vivamos en él —añade después de trozar con sus hermosos dientes los filamentos de la resiembra—. La Virgen santa no quiere soltar a sus hijos. No deja ir a sus hijos a otros pueblos lejanos, a otras tierras por buenas que sean. El Dios quiso que en esta tierra pobre fuésemos a vivir y nos dio el sombrero para mantenernos. El Dios muy grande no suelta como quiera. Movemos día y noche la mano, no comemos de sobra pero lo suficiente y así vamos saliendo.

—Bueno —le digo—, y si ustedes le ruegan a la Virgen que mejore su vida en otros lugares, la Virgen los dejaría salir. Ella es muy misericordiosa.

—No nos deja salir. Nos agarra una enfermedad. Nos viene un mal en el camino. Se agarra una enfermedad, eso es seguro.

—La mujer —remacha Prisciliano—, está penando mucho por el hijo que se le fue.

—¿Y si le ruegan otra vez a la Virgen? Quizá rogándole mucho los dejaría salir.

—Dejamos abandonado al Santo y se enferma uno porque dejamos abandonado al Santo —explica Donato.

—¿Y si se llevan al Santo con ustedes? —le digo tratando de eliminar los estorbos mágicos que les impiden salir de Magdalena.

—Se regresa solo, porque el Santo sabe que en el pueblo siempre le podemos hacer su misa.

—Podrían hacerle su misa en tierra caliente.

—De cualquier manera el Dios está acostumbrado a este pueblo muy triste. Este pueblo le gustó al Santo. Aquí nació Dios con su campana. La campana lleva el día y por este milagro del Santo la gente sabe si es de madrugada, si es mediodía o si es de noche.

—También podrían llevarse la campana.

—¡Qué va! Nadie puede cargar la campana.

—Un camión grande y muchos hombres pueden cargar la campana.

—Dios no permite que se la lleven, porque la hace muy pesada. Mira, ya se quisieron llevar la campana a Tlaxiaco y el Santo se puso muy grande y los hombres oyeron ruido y vieron soldados, banderas, corneteros y los hombres se asustaron mucho. El Dios nos hizo este grande milagro; el pueblo se llenó de soldados, los hombres vieron a los soldados y hasta oyeron el toque de fuego. Se hizo muy grande ruido y por eso no podemos llevarnos la campana. Dios nos dio el sombrero para que vivamos los de Magdalena Peñasco, y Dios quiso que naciera un árbol de palma en la tierra caliente para que se mantuviera el pueblo de San Juan Teita, y es un milagro que esa gente corte palma y la traiga aquí. ¿Cómo va a querer Dios que el pueblo corte palma y teja sombrero al mismo tiempo? Si no corta San Juan Teita no se mantiene; si no teje sombrero Santa Magdalena Peñasco, no puede vivir Santa Magdalena Peñasco. Dios hizo un oficio para todos. Unos deben cortar palma, otros, tejer sombrero, otros, comprar y vender los sombreros. Dios quiere también que seamos comerciantes, pero ¿dónde está el dinero? Por eso tejemos mucho y por eso no hay más que hablar y conformarse con la voluntad de Dios y de la milagrosa Virgen Santa Magdalena que no les permite a sus hijos abandonar los lugares donde han nacido.

Alida no puede más. Aunque se esfuerza en contenerse, sus hermosos ojos azules están llenos de lágrimas. Comprendo que ha llegado la hora de dejarlos y nos despedimos de ellos. Afuera la noche es fría. La luna, en creciente, ilumina con una luz espectral el paisaje y a nuestros pies, Magdalena Peñasco, oscurecida, parece dormir, como Quetzalcóatl, en su regazo de pedernal.

—¡Ah, ah!, Fernando, Fernando —me dice Alida—, nunca olvidaré la cueva ni la historia del Dios y su campana. Todo ese pueblo lleno de soldados, de banderas, de trompeteros.

—Con estas historias preservan su inmovilidad. Son prisioneros de las montañas erosionadas y el Dios es su carcelero. Para vivir en la cárcel y mantenerse vivos les ha enseñado el arte de tejer la palma; de esas pequeñas cuevas salen millones de sombreros y se desparraman por todo el mundo.

—Yo tuve uno de esos sombreros. Estábamos en la Costa Azul. ¿Tú conoces Eden Rock?

—Sí, lo visité hace muchos años. En 1952. Un palacio rodeado de prados verdes, de laureles y palmas. Recuerdo vagamente el comedor, de donde se veía el Mediterráneo.

—Es famoso el hotel y el comedor. Tiene una gran mesa en forma de pirámide donde se escalonan las fuentes. Langostas, pescados, jamones, ostras, escabeches, pavos fríos, qué sé yo. Se toma el plato y uno mismo se sirve.

—¿Y tu sombrero?

—No era *le chapeau de paille de l'Italie*, sino *le chapeau de paille mexicaine*. A veces me da por coleccionar mis viejos sombreros de playa y colgarlos en las paredes. Me hacen pensar en el verano. Ese sombrero era grande, muy fino y estaba adornado con una cinta rosa. Debo haberlo olvidado en alguna parte. El caso es que desapareció misteriosamente y yo sentí la pérdida de ese sombrero quizá por un presentimiento, por una corazonada, no sé por qué. En la cueva de pronto recordé mi sombrero perdido y aquel presentimiento confuso. ¿No es todo esto muy extraño? Se podría escribir una novela. Sería una novela de fantasmas.

—Todos son fantasmas. Donato, prisionero de Santa María Magdalena, teje un sombrero, se lo vende al "Millón" en un peso, y "El Millón", que es otro fantasma, se lo vende a los fantasmas de Tehuacán.

—¿Cómo son esos fantasmas?

—Parecen gentes, pero son fantasmas. Hombres respetables, ya de edad, muy piadosos. Algunos son Caballeros de Colón y en las procesiones llevan las varas del palio, vestidos con sus uniformes bordados y sus sombreros de plumas. Otros son más humildes y aparecen en las iglesias con el hábito de la Orden Tercera de San Francisco y cirios en las manos. No conocen a los indios ni los indios los conocen a ellos. Sus agentes les compran ocho millones de sombreros, les compran su café, y se los pagan con armas y aguardiente, les compran también sus chivos, la otra gran riqueza de la Mixteca. Ochenta mil chivos. Cien mil chivos. Los llevan a un llano de Tehuacán y ahí los sacrifican docenas de carniceros. En un día se matan cinco mil chivos. Tú podrás imaginar esa matanza. Compraron un chivo en quince pesos y por lo menos le sacan otros quince.

—Es fantástico —dice Alida—, tan fantástico como la cueva, como este paisaje a la luz de la luna.

—Después esos hombres piadosos planchan los sombreros y les añaden una cinta, una toquilla, un barboquejo, un listón de seda. Algunos millones van a parar a la cabeza de los mexicanos —todos esos sombreros de palma que llenan las plazas, los atrios, las calles, los estadios, las plazas de toros— y muchos miles van a parar a las cabezas de muchas mujeres en Acapulco, en Miami, en Saint Tropez, en Lido.

—¿Y mi sombrero?

—Tu sombrero, el que tejió Donato, como fatalmente debía ser tuyo fue a parar a una tienda en Eden Rock y allí lo compraste, y después se te olvidó y ahora lo has recordado.

Las manos en las cuevas diminutas seguían moviéndose y las manos de los muertos seguirían moviéndose en sus tumbas incansablemente. Tláloc, los jaguares y los pájaros divinizados habían abandonado sus moradas y las serranías blanquecinas, o color de sangre seca; como sepulcros abandonados se extendían hasta perderse de vista. El paisaje estaba cargado de tantas evocaciones mágicas que durante un segundo pareció llenarse de soldados y de toques de trompetas. No se trataba de alucinación sino de un espejismo, de una proyección creada por los nuevos fantasmas de la Mixteca.

Los escolares de San Isidro

En la mañana temprano, acompañados de Prisciliano y de Donato, un joven tejedor que se empeñó en ir con nosotros, salimos a San Isidro, la ranchería de Domingo. La niebla velaba las serranías lejanas. El sol iluminaba la paja de las parcelas; brillaban las aguas del ocote y el agua escasa que corría en el fondo de los barrancos.

Domingo y la mayoría de los vecinos nos recibieron en las afueras del pueblecito, llevándonos sin perder tiempo hasta la puerta de la escuela donde permanecieron de pie y descubiertos.

Los niños, al vernos, se levantaron y exclamaron a coro:

—Buenos días, Señor Comité. Buenos días, señores visitantes.

Domingo estaba de tal modo emocionado con el saludo de sus "hijos" que se dejó caer en un banco olvidándose de tejer su sombrero.

El joven maestro siguió la lección, a petición nuestra, y con su fuerte y enérgica voz preguntó:

—¿Qué día es hoy?

—Martes —contestaron los niños en español.

—¿Qué mes?

—Abril.

—¿Qué hacen al levantarse?

—Nos lavamos las manos.

—No, no es ésa la respuesta —corrigió el maestro—. ¿Cuál es?

—Buenos días papá, buenos días mamá, buenos días hermano.

—¿Y si se encuentran un señor en el camino?

—Buenos días, So.

—Muy bien —añade el maestro moviéndose de un lado para otro en su vistosa camisa deportiva—, vamos a estudiar las letras. ¿Cómo llora el cochinito?

Los niños, divertidos, imitan a la perfección los gemidos del puerco:

—E, e, e, e, e.

—¿Qué letra dice?

—La letra E.

—¿Y cuando se espantan, cómo hacen?

—A, a, a, a, a.

A mi lado Prisciliano y Donato también se han olvidado de tejer sus sombreros y contemplan la clase con la boca abierta. Donato me dice:

—¿Sabes? Tengo mucha vergüenza... Los niños ya saben leer y

yo con todos estos pelos negros en la cara, no sé leer ni hacer cuentas.

Salimos afuera, donde ya nos esperaban, tejiendo sus sombreros, otros vecinos con sus vestidos harapientos.

—En San Isidro —dice Domingo— pasan de cien los jefes de familia y a lo más se recogen quince o dieciocho cajones de maíz. A gatas alcanza para un mes.

—¿Y no cortan madera? —les pregunto.

—Ninguno trabaja madera.

—Si la montaña es húmeda da café —interviene el maestro—, si es boscosa da madera, si es árida, da sombrero. En San Isidro hay puro sombrero.

—Cinco o seis, hacen cajete. Aquí lo que se lleva la mano es la palma. Todo el tiempo tejemos sombrero.

—¿Cuántos sombreros tejen?

—Dos sombreros, y eso trabajando muy recio. De las cuatro de la mañana a las nueve de la noche.

—¿Y si se van a otras tierras mejores?

—No se han de hallar en esa temperatura —dice Donato en tono de sombrío pesimismo—. Lugar adonde vayan se mueren de seguro.

—Una gente que se fue a Loma Bonita, se murió por el calor —precisa un tejedor sin levantar la cabeza.

—Yo creo —añade Domingo— que Dios no nos deja ir a otras partes.

Indiferentes, los vecinos avanzan en sus sombreros. El roce de la palma suena como el paso del viento por las agujas de los ocotes.

—¿Pero cómo hablan de un lugar que ustedes no conocen? —digo volviendo a la carga.

—Es lejos y caliente. Puede haber animales. Ojalá nos ayudaran a fabricar un horno para blanquear el sombrero, pero de salir, nadie sale.

En el exterior de la escuela se ha tendido una mesa y los niños, formados, van tomando sus platos y sus cucharas, para que les sirvan el desayuno. En grandes peroles humea la leche de fresa y los panes, horneados por el maestro, se disponen en cestos, junto a los frijoles refritos. Los desayunos escolares son como una especie de maná en el desierto de San Isidro. Los hombres, que sin duda estarán con el estómago vacío, miran a sus hijos con los ojos entornados, para disimular su emoción.

—Por primera vez los niños estudian y comen —comentó el maestro. Es algo difícil de explicar en mixteco o en español.

Los niños, después del desayuno, aprovechan el recreo para tejer sus sombreros. El maestro llamó a un muchacho y me dijo:

—Este muchacho es el más aventajado de la clase. Ha terminado su tercer año y ahora no sabemos qué hacer con él. También es el mejor tejedor de San Isidro.

El niño, descalzo, tejía en efecto un sombrero muy fino.

—¿Qué piensas hacer? —le pregunto.

—No lo sé —contestó—. El maestro quería que tejiera un sombrero con el nombre del gobernador para que me dieran una beca.

—No quiso ir a Oaxaca —precisó el maestro.

—Mi mamá se enfermó el año pasado y yo tuve que cuidar los animales del difunto mi papá. Por eso no fui a Oaxaca.

—¿Y qué haces ahora?

—Cuido los borregos, tejo sombrero. En un día tejo medio sombrero. Mi mamá teje un sombrero y medio y así vamos saliendo, pero yo tengo muchas ganas de estudiar.

—El problema es que los niños sólo pueden estudiar hasta tercer año. Los padres quieren que sus hijos estudien y sacrifican a los más chicos haciendo que cuiden los borregos, mientras los grandes vienen a la escuela, pero concluido el tercero, ¿adónde pueden terminar la primaria?

—El sombrero —dice Domingo— es enemigo del estudio. Los niños faltan a la escuela los viernes porque hacen las faldas de los sombreros. Ese día trabajamos mucho para vender los sombreros el sábado en Tlaxiaco.

—En Tlaxiaco nos va mal. Bueno, ya estaría de Dios, nos va mal en todas partes —se queja Prisciliano.

—El señor Baltasar escoge los sombreros a su gusto y nos paga a su gusto.

—Y el que no le gusta —aclara Prisciliano— lo bota en el suelo.

—¿Cuando lo bota qué hacen ustedes?

—Levantarlo y venderlo en otro lado. Eso es lo que hacemos —añade Prisciliano sin indignación.

Domingo, que tiene algo de bufonesco, trata de representar al señor Baltasar y lo imita con una voz tipluda:

—Yo ya te pagué y lárgate, chingado. Y se pone muy enojado. Nomás coge los sombreros finos, anchos y amarillos.

—Yo trabajé con Eliseo "El Millón" —dice el maestro— y me daba la comisión de pagarles a los vendedores de sombrero. Alegaba que no sabía leer ni hacer cuentas, porque de verdad, no hay justicia para los pobres.

—Da miedo hasta de hablar —exclama Donato—. "El Millón" siempre nos grita: "Y si no quieren así, llévense sus sombreros".

—¿Adónde los vamos a llevar? —se pregunta Domingo—. De mayo a septiembre bajan el precio sin consideración porque necesitamos mucho dinero pal' maicito.

—El año pasado nos fue peor —comenta Prisciliano—. "El Millón" y el señor Baltasar nos daban cincuenta o sesenta centavos por sombreros escogidos y como entran quince centavos de palma en cada sombrero, ganamos una miseria.

Antes de regresar a Magdalena Peñasco, Domingo nos invita a dar una vuelta por San Isidro. Todos los hombres nos siguen en fila india sin dejar de tejer sus sombreros.

San Isidro es una pequeña y elevada meseta rodeada de abruptas serranías. En el oriente se ve dominada por una montaña redonda y pelada, como una pequeña luna de piedra que surgiera de los barrancos, y en el oriente por los sombríos picachos del empinado cerro de los Gachupines. El laberinto de montañas calizas y rosadas, con manchones de ocotes y pinos, desciende suavemente hacia los pálidos azules y rojos quemados, donde reposa, casi invisible, Magdalena Peñasco.

Hay muy poco que ver. Cabañas dispersas y ruinosas en el borde de los barrancos. Cruces trágicas adornadas con flores de Maguey. Cuevas de troncos y piedras que muestran entradas diminutas. Un alfarero manchado de barro había terminado de modelar sus cajetes. Trabajaba desde las cinco de la mañana y sólo tenía dos docenas, por las cuales ganaría diez pesos el domingo en la plaza de Magdalena.

Los vecinos, concluido el recorrido, nos acompañaron hasta las afueras de San Isidro. Principiamos el lento descenso. Durante un largo rato todavía eran visibles, en la ceja del barranco, con sus vestidos harapientos y sus manojos de palma en las manos. Parecía un conjunto de raros espantapájaros.

Los vivos y los muertos de Copala

Entramos a Copala precedidos y rodeados de una nube de chicos hermosísimos y harapientos. Manuel, el intérprete, nos había advertido que no debíamos tratar con el secretario del ayuntamiento por ser un bribón, enemigo de los indios, lo cual desgraciadamente era muy cierto, de modo que cuando asomó el rostro caprino del funcionario y nos preguntó "si en algo podía servirnos", nosotros nos limitamos a responderle que buscábamos al agente municipal.

El secretario se retiró y quedamos bajo el sol no sabiendo qué hacer. En ese momento se acercaron dos muchachas norteamericanas del Instituto Lingüístico de Verano y sin que les dijéramos nada, nos ofrecieron buscar al agente, teóricamente la primera autoridad de Copala. Diez minutos después, el agente, un indio pequeñito y descalzo, acompañado de los regidores y topiles nos aguardaba ceremoniosamente a la sombra de un árbol. Expliqué entonces que era un escritor enviado por el Instituto Indigenista para estudiar las costumbres de la Mixteca y deseábamos, con su autorización, pasar una semana en Copala. Discutieron largo rato en triqui y terminaron llevándonos a la clínica. La clínica, recién construida, estaba en muy malas condiciones. Un toro, según lo supimos más tarde, hizo pedazos los grandes cristales del frente y para remediar en algo el daño, habían llenado los huecos con troncos y varas, lo que aumentaba su aspecto abandonado y ruinoso. El agente, además, no podía abrir la puerta y allí hubiéramos permanecido indefinidamente, si el desdeñado secretario, con una sonrisa de triunfo en sus delgados labios, no nos hubiera franqueado el paso. Nos instalamos en las literas destinadas a los enfermos y expulsando a varias gallinas que habían improvisado su hogar en la mesa de operaciones, nos dispusimos a iniciar nuestra vida en Copala.

Copala es un pueblo a la deriva. Frente a la clínica está el ayuntamiento y atrás, aunque visible, se levanta la moderna escuela donde viven las muchachas del Instituto Lingüístico y los rociadores de DDT debido a que el maestro murió asesinado casi a la vista de todo el pueblo, hace apenas tres meses. A un lado del ruinoso soportal de la plaza figura el cuartel, pintado de azul, con su bandera tricolor y sus pequeños soldados tocados de cascos y armados de subametralladoras, haciendo guardia frente a la puerta. Al amparo del cuartel, o si se quiere al amparo de las ametralladoras, viven en enramadas las mujeres y los niños a quienes la guerra ha expulsado de sus rancherías.

El resto del pueblo lo constituyen tres o cuatro casas, un tejaván que alberga la fonda y las cabañas y enramadas donde viven un año los mayordomos de la iglesia. Suenan constantemente los tambores dominando su latido sordo y acompasado, los débiles sonidos quejumbrosos de los violines. Todo en Copala, a excepción de la iglesia, es provisional y está marcado con el sello de la locura y de la muerte. Mayordomos y refugiados viven allí temporalmente, casi siempre ebrios, rodeados de basuras y deyecciones, de cabras y otros animales, hipnotizados por el tambor, fuera del tiempo, sumidos en un delirio que bien puede confundirse con el suicidio colectivo.

El centro del pueblo, su razón de ser, es la iglesia, un alto cubo de piedra, una fachada de arcos y pilastres pintada a la cal, y dos torres mochas. En el atrio ruinoso crecen dos árboles. Uno es el llamado cacacoxuchitl, de ramas desnudas y espesos manojos de flores blancas y carnosas, y el otro es el llamado itayata, de grandes y caídas hojas color de llama, dispuestas a la manera de una flor, en la punta de las ramas. Este árbol, más que cualquier otra cosa, me hacía sentir un extranjero, no tanto por la misteriosa peculiaridad de sus hojas, enrojecidas cuando son tiernas, y verdes al alcanzar su madurez, sino más bien debido a su insólita belleza —un candelabro encendido para los ritos funerarios de Copala— y a que esa belleza fuera la expresión de un paisaje y de una vida ajenas por completo a los mexicanos del interior. Sus hojas sombrías ardían con un fuego profundo en medio del atrio derruido, de las cabañas miserables de los refugiados y mayordomos, rebosantes de niños desnudos, del cuartel con su banderita tricolor y de la alta montaña umbrosa donde acechan incesantemente otros hombres armados.

El cura

Apenas llegado, mi primera visita fue para el cura que ya en otras ocasiones había proporcionado valiosos informes a los raros visitantes de la región triqui. Sin embargo, el padre Nacho había sido cambiado a México y su lugar lo ocupaba el padre Sóstenes Ramírez, un joven sacerdote recién salido del seminario de Huajuapan. El padre Sóstenes es realmente un joven notable. Desde muy pequeño entró al seminario y de allí pasó a Copala, de modo que su formación, su desconocimiento del triqui, su ignorancia del mundo mágico a que lo destinaron, ofrecen un violento contraste con la vida y las costumbres de sus feligreses.

El padre Sóstenes me recibió efusivamente en su curato, contiguo a la iglesia, lleno de huérfanos de guerra que él educa y alimenta ayudado por su hermana, una muchacha soltera cuya vida, según es frecuente, está consagrada al servicio del sacerdote, y por un joven triqui que hace las veces de sacristán y de intérprete. El padre no descansa un momento. Su sotana, cubierta de lamparones, su cara de mestizo surgiendo un poco congestionada del cuello de celuloide, sus gafas y su voz apremiante, se ven y se oyen en todas partes. Él reparte alimentos y medicinas, construye aulas, batalla con los brujos y con las eternamente descompuestas plantas de luz eléctrica, se entrega fervorosamente al culto que trata de amenizar mediante canciones y discos de música moderna y debe aceptar sumiso sus limitaciones ya que no logra echar a los curanderos de la iglesia ni modificar las condiciones de una guerra que diezma sin cesar a las ovejas de su rebaño.

—¿Cuál es la causa de esta guerra? —dijo sentándose junto a mí en el fresco zahuán del curato—. Una lucha por obtener la hegemonía. Los caciques de las rancherías quieren mandar y no ser mandados, lo que origina constantemente la formación de bandos rivales. Si matan al padre, siguen con los hijos y terminan con todos sus partidarios. Le citaré el caso reciente de un muchacho que se ha convertido en el terror de Copala. Por rivalidades con un hombre, fue a su casa y no habiéndolo encontrado asesinó a dos mujeres y a dos niños de la familia; luego cavó una fosa y los enterró de cabeza.

—¿No saben su nombre?

—Nunca dicen su nombre. Son muy astutos, pero esta vez alguien lo denunció y el sargento que está a cargo del pelotón logró aprehenderlo. "¿Qué hará usted con él?" —le pregunté al sargento. Él me contestó: "Padre, estése tranquilo. Yo mismo lo llevaré preso a Juxtlahuaca".

—Esto ocurrió más o menos el 15 de enero. Pues bien, el 18, es decir, tres días después, el asesino estaba de regreso en la montaña.

—¿Las autoridades de Juxtlahuaca lo dejaron en libertad?

—El asesino debe haberle pagado al juez una fuerte cantidad para que lo soltaran.

—No puedo creerlo.

—Espere usted. El 20 de enero, ese muchacho buscó al hombre que había presentado el testimonio de sus crímenes anteriores, y como el hombre logró esconderse a tiempo, pagó por él toda su familia. El 27 de febrero estaba aquí, en la feria, con otro asesino, y los dos fueron reconocidos. El compañero suyo logró escapar a los soldados, y en el camino, arriba de Copala, mató a un hombre dejándolo tirado con las tripas de fuera. Al muchacho lo encerraron de nuevo en el cuartel, y esta vez dijo el sargento: "Ya no lo llevo a Juxtlahuaca sino a Oaxaca". Amarrado se lo llevaron y ha vuelto a salir. Está aquí. Anoche se oyeron disparos en la montaña.

El padre refería los hechos escuetamente, sin truculencia, de un modo que revelaba su familiaridad con situaciones que en otras partes hubieran provocado indignación y asombro. Las ideas elementales sobre el respeto a la vida humana, en Copala sencillamente no existen. Que un asesino responsable de aniquilar a una familia hubiera sido declarado inocente por el juez de un poblacho tan corrompido como Juxtlahuaca, no era después de todo ninguna novedad, pero que un juez de la capital del estado lo hubiera soltado después de asesinar a una segunda familia, descubre una corrupción que sobrepasa todo lo imaginable acerca de la justicia provinciana.

—Sí —me dice el cura—, yo lo sé, es difícil creerlo. Al principio me negaba a aceptar estos hechos, pero he tenido que rendirme ante las evidencias. Estamos en guerra, comprende usted, ésta es la guerra. Los niños que usted ve —añadió señalando a los chicos que jugaban en el patio—, son huérfanos de guerra. En el pueblo hay ahora no menos de treinta mujeres refugiadas de guerra y en el curato vive un muchacho amenazado de muerte. Si saliera lo matarían a pesar de los soldados. ¿Quiere usted hablar con él? Voy a mandar llamarlo.

Un rato después apareció un joven triqui, vestido como un ladino, descalzo y con la ropa desgarrada. Hablaba muy poco español.

—Diga usted, señor cura.

—Mira, yo deseo que le cuentes al señor por qué vives en el curato. Que le cuentes tu historia.

—No —dijo el muchacho hablando difícilmente—, no puedo contarle nada. Perdone usted, perdóneme, pero no puedo decir nada.

—¿No has tenido confianza conmigo? ¿No me has contado lo que te ha pasado?

—A usted sí. A las gentes de fuera, no. Lo van a saber, señor cura.

—El señor es mi amigo; es una gente de confianza, un escritor que quiere ayudarlos.

—El papel está escrito. El papel habla.

—Si tú no le dices la verdad, ¿cómo podrán hacerte justicia?

—No, perdóneme, pero no puedo hablar.

El muchacho estaba de pie, sin que se le moviera un músculo de la cara, aunque sus ojos delataran una creciente indecisión. Luchaba entre el respeto y la gratitud que sentía por el cura y las duras leyes del mundo triqui donde víctimas y verdugos se unen para defender con un silencio impenetrable la intimidad y los secretos de su vida. Los conflictos, las luchas, el derramamiento de sangre forman parte de su existencia y sólo ellos tienen el derecho de conocerlos y de darles la solución adecuada. El extranjero es el enemigo eterno, un enemigo todavía más temible que el hombre de su raza transformado eventualmente en su verdugo, y la costumbre de no hablar, de no traicionar las más arraigadas convenciones de la comunidad, lo hacía repetir como un autómata las mismas palabras:

—No sé nada. Perdóneme. No puedo decir nada.

—Yo podría contarle al señor tu historia pero prefiero que tú mismo se la digas. ¿No han matado cobardemente a los tuyos? ¿No deseas que se haga justicia? Si tienes miedo de hablar, no podrán castigar a los asesinos de tus amigos.

La insinuación de cobardía terminó venciendo los últimos recelos del muchacho.

—Yo no tengo miedo —afirmó—. Si usted me ordena que hable, hablaré, pero no tengo miedo.

El cura prendió una vela y salió corriendo a la iglesia. El muchacho rechazó la silla que le ofrecí y permaneció de pie junto al escritorio.

—Cuando murió el señor Santiago Melesio, murió porque le dieron aguardiente envenenado. El señor Santiago Melesio, Principal de Rastrojo, quería que hubiera paz. No delitos. Estaba cuidando al pueblo. Lo mataron los que querían robar la tierra y el café. Un tal Antonio Vázquez que ya ha matado a varios. Quedó el hijo de Santiago, un muchacho de dieciocho años. Él no estaba con ningún bando, no quería pleito y lo mataron Antonio Vázquez y el criminal Chubas. Lo mataron en un camino a balazos de máuser. No hay castigo. Los metieron a la cárcel de Oaxaca y luego luego, como de rayo, salieron libres. Chubas al salir dijo que me mataría, que vendría al pueblo para matarme. Forman un grupo Antonio Vázquez, un tal Hilario de Ladera y Chubas, pero Chubas es el mero chingón. Salen a Tlaxiaco y por allá compran armas. Se dedican a robar y a matar.

—¿Qué piensa usted hacer? —le pregunto.

—Ni modo, se muere uno.

—¿Cree usted que Chubas cumplirá su amenaza?

—Sí, señor.

—Usted puede salir de Copala protegido por los soldados. Trabajar en otro lado.

—Tengo hernia. No puedo trabajar. Yo estoy aquí. Yo no he tomado parte en nada.

—Sin embargo, lo quieren matar.

—Me quieren matar porque hablo español. Los asesinos nada más hablan triqui y piensan que yo estoy firmando escritos, que los estoy denunciando.

—Bueno —le digo—, pero usted debe hacer algo.

—No puedo hacer nada. Ya se murieron dos compañeros míos y no sé cómo hace el Gobierno que saca libres a los bandidos. Es cosa de nunca acabar. Cuando no está en pleito Yoxoyuchi, está en pleito Laguna, o está en pleito Ladera. Al morir el hijo de Santiago Melesio, la gente buena de Ladera y Rastrojo vino a arrimarse a Copala. Yo no salgo de noche. Todos están borrachos y Chubas anda por ahí cerquita, con su máuser, para pegarme un tiro.

El muchacho enmudeció. En realidad no sabía más de lo que me había dicho. Ésa era toda su historia. Él pertenecía al grupo destruido de Santiago, cacique de Rastrojo, y debía pagar las consecuencias. Sabía que es un condenado a muerte. No importa que el cura lo proteja, que los soldados lo protejan con sus ametralladoras. De algún modo ha violado el secreto de los suyos, ha salido de su grupo haciéndose del idioma extranjero, y ni la casa de Dios, ni la fuerza de las armas, ni la bandera tricolor que ondea en el cuartel, bastarán a librarlo de la venganza de Chubas. La luz rojiza de la vela iluminaba su joven rostro indiferente. Era una víctima voluntaria y pasiva. No lloraba como los príncipes que tomó prisioneros el conquistador 8 Venado Garra-de-Tigre. Su fatalismo era perfecto. "Ni modo —repetía—, ni modo, se muere uno."

Historias del cura

Después de rezar el rosario, el Padre Sóstenes volvió a reunirse conmigo.

—¿Al fin pudo hablarle el muchacho? —preguntó.

—Le costó mucho trabajo contarme su historia. Está absolutamente convencido de que debe morir.

—En ese caso, los suyos tratarán de vengar su muerte y nunca terminarán estas olas de crímenes. Si no estuvieran los soldados, asaltarían el pueblo. Usted ha visto a las mujeres refugiadas. Abandonan sus cabañas, sus tierras, sus platanares, su café. La zona circundante está desierta. ¿Qué se puede hacer? Las cabañas de las rancherías en pugna son cabañas aisladas, dispersas en los barrancos y en las faldas de las montañas, y todos los hombres van armados con armas del ejército.

—¿A usted le tienen confianza?

—Me tienen una confianza absoluta, pero el sacerdote nuevo debe ser recomendado por el sacerdote antiguo.

—Sin embargo, parece que en el fondo no oyen sus consejos.

—Es un poco predicar en el desierto. A veces se calman los ánimos y a veces se encienden con el menor pretexto. Ahí tiene usted la muerte del hijo de Santiago. Le recomendé que no saliera y él hizo una enramada para casarse durante la feria del tercer viernes de cuaresma. Por supuesto, estaba borracho. Oímos los tiros arriba del monte donde lo mataron. Siempre es así —añade el Padre Sóstenes suspirando—. Hace poco me llamaron para que confesara a un herido. En el camino hallaba pequeños grupos de gente, esperándome, y yo les preguntaba: "¿Es aquí donde está el herido?" "Allá adelante —respondían— más adelante." Después de mucho andar, en medio de un huerto, había una cabaña llena de hombres y mujeres que rodeaban al herido. "No reces —me pidieron—, no reces porque se muere."

—Sus familiares deseaban que lo inyectara y me preguntaban ansiosamente: "¿No traes *guja*?" Llevaba conmigo una ampolleta de vitaminas y se la di a beber, explicándoles que el remedio hacía el mismo efecto inyectado que bebido. Ellos, por su parte, habían degollado a una gallina y le dieron a beber al herido la sangre. No podían hacer otra cosa. El hombre era un coágulo. Le colgaba una mano, casi desprendida del brazo y tenía el cuerpo tasajeado a machetazos. "Yo no puedo curarlo" les dije. "Tú lo curas —afirmaban—. Tú ves cómo le haces pero lo curas." "Es necesario ir a Putla o a Juxtlahuaca." "Nos cogen los soldados. No podemos ir." Luego de mucho rogarles, improvisaron una camilla, y acompañado de unas cuantas mujeres lo trajimos a Copala.

—Era un criminal que buscaban los soldados, de modo que al verlo, lo reconocieron. "¿Ah, conque tú eras?" —le gritaban—. "¿Cómo no te mataron?"

—Estaba preocupado. Los triquis podían pensar que yo los había traicionado, y les dije a los soldados: "No lo molesten más y vamos a curarlo. Ahora ya no es un criminal sino un herido". "Padre —me rogaban las mujeres—, absuélvalo pronto que se muere." Cuando me acerqué a ese hombre ensangrentado, casi sin vida, oí su voz, una voz llena de espanto que me decía: "No reces, no hagas nada, porque me muero".

El Padre Sóstenes bajó la cabeza, con aire fatigado:

—Sí, son hombres muy raros —dijo hablando consigo mismo—, como quizá no haya otros en todo México. A los doce o trece años, ya viven con una mujer. Ella es la que más sufre. Nunca habla y si uno llega a sus chozas, se esconden asustadas. Sólo saben hacer tortillas. Los hombres lavan su ropa y la de las mujeres. Yo me canso de decirles que les den un trato diferente, que no se emborrachen, que cambien de vida y ellos me contestan:

—Costumbre Copala, no se quita.

Eran ya las nueve de la noche. Las dos plantas de luz no habían podido funcionar y el cuarto estaba alumbrado por un humoso quinqué de petróleo. De la oscuridad exterior llegaba, sordo e insistente, el batir de los tambores y los aullidos de los ebrios. Pedro, un niño huérfano, el preferido del padre Sóstenes, entró corriendo en su busca y, viendo a tantos diablos blancos que hablaban un lenguaje desconocido, buscó refugio detrás del cura y de tarde en tarde nos espiaba con sus enormes ojos negros, asustado y risueño. Su graciosa cara, sus suaves movimientos, le daban, en la penumbra del cuarto, la apariencia de un pequeño gato salvaje, que no se decidía a emprender la fuga, ni a jugar con el Padre según eran sus deseos.

El cura le acarició el pelo rebelde y me dijo:

—Mataron a sus padres y a una hermanita suya en el camino. De toda la familia sólo vive este niño y otro hermanito suyo que también se llama Pedro.

¿Esto es México?

En el alba principian a sonar los tambores. Toda la noche he oído las risas, las toses y los gritos de los borrachos mezclados a los rebuznos de los asnos, al balido de los corderos y al canto de los gallos desvelados. Recordé entonces que le había prometido al padre Sóstenes asistir a una misa de difuntos y salí de la clínica con la intención de lavarme antes en el pozo del curato. Las campanas llamaban a misa. Los rebaños de cabras permanecían atados alrededor de las cabañas; en las enramadas, las mujeres estaban moliendo maíz y los ebrios, con los ojos irritados y los vestidos sucios y cubiertos de basura, hablaban entre sí, mirándonos recelosamente.

El sol se ocultaba aún detrás de la montaña. Una luz pálida y azul acariciaba los árboles y creaba un aire de inocencia en este Copala que no terminaba de sacudirse su delirio nocturno. Las flores rojas del itayata brillaban delicadamente en esa atmósfera donde las masas grises de la Sierra, veladas por la niebla matinal, se erguían con una solemne y misteriosa belleza.

Los niños, al tropezarse con Alida, se asustaban y corrían a ocultarse. Ahí seguía el chilingue, el gran diablo blanco venido del mar para echarles el mal de ojo. A mí simplemente me toleraban. Yo era un diablo pequeño y bastante más inofensivo en comparación a los resplandecientes ojos azules de Alida. En cambio, los hombres toleraban, no sin recelo, a la extraña mujer y a mí me miraban con desconfianza. Si no compraba ni vendía nada, debía ser un extranjero que codiciaba sus tierras o por lo menos un agente del gobierno encargado de espiarlos, y en el fondo no dejaban de tener razón porque si ellos me veían como a un extranjero, yo también me sentía en Copala un extranjero. ¿Estoy realmente en México? —me preguntaba—. ¿Copala es una parte de México? ¿Los triquis son mexicanos? No. Los triquis son los triquis. Ni ellos nos entienden a nosotros ni nosotros somos capaces de entenderlos a ellos. Estoy aquí gracias a la protección de las ametralladoras, y si ahora se marcharan los soldados, es posible que no viviera mucho tiempo, que no vivirían tampoco las mujeres de Rastrojo, ni el joven condenado a muerte en la casa del cura. *Requiem eternam Dómine*. Con el hisopo en la mano, el padre Sóstenes rociaba agua bendita sobre el negro ataúd, de remates y dibujos dorados, dispuesto en el centro de la iglesia.

Requiem eternam Dómine

Diez o doce mujeres, adosadas a la pared, miraban hipnotizadas las llamas de los cuatro cirios colocados en los extremos del ataúd. El viento fresco de la mañana, entrando por la puerta abierta de par en par, movía las rojizas llamas y su inclinación les estaba diciendo si el hombre murió hechizado, o murió de espanto, o en qué lugar se encontraba en esos momentos su alma. Al pie del ataúd, la mujer del difunto quemaba copal en un incensario de barro.

Los huérfanos de guerra, vestidos de acólitos, estaban arrodillados en el presbiterio y las plantas de sus pies descalzos asomaban curiosamente por el borde rojo de sus largas vestiduras. La grave y hermosa voz del padre resonaba en las bóvedas sin que lograra disipar el ambiente mágico que reinaba en la iglesia.

El muerto había sido lavado y yacía en su caja vestido de la mejor manera posible, teniendo al alcance de la mano su machete y provisto de algún dinero para los gastos que le era forzoso hacer en su viaje por el inframundo.

La viuda, no obstante su dolor, debía pensar en los gastos y en las complicadas ceremonias del novenario a que debía encararse. Ante todo era necesario buscar un "cantor" que representara al difunto y oficiara en los ritos fúnebres como rezandero y propiciante. Una vez elegido, se le llevaría a la cabaña entre músicas y cohetes porque el cantor, durante nueve días, es el jefe de la casa, la encarnación del muerto que ha resucitado. La mujer le da el nombre de marido, los niños le dicen papá y el doble se conduce en todo como el difunto. El último día del novenario tiene derecho a llevarse la camisa, los calzones, los huaraches, el sombrero y el machete que ha comprado la viuda y estuvieron expuestos en el altar con las velas, el copal y las ofrendas mortuorias. A esa extraña ceremonia final se le llama en Copala "la levantada de la Cruz".

Los muertos

Concluida la misa, el Padre Sóstenes me invitó a desayunar y tuvimos una larga conversación de sobremesa. Su poder es muy limitado. No puede evitar que los brujos y las rezanderas, concluidos los oficios, invadan la iglesia y allí curen a los enfermos y se entreguen a sus ceremonias mágicas, prendiendo velas, quemando copal y derramando abundante tepache al pie de los altares donde se encuentran sus deidades veneradas. En vano se esfuerza por mantenerla limpia. Siempre persistirá en ella una sombra demoniaca y un tufo alcohólico que todos sus ruegos, sermones y cuidados no logran desterrar. El Día de Todos Santos las cosas son peores todavía. Los mayordomos sacrifican no menos de doscientos toros, los hierven con chile y totopos y se presentan en la mañana cargando sus grandes ollas. El padre Sóstenes, con los brazos abiertos y la cara más congestionada que de costumbre, trata de cerrarles el paso, a fin de evitar una nueva profanación, pero los mayordomos, sin importarles sus lamentos ni sus amenazas, lo hacen a un lado bruscamente, riegan en el suelo el contenido de sus ollas, y mientras las almas de los muertos se acercan a devorar su alimento en el lugar sagrado por excelencia, el pobre cura, levantándose la sotana y saltando entre los pedazos de carne, el caldo y los totopos, gana la sacristía, sin dejar de proferir anatemas y conjuros.

El Día de Todos Santos, muertos y vivos se entregan a una orgía descomunal. Comen y beben en las tumbas, en sus casas y en los altares cargados de caballitos de popote, de comida, aguardiente y tepache. Los vivos, quedan tirados como muertos junto a las hogueras nocturnas y los muertos auténticos se retiran a sus regiones oscuras tan silenciosamente como vinieron, para regresar el próximo Día de Todos Santos, atraídos por tambores y el olor de los banquetes funerarios.

Los mayordomos

Los mayordomos de las fiestas forman el núcleo y la mayoría de la población. Nadie, ni el mismo cura, puede decir con seguridad qué número de estos personajes vive en Copala o en las vecinas rancherías. Los principales, es decir, los encargados de los santos y de sus fiestas, son los siguientes: tres de Tatachú —el Tata Jesús o el Señor de las Tres Caídas que figura en el altar mayor de la iglesia vestido de terciopelo y abrumado bajo el peso de una cruz recamada de milagros—, y trece más que son custodios de San Juan, San Miguel, San Isidro, San José, San Marcos, San Pedro, la Magdalena, la Virgen del Rosario, los Apóstoles, de la Santa Cruz, del Corazón de Jesús, de las Santas Ánimas y del Santo Sacramento.

Aparte de estos funcionarios religiosos, hay un mayordomo de iglesia —el encargado de cuidarla—, varios mayordomos municipales —hacen una fiesta cuando una autoridad recibe su cargo— y otro número impreciso de mayordomos, llamados anticipados, que según parece se ocupan de realizar los anticipos o las vísperas de las grandes fiestas.

Embajadores de sus rancherías, funcionarios elegidos a causa de su dinero y de su influencia, están obligados no sólo a costear los gastos de las fiestas sino a vivir un año en Copala sin percibir sueldo ni retribución de ninguna clase.

Para sostenerse, los mayordomos y sus numerosas familias compran y venden vacas y borregos —son también los carniceros del pueblo—, comercian con sal y chile, sus mujeres o ellos mismos emprenden viajes a las rancherías abandonadas para traer plátanos o café y venderlos después en la plaza de Copala. Sin embargo, su principal ingreso lo obtienen de la fabricación y venta del "tepache", una bebida fermentada a base de panela.

Su carácter provisional determina lo precario de su instalación. Casi todos viven alrededor de la iglesia, en enramadas o chozas llenas de agujeros y ennegrecidas por el humo, ya que estos hombres carecen de tiempo y de ganas para construirse casas permanentes, entregados como están en cuerpo y alma a la matanza de animales y sobre todo a la venta del tepache. Cada choza es una taberna y un salón de fiestas en las que participan el propio mayordomo y su familia, numerosos clientes con sus mujeres y los imprescindibles tocadores de violín y tambora.

A las once de la mañana ya no es posible hablar con ningún mayordomo, autoridad civil, viajero o brujo, pues se hallan enteramente ebrios. Sentados en vigas adosadas a las paredes de varas, se pasan la jícara con tepache de un modo ritual, mientras el tambor y el violín primitivo tocan siempre la misma melodía elemental, un motivo uniforme, obsesivo, a cuyo compás se desenvuelven las pesadas conversaciones, las riñas salvajes, los amores y las danzas.

Las horas transcurren sin otros cambios que el de las peleas —muchos están cubiertos de sangre—, o el de un creciente sopor que va reduciéndolos a la total abdicación de su condición humana. En una cabaña a la que me asomé —serían las seis de la tarde—, dos mujeres bailaban. Una era vieja y otra joven. Tenían como único vestido sus faldas de lana enrolladas a la cintura. El pelo y los senos de la vieja colgaban lastimosamente, igual que los brazos, y marcaba el compás con los pies descalzos. No veía a nadie, ni le importaba la presencia de un diablo extranjero, parado en la puerta de su casa. Su cuerpo se movía rígidamente y la mirada fija, sin expresión, se clavaba en el vacío. La joven, de hermosos senos redondos y con grandes pezones y el pelo negro cayéndole sobre la cara, bailaba también arrastrando los pies, ausente del mundo, sin ninguna sensualidad, sin provocación alguna, como si participara en una ceremonia religiosa donde no contara el sexo. Dos hombres bailaban aparte y los demás permanecían sentados en las vigas o, ya tirados en el suelo, dormían apaciblemente con la cabeza apoyada en el brazo doblado, a manera de almohada.

El secretario

Mientras esperaba a Aniceto, el Presidente de Bienes Comunales que deseaba hablar conmigo, me senté con el secretario, afuera de la clínica. El secretario es un hombrecillo de rostro afilado y ligeramente caprino, ojillos maliciosos, medio analfabeto, que ignora el triqui y anda vestido como un ranchero acomodado de la Mixteca Alta. De hecho, y según ocurre siempre en los pueblos indios, él ejerce la autoridad suprema ya que sabe leer y escribir a tropezones. Nombrado por el municipio de Juxtlahuaca, percibe un sueldo de cien pesos mensuales, suma muy poco atractiva si no cobrara además una parte de los impuestos del mercado, todas las multas —bastante crecidas— que se imponen a los rijosos, y algún dinero extra por escribir papeles, levantar actas y registrar defunciones. Los otros miembros del cuerpo municipal, incluyendo al agente, son triquis analfabetos y borrachos que sirven gratuitamente a su pueblo y carecen de iniciativa propia.

El secretario vive sin mujer en una casa vecina al cuartel y las malas lenguas del pueblo lo acusan de sostener un serrallo con algunas de las jóvenes refugiadas en Copala. De cualquier modo, este mestizo ladino, eficaz y lujurioso representa la autoridad civil, como el cura representa la autoridad religiosa y el sargento la autoridad que se deriva de las armas en un pueblo entregado a la locura y a la violencia.

Muy cerca de la clínica están las enramadas de las refugiadas de guerra. A través de las varas brillaba el fuego y podían verse sus cuerpos inclinados sobre el metate. Las pobres mujeres carecían de ropa y todo su mobiliario se reducía a unas ollas, unos metates y unas hamacas sucias y destrozadas. Sus niños, enteramente desnudos, dormían tirados en el suelo o se divertían jugando con la tierra.

—Estas mujeres —me dijo el secretario— tienen miedo. A muchas de ellas les han matado sus maridos y sus hijos. Está en turno Rastrojo, su ranchería. El año pasado, Yosoyuxi y Tierra Blanca luchaban contra veintidós barrios unidos y la gente no podía salir por leña a la carretera. Todo el día había tiradores apostados y muchos murieron allá arriba, en el filo de la Sierra. También murieron después los cabecillas de Yosoyuxi y Tierra Blanca. Unos por enfermedad. Otros a balazos. Otros se fueron a Putla y así acabó la guerra.

El secretario hizo una pausa y se rascó la cabeza:

—Yo tampoco tengo garantías. Si salgo, salgo armado —concluyó arrojando un certero salivazo sobre un escarabajo que avanzaba penosamente entre las briznas de paja y las deyecciones de los borregos y las gallinas.

—Y cuando no es una ranchería, es otra. Las cuadrillas de Boca de Borracho, Boca de Humo y Río Verde querían que a fuerza se les uniera Río Venado y formara parte del municipio de Putla y no del municipio de Juxtlahuaca. Río Venado se aisló en su línea y comenzaron los tiros. Si alguien pasa la línea, lo roban. En febrero mataron a un señor que venía con sus burritos a Copala. ¿Ve usted ese palo? —me preguntó, señalando un árbol que se levanta a medio cerro—. Bueno, pues ahora mismo, del palo para allá, nadie se para. Hay gavillas capitaneadas por muchachos de dieciocho o de veinte años. Agarraron a dos de ellos y el sargento los mandó presos a Juxtlahuaca. A los ocho días ya estaban libres, y nueva matanza. Otra vez los agarraron los soldados y el sargento dijo: "No, ya no los voy a mandar a Juxtlahuaca sino a Oaxaca". ¿Y qué pasó? Llegaron hace tres días y ya oímos anoche los tiroteos. ¿No oyó usted el tiroteo? Les dan dinero a los jueces, les dan mucho dinero, los jueces los sueltan y nosotros pagamos las consecuencias. Una cosa es segura: mientras no cuelguen a doce cabrones seguirá la mortandad.

—Lo que se necesita es darles una buena batida con soldados ambulantes. El pelotón recorre los pueblos de día y no encuentra nada, pero hay guías que conocen a los forajidos. Son ocho o diez los meros meros. Llegan hasta las casas sin ser sentidos, y meten los cañones por las varas de la pared y matan a la gente por venganza. No pelean por ningún interés, sino por un capricho ciego. "A ti te han matado, dicen, y ahora voy yo." Uno estaba majando café y lo agarraron con un balazote por la espalda. Otro que estaba cortando plátanos, cuando menos sintió ya estaba en la otra vida. De enero a marzo hubo quince muertes. Si no encuentran al hombre que buscan, matan a la mujer y a los niños, ésa es la pura verdad. En Copala no viviría la gente si no estuvieran los soldados. El día que diga el sargento, me voy, ese día nos vamos todos o no vivimos para contarlo.

Problemas de la tierra

Un topil le avisó al secretario que Aniceto nos aguardaba con su gente y nos dirigimos a la sala del ayuntamiento, situada arriba de la cárcel. La sala es una estrecha caverna de adobe con dos puertas cerradas y una ventana suelta donde han puesto una cruz de madera que remata en una cabeza trabajada con el estilo del arcaico. Las imprescindibles vigas alineadas a lo largo de las paredes, tres sillas y una mesa coja componen todo el mobiliario. En uno de los rincones se mira un montón de cañas secas y por los agujeros del piso es posible advertir la sombra blanca de un prisionero que recorre la celda como una fiera enjaulada.

Aniceto, el Presidente de Bienes Comunales, es un hombre corpulento de rostro enérgico y ojos penetrantes sobre los que cae un pelo negrísimo, recio y desordenado. Viste una camisa y un calzón de manta que deja al descubierto sus piernas nudosas. Sentado en la viga, inclinado hacia adelante, da la impresión de un toro salvaje en reposo cuya fuerza sólo se trasluciera en los músculos visibles bajo la piel y en el brillo ardiente de sus ojos.

Al lado suyo, los otros componentes del Comité aparecían como un conjunto de figuras borrosas y sin carácter. Manuel, mi traductor, con sus gafas negras y su boca falsa donde relucen los dientes, no era otra cosa que una temible deidad indígena, cuya estancia en la gran ciudad ha llenado de sentencias y de palabras cargadas de una significación desconocida.

Nadie se atrevía a romper el silencio. El problema de sus tierras, como el problema de todas las tierras en ambas Mixtecas, la Alta y la Baja, es demasiado complicado para decidirse a tratarlo de una buena vez, sin los antecedentes y las explicaciones necesarias.

En el fondo, como asimismo en el fondo de todas las guerras y conflictos, se trata de una cuestión de fronteras o límites. Las tierras comunales de los indios, donde siembran el maíz con un palo después de tumbar los bosques y de incendiarlos, no están deslindadas ni mucho menos adjudicadas a sus legítimos propietarios, lo cual aprovechan otras comunidades indígenas más poderosas o, sobre todo, los mestizos de las ciudades fronterizas para invadir las mejores porciones modificando a su antojo los antiguos linderos.

Esta situación se traduce en una gran inseguridad y en numerosos conflictos que como en el caso de los triquis provocan verdaderas batallas campales. Por un lado, los indios sin recursos, sin conocimientos, se esfuerzan en obtener la ansiada resolución presidencial que les dé la propiedad de sus tierras, y por el otro, un puñado de bribones, de tinterillos, de mestizos que saben cultivar las tierras, de autoridades venales y de comerciantes codiciosos, fomentan las rencillas, fabrican títulos falsos y se instalan, con el rifle en la mano, en las únicas buenas tierras de los indios.

El secretario se levantó de su banco y principió a exponer el conflicto:

—El deslinde de las tierras comunales de Copala no ha podido terminarse. Sin embargo, el Departamento Agrario ya aprobó los títulos colindantes con Juxtlahuaca, San Pedro Chayuco, San Juan Piñas, Yucacane y San Juan Yosokañú. Ya no hay dificultades con ellos.

El presidente levanta la cabeza:

—Sí, todavía hay dificultades con Juxtlahuaca. A pesar de que llegamos a una transacción, no respetaron la línea y sigue el pleito.

—El problema está en el Rosario —continúa el secretario deseoso de eliminar a Juxtlahuaca—. Han invadido las tierras de Río Venado. El indio se sujeta a su raya antigua y el indio es siempre caprichudo.

—Hace muchos años que vivimos ahí, donde nos mantenemos —afirma Aniceto.

—Son gentes de razón esos del Rosario —explica el secretario—. Saben hablar, saben defenderse, tienen dinero. Son ochenta invasores.

—Hay más de cuatrocientas casas en tierras de Copala.

—Ya hasta hicieron su plano —salta un triqui.

—¿No pagamos 630 pesos de impuestos? —dice Aniceto mientras sus acompañantes escupen despectivamente en el suelo.

—La pura verdad es que todos se pelean sin saber bien a bien por qué pelean. Unos porque no quieren pertenecer a Juxtlahuaca, otros porque no quieren pertenecer al distrito de Putla. ¿No asesinaron a un pobrecito que traía un burro cargado de plátanos por el asunto de Putla? ¿No han robado a los que vienen al mercado y pasan por Río Venado?

Aniceto, sin levantar la cabeza, habla lentamente en español, con una voz sorda y poderosa que parece salir de sus entrañas:

—Nosotros no reconocemos esos pleitos. Nosotros no le quitamos nada a la gente de razón. Nada, señor, nada —afirma golpeándose las piernas musculosas y desnudas—. Los invasores, los de Rosario y Santa María Nueva, son gentes de razón. Porque nosotros vivimos allí, se meten y trabajan nuestras tierras. No estamos conformes. El Presidente de Bienes Comunales, el doctor Hernández y Hernández, nos prometió mucho y se fue a favor de las gentes de razón. No les dio cabida a los triquis, sino a los de Rosario. Sólo unos cuantos viven y nosotros nos morimos de hambre.

El secretario, que ha escuchado siempre los mismos cargos y está convencido de su inutilidad, los oye con indiferencia

—Los triquis —dice apartándose del problema— son muy astutos y entre ellos toman la mejor resolución. Mandarlos —añade sonriente— no es posible. Yo respeto sus decisiones y por eso he durado tres añitos en mi cargo de secretario. El pueblo manda, "usted haga lo que le decimos", y yo obedezco.

—Que nos metan el agua —sugiere un triqui.

—El agua —interviene Manuel— está aquí nomás, a pocos metros. Podía ser entubada fácilmente. También necesitan la carretera, pero nadie quiere trabajar. Nadie ve por los intereses de Copala. La carretera le costó mucho dinero al Instituto Indigenista, y los de Juxtlahuaca la mandaron parar. Dijeron que ellos iban a terminar la carretera.

—La carretera —responde Aniceto— es un asunto del Gobierno. El agua es otro asunto del Gobierno. Nosotros ya no queremos nada. Lo único que nos interesa es que manden a un ingeniero y deslinde las tierras. Reclamamos nuestros derechos. De lo que comemos. Debemos terminar porque es nuestra tierra.

—Como no hablan español —dice el secretario complaciente—, les quitan sus tierras.

—Sí —concede Aniceto—, nos han matado a varios. El último en Cerro Pájaro. Todos los terrenos de agua nos los han quitado los del Rosario, y la gente se refugia en las barrancas o en Copala.

El agente, sentado en el lugar de honor, decide romper su mutismo:

—El que no habla español es igual que un ciego.

—Una vez hecho el deslinde —insiste Aniceto—, que venga la carretera, el agua, la escuela. Todo será bien recibido.

—Los mestizos —interviene el secretario, a quien sólo interesa su defensa— me acusan de aconsejar mal a los triquis. Pero que ellos lo aclaren; aquí hago lo que ordenan. Yo no les digo: "Tomen las armas y maten", no, por lo contrario. Cuando Tilapa estaba dividido, yo fui a Tilapa y les recomendé que no pelearan. Yo los llevo por el carril que corresponde.

—Nosotros no tomamos parte en los pleitos, ni nos interesan los pleitos.

—Nadie puede evitarlos —exclama el secretario sonriendo amargamente—, son producto de la venganza. Al morir el difunto Melesio Santiago por el aguardiente que tomó, todos pensaron que allí había quedado el asunto. ¿Y qué pasó? Se vino la viuda cargando a su hijo, y en el camino mataron a los dos. Entonces la gente de Rastrojo se asustó. Aquí está refugiada en Copala.

—Es triste, es muy triste todo eso —dice Aniceto—. Nada puede arreglarse. Siete años llevo de estar luchando sin ningún resultado.

El secretario, llamado por un topil, pidió permiso de retirarse y la junta llegó a su término. Los hombres habían permanecido sentados en las vigas, con los pies descalzos extendidos. Unos reclinaban la cabeza en el muro de adobes, teniendo los ojos cerrados. Otros se habían apoderado de las cajetillas vacías de los cigarros y se entretenían haciendo curiosos anillos o caballos diminutos con la cinta roja, el celofán o el papel plateado de la envoltura. Unos más se mantenían inmóviles, los ojos muy abiertos, mirando fijamente un lugar indeterminado del cuartucho.

En la noche Aniceto principió a beber y duró tres días borracho. Vagaba por el pueblo, sin sombrero, los ojos inyectados y el pelo revuelto, sin conocer a nadie. Uno de los miembros del comisariado, bañado en sangre y totalmente ebrio, vino a quejarse conmigo:

—Me pegó en la cara —me dijo—, me pegó duro porque es muy fuerte. ¿Qué hago? Me dan ganas de darle con un cuchillo.

—No sabe lo que hace —contesté—. Está como loco. Todos están locos. Si le pegas irás a la cárcel y sufrirás mucho. Es tonto pegarle.

—Tienes razón, patroncito, tienes mucha razón. Al cabo Dios es grande y ve por todos sus hijos.

El sargento

El cuartel, la bandera, los soldaditos y las ametralladoras representan la fuerza en que descansa el orden municipal y religioso de Copala. Es un orden precario y más bien simbólico, ya que el pobre maestro cayó a pocos metros del cuartel y la familia de Melesio fue aniquilada dentro de la zona teóricamente cubierta por el fuego de las ametralladoras. Más allá, en la cumbre de los cerros, se extiende una tierra de nadie donde se libran batallas campales y ocurren los asesinatos más extravagantes. Con todo, gracias a la presencia de los soldados, el secretario puede cobrar las multas a los borrachos, los mayordomos celebrar sus interminables orgías, el cura entonar sus himnos religiosos y las mujeres triquis, huidas de las rancherías, hallar un refugio relativamente seguro en Copala.

La fuerza no siempre ha marchado de la mano de la justicia. En el pasado, algunos comandantes, seducidos por la posibilidad de combinar el ejercicio de las armas con el de los negocios, se dedicaron a venderles armas y maíz y a comprarles café a los triquis. Un comandante, llamado Juan Ortiz Aguilar, fue más lejos aún. En cierta ocasión, José Catarino, agente municipal de Cruz Chiquita, le dio dinero para deshacerse de Camilo Román, enemigo suyo, y el comandante se lo llevó preso al cuartel y allí lo mataron de un balazo.[1]

El comandante no estaba desprovisto de cierta imaginación teatral. Cuando los familiares preguntaron por Camilo, sentó al muerto en una silla y cubriéndolo con una manta se lo mostró de

---

[1] Informe inédito del antropólogo Jacobo Montes.

lejos a sus parientes, diciéndoles que estaba dormido. Después salió a Juxtlahuaca, y al día siguiente, no pudiendo retener más tiempo el cadáver de Camilo, les ordenó a los familiares: "Entren y recojan su muerto".

Otro comandante, el teniente Palos, que también se dedicaba a los negocios de compraventa en compañía de un sargento, trató de violar a una mujer de Cruz Chiquita. La mujer se defendió, acudieron los triquis de la ranchería y el teniente y el sargento fueron cazados mientras corrían tratando de salvarse. La ventaja de morir dentro de un uniforme se hizo patente cuando el alto mando, en represalia, ordenó que sus aviones ametrallaran Cruz Chiquita —los vecinos pudieron refugiarse en las montañas— y más tarde organizó diversas expediciones punitivas que ahorcaron a media docena de triquis, con lo que se vengó la muerte de los dos militares y no sufrió menoscabo el prestigio del ejército.[2]

Estos hechos no han cambiado las cosas en la región triqui. Las rancherías de Sabana, Rastrojo, Ladera, Yerba Santa, Cruz Chiquita, Cerro Ocho y Barranca Basura, a veces juntas y a veces separadas, continúan luchando contra las rancherías de Yosoyuxi, Tierra Blanca, Paraje Pérez y San Miguel Copala, con la misma cosecha de asesinatos y de tierras abandonadas. Los soldados, por su parte, se han vuelto más cautos y posiblemente ya no incurran en los abusos y arbitrariedades del pasado.

El nuevo comandante es un atlético y sencillo muchacho de Jalisco que ostenta el grado de sargento. Todas las tardes juega Volibol con algunos vecinos y soldados del pelotón. Los restantes permanecen de guardia en la puerta del cuartel, sin quitar el dedo del gatillo de las ametralladoras, lo que no es de extrañar en un centro ceremonial donde la vida transcurre bajo la protección o la amenaza de las armas.

Me interesaba conocer la opinión del sargento y él me pidió que lo visitara una hora después, siempre y cuando no apuntara su nombre en "mis papeles". A la hora fijada me recibió en un cuartito, mitad oficina, mitad recámara, amueblado con un catre de campaña, una mesa de palo, dos sillas y una vieja máquina de escribir. En los muros se veían pegados algunos cromos de santos

---

[2] Gutierre Tibón, *Pinotepa Nacional*. Ed. Universidad Nacional Autónoma de México, 1961.

que alternaban resignadamente con numerosas fotos de muchachas "ligeras de ropa" para decirlo de un modo convencional.

El sargento me ofreció una silla, él se sentó en el catre y apoyando su ancha espalda en la pared, principió diciéndome:

—La gente desearía que en cada casa estuviera de guardia un soldado, pero esto no es posible. Sólo hay dos corporaciones en todo el estado de Oaxaca. Si no podemos vigilar una ranchería, mucho menos podemos vigilar las rancherías de Ladera, Cieneguilla, Yosoyuxi, Rastrojo y Coyuchi, que ahora están en conflicto.

—¿Y por qué están en conflicto?

—Ladera dominaba la región, pesaba entre las rancherías, cuando envenenaron a su cacique en la tomadera y al morir, pues hubo sus represalias. Unos y otros se están matando dizque por venganza.

—¿Y qué hace usted para impedir esas matanzas?

—Pues mire usted, yo agarré un muchacho de Cieneguilla y a otro en Coyuchi acusados de asesinato.

—¿Quién los denunció?

—Viene gente y me dice: "Éstos son los que mataron a tres o cuatro pobres en las fiestas del tercer viernes de cuaresma".

—¿Estaban armados?

—No, hombre, no les encontré armas. Son muy listos. Muchachos de diecinueve y veinte años que siempre contestan a todas las preguntas: "No sé. No conozco. Quién sabe". Ésas son sus palabras. Y lloran. Lloran mucho. Pura inocencia fingida.

—Dicen que ustedes no salen del cuartel por temor a ser cazados.

—Eso no es cierto. He recorrido toda la región y nunca nos han hecho frente. Abandonan sus casas y se esconden en el monte. Son raros aquellos que se dan a ver. Yo no le tengo miedo a nadie. Antes salía con frecuencia, pero he dejado de dar vueltas. No sirven para nada.

—¿Y qué armas usan?

—Armas de 7 milímetros, es decir, armas iguales a las nuestras.

—¿De dónde cree usted que vienen las armas?

—Tienen la costumbre de viajar mucho a Tlaxiaco. Allí hay alguien que los abastece de armas y municiones.

—Me dice el secretario que una batida por los montes acabaría con los asesinatos.

—¿Una batida? —pregunta el sargento asombrado—. Mire, agarramos a cabecillas de dos bandos opuestos y no llegaba ni al mes que los mandamos presos y ya están en libertad.

—¿Qué hicieron concretamente los cabecillas?

—Espere usted. Aquí tengo la lista de las personas que mataron esos dos cabecillas —dijo el sargento y, tomando de un clavo unos papeles escritos a máquina, me los leyó—: Mataron a María Longina que estaba encinta; al niño Pedro Albino y a José Vázquez, Andrés Avelino, María Victoria, María Catarina, Mario Camerino, Pedro Martín y Macario Feliciano. Matanzas de veinte o treinta gentes. A uno de ellos, como le digo, lo agarré en Cieneguilla. La mamá y el papá siempre le estaban suplicando que ya dejara eso, y una vez que intervino la mamá, Pedro enojado le gritó: "A ti qué te importa" y pum, que le tira un balazo que por poco le pega en la cabeza. Poco después, cuando venían a la plaza, mataron al padre, a la madre y a una niñita. Las autoridades y algunos vecinos acusaron a Pedro Celestino de haberlos matado, yo lo aprehendí, lo llevé a Juxtlahuaca y a los cinco días lo soltaron. El juez me dijo: "Ese muchacho pendejo no es capaz de matar ni a una mosca". Salió más bravo de lo que entró y al día siguiente, mató a un señor y a una señora. Se escapó de milagro una niñita. El secretario y las autoridades vinieron a denunciarlo nuevamente, espantados, porque ellos deben salir, y tienen miedo de ser asesinados. Pude agarrarlo y lo llevé a Oaxaca. Es un muchacho descalzo, con ropa muy sucia. Estaba llorando. Otra vez llorando. "Yo ser gente buena" —decía. "Yo trabajando milpa y cafetal". Da hasta risa con esos señores. Lo cierto es que los demás agarran confianza y dicen: "Al cabo no nos hacen nada. Un muerto tiene su precio. En Juxtlahuaca, en Putla o en Oaxaca, todo tiene su precio".

El sargento clavó sus papeles inútiles con aire pesimista y volvió a sentarse en la cama:

—También al maestro le pegaron un tiro. Lo mataron propiamente porque se murió.

—¿Por qué lo mataron?

—¡Quién sabe! Le pegaron arriba y vino a caer por aquí. Quería decir algo a los soldados y no alcanzó a decirlo. Esta gente es muy difícil. El padre les hace ver que no se maten y ni así. Siguen y siguen las muertes. Yo he estado de soldado en toda la República y no he visto nada igual. En realidad se apacigua una región y se calienta otra.

—¿Y a qué cree usted que se deban estas continuas guerras?

—La principal causa son las tierras, los cafetales. No se trata de un deseo de matar, de robar, porque si fueran ladrones matarían a los arrieros o a los comerciantes de café que cargan miles de pesos por el camino de Putla y a ellos nunca les ha pasado nada. En Agua Fría hay gente de razón que siembra maíz y nunca ha tenido conflictos. Al principio yo tenía el criterio de que los grandes comerciantes aconsejaban esas muertes, pero a los comerciantes les conviene la carretera y les conviene la paz para dedicarse mejor a sus negocios.

—¿Y si no son los grandes comerciantes, entonces quiénes les aconsejan que se maten entre sí?

—Los aconsejan los que les venden parque para seguir ganando. Los aconsejan los que se quieren apoderar de sus tierras. Los triquis no hacen fechorías por robar. Les pegan siempre a los pobres y no a los ricos. Así se va la gente y ellos se quedan con sus cafetales.

—Están luchando con fantasmas.

—Ésa es la palabra. Les pregunto a los refugiados de Rastrojo o de Yerba Santa, y usted puede también preguntarles: "¿Quién te amenazó? ¿Por qué dejaron su casa?" Nunca saben nada. A veces dan nombres, pero uno no puede identificarlos. Los sospechosos aparentan muy bien que son inocentes. "¿Cómo te llamas?" —les preguntan los soldados y contestan—: "Me llamo Pedro". Se le pregunta después a uno que los conoce y nos dice: "Ése se llama Juan, no se llama Pedro". La mayoría no tiene apellidos y como dan nombres falsos, resulta imposible agarrarlos. El General, el Jefe de la Zona Militar, estuvo sufriendo cuando vino a Copala: nadie le daba informes. Interrogaba a la gente y la gente decía: "No sé. Quién sabe". En semana santa agarré a uno que andaba quemando casas para quedarse con las tierras de los triquis, lo remití a Juxtlahuaca y salió a los cinco días. No lo volví a ver. Al poco tiempo se lo echaron en una emboscada. Ya muertos es cuando la gente viene hablando. "Hacía esto y hacía lo otro. Mató a Fulano y a Zutano", pero en vida, nadie los señala. Las víctimas no hablan porque tienen miedo de ser muertos. Yo los reúno en juntas y les pido que me señalen a los que han causado muertes. Nadie habla. Si salimos a la Sierra y encontramos a un sospechoso que de altiro no se puede esconder, le preguntamos: "¿Quihubo? ¿Qué andas haciendo?". "Cortando café" —responden—. "Aquí tirando este palo." "¿Dónde vive Fulano?" "No sé. Quién sabe."

—Ese silencio prueba que son muy inteligentes.

—De tontos no tienen un pelo. Ni son salvajes, ni son pendejos como decía el juez de Juxtlahuaca. Uno ve que no hacen las cosas al aventón. Cuando van a matar, saben la hora, el lugar, las menores circunstancias. Siempre piensan en la manera de defenderse. Una noche, a las diez, por un hoyito de la pared donde apenas cabía la punta del arma, tiraron dos balazos secos. Uno le pegó a la señora que estaba haciendo su salsa. Otro le pegó al señor en la cabeza.

—¿Qué hacer? —le digo a sabiendas que repito siempre la misma pregunta— ¿Qué se podría hacer?

—Yo lo veo casi imposible. Ahorita el cerro está quemado, pero en las aguas se pone feo. Si las casas estuvieran juntas, bueno, si hubiera pueblos, podríamos vigilarlos con muchos soldados. Sí. Sería cuestión de muchos soldados, de muchos maestros, de caminos, de arreglarles los problemas de sus tierras, de evitar los contrabandos de armas. Y todo esto se llevaría muchísimo tiempo y muchísimo dinero. Yo no sé bien a bien lo que se podría hacer para civilizarlos y que dejaran de matarse.

El muerto

En la tarde de ese mismo día, las autoridades, convocadas por el secretario, principiaron a reunirse fuera del ayuntamiento. Pasaban las gentes diciendo:

—¡Que ya hubo muerto!

—¿Dónde?

—En el camino a Putla. Ya cerca de Putla.

—¿Es verdad eso? —le pregunté al secretario.

—Claro que es verdad. Aquí si no hay muertos no están contentos. Puros cerrojazos en la cabeza.

Al poco rato ya se habían juntado los regidores, el agente y los topiles, llevando sus bastones de mando cubiertos de listones y con los puños de plata ennegrecidos y abollados. Algunos estaban borrachos perdidos y yo en el fondo los justificaba porque no había razonablemente otro modo de hacer un viaje de treinta o cuarenta kilómetros a través de las montañas, cargando a cuestas un cadáver casi siempre en completo estado de descomposición.

El secretario estaba a su lado, dándoles las últimas instrucciones, que los principales escuchaban inclinando sus despeinadas cabezas y tratando de conservar —aunque sin conseguirlo desde luego— un elemental equilibrio.

—Pero ¿usted no va con ellos? —le dije al secretario.

Se me quedó viendo con sus ojillos socarrones y contestó:

—No. Yo me quedo en Copala. Es un arreglo a que he llegado con las autoridades de Juxtlahuaca. Uno corre mucho peligro fuera —y sin cuidarse de sus colegas, añadió en voz alta—: Que se mueran ellos. Yo no soy tan pendejo.

Un paréntesis en la historia del muerto

No podía acostumbrarme a la cercanía del preso que ocupaba uno de los dos cuartos de la cárcel, situada, como ya he dicho, a pocos pasos de la clínica donde vivíamos. Cantaba toda la noche con una voz ronca y en el día se veía su figura, vestida de blanco, moverse detrás de los espesos maderos de la puerta. Al irse las autoridades me acerqué a la puerta donde muchas veces se sienta su mujer para hacerle compañía y traté de hablarle, pero no sabía español y me conformé con ofrecerle una caja de cigarros. Su cara estaba pálida —esa palidez especial de los indios presos— y sus ojos me miraban tristemente.

—No podemos hablar. Yo no hablo triqui. Tú no hablas español.

—Tata —me dijo—, perdón. —Sacó su mano negra por un hueco y tocó la mía delicadamente.

No faltó quien me contara su historia. Debía cien pesos y para obligarlo a pagar, el secretario recurrió al método persuasivo de encarcelarlo. La familia del preso reunió el dinero y cubrió la deuda con la esperanza de que fuera puesto en libertad. El secretario dijo entonces que debía cuatrocientos pesos más, por réditos acumulados, y cuando lo visité ya tenía catorce días de estar en el calabozo. Las cárceles de los pueblos indios están siempre llenas con esta clase de delincuentes.

Desenlace

A las cuatro de la tarde del día siguiente llegaron las autoridades con el muerto. No lo enterraron inmediatamente, ni lo llevaron al ayuntamiento, sino a la sombra del inmenso ahuehuete que se levanta a la orilla del río, como si ese gigante vegetal fuera la iglesia donde deben permanecer expuestos los triquis que han muerto asesinados.

El muerto yacía tendido sobre un sarape atado a dos ramas de encino que formaban un primitivo lecho funerario. Estaba cubierto de hojas de plátano y se alcanzaba a divisar una parte de la cara tumefacta, un pie deforme y el torso inflado, a punto de reventar, que apenas contenía la camisa negra y manchada de sangre. De todo aquel conjunto, lo más espantoso era su brazo derecho, un brazo levantado en un último ademán defensivo, que permanecía rígido, con la piel hinchada y ya agujerada por los gusanos, un brazo levantado hacia el cielo implorando ayuda o clemencia, un brazo de joven indio inmovilizado, detenido, petrificado y vuelto carroña a la vez, que se destacaba del cuerpo y vivía por sí solo resumiendo la tragedia de los triquis. Le habían encendido cuatro velas, le habían llevado ramos de flores y el muerto, vestido de hojas, a punto de reventar, estaba ahí solitario, mientras millares de moscas —las moscas de los muertos que tienen nombres de reinas, la Lucilia Caesar, la Sarcófaga Carnaria— recorrían su figura irreconocible.

A poca distancia, en una hondonada, estaban las autoridades y algunos mayordomos, entregados a la bebida. Esperaban a que los enterradores cavaran la fosa en el lejano cementerio y bebían derramando tepache en el suelo para aplacar la furia del Monstruo de la Tierra. Alida no pudo acercarse a tomar una foto, la cual probara que la guerra de los triquis no era una exageración, pues los guardianes consideraban al muerto como un sagrado objeto de su propiedad que debía sustraerse a la mirada de los intrusos; fue necesario ir en busca del secretario y rogarle que les hablara a las autoridades sobre la conveniencia de tomar esa fotografía.

Había venido con las autoridades un chico de doce años, hijo mayor del difunto. Traía una camisa y un calzón de manta que habían sido blancos y ahora se veían negros —con la consistencia del cuero— y llenos de agujeros y remiendos. De su hombro colgaba un pequeño ayate y lo cubría un sombrero deformado. Estaba un poco apartado de los borrachos, descansando sobre una pierna y teniendo la otra doblada, lo cual le imprimía a su cuerpo un movimiento lleno de gracia que hacía olvidar sus harapos y su inverosímil sombrero derrengado. Pensé en otros niños más felices, sorprendidos en la misma postura de abandono soñador en las escuelas, frente a sus campos deportivos o en las grandes y ricas ciudades, y este contraste me conmovió profundamente. Él era, como tantos niños mixtecos, un huérfano de guerra familiarizado con la muerte, con la ebriedad, con la violencia, con el más absoluto desamparo. No tenía presente, no tenía porvenir. No entendía lo que le estaba pasando. Su padre destruido, irreconocible, era una parte de su herencia triqui. Hacía 48 horas que sólo había comido dos o tres plátanos y lo llevamos a la fonda. Comía los frijoles con la mano, sin importarle nada que el caldo le cayera en los calzones y antes de beber la limonada contempló largamente la botella. Nunca había visto una botella de refresco y nunca había comido en un plato.

Lo que contó el huérfano

Manuel habló con él en triqui y después me contó la siguiente historia:

—El difunto salió de su casa para cobrar doscientos pesos que le debían unos señores y prometió estar de regreso esa misma tarde. Pasados cuatro días, un primo suyo fue a la casa acompañado de un sobrino y no sabiendo nada del difunto la familia decidió buscarlo.

—Tú —le dijo el primo al huérfano—, te vas por la loma; el sobrino irá por el río y yo iré por la barranca. El que lo encuentre primero, le dará aviso a los otros.

Lo buscaron todo el día y, a la caída de la tarde, el sobrino vio dos zopilotes en el fondo de la barranca, bajó entre las peñas y hallándolo muerto, regresó corriendo: "Vengan. Acá está. Lo han matado".

Mandaron "la razón" a Copala, llegaron los regidores y los topiles y el chico se vino con ellos.

—¿Cuántos hermanos tienes? —le preguntó Manuel.

—Tengo cinco hermanos.

—¿Y tu mamá?

—Mi mamá no es mi mamá; es mi madrastra. Mi mamá murió hace dos años.

—¿Y tu papá era bueno contigo?

—Sí, era bueno. Me decía She (José).

Pocos datos puedo añadir a este relato. Según los rumores, lo mató un triqui de un balazo disparado por la espalda y luego lo remató de un machetazo en la cara. ¿Razones? El cobro de los doscientos pesos y la ambición de tres mestizos deseosos de quedarse con las tierras del muerto. El crimen fue en Barranca del Carbón y de allí lo arrastraron a Río Cabeza para que no le echaran la culpa a la ranchería de los asesinos. Se trata de los rumores acostumbrados. Lo cierto es que el crimen no será castigado.

8

Mazatecos
(Oaxaca)

El periplo de esta antología concluye entre los indios mazatecos de la sierra de Oaxaca, en la tierra mágica de los teonanácatl —los hongos alucinantes— y en manos de la célebre María Sabina, "sabia herbolaria, curandera, cantante, maestra del éxtasis y maestra del alma humana, pequeña vieja que habla con Dios cara a cara". Mezclado al catolicismo, el culto de los hongos sobrevive en lo alto de las montañas, recordándonos "las posilidades increíbles del hombre, de su cuerpo y de su espíritu, la facultad de romper las fronteras que nos ahogan, la de desdoblarse en las varias, infinitas, personalidades que integran nuestra conciencia, la colectiva, la de atrás". Como dice la extraordinaria María Sabina —quien aprendió por sí sola, en su comunión con los hongos, su chamanismo—: "Soy conocida en el cielo. Dios me conoce".

Los documentos

Sahagún nos dice que la primera cosa que los indios comían en sus convites eran unos honguillos negros llamados nanacatl, los cuales emborrachan, hacen ver visiones y aun provocan a lujuria. Los comían con miel y cuando se comenzaban a calentar unos bailaban, cantaban o lloraban; unos no querían cantar sino sentarse en sus aposentos y allí se estaban como pensativos. Veían en visión que se morían, que los devoraba alguna bestia fiera o que los cautivaban en la guerra. Otros veían en visión que habían de ser ricos y tener muchos esclavos; otros que habían de hurtar o adulterar y les habían de hacer tortilla la cabeza por este caso; otros veían en visión que habían de matar a alguno y por el caso habían de ser muertos; otros que vivirían y morirían en paz; otros que se ahogaban en el agua, caían de lo alto y morían de la caída o que se sumían en el agua, en algún remolino. Todos los acontecimientos desastrados que suele haber —termina Sahagún—, los veían en visión. Desque había pasado la borrachera de los honguillos hablaban los unos con los otros acerca de las visiones que habían visto.

En el libro décimo de su *Historia general de las cosas de la Nueva España*, vuelve el fraile sobre el tema: "...tenían gran conocimiento de yerbas y raíces y conocían sus calidades y virtudes; ellos mismos descubrieron y usaron primero la raíz que llaman peyotl: y los que la comían y tomaban: la tomaban en lugar de vino. Y lo mismo hacían de los que llaman nanacatl; que son los hongos malos que emborrachan también como el vino: y se juntaban en un llano después de haber comido, donde bailaban y cantaban de noche, y de día a su placer; y esto el primer día, y luego el día siguiente lloraban todos mucho y decían: que se limpiaban y lavaban los ojos y caras con sus lágrimas".

Y todavía en el libro XI, añade estos valiosos pormenores sobre los hongos: "...los que los comen... sienten bascas del corazón y ven visiones a las veces espantables y a las veces de risa; a los que muchos de ellos provocan a lujuria y aunque sean pocos. Y a los mozos locos o traviesos dícenles que han comido nanacatl".

Por su parte, el médico de Felipe II, Francisco Hernández, nos ha dejado en su *Historia Plantarum Novae Hispaniae* esta nota interesantísima: "Otros [hongos] cuando son comidos no causan la muerte pero causan una locura a veces durable, cuyo síntoma es una especie de hilaridad irresistible. Se les llama comúnmente Teyhuinti. Son de color leonado, amargos al gusto y poseen una cierta frescura que no es desagradable. Otros más, sin provocar risa, hacen pasar ante los ojos visiones de todas clases como combates o imágenes de demonios. Otros más, siendo temibles y espantables, eran los más buscados por los mismos nobles para sus fiestas y banquetes, alcanzaban un precio extremadamente elevado y se les recogía con mucho cuidado: esta especie es de color oscuro y de cierta acritud".

Las descripciones de Sahagún y de Hernández, tan notables, ofrecen una perspectiva luciferina, pero no asociada directamente con el diablo. Es el vehemente Motolinía el que las identifica con el mismo demonio, viendo en el rito indígena de comer los hongos sagrados una ceremonia semejante al rito de la comunión cristiana: "Tenían —dice— otra manera de embriaguez que los hacía más crueles: era con unos hongos o setas pequeñas, que en esta tierra los hay como en Castilla; mas los de esta tierra son de tal calidad, que comidos crudos y por ser amargos, beben tras ellos y comen con ellos un poco de miel de abejas; y de allí a poco rato veían mil visiones y en especial culebras; y como salían fuera de todo sentido, parecíales que las piernas y el cuerpo tenían llenos de gusanos que los comían vivos, y así medio rabiando se salían fuera de casa deseando que alguno los matase; y con esta bestial embriaguez y trabajo que sentían, acontecía alguna vez ahorcarse y también eran contra los otros más crueles. A estos hongos llámanles en su lengua teunanacatlh, que quiere decir carne de Dios o del Demonio que ellos adoraban y de la dicha manera con aquel amargo manjar su cruel dios los comulgaba".

Comunión. No con Dios sino con el Diablo, ese Diablo terriblemente activo que impregna de su olor las crónicas y que siempre asoma los cuernos y la cola detrás de todos los sucesos. ¡Cómo reconocemos la prosa y el espíritu de nuestro siglo XVI en esos sombríos fragmentos! Fuera de la visión de una futura riqueza y de una muerte apacible, los informantes de Sahagún o de Motolinía no comunicaron ninguna hermosa alucinación; y si la comunicaron, los frailes se guardaron mucho de consignarla en sus escritos.

Tampoco podemos afirmar que se trate de una versión deformada a propósito. Esta visión es auténtica, pero limitada; ofrece sólo una mitad de la verdad, el descenso a los infiernos, la muerte, la desgracia, la liberación de los instintos malignos, el remolino que arrastra y ahoga, la locura y la risa, pero aun la risa es una risa convulsiva y de naturaleza demoniaca. La otra mitad de las visiones, la que se refiere al ascenso místico o a la seducción de ciertas imágenes, se calla o se oculta porque en el siglo XVI todo se observa con una finalidad moral y todo posee un sentido didáctico, ejemplar. El mundo de los indios es el mundo de la oscuridad y del demonio, como el mundo de los conquistadores es el mundo de la luz y del Dios verdadero. Este Dios está vivo, como está vivo el Diablo; los dos se combaten sin cesar empeñados en aniquilarse y los cronistas religiosos, como los seglares —recordemos a Juan Suárez de Peralta y a Baltasar Dorantes de Carranza—, tienen el deber de ayudar a su Dios en esta lucha que no da cuartel ni lo pide.

Por ello el antropólogo y el fraile van siempre de la mano. Se describen los hongos y sus efectos con rigor, sin ahorrar detalles, pero ninguno es capaz de sustraerse a la consideración primordial de que esos hongos no sólo pertenecían a los ritos de los vencidos, sino que en cierta forma eran la carne y la sangre del demonio y con ellas comulgaban —una manera de meterse el diablo en el cuerpo— como los cristianos comulgan con la carne y la sangre de Cristo representados en la sagrada forma.

Así pues, los españoles rescatan las antiguas culturas y al mismo tiempo las proscriben sin misericordia y condenan en masa a la destrucción ídolos, templos, códices, drogas mágicas, porque todo estaba asociado al demonio y todo pertenecía a ese mundo de tinieblas que era necesario aniquilar para crear sobre sus ruinas el mundo de la luz, de la pureza y de la verdad propio de los conquistadores.

Sin embargo, la Colonia demuestra que es mucho más fácil hacerse de los cuerpos de los vencidos que de sus almas. Los indios fueron reducidos sin grandes dificultades a la esclavitud, pero los ídolos siguieron alentando, ocultos a veces en los altares cristianos, y los hongos y el peyote continuaron siendo devorados por millares de hechiceros y brujos en el sigilo de sus montañas apartadas, no obstante los esfuerzos del clero y del auxilio que le prestaba el Santo Oficio.

Todo esto parecía sepultado en el olvido. Las referencias a los hongos cesan en 1726, y aunque los textos de los cronistas eran conocidos por algunos eruditos de nuestro siglo, no fueron objeto de estudio ni se relacionaron con el hecho de que todavía se usaran en algunos lugares de México. Los ídolos habían perdido su naturaleza de dioses y comenzaban a vivir su segunda vida espiritual en el arte; las drogas mágicas, a pesar de su vigencia, seguían despreciadas y temidas, como si sobre ellas pesara la condenación del siglo XVI, y no fue hasta que Antonin Artaud y Aldous Huxley iniciaron desde fuera la reivindicación del peyote, cuando nuestro país comenzó a interesarse por las dorgas indias.

A los hongos no les había llegado su hora. En 1936, el ingeniero Roberto Weitlander había rendido un informe sobre ciertas especies de hongos alucinantes que se consumían en la sierra mazateca, y dos años después, en 1938, el etnólogo Jean Basset Johnson escribió un artículo publicado en Suecia acerca de una ceremonia ritual de hongos alucinantes. Estos dos trabajos, destinados a los especialistas, pasaron inadvertidos y la gloria de su descubrimiento y popularización habría de corresponder a un banquero de Nueva York llamado M.R. Gordon Wasson y a su mujer, la doctora Valentina Pavlovna Wasson, creadores de una nueva ciencia: la etnomicología.

Resumiendo su trabajo escribió Roger Heim, director del Museo de Historia Natural de París: "Cuando en 1953 los dos etnólogos de Nueva York llegaron a México, su contribución al capítulo etnomicológico era ya notable aunque inédito. Las investigaciones de los señores Wasson se aplicaban al análisis de las relaciones 'entre los hombres y los hongos a través de sus tradiciones, hábitos culinarios, literatura, religión, artes plásticas, simbolismos e historia'. Ellos han abierto un camino desconocido, y explorado tierras

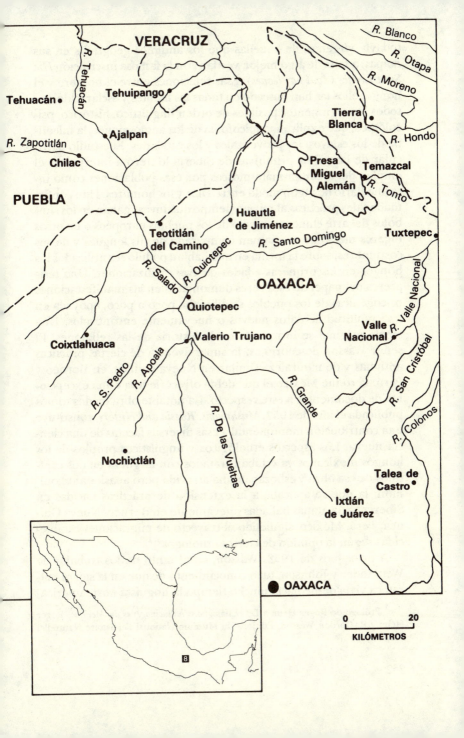

todavía vírgenes, de aquellas que los antiguos geógrafos en sus mapas, a falta de algo mejor, vestían con la famosa inscripción *Hic Sunt Leones* (*Aquí hay leones*). Esas relaciones entre el hombre y el hongo, ellos las han buscado en todas las fuentes y esclarecido con todos los argumentos posibles de orden lingüístico, histórico, psicológico, que explican la micofobia de los anglosajones, la micofilia de los eslavos, los provenzales y los catalanes. El estudio particular de las tribus primitivas de Siberia lo llevó a interpretar el empleo del amanita mata-moscas por esas poblaciones como intermediario de algún modo entre Dios y los hombres. Han confirmado tales prácticas al mismo tiempo que investigaban en los símbolos del arte chino, en medio de los pueblos europeos o en otros lugares mediante el examen comparado de sus lenguas y de sus costumbres, sobre la forma en que habían podido ser utilizados los hongos en las primeras edades de esas civilizaciones. Una tesis acerca del papel de esos seres demoniacos en las manifestaciones psicogénicas de los pueblos se dibujaba poco a poco, apoyada en una multitud de datos nuevos o nuevamente encontrados. Una teoría original se introducía en la historia de las religiones. El señor Wasson descubrió así la supervivencia de ciertas prácticas antiguas y de naturaleza similar en Nueva Guinea, en Borneo y Perú. Pero fue México el que debía ofrecerle una mina excepcional de documentos a este respecto. La notable obra en dos tomos publicada el año de 1957, *Mushrooms, Russia and History*, constituye una contribución monumental a esas diversas facetas de una ciencia nueva. Los aspectos etnológicos y lingüísticos propios de los hongos mexicanos ya estaban tratados con largueza en dos capítulos de esa obra y esbozaban una atrevida pero apasionante opinión: la que se aplicaba a la extensión de prácticas nacidas en Siberia hacia etapas halladas nuevamente en Borneo, Nueva Guinea, Perú, México, siguiendo el trayecto de migraciones establecidas según la opinión de ciertos etnólogos".[1]

A principios de 1953, Wasson, ya al tanto de los trabajos de Weitlander y Johnson, tuvo conocimiento de que en la sierra mazateca vivía desde hacía mucho tiempo la lingüista norteameri-

---

[1] Prólogo de Roger Heim a *Les champignons hallucinogènes du Mexique*, Roger Heim y R. Gordon Wasson, Éditions du Muséum National D'Histoire Naturelle. París, 1958.

na Eunice Victoria Pike, y se dirigió a ella para pedirle informes sobre los hongos alucinantes.

La respuesta es un notable documento etnográfico que en cierta manera reanuda la investigación emprendida por los frailes y naturalistas del siglo XVI. A semejanza de sus remotos antecesores, la señorita Pike no sólo era lingüista y compiladora de hechos concernientes a los indios, sino que por su carácter de misionera y propagandista del cristianismo, observaba con manifiesto desagrado la supervivencia de los hongos sagrados.

Por añadidura, todo lo que la señorita Pike conocía de los hongos lo sabía a través de informaciones y no directamente, ya que la severa protestante nunca se hubiera permitido asistir a una ceremonia ni mucho menos comulgar con aquellos oscuros demonios vegetales. De cualquier modo, su carta[2] ofrecía una perspec-

---

[2] Huautla de Jiménez, Oaxaca. México, 9 de marzo de 1953.
Querido señor Wasson:
Me complace estar en posibilidad de informarle lo que sé acerca del hongo de los mazatecos llamado si^3 tho^3, o familiarmente 'nti^1 si^3 tho^3. Tal vez un día utilice mis observaciones para alguna publicación, pero entre tanto, usted puede utilizarlas como mejor le parezca.

Los mazatecos hablan raramente de su hongo a los extranjeros, pero la creencia en su poder está muy extendida. Un muchacho de 21 años me dijo: "Yo sé que los extranjeros no usan el hongo, pero Jesucristo nos lo dio porque somos pobres y no podemos pagar un doctor ni medicinas costosas".

Algunas veces lo llaman "sangre de Cristo", pues suponen que crece donde cayó una gota de la sangre de Cristo. Dicen que su país está "vivo" porque produce el hongo, mientras que la región seca donde no crece es una región calificada de "muerta".

Pretenden que ayuda "a los que son puros", pero que si lo come algún impuro, el hongo "lo mata o lo vuelve loco". Cuando hablan de impureza entienden "impuro ritualmente". (Un homicida, si está preparado para la ceremonia, puede comer el hongo sin dañarse.) Una persona puede considerarse a salvo si evita toda relación sexual cinco días antes y cinco días después de la ceremonia. Un zapatero de nuestro barrio se volvió loco hace cinco años, porque según los vecinos, después de haber comido hongos tuvo relaciones con su mujer. Dicen que cuando un hombre pone un fragmento en la bebida de un enemigo al hallarse por ejemplo en la cantina, y éste bebe no estando puro, corre el peligro de volverse loco. Puede también enloquecer si el que recogió los hongos era impuro.

El curandero siempre come crudo el hongo. Si alguno lo hace cocer o asar, éste les provoca úlcera. En cuanto a la cantidad que se toma no hay una regla general; algunos curanderos consumen más que otros, aunque por término medio absorben cuatro o cinco. Si come demasiados, "el hongo tratará de matarlo". En ese caso el

tiva capaz de enloquecer al más frío investigador, y Wasson se decidió a explorar la remota y casi olvidada sierra mazateca.

Wasson fue pues el llamado a darle celebridad al nanacatl de los indios. No había ningún hombre en el mundo mejor preparado ni que mayor pasión sintiera por ese vasto, frágil, delicado y misterioso universo de los hongos. Como todos los descubridores, él debía sacarlos de la oscuridad, y al mismo tiempo contribuir a su aniquilamiento al disipar el ambiente de amor y reverencia que hasta entonces los rodeara.

El descubrimiento de los hongos

Wasson dejó la ciudad de México el 8 de agosto de 1953 en compañía de su mujer, la doctora Valentina Pavlovna Wasson, Masha, su hija de dieciséis años, y el ingeniero Roberto Weitlander. Pasaron la noche en Teotitlán, la antigua ciudad de los dioses, y de allí iniciaron el ascenso a la sierra. Entonces no existía la brecha que conduce a Huautla. Iban por las veredas de las recuas, montados en cinco mulas y un caballo "horriblemente flacos y pequeños", a cargo de un arriero, el indio mazateco, llamado Víctor Hernández.

curandero se desmaya y vuelve en sí poco a poco mientras los asistentes "ruegan por él". Esto puede ocurrir también si tuvo relaciones sexuales poco tiempo antes.

Cuando todo va bien, el curandero tiene visiones y el hongo habla durante dos o tres horas. "Es el mismo Jesucristo el que nos habla." El hongo les muestra lo que ha producido la enfermedad a una persona. Puede decir que ha sido embrujada y en ese caso, por quién, cuándo y por qué; o que está enferma de espanto o bien que se trata de una enfermedad curable por medio de medicamentos y entonces sugiere que se llame a un médico; también dirá, lo cual es más importante, si la persona vivirá o morirá. Si dice que vivirá, el enfermo "irá mejor aunque haya estado muy grave". Si dice que morirá, los parientes preparan los funerales; indica igualmente quién heredará los bienes. Uno de mis informantes admitió sin embargo que algunas veces el hongo se equivoca.

Una de las "pruebas" de que el mismo Jesucristo es el que habla, reside en este hecho: los que lo comen experimentan visiones. A todos los que hemos interrogado nos decían que veían el mismo cielo. Sin embargo, no insistían en ese punto e insinuaban también que les parecía ver una película de los Estados Unidos.

La mayor parte afirmó que los curanderos veían con frecuencia el mar, lo cual para estas gentes de la montaña es un hecho sensacional.

Pregunté qué aspecto presentaba el curandero cuando se encontraba bajo los efectos de los hongos. Me respondieron que no dormía y estaba sentado con los ojos

Esa misma noche llegaron a Huautla y se alojaron en la casa de la profesora Herlinda Martínez Cid, amiga de la señorita Pike. Herlinda no pudo hacer otra cosa que presentarles a Aurelio Carreras, indio tuerto, de cuarenta y cinco años, propietario de dos o tres casas y relacionado vagamente con los hongos. Wasson marchaba a ciegas. Las gentes que iba conociendo —una parienta de Herlinda; el mismo cura de Huautla; Concepción, esposa de un curandero borracho perdido— trataban de ayudarlo, pero ninguno aparentemente sabía gran cosa de los hongos.

Por las noches el tuerto Aurelio, Concepción y Víctor, el arriero, le llevaban hongos envueltos en hojas de plátano o en pedazos de tela y Aurelio le recomendaba silencio porque era un asunto "muy delicado".

"Al dirigirnos a los indios —dice Wasson describiendo la atmósfera de misterio que todavía rodeaba a los hongos— teníamos cuidado de hablar de ellos con el mayor respeto. (Después de todo era grande nuestro atrevimiento: nosotros, extranjeros, queríamos penetrar los secretos religiosos más íntimos de este pueblo apartado.) ¿No equivaldría esto a que un pagano le solicitara algunos fragmentos de la sagrada hostia a un sacerdote católico?"

abiertos, "despierto". En ese momento no bebe alcohol, pero puede hacerlo cerca del amanecer. Algunos se levantan al día siguiente y hacen su trabajo habitual y otros permanecen en sus casas ya "que han velado toda la noche".

Aunque nunca hemos asistido a esas ceremonias donde se comen hongos, pudimos observar su influencia sobre la población. Uno de nuestros vecinos que estaba tuberculoso y venía a nuestra casa para hacerse curar, cierta noche llamó al curandero a fin de que comiera por él los hongos. El curandero declaró que moriría. Al día siguiente el enfermo ya no mostró interés en nuestras medicinas y comenzó a ordenar sus asuntos. Dejó de comer y se nutría únicamente con atole de maíz. Dos semanas después rehusó incluso ese alimento y sólo aceptaba algunos sorbos de agua. Algunos días más tarde rechazó hasta los sorbos de agua. Antes de que se cumpliera el mes de haber consultado los hongos estaba muerto.

Otra familia vecina había sufrido toda una serie de enfermedades. Consultó a los hongos en el caso de un hijo de veintidós años. El hongo respondió que iría mejor y fue mejor. Cuando una muchacha de dieciocho años cayó enferma, consultaron nuevamente al hongo y este pronunció la misma sentencia y volvió a cumplirse. Después le tocó su turno a una chica de diez años. El hongo dijo que moriría. La familia se asombró porque la enfermedad no parecía seria. Evidentemente la familia estaba muy afligida, pero el hongo le dijo: "No se inquieten: yo tomaré su alma". Así, de acuerdo con las instrucciones, la pequeña se puso a rezar diciendo: "Si tú no quieres curarme, toma mi alma". Uno o dos días más tarde, había muerto.

Wasson no cesaba de pedir explicaciones a diversas personas sobre el poder misterioso de los hongos. Uno le dijo: "Nuestro Señor atravesó el país y donde escupía allí crecía un hongo". (Pienso —escribe Wasson— que escupir es un eufemismo de esparcir la simiente.) Una mujer le confió que 'nti^{1}si^{3}tho^3 significaba "brota de la sangre de Cristo que María no pudo recoger".[3] (Wasson anota: Esto me recuerda las observaciones de la señorita Pike.) Y la misma mujer añadió que 'nti^{1}ni^{4}se$^{3-4}$, el más pequeño de los hongos, "apareció allí donde Cristo tropezó bajo el peso de la cruz".

Aurelio era el más explícito: según él, el hongo "es habla" y habla de muchas cosas: de Dios, del porvenir, de la vida y de la muerte, dice dónde encontrar los objetos perdidos. Se ve también dónde está Dios.

Con todo ello Wasson iba llenando de interesantes notas sus cuadernos: "Sabíamos que los mazatecos son micófagos y que numerosas especies comestibles se ofrecen en la plaza todos los días de mercado. Cada especie tiene su nombre y el término general del hongo *thai* se pronuncia acentuando mucho la T mientras que las vocales son nasales. Pero ese término se aplica sólo a los hongos que no son sagrados. Cada una de estas espècies posee su nombre propio, todos designados por si^{3}tho^3. Ese nombre se haya invariablemente precedido de otro elemento verbal, de modo que la expresión común, tal como nos había escrito la señorita Pike, es 'nti^{1}si^{3}tho^3, dando la primera sílaba el sentido de afecto y deferencia. (El apóstrofe representa una pausa glótica.) La palabra si^{3}tho^3 significa literalmente 'el que brota', afortunada metáfora mística.

No todos los mazatecos creen que los mensajes del hongo vienen de Jesucristo. Los que hablan español y han tenido contactos con el mundo exterior, se inclinan a declarar: "No son más que mentiras". Pero la mayor parte, que sólo conoce su lengua, o bien afirma que Jesucristo les habla o bien preguntan dubitativos: "¿Qué piensa usted? ¿Verdaderamente será la sangre de Cristo?"

Lamento la supervivencia del empleo de los hongos porque no conocemos un solo caso en que haya dado resultados benéficos. Me gustaría que consultaran la Biblia cuando tratan de penetrar en las intenciones de Cristo, más que verlos engañados por un curandero y por los hongos.

Deseándole éxito en sus investigaciones, queda de usted sinceramente

Eunice V. Pike

[3] En el lenguaje mazateco 1 es el sonido más elevado y 4, el sonido más bajo.

Víctor explica el nombre como significando 'que viene por sí mismo, no se sabe de dónde, como el viento que viene sin saber de dónde ni por qué'. La palabra esta saturada de *mana*; se pronuncia en un murmullo y a Víctor le repugnaba decirla. Cuando debía emplearla, la remplazaba con un ademán de sus dedos, haciendo un movimiento de llevarse la comida a la boca. Los hongos sagrados no se venden nunca en la plaza del mercado, aunque todos los accesorios del rito pueden ser comprados allí sin dificultad."[4]

Los poderes adivinatorios del tuerto Aurelio

El tiempo de que disponía Wasson llegaba a su fin y no había podido relacionarse con un curandero o ço^{4}ta^{4}si^{4}ne^4, ni asistir a una ceremonia de hongos.

Don Roberto tuvo una corazonada:

—¿Y si Aurelio fuera el curandero que buscamos?

En ese momento hacía su silenciosa aparición Aurelio.

—Dinos, Aurelio —le preguntó don Roberto—, ¿tus experiencias siempre tienen éxito?

—Sí, siempre —respondió Aurelio.

—Un hijo del señor Wasson está en Boston y desea tener noticias de él. ¿Podrías ayudarnos esta noche?

Debemos aclarar que en 1953 los hongos no se utilizaban con el propósito de provocar éxtasis por el éxtasis mismo. Se empleaban siempre que se trataba de curar una enfermedad o resolver un problema, y la persona que contrataba al curandero debía someterle a su consideración un caso concreto. Wasson, en efecto, no había recibido ninguna carta de su hijo Pedro, muchacho de dieciocho años que trabajaba en una empresa de Boston, y aunque estaba preocupado, presentó su problema, no porque creyera en las dotes adivinatorias de Aurelio, sino como un pretexto para asistir a la deseada ceremonia de los hongos alucinantes.

Aurelio consultó con la profesora Herlinda y después de muchas cavilaciones accedió a la petición de don Roberto. Deberían estar listos a las nueve de la noche y advirtió que había diferentes maneras de llevar la ceremonia. Unos curanderos recitaban, can-

---

[4] Todos los textos de Wasson están tomados de la obra citada.

taban e incluso lanzaban gritos. Por el contrario, él permanecía tranquilo y nunca levantaba la voz. Como los hongos no se expresan en otro idioma que no sea el mazateco, pedía que lo acompañara su hijo Demetrio a fin de que él les tradujera las palabras del hongo. La ceremonia, celebrada en la pobre casa de Aurelio, fue la ceremonia clásica donde ofician tradicionalmente los curanderos mazatecos: altar con santos católicos, velas, huevos de totola, copal, cacao, piciate, plumas de guacamaya, cañutos con aguardiente y papel de amate.

A las once y cinco Aurelio pregunta:
—¿Dónde está Pedro?
—En Boston.

Aurelio apaga las velas y pasan dos horas en la oscuridad y el silencio más absolutos.

A la una y cinco se desencadena una tempestad sobre Huautla. Truenos, relámpagos, lluvia. Bruscamente suena un disparo. Demetrio exclama: —Homicidio.

Pies descalzos corren por el sendero cercano a la casa. Una puerta es golpeada. Se escuchan tres disparos más. "A través de la tempestad y del tiroteo, Aurelio prosigue imperturbable su rito." Distingue trabajosamente a Pedro porque está lejos en una ciudad extranjera.

Más tarde, los hongos dictan su sentencia: "Pedro está vivo. Lo buscan afanosamente para enviarlo a la guerra. Posiblemente no lo encuentren. De cualquier modo, resulta penoso decirlo. Alemania tiene algo que ver en este asunto".

A continuación los hongos afirman que Pedro no está en Boston, como cree el señor Wasson, sino en Nueva York. Grandes dificultades casi le hacen perder la cabeza y piensa en sus familiares al extremo de llorar. Nunca ha tenido semejantes problemas. No sabe cómo decir a sus padres lo que le ocurre.

Antes de concluir la ceremonia, a la una y cuarenticinco, los hongos revelan que uno de los parientes de los Wasson "debe caer seriamente enfermo en el transcurso del año".

De esta prolija ceremonia, Wasson recuerda la grave mirada que le dirige el único ojo de Aurelio Carreras.

"Nosotros hubiéramos querido terminar aquí nuestra historia de Huautla —escribe Wasson—, pero la lealtad nos obliga a decir algo más. Nuestra actitud en relación a la ceremonia y particularmente en relación a las palabras proféticas allí pronunciadas, había sido la de una amable condescendencia. Nos decíamos que era cruel de nuestra parte pedirle a Aurelio, encerrado en su mundo indio iletrado, penetrar comprensivamente en los problemas de la familia Wasson de Nueva York. Sus poderes adivinatorios, sometidos a una prueba tan dura, de momento nos parecieron de una debilidad lamentable, aunque desde luego nosotros anotamos lo que nos dijo.

"Volvimos a nuestra casa en la segunda semana de septiembre. En la cocina de nuestro departamento de Nueva York nos encontramos con los restos de una fiesta que Pedro había organizado con sus amigos. Las facturas de los proveedores consignaban la fecha: fin de semana del 15-16 de agosto. Cuando vimos a Pedro, nos confirmó lo que habíamos visto. Riéndonos, consideramos esto como un indicio palpable de los hongos y no volvimos a pensar en el asunto.

"La predicción de Aurelio sobre el ejército nos había parecido absurda. Después de todo, Pedro, a la edad de diecisiete años se había enrolado en la guardia nacional y gracias a esto no había sido movilizado. Sin embargo, poco después de nuestro regreso a Nueva York, salí a Europa en viaje de negocios y en las últimas horas de la mañana del 3 de octubre llegué a Ginebra. Me esperaba un telegrama de la casa con una noticia sensacional. Pedro acababa de expresar su determinación, todavía no realizada, de enrolarse en el ejército regular por tres años. Había tomado esta decisión después de una crisis prolongada en relación a una muchacha, crisis que alcanzó su punto culminante durante nuestra estancia en México. Se me rogaba enviarle un telegrama a Pedro pidiéndole aplazara su irreflexiva marcha. Envié el mensaje, pero antes de que llegara a Pedro, éste había firmado su compromiso. No fue sino hasta más tarde que la declaración de Aurelio de pronto nos volvió a la memoria.

"Algunos meses después, concluido el periodo habitual de entrenamiento, Pedro entró al servicio, por órdenes del ejército, no en Japón, sino en Alemania.

"Queda nuestra predicción final. La grave enfermedad que debía caer sobre un miembro de la familia (la familia para los mazatecos abarca toda la parentela). Esto parecía improbable ya que nuestras familias son extraordinariamente limitadas, pero en febrero de 1954, un primo hermano, a los cuarenta años y en plena vitalidad, sucumbió súbitamente de un ataque cardiaco."

El encuentro con María Sabina

En 1955 Wasson volvió a la sierra, esta vez acompañado de su amigo el fotógrafo Allan Richardson. Wasson se sentía aislado. Aurelio, el notable adivino, estaba enfermo; Concepción no se atrevía a cargar sobre sus hombros la responsabilidad de oficiar para los dos extranjeros y aun el mismo cura estaba ausente de Huautla. No había pues hongos alucinantes, ni curanderos complacientes, ni esperanzas de celebrar una ceremonia.

Wasson —algún dios mazateco debe haber inspirado su atrevida resolución— se dirigió entonces al ayuntamiento y allí encontró sentado frente a una gran mesa al síndico Cayetano García, joven indio de treinta y cinco años que hablaba español.

—¿Puedo hablar con usted confidencialmente? —preguntó Wasson.

—Por supuesto —contestó el síndico—. Dígame de qué se trata.

Me imagino sin esfuerzo a Wasson en aquel momento crucial de su carrera, inclinándose sobre la oreja de Cayetano y diciéndole con su voz suave y extremando su cortesía ligeramente teñida de humorismo:

—¿Quiere usted ayudarme a conocer los secretos del 'nti^{1}si^{3}tho^3?

La propuesta, así formulada, era tanto más desconcertante cuanto que ese recién llegado, según él mismo lo confiesa sin ocultar satisfacción, pronunció correctamente la temida palabra mazateca "con la pausa glótica y la diferenciación tonal de las sílabas".

Cayetano abrió los ojos admirado de lo que oía.

—Nada más fácil —contestó—. Por favor vaya usted a mi casa a la hora de la siesta.

Cayetano vivía a la orilla de Huautla, en una casa de dos pisos que por un lado daba a la calle principal y por otro a la empinada falda de la montaña. Una casa, como la mayoría de las serranas, llena de hombres, de animales, hirviente de vida. "Una gallina —apunta Wasson— que empollaba sus huevos en una mesa atestada de cosas era el testigo silencioso de todo lo que ocurría."

Apenas llegados, Cayetano y su hermano Genaro los hicieron descender la montaña y en un molino rudimentario, sobre el bagazo de la caña de azúcar ¡oh dioses inmortales! descubrieron una inmensa cantidad de los hongos llamados ki^{3}so^1, desbarrancadero. Wasson no oculta su emoción: "los fotografiamos llenos de alegría y los guardamos en una caja de cartón: los hongos sagrados deben transportarse siempre bien envueltos y no exponerse jamás a las miradas de los transeúntes. Había una buena cantidad, tiernos en su mayor parte, perfectos todos por lo que hace a su saludable humedad y a su perfume. Entonces trepamos la cuesta escarpada de la montaña con nuestro cargamento hasta la casa. Nos habían prevenido que si encontrábamos en nuestro camino a un animal muerto los hongos perderían su virtud, pero felizmente no vimos ninguno".

Wasson había logrado traspasar el muro de recelos y desconfianzas que para defenderse tienden los indios en torno a los desconocidos. Cayetano, a pesar de que hablaba español y ocupaba un cargo en el ayuntamiento, era un hombre fuertemente arraigado a su tierra, que creía en el poder sagrado de los hongos y recurría a ellos para solucionar los muchos y graves problemas que siempre enfrentan las familias mazatecas. Su sentimiento de solidaridad, tan propio de los indios, su conocimiento de la vida mágica que se desarrollaba en Huautla fuera de las miradas intrusas, cambiaron la situación de Wasson. No se conformó con mostrarle los hongos *in situ*, sino que sobre la marcha envió a Wasson con Emilio, otro hermano suyo, a cierto lugar donde encontrarían a una "curandera de primera categoría".

La curandera —¿es necesario aclarar que se trata de María Sabina?— estaba sentada en un petate, con una de sus hijas, y no sabía que con ese extranjero —el Gordo Guasón para algunos mazatecos— entraba el reconocimiento de sus poderes, la fama mundial representada por artículos en revistas de largos tirajes, los libros y las monografías científicas, los discos que registraran sus cantos chamánicos, las fotografías, el cine y las caravanas de turistas ávidos de conocer los misterios del hongo sagrado.

María accedió a oficiar esa misma noche en una ceremonia —quizá la primera donde los hongos se tomaron con el propósito de provocar éxtasis— y Wasson, sin ninguna ayuda especial, en una sola tarde, realizó de golpe todos sus objetivos.

Escribe Wasson: "Ese último miércoles de junio, después de la caída de la noche, nos reunimos en el cuarto más bajo de la casa de Cayetano. Debían estar presentes, en total, veinticinco personas, la mayor parte viejos y jóvenes de la familia de Cayetano [...] Allan Richardson y yo mismo estábamos profundamente impresionados por la conducta de aquella asamblea: la manera de recibirnos y los acontecimientos de la noche fueron de una sencillez acogedora, pero sin ninguna familiaridad, como las cenas de los primeros tiempos del cristianismo.

"Participábamos —dice adelante— en un ágape de hongos de un interés antropológico único, en todo conforme a una tradición inmemorial que tal vez se remontaba a una época en que los antepasados de nuestros anfitriones vivían en Asia, en el amanecer de la historia cultural del hombre, cuando se descubrió —¿quién podría decirlo?— la idea de Dios."

María Sabina, siguiendo el rito que habría de serme familiar años después, incensó los hongos, le dio a Wasson una taza que contenía seis pares y otra semejante al "pobre" Allan, cuya mujer le había permitido hacer el viaje siempre que no probara "aquel repelente montón de sabandijas".

Wasson lo oyó murmurar:

—Dios mío, ¿qué dirá Mary?

"Ante todo —escribe Wasson—, vimos formas geométricas, angulares, nunca circulares, ricamente coloreadas, que podrían ser de tejidos o alfombras. Después tomaron una estructura arquitectónica, con columnas y arquitrabes, patios de un esplendor real, edificios de brillantes colores con oro, ónix, ébano, todo lo más armoniosa e ingeniosamente concebido y de una magnificencia que sobrepasaba la imaginación humana. Por quién sabe qué razón, esas visiones arquitectónicas parecían orientales, y sin embargo, en cada escena me daba cuenta de que no podían ser identificadas con ningún país oriental en particular. No eran japonesas, ni chinas, ni indias, ni musulmanas. Más bien parecían pertenecer a la arquitectura imaginaria descrita por los visionarios de la Biblia, por San Juan de Patmos. En la estética de ese mundo así revelado, la sencillez ática no tenía ningún lugar: todo era de una riqueza esplendorosa.

"En un momento, a la pálida claridad de la luna, el ramo de la mesa tomó las dimensiones y la forma de un convoy imperial, de un carro triunfal arrastrado por criaturas vivas, conocidas solamente en la mitología. Ante nuestros ojos muy abiertos las visiones se sucedían sin fin, cada una naciendo de la precedente. Teníamos la sensación de que las paredes de nuestra humilde morada se habían desvanecido, que nuestras almas flotaban sin trabas por el universo impulsadas por una brisa divina, poseídas por una movilidad divina que nos llevaría no importaba a qué lugar en las alas del pensamiento. Ahora aparecía claramente por qué don Aurelio, en 1953, y otras personas nos habían dicho que los hongos conducen *ahí donde está Dios*. No fue sino cuando por un acto de esfuerzo consciente toqué la pared de la casa de Cayetano que tuve sentido de los límites del cuarto y ese contacto con la realidad parece ser que precipitó en mí la náusea.

"En la noche del 29 al 30 de junio ningún ser humano apareció en nuestras visiones. En la del 2 al 3 de julio nuevamente comí hongos en el mismo cuarto, oficiando otra vez la señora. Si se nos permite anticipar nuestro relato, diré que en esta segunda ocasión mis visiones fueron diferentes. No hubo formas geométricas ni edificios de esplendor oriental. Motivos artísticos de las épocas isabelina y dominicana los remplazaron, armaduras de desfiles, escudos nobiliarios, esculturas de sillerías y de púlpitos de catedrales. Ninguna pátina las marcaba. Salían recién hechas del taller divino. El espectador lamenta carecer del talento que siendo capaz de fijar la deslumbrante belleza de esas formas en el papel, en el metal o en la madera, hubiera evitado que desaparecieran con la visión. Nacían una de la otra, la nueva surgiendo de la anterior. A semejanza de la primera noche, parecían cargadas de significado. Nos sentíamos en presencia de las Ideas a que se refirió Platón. Sin embargo, el lector no debe pensar que nos entregamos a la retórica esforzándonos en llamar su atención por medio de un extravagante retorcimiento del lenguaje. Para todo el mundo fueron y debían quedar como 'alucinaciones'.

Para nosotros, sin embargo, no eran sugestiones falsas o tenebrosas de cosas reales, ficciones debidas a una imaginación perturbada. Lo que vimos, eso lo sabíamos, era una sola verdad de la cual sus contrapartes de cada día no son más que simples imágenes imperfectas. Comprobábamos la novedad de nuestro descubrimiento al mismo tiempo que nos asombraba. Cualquiera que sea su origen, permanece el hecho brusco y sobrecogedor de que nuestras visiones eran más claras, superiores en todos sus atributos, imponiéndose incluso para nosotros que las experimentábamos a todo lo que pasa por ser la realidad del mundo.

"A continuación de las escenas ya descritas, vi paisajes las dos veces. El miércoles era un gran desierto con un fondo de majestuosas montañas, terrazas escalonadas, caravanas de camellos avanzando por las cuestas. El sábado, los paisajes representaban estuarios de inmensos ríos llenos hasta el borde de un agua transparente que rebasaba los cañaverales bien alineados extendidos lejos de las riberas. Aquí, los colores tenían los tonos delicados del pastel. La luz, clara, pero dulce, como viniendo de un sol horizontal. Durante esas dos noches las imágenes respondían a la voluntad del espectador: cuando un detalle le interesaba, el paisaje se aproximaba con la velocidad de la luz y podía valorarlo. Parecía no haber pájaros ni vidas humanas en el estuario del río, hasta que una grosera cabaña apareció de pronto con una forma inmóvil cerca de ella. Era una mujer por su aspecto, su rostro, su vestido —naturalmente la visión se ofrecía en color— pero al mismo tiempo era una estatua porque estaba allí sin expresión, inmóvil, con los ojos clavados en la lejanía. Se habría podido, si nuestra visión no la representara como un ser vivo, compararla a esas esculturas griegas antiguas que miran fijamente el espacio, o mejor todavía, a la mujer de una estela funeraria griega escrutando la eternidad. Yo era el visitante de un mundo del que no formaba parte y con el cual no podía esperar establecer un contacto. En equilibrio dentro del espacio, yo era un ojo separado de su ser, invisible, incorpóreo, que veía sin ser visto."

Las piezas del rompecabezas

Debemos abandonar a Wasson, descubridor y divulgador de los hongos alucinantes, no sin añadir que sus notables investigaciones, lejos de limitarse a la sierra mazateca, pronto se extendieron a lugares cercanos a la capital como San Pedro Nexapa en las faldas del Popocatépetl y Tenango del Valle en las inmediaciones de Toluca, o tan apartados e incluso inaccesibles como la Mixería, los zapotecos de la sierra costera, el país Chatino, la Chinantla y la Alta Mixteca.

Pero este investigador fue más lejos aún y logró interesar a un grupo de científicos en los hongos alucinantes. A partir de 1956 sus exploraciones ya no comprendieron a los miembros de su familia o a un estudioso aislado, sino a todo un equipo de eminentes especialistas en química, botánica, etnología y lingüística. El doctor Roger Heim, en compañía de su ayudante Roger Cailleux, logró con cepas y esporas mexicanas producir hongos alucinantes en su laboratorio, analizarlos y describirlos a la vez que recorría México y Centro América, asistía a las ceremonias, experimentaba personalmente los efectos del nanacatl y escribía monografías científicas y artículos de divulgación. El doctor Guy Stresser Pean, del Museo del Hombre de París, estudió diversos aspectos etnológicos del 'nti^{1}shi^{3}to^3; el doctor Albert Hoffmann, de los Laboratorios Sandoz de Basilea, aisló y sintetizó la psilocibina; el doctor Cerletti, con sus colegas, estudió las propiedades farmacológicas y fisiológicas del hongo; los miembros de la Academia de Medicina de París, bajo la dirección del doctor Jean Delay, experimentaron los efectos de la psilocibina sobre personas normales y enfermos mentales; y el Instituto Lingüístico de Verano tradujo expresiones y textos en cinco idiomas. De este modo, un simple particular propició una colaboración científica de alcances internacionales que entre otras realizaciones hizo posible la publicación de esa monumental monografía titulada *Les champignons hallucinogènes du Mexique*, desgraciadamente todavía no traducida al español.

Wasson estudió además la huella que dejaron los hongos en la arqueología mesoamericana, rescató las notas y las alusiones dejadas en sus historias, en sus diccionarios y en sus escritos por oscuros o famosos cronistas, naturalistas, lingüistas o simples aficionados a consignar hechos curiosos. Puede decirse que Wasson agotó la materia, llegando su pasión al extremo de explorar esa cantera inmensa que constituyen los mil tomos del Santo Oficio conservados por el Archivo General de la Nación en busca de procesos inquisitoriales levantados contra los herejes comedores de hongos sagrados.

Wasson no ha terminado su tarea. La muerte de su esposa y colaboradora, la doctora Valentina Pavlovna Wasson, que significó para él un rudo golpe, y su trabajo profesional de banquero no le han impedido emprender fatigosas exploraciones y acumular nuevos e importantes documentos.

Gracias a su tenacidad, tuvo la fortuna de presenciar ceremonias religiosas que a pesar de persecuciones y de cambios se han conservado intactas. Ésta ha sido una experiencia única en verdad, porque nos ha permitido conocer una de las manifestaciones espirituales más elevadas y trascendentes de los indios mexicanos. Vemos armarse las piezas usadas, esparcidas, casi irreconocibles del gigantesco rompecabezas que en vano han tratado de descifrar algunas generaciones de investigadores: el origen del hombre americano, la dispersión de una cultura formada en Asia cuyas huellas van siendo identificadas no en piedras, no en fósiles, no en vestigios perdurables, sino curiosamente en la fragilidad de un hongo, en las prácticas chamánicas, en los delirios y en los éxtasis que sobre las nieves siberianas o bajo los frondosos árboles de la sierra mazateca nos hablan de una unidad espiritual, de una nostalgia y de un deseo que permanecen vivos en el corazón de los hombres.

Peyote y hongos alucinantes

Hasta 1957 el peyote era considerado el monarca indisputable de las drogas alucinantes mexicanas. Había logrado centrar como ninguna otra droga la curiosidad de los primeros cronistas y descriptores de nuestra flora en el siglo XVI; conservó su jerarquía a lo largo del Virreynato, según lo demuestran los numerosos juicios seguidos por la Inquisición; mantuvo intacto su prestigio durante el siglo XIX, y en la tercera década de nuestro siglo principió a conquistar un renombre internacional.

De los hongos alucinantes, en cambio, nadie hablaba. Circunscritos a las zonas de la sierra mazateca y de la Mixería o devorados en el mayor secreto por hechiceros aislados de otras regiones, su culto y sus maravillosas propiedades sólo eran vagamente conocidos dentro de un reducido grupo de eruditos y lingüistas, pero en menos de seis años el teonanacatl, el alimento de los dioses, inicia un ascenso vertiginoso y se hace de un árbol genealógico y de las abundantes cartas credenciales que figuran en la bibliografía de Wasson *Los hongos alucinantes de México y la psilocibina*, publicada a fines de 1962 por la Universidad de Harvard.[5]

Ahora el peyote y los hongos están en pie de igualdad y recorren fuera de México los caminos paralelos que recorrieron dentro de su tierra natal. Aunque de distinta naturaleza son drogas gemelas, dioses y demonios a la vez, objetos de reverencia y de espanto marcados por un destino común, por rituales y conjuros idénticos, por rasgos, aventuras y misterios tan semejantes entre sí que muchas veces es difícil reconocerlos.

Afinidades de los gemelos

Ante todo vemos que el curandero, al comulgar con estos dioses, sufre una transformación y se convierte él mismo en un dios. No es necesario esforzarse en demostrar la existencia de estos dioses. Todavía en Huautla la prueba de que el hongo es sagrado la proporciona el hecho incontrovertible de que basta comerlo para sentir sus efectos sobrenaturales.

Sin estos preciosos dones de la Naturaleza el curandero, fuera de las obligadas excepciones, es un hombre privado de facultades. No le es posible emprender ascensiones místicas, ni descensos al mundo subterráneo de los muertos, ni adivinar las causas de la enfermedad, ni predecir el futuro. Las deidades de estas drogas hablan por sí mismas, actúan directamente sobre el curandero o le permiten establecer una comunicación con otra clase de divinidades. Las persecuciones sufridas, los edictos encaminados a su destrucción, la idea de ver al demonio oculto en los hongos y en

---

[5] R. Gordon Wasson, *The Hallucinogenic Mushrooms of Mexico and Psilocybin: a Bibliography*, Botanical Museum Leaflets, Ed. Harvard University, Cambridge, Massachusetts, 1962.

los cactos, determinó que sus adeptos los dotaran de otra personalidad y sumaran, a sus fuerzas divinas bien probadas, la fuerza y el prestigio de las divinidades cristianas, lo que hizo de ellos un formidable concentrado de poderes mágicos y sagrados.

"En la medicina indígena —escribe Aguirre Beltrán— el medicamento, el rito y el conjuro son elementos esenciales de la práctica mágica; pero el acento se pone con tal énfasis en lo que se usa, que lo que se hace y lo que se dice pasan a un plano de segunda importancia."[6] Esta jerarquización, aplicada a la Colonia, no ha perdido nada de su validez. Cactos y hongos se cortan en el amanecer de los días propicios y se les consume aprovechando el silencio y la oscuridad de la noche. Su manejo exige complicados actos de purificación en que intervienen el tabaco, los sahumerios, la abstención sexual, y alguna vez el fuego. Los ágapes se celebran en los altares previamente barridos y enflorados, y tanto el curandero como el paciente deben mantener el mismo estado de pureza.

En el adoratorio huichol o en el cuarto familiar mazateco donde se levanta el altar y ocurre la ceremonia, destaca como una custodia en el tabernáculo el plato que contiene el peyote o los hongos. Se habla en voz baja y todas las miradas están fijas en las pequeñas criaturas vegetales que van a operar el milagro de dar a ese grupo de hombres, con frecuencia miserables como mendigos, la omnipotencia y la omnisciencia de los dioses.

Identidad de los contrarios

Ambas drogas se administran "casadas", o en parejas, una especie masculina acompañada de otra femenina, y se acostumbra comerlas con chocolate o azúcar para disimular su amargura y "facilitar la liberación de los alcaloides".[7] No terminan aquí las sorprendentes afinidades que ofrecen el peyote y los hongos. Cuando el curandero se dirige a ellos emplea el lenguaje de la divinidad; las metáforas, las formas y los diminutivos reverenciales con que se les nombra figuran entre los más hermosos de los indios.

[6] Gonzalo Aguirre Beltrán, *Medicina y magia. El proceso de aculturación en la estructura colonial*, Ed. Instituto Nacional Indigenista, México, 1963.
[7] Aguirre Beltrán, op. cit.

Sus efectos son igualmente similares. En lo esencial, los dos provocan alucinaciones sensoriales, desdoblamiento de la personalidad, alteración del tiempo y del espacio, incapacidad de fijar la atención, reminiscencias y periodos hilarantes.

Esta materia de los sueños, de los delirios y de los éxtasis era y es aprovechada con la finalidad de descubrir la causa de la enfermedad, el lugar donde el paciente perdió su alma o la adivinación del futuro. Sin embargo, el peyote y los hongos no pueden ser vistos desde esta estrecha perspectiva. En el mundo mágico de los indios los padecimientos están causados por el enojo de los dioses. *Qualani in Huehuetzin*, "está enojado el dios Arcaico"; *qualani in Chicomecoatl*, "está enojada Siete Culebra"; *qualani in Chalchiuhtlicue*, "está enojada la de la Saya de Pedrería"; responde el médico consultado cuando se le interroga sobre la causa de la dolencia —escribe Aguirre Beltrán.[8]

Es pues indispensable descubrir a la deidad causante del mal, propiciarla mediante ofrendas y oraciones y organizar la defensa del paciente movilizando los recursos de que dispone el curandero.

Los beneficios que han obtenido los indios de sus drogas alucinantes son incalculables. Enfrentados a un medio hostil, sometidos a la esclavitud y al saqueo de sus bienes, acechados por mil peligros, indios, negros y mestizos han recurrido al peyote, a los hongos, al ololiuhqui, al Verde Machacado y al Señor Estafiate como la única forma de resolver sus problemas y aliviar la angustia que los domina, no mediante la fabricación voluntaria de paraísos artificiales, ya que es difícil y riesgoso comulgar con un dios y convertirse en un dios. No se dan gratuitamente la omnisciencia y la omnipresencia de los dioses. Se debe pagar un precio para obtener un estado de gracia que nos permita comunicarnos con la divinidad y trascender nuestra condición humana. Este precio es la abstinencia, la purificación del alma y del cuerpo, y en no pocas ocasiones, el dolor y el desgarramiento. Sólo así se está en condiciones de adivinar las causas ocultas de nuestros padecimientos, de desdoblar nuestra personalidad mediante las más extrañas y peregrinas metamorfosis y de liberarnos de la carga, cada vez más pesada, de nuestras angustias y frustraciones.

[8] Ibid.

De esta manera, las líneas divergentes de la medicina mágica y de la medicina racionalista se juntan colmando el abismo que las separaba. Las drogas mágicas y los recursos puestos en juego por el curandero cobran una insospechada actualidad al agravarse la angustia que padece el hombre moderno. Desgraciadamente no tenemos nada semejante a esa figura del curandero que, debido a sus profundos conocimientos del espíritu y de la naturaleza y debido también a sus virtudes excepcionales, era el encargado no sólo de atenuar la ansiedad de los suyos sino de ofrecer seguridad y consistencia al grupo confiado a sus manos. El curandero ha sido en cierto modo el Moisés que sacó a su pueblo de la esclavitud y le dio fuerzas para sufrir las terribles pruebas que se abatieron sobre él en su larga peregrinación hacia una vida mejor. Cumplido su papel histórico, el curandero está a punto de extinguirse —asistimos al derrumbe final de los postulados en que descansaba su vida—, pero nos queda el camino abierto por sus drogas mágicas y, sobre todo, nos queda como ejemplo la manera antigua con que trataron de aliviar la angustia, la disgregación y la inseguridad aquellos maestros del alma humana.

María Sabina y sus cantos chamánicos

María Sabina es una mujer extraordinaria. Como a otros mexicanos notables, el reconocimiento no le ha venido de su patria, sino del extranjero. Roger Heim habla de la "personalidad poderosa" de María Sabina, y Gordon Wasson, su descubridor, la llama señora y en su primer encuentro escribe de ella: "La señora está en la plenitud de su poder y se comprende fácilmente por qué Guadalupe[9] nos dijo que era una señora sin mancha, inmaculada, pues ella sola había logrado salvar a sus hijos de todas las espantables enfermedades que se abaten sobre la infancia en el país mazateco, y nunca se había deshonrado utilizando su poder con fines malévolos [...] nosotros hemos comprobado que se trata de una mujer de rara moral y de una espiritualidad elevada al consagrarse a su

---

[9] Mujer del síndico Cayetano García.

vocación, y una artista que domina las técnicas a su cargo. Se trata verdaderamente de una personalidad".

Por desgracia, el hecho de que María hable exclusivamente mazateco me ha impedido conocerla en toda su riqueza y su profundidad espirituales. No sin vencer una vieja desconfianza, accedió a contarme su vida en tres sesiones, y aunque tenía como traductora a la inteligente profesora Herlinda y esta mujer, nativa de Huautla, habla a la perfección el mazateco, pronto se reveló que no sólo era incapaz de traducir el pensamiento poético de María, sino que deformaba el sentido y la originalidad de su relato al pasarlo por el filtro de otra cultura y de otra sensibilidad.

Acompañada de su nieta o de un nietecito, María Sabina bajaba siempre por el cerro donde se apoya el hotel, lo cual me daba la impresión de que venía volando desde su remota cabaña. Descendía literalmente del tejado, desdeñando la puerta y la escalera, y como sus pies descalzos no hacían el menor ruido al pisar las tablas del corredor y se aparecía de pronto, sin anunciarse, de un modo enteramente fantasmal, no dejaba nunca de sorprenderme cuando decía cerca de mi oído con una voz muy suave: —Dali.

Vida de una mujer mazateca

Su bisabuelo Pedro Feliciano, su abuelo Juan Feliciano y su padre Santos Feliciano fueron curanderos. No conoció a ninguno de los tres —el padre desapareció joven, cuando María tenía cuatro años— de manera que no pudo aprovechar los conocimientos y las experiencias de sus antepasados.

La familia quedó muy pobre y la niña María Sabina, con su hermana mayor María Ana, debían pastorear un rebaño de cabras. El hambre las hacía buscar los muchos hongos que crecen en las faldas de los cerros y se los comían crudos, fueran comunes o alucinantes. Embriagadas, las dos niñas se hincaban y llorando le pedían al sol que las ayudara.

María, dejando la silla en que está sentada, se arrodilla en medio de la habitación y juntando las manos principia a orar fervorosamente. Se da cuenta de que las palabras son insuficientes y recurre a la acción para que yo tenga una idea precisa de lo que significó su encuentro con los hongos y el estado de religiosa inspiración en que la sumieron. Su rostro expresivo se ilumina reflejando la luz misteriosa de aquella primera embriaguez tan lejana en el tiempo y aún tan viva en su memoria.

—¿Por qué lloraba? —le pregunto.

—Lloraba de sentimiento. Lloraba al pensar en su miseria y en su desamparo.

—¿A partir de entonces comía hongos con frecuencia?

—Sí. Los hongos le daban valor para crecer, para luchar, para soportar las penas de la vida.

Tenía seis o siete años y ya cultivaba con un azadón la tierra de su padre, hilaba el algodón, tejía sus huipiles. Más tarde, aprendió a bordar, acarreaba leña y agua, vendía telas o las cambiaba por gallinas, ayudaba a moler el maíz y a buscar hongos y yerbas en el campo, es decir, trabajaba como todas las niñas indias, levantándose antes del amanecer y no descansando un momento hasta la hora de acostarse.

A los catorce años la pidió en casamiento Serapio Martínez, un mercader ambulante que viajaba a Tecomavaca, a Tehuacán, a Córdoba, a Orizaba, cargando ollas, ropa y manta. En uno de esos viajes se lo llevaron a pelear los carrancistas o los zapatistas, no lo sabe bien, y volvió ocho meses después terciado de cartucheras, trayendo caballo y carabina, porque fue un soldado valiente.

María le dijo:

—Ya deja las armas. Sufro mucho y es necesario que vivas conmigo.

Serapio desertó. Anduvo comerciando fuera algún tiempo y la visitaba a escondidas. Nunca, en sus tiempos de comerciante o de soldado, se olvidó de enviarle algún dinero. María, por su parte, siguió trabajando y ayudando a los gastos de la casa.

Esta unión —los indios no se casaban entonces— duró seis años. Serapio contrajo la influenza española y agonizó diez días echado en un petate. En vano lo asistieron los mejores curanderos de Huautla. El muchacho "estaba como loco" y dos días antes de morir, los brujos sentenciaron: "No tiene remedio. Perderás a tu marido."

Pasados los cuarenta días del luto oficial mazateco, María volvió a cultivar la tierra y a ocuparse de los tres hijos tenidos en su matrimonio: Catarino, María Herlinda y María Polonia. Naturalmente comió hongos para que le dieran conformidad y fuerzas para sostener a sus hijos. Vivió trece años viuda, cortando café en las fincas, bordando huipiles, realizando pequeños negocios. De tarde en tarde recurría a los hongos, pero a medida que su vida mejoraba y sus hijos crecían, terminó por olvidarlos. Concluido ese largo periodo de soledad —"Aquí vivimos como monjas", aclara la profesora Herlinda—, la pidió un hombre llamado Marcial Calvo, brujo de profesión, y tuvo con él seis hijos.

—¿Qué diferencia hay entre un brujo como Marcial y una curandera como María Sabina? —le pregunté a Herlinda.

—Yo adivino —responde María excitada—. Llego a un lugar donde están los muertos y si veo al enfermo tendido y a la gente llorando, siento que se acerca una pena. Otras veces, veo jardines y niños y siento que el enfermo se alivia y las desgracias se van. Cantando adivino todo lo que va a pasar. El brujo rezando ahuyenta a los malos espíritus y cura por medio de ofrendas. Yo nunca comí hongos durante los doce años que duró nuestro matrimonio porque me acostaba con él y como tenía otro modo de curar, siempre le oculté mi "ciencia".

Marcial, aparte de ser brujo, era un mal hombre. La costumbre de beber aguardiente, como una práctica asociada a su profesión, había hecho de él un ebrio. Casi no daba dinero y golpeaba a los niños y a su mujer, aunque estuviera embarazada. Del relato de María surge con frecuencia la palabra que ya otras muchas veces he oído en boca de los indios: sufrimiento. "Sufrí mucho; sufrí demasiado", dice resumiendo las diferentes etapas de su vida.

Su iniciación en la medicina mágica ocurrió durante los últimos años de su matrimonio, cuando enfermaron dos ancianos conocidos suyos que según la costumbre recurrieron a los servicios profesionales de Marcial. De nada valieron huevos, yerbas y oraciones. Empeoraban diariamente y hubieran muerto si María no interviene devolviéndoles la salud.

—¿De qué manera los sanó?

—Comiendo hongos. Cantando. Invocando a Dios Espíritu Santo, a San Pedro, a San Pablo, a todos los santos del cielo.

Marcial, al descubrir que María comía hongos y era una curandera dotada de fuerzas superiores a las suyas, se encolerizó y delante de los viejos le pegó a su mujer.

—María Santísima, sangré —exclama con los ojos relampagueantes de cólera.

"Estaba muy cansada, muy fatigada." La brutalidad de Marcial determinó que poco a poco lo "desechara", según la versión de Herlinda. Marcial "se metió" entonces con cierta mujer casada, vecina de María, que tenía hijos grandes, y una noche el marido y los hijos le quebraron a palos la cabeza. María oyó los gritos. Sin embargo, no pensó en Marcial y sólo al día siguiente fue que lo halló muerto en el camino. El marido engañado, con sus hijos, abandonó a la adúltera que hasta la fecha vive solitaria en Barranca Seca.

El libro de la sabiduría

Hace veinte años murió el brujo Marcial. Veinte años que María ha vivido intensamente dedicada a la doble tarea de hacerse de una reputación como ço^{4}ta^{4}ci^{4}ne^4, "la que sabe", y de sostener a su familia cada vez más numerosa. Al principio las cosas fueron difíciles. Debía mantener a sus diez hijos —de ellos viven siete en la actualidad— y a su hermana María Ana, ayudándose con el azadón, el bordado, los cerdos y las gallinas o vendiendo aguardiente y comidas a los viajeros que transitan por el camino real donde siempre ha tenido su casa.

El largo periodo de viudez lo ha pasado sola, no porque pensara mal de los hombres, sino porque teniendo tantos hijos no quiso volver a casarse y una vez que principió a trabajar con los hongos, los hombres dejaron de interesarle.

Sus primeros pacientes fueron los viejos que estaban para morir. El haberlos sanado le abrió un nuevo camino, pero no había perdido la fe en los curanderos y tenía miedo de curar a través de los hongos sagrados.

Lo que la resolvió a emplearlos nuevamente fue la suma gravedad en que se vio su hermana María Ana. Estando sentada o comiendo, de pronto "se ponía morada", apretaba las manos y se caía al suelo. Los brujos habían agotado con ella sus remedios y María pensó que si tomaba una gran cantidad de hongos podría ver la enfermedad y curarla.

Tomó en aquella ocasión treinta pares, y hallándose en el trance se le acercó un espíritu con un libro en las manos que le dijo:

"Aquí te entrego este libro para que puedas trabajar."

Ella era incapaz de leer el libro, porque no tuvo oportunidad de ir a la escuela, pero le fue dado el don de conocer los secretos de las cosas y de adivinar el futuro "como si estuviera leyendo un libro". Debido a su fuerza mágica, los huevos que los brujos habían enterrado en lugares desconocidos del cuarto donde se hallaba su hermana, se desenterraban solos, venían a sus manos, y María sin volverse los tiraba al suelo, sabiendo así que la enfermedad no necesitaba los huevos y bastaba con el poder de los hongos. Cuando María volvió en sí y vio los cascarones de los huevos rotos comprendió que se trataba de una realidad y no de una alucinación provocada por los hongos.

Después de la milagrosa curación de la hermana, María comenzó a ejercer su profesión de curandera y a ganarse la confianza de la gente. Abandonó el azadón y no volvió a cortar café. Su vida mejoraba sensiblemente. Atendía a las parturientas, a los hombres que tenían un frío o un calor en el cuerpo; les devolvía el alma a los que la perdían por haberse asustado y ahuyentaba a los malos espíritus.

En sus curaciones, María siempre ha usado exclusivamente tres clases de hongos: el llamado Pajarito, el San Isidro y el Desbarrancadero. El Desbarrancadero se encuentra en el bagazo de la caña de azúcar, el San Isidro en el estiércol y el Pajarito brota de preferencia al cobijo de los maizales o de las plantas que tapizan las húmedas faldas de los montes.[10]

---

[10] Las especies consideradas sagradas en Huautla son descritas así por el señor Wasson:

1. *Psilocybe mexicana* HEIM. Hongo pequeño, de color oscuro; crece aisladamente en los campos de maíz o en los pastizales. Es muy estimado por el curandero que come quince o veinte pares. Los mazatecos de Huautla, cuando hablan español, lo llaman *angelito*. En lengua mazateca se les nombra específicamente '$nti^1 ni^4 se^{3-4}$', cuyo primer elemento significa pájaro.

2. *Stropharia cubensis* EARLE. Hermoso hongo con un sombrero crema que crece en el estiércol. Para los mazatecos es el menos estimado de los hongos sagrados. En español lo llaman *honguillo de San Isidro Labrador*. En mazateco se le llama '$nti^1 si^3 tho^3$' y '$e^4 le^4 nta^4 ha^4$'.

3. *Psylocybe caerulencens* Murril var *Mazatecorum* HEIM. Esta especie crece abundantemente en el bagazo de la caña de azúcar, aislado o en grandes conjuntos. Su nombre mazateco es '$nti^1 ki^3 so^1$' el hongo *desbarrancadero*. María Sabina explica así

La muerte del hijo

Una escena ocurrida entre María Sabina y su hijo Aurelio la segunda vez que Wasson tomó los hongos, podría ilustrarnos acerca de la idea que María se ha formado del poder adivinatorio de los hongos. Escribe Wasson: "[...] la conducta de María fue en esta ocasión muy diferente [...] Ni danza ni elocución percutiva. Sólo tres o cuatro indios se hallaban con nosotros y la señora llevó con ella no a su hija, sino a su hijo Aurelio, un muchacho menor de veinte años y que parecía enfermo o anormal. Fue el hijo, y no nosotros, el objeto de su atención. A lo largo de la noche, su canto y sus palabras se dirigieron a ese muchacho como la expresión dramática, lírica, siempre conmovedora, del amor de una madre por su hijo. La ternura que impregnaba su voz mientras cantaba y hablaba, sus gestos cuando se apoyaba afectuosamente sobre Aurelio, nos agitaron hondamente. Extranjeros, nos habríamos sentido muy incómodos ante esta escena si no viéramos en la actitud de la curandera, poseída por los hongos, un símbolo de amor maternal más que el grito angustiado de una madre. Esta expansión sin trabas, desencadenada verdaderamente por los hongos sagrados, era de tal calidad que pocos etnólogos podrían llegar a percibir".

Al entrevistar a María Sabina, como sabía que su hijo había muerto trágicamente, le pregunté si su actitud de esa noche obedeció a que ella presentía la próxima desaparición de Aurelio.

—Aurelio estaba triste —explicó María—. Esa noche me había dicho: "Mamá, sé que me voy a perder". —No digas eso —le con-

el nombre $ki^3 so^1$, *desbarrancadero*: "Antes de que hubiera caña de azúcar, se le buscaba en los lugares donde la tierra se había derrumbado". Hay dos clases de hongos llamados $ni^4 se^{4-4}$, los alucinantes $'nti^1 si^3 tho^3 ni^4 se^{3-4}$ y el $thai^3 si^4 se^{3-4}$, este último perteneciente a otra categoría conocida con el nombre de $thai^3$, que no es hongo sagrado. La segunda clase de $ni^4 se^{3-4}$ es el *Schizophyllum commune* que por la temporada de lluvias se vende en grandes cantidades en el mercado para dar sazón a las sopas. Esas dos variedades de hongos, una sagrada y otra simplemente comestible, son de talla pequeña, comparadas a las otras especies y, según los indios, es su tamaño reducido el que ha dado origen a su nombre.

4. *Conocybe siliginoides* HEIM. Esta especie ha desaparecido de los alrededores de Huautla a consecuencia de la actual desforestación. Nuestros amigos indios nos trajeron cinco ejemplares de San José Tenango, localidad situada a seis horas de Huautla. Crece sobre la madera de un árbol muerto, llamado en mazateco $ya^1{}'nte^2$.

testé—, pero yo sabía que venía una desgracia y no podía detenerla.

—Después de la velada a que se refiere el señor Wasson, tomé hongos con mi hijo Aurelio y un amigo nuestro llamado Agustín. Cuando estaba en el éxtasis, apareció un hombre llevando enrollada una piel de toro podrida y gritó con una voz espantosa: "Con éste son cuatro los hombres que he matado".

—¿Oíste, Agustín, lo que dijo ese hombre? —le pregunté a nuestro amigo—. ¿Lo has visto? "Sí lo vi" —me contestó—. "Es uno de los Dolores." [Dolores se llamaba la madre del asesino.]

—Mi hijo Aurelio murió a los quince días. El Dolores, borracho, pasó corriendo por el patio y le clavó un cuchillo.

—¿Por qué lo mató? Debe haber una razón.

Herlinda se encargó de responderme:

—Aurelio era comerciante y el Dolores le debía cincuenta pesos. Tal vez por eso lo mató.

El lenguaje de la divinidad

De la poesía de María Sabina, es decir, de sus cantos chamánicos, tenemos el disco grabado por Wasson[11] en un mal momento —María no estaba inspirada esa noche— y la traducción que hiciera la señorita Pike. Esta traducción presenta grandes lagunas que yo traté de llenar en mi segunda entrevista con María Sabina, pero fuera de algunas rectificaciones no logré aclarar el texto de la lingüista norteamericana. Su incapacidad para traducir numerosos pasajes, como la incapacidad de la profesora Herlinda, tal vez se deba más que a dificultades fonéticas al hecho de que María haya creado un lenguaje de su especialidad, incomprensible para los mismos habitantes de Huautla.

Ese lenguaje esotérico lo emplean los chamanes asiáticos, y los curanderos y sacerdotes mexicanos lo llamaban *nahualtocaitl*, el idioma de la divinidad. Lo que ha creado María Sabina no es precisamente un lenguaje esotérico, sino más bien un lenguaje poé-

---

[11] Wasson, R. Gordon, Valentina P. Wasson, *Ceremonia de hongos de los indios mazatecos de México*. Grabado por R. Gordon Wasson. Con traducciones y comentarios de Eunice V. Pike y Sara C. Gudschinsky. Folkways Record and Service Corporation. (Corresponde a 1956.)

tico donde las incesantes reiteraciones del salmo y de la letanía se encadenan a una serie de metáforas frecuentemente oscuras, a licencias y juegos idiomáticos comunes en los grandes poetas y a menciones de yerbas y animales desconocidos, que multiplican las dificultades ya considerables en la lengua tonal mazateca.

Los cantos de María hacen las veces del tambor chamánico, lo cual no excluye que María recurra ocasionalmente al empleo de elementos percutivos. Las imágenes dispersas, ondulantes, soberanamente imprecisas del éxtasis, parecen ordenarse y cobrar un sentido gracias a sus cánticos. En mi tercera experiencia, recuerdo que saliendo del trance, después de un silencio, María cantó de nuevo y creó una melodía de tal suavidad, tan incitante —cada sonido abría mi carne, saturándola de una infinita complacencia— que al terminar, como si se tratara de un concierto ejecutado con mano maestra, grité sin poder contenerme: —¡Bravo, María!

Heim, hablando del poder de los hongos, dice que ellos levantan el silencio. Hay entre el oído y el mundo de los sonidos un velo de silencio, como existe entre la luz y el ojo una atmósfera que absorbe los rayos de longitud de onda demasiado larga o demasiado corta. Los hongos descorren ese velo. Los sonidos adquieren una vibración peculiar; el mundo sordo recobra la plenitud de su orquestación y las más leves entonaciones de la voz, los roces más imperceptibles, se escuchan magnificados, traspuestos a un plano que ya no es el habitual, como si desaparecida la atmósfera terrestre a nuestros ojos les fuera dable contemplar sin daño la corona solar de rayos X.

El mundo se hace melodioso o nosotros recobramos el oído perdido. Idioma de la divinidad. Andantes eternos. Silencios tan perfectos como la misma melodía. El universo es una sola voz. Música táctil, música que se siente, música que se ve. La alucinación de ese hombre acusado por haber comido peyote que declaró ante los jueces del Santo Oficio haber visto "muchas palomitas como lucernas y sobre el cuerpo caían gotas de agua, como cuando llovizna".[12] Palomas luminosas a millares surcando el espacio; música transformada en lluvia cayendo sobre el cuerpo desnudo. Vuelo de palomas, de luciérnagas, de diamantes líquidos, de cuen-

---

[12] Aguirre Beltrán, op. cit.

tas verdes, amarillas, rojas; cubismo, tachismo, haciéndose, rehaciéndose, naciendo y muriendo, el motivo musical expresado en estas imágenes reales, visibles, sentidas por cada uno de los poros de nuestra piel, por cada uno de nuestros vellos erizados, por cada cabello, por cada músculo, por la masa del cerebro galvanizada, electrizada, receptora y productora a la vez de esa inexpresable melodía universal.

El éxtasis lo interrumpe bruscamente María Sabina pronunciando repetidamente el nombre de sus clientes. En este caso, mi nombre: "Fernando, Fernando, Fernando".

La profesora Herlinda intervino:
—Es necesario contestarle, "aquí estoy".
Hice un esfuerzo sobrehumano y respondí confuso:
—Aquí estoy.

Pienso ahora que es cruel arrancar a los embriagados de su trance, pero este llamado forma parte de la técnica de María, es un paso del ritual que tiene posiblemente como objetivo interrumpir la cadena de los desdoblamientos y devolverle al paciente la conciencia de su personalidad.

Otras veces los llamados son menos personales aunque igualmente efectivos. Existe una deliberada voluntad de romper la secuencia del cántico, de mantener alerta al paciente o de impedir que su ser permanezca largo tiempo en una parte del delirio hecha de reminiscencias vergonzosas y de espantables metamorfosis. María cambia el tono, introduce cierto desorden, una complicación no prevista, una insistencia desagradable, lo que equivale a pasar de un extremo a otro del éxtasis, a vivir en la eternidad y recobrar el sentido del tiempo.

Los cantos chamánicos

La fuerza y el misterio del éxtasis impregnan el inicio de su canto:

Soy una mujer que llora
Soy una mujer que habla
Soy una mujer que da la vida

Soy una mujer que golpea
Soy una mujer espíritu
Soy una mujer que grita

Después cambia el ritmo:

Soy Jesucristo
Soy San Pedro
Soy un santo
Soy una santa

Soy una mujer del aire
Soy una mujer de luz
Soy una mujer pura
Soy una mujer muñeca
Soy una mujer reloj
Soy una mujer pájaro
Soy la mujer Jesús.

Soy el corazón de Cristo
Soy el corazón de la Virgen
Soy el corazón de Nuestro Padre
Soy el corazón del Padre.

Soy la mujer que espera
Soy la mujer que se esfuerza
Soy la mujer de la victoria
Soy la mujer del pensamiento
Soy la mujer creadora
Soy la mujer doctora
Soy la mujer luna
Soy la mujer intérprete
Soy la mujer estrella
Soy la mujer cielo.[13]

---

[13] Traduzco literalmente del inglés, pero mi traducción y aun la versión inglesa, no dan la menor idea del poderoso ritmo que emplea María Sabina. Tomemos el ejemplo más sencillo: *Soy un santo, soy una santa, soy una mujer espíritu*. La señorita

María Sabina expresa las diferentes metamorfosis del éxtasis, y el sentimiento de fuerza, de elevación y de grandeza que le dan los hongos. En esta galería alucinante de sus estados de ánimo, de su propio rostro fragmentado, el sufrimiento aparece una vez: "Soy una mujer que llora". Las demás imágenes, por el contrario, reflejan la conciencia de un poder misterioso y sagrado. Ella es la victoria y la ley, el pensamiento y la vida, la luz y el aire, la luna y la estrella matutina, pero también es la nube y el reloj, la mujer doctora, la mujer intérprete y la mujer muñeca, un santo y una santa —que aun el sexo cuenta en la jerarquía celestial— y algo que está más allá de la santidad porque es la fuente de donde mana lo sagrado: el corazón de Cristo, el mismo corazón del Padre.

Tampoco es posible expresar esa fase del éxtasis de un modo más natural. Es inútil tratar de reconstruir la materia de los sueños o de ofrecer una idea de las arquitecturas complicadas y sutiles vislumbradas bajo el efecto de los hongos. Wasson, en sus interpretaciones, sigue el camino abierto por Huxley. La psilocibina actúa sobre un cerebro occidental y suscita imágenes occidentales. María es una india analfabeta que no tiene ninguna relación con el mundo de Wasson; su pensamiento y su sensibilidad pertenecen al mundo de la magia y su expresión formal viene de muy lejos, de las reiteraciones y paralelismos del Popol Vuh, de los himnos antiguos, de los cantares aztecas, y su vigoroso ritmo, el ritmo que crea el éxtasis y el clima de lo sagrado, es el ritmo ininterrumpido, uniforme, de los jaguares y de las águilas en los frisos de Xochicalco, de Tláloc y la serpiente de Teotihuacán, de las cabezas proboscidias de Chak en el templo de Kabah, el ritmo de aquellos templos, verdaderos libros de piedra, donde las muchedumbres devotas podían entonar, a través de las grandes formas repetidas, el cántico a la divinidad. "Repetición —dice Paul Westheim— es aquí afirmación, medio para grabar el mensaje en la memoria, énfasis, invocación, anhelo de conjuro, oración."

Por otra parte, los sucesivos cambios que va sufriendo María Sabina no sólo son la expresión individual del éxtasis, sino la expresión del ambiente mágico que a pesar de todo se mantiene vivo

---

Pike traduce: *I am a male saint, I am a female saint, I am a spirit woman*. Y María Sabina: *Chion nca santo-na sto, Chjon nca santa-nasto, Chjon spiritu-nia tso.*

en la sierra mazateca: el de las metamorfosis. El curandero transformándose en jaguar, en pájaro, en serpiente, en dios o en demonio para traer la lluvia o provocar el granizo, para curar las enfermedades o abrumar a los infractores de la ley con terribles males y castigos. El recuerdo de los dioses tomando la figura del tigre, del águila y del búho; el de los guerreros muertos durante la batalla encarnando en el sol; los hombres desdoblándose en su Segundo, condenados a compartir el destino de su animal totémico.

Ambiente de máscaras, de cambios, de desdoblamientos, de encarnaciones que María interpreta haciéndose muñeca, reloj, crepúsculo, mujer diablo payaso, mujer santo payaso, mujer que viene como payaso.

María me dijo refiriéndose a estas últimas y oscuras metamorfosis: —Yo veo a los hongos como niños, como payasos. Niños con violines; niños con trompetas, niños payasos que cantan y bailan a mi alrededor. Niños tiernos como los retoños, como los botones de las flores; niños que chupan los malos humores, la sangre mala, el rocío de la mañana. El pájaro que chupa la enfermedad, el chupamirto bueno, el chupamirto sabio, la figura que limpia, la figura que sana.

—Les canto a los enfermos: Aquí están mis hojas medicinales, aquí están las hojas para curar. Soy la mujer relámpago, la mujer águila, la sabia herbolaria. Jesucristo, dame tu canto.

Coatlicue al revés

Principia María la segunda mitad de su canto chamánico con una letanía dicha muy aprisa que, como es natural, la señorita Pike encuentra difícil de traducir. Los nombres oscurecidos, embrollados conscientemente, se mezclan unos a otros a fin de crear confusión. Desfilan galopando, golpeando, pegando con violencia hasta que el ritmo afloja y los nombres evocados se hacen reconocibles.

San Pablo
San Pedro
Pedro Mara
Pedro Matin
Pedro Martínez

Acerca de este juego de palabras escribe la señorita Pike: "Aquí lo interesante es el nombre de Pedro Martínez. Tengo la impresión de que Martínez podría ser empleado como el último nombre de San Pedro, así como Cristo es el último nombre de Jesús. Nótese cómo ella lo construye a partir de San Pedro, Pedro Mara, Pedro Martínez".

María Sabina me aclaró la cuestión diciéndome que introdujo ese nombre para honrar a Pedro Martínez, hermano de la profesora Herlinda, en cuya casa se celebró esa noche la ceremonia de los hongos. Es así también que en el canto figura Aritano García, por Cayetano Aritano García, el síndico municipal a quien recurrió Wasson cuando visitó Huautla en 1954.[14] Después de jugar con San Pedro y Pedro Martínez, María, según hace notar la señorita Pike, emplea por primera vez la palabra ven:

Ven, Santo
Ven, Santa
Vengan, trece diablos
Vengan, trece muchachas diablas
Vengan, trece muchachos de la escuela por el agua.

Le pedí que me explicara el significado de esos oscuros llamados y me contestó:

—Estaba en éxtasis cuando el señor Wasson se sintió enfermo y al mismo tiempo oí que unas manos arañaban la puerta. Cayetano me dijo: "María, cuida que no les pase nada a nuestros amigos". Yo entonces canté:

Que el diablo no perturbe
Que vengan trece santas
Que vengan trece niñas
Que vengan trece niños
De la escuela por el agua.

[14] María Sabina incorpora palabras españolas o palabras que inventa. A la Virgen la llama pastora, María doncella, María conseja o María Santo Vario. Habla de una mujer gustalinia (*Chjon gustalinia*) o repite palabras monosilábicas de su rico lenguaje tonal como *Xi* (*Xi santa, xi santo*), o simplemente emplea expresiones como *so, so, so, so* a manera de percusión y atenta sólo al ritmo del cántico.

La pureza

El tema de la pureza —soy una mujer limpia, el pájaro me limpia, el libro me limpia, afirma repetidas veces— es uno de los más bellos e insistentes:

Flores que limpian mientras ando
Agua que limpia mientras ando
Flores que limpian
Agua que limpia.

No se recuerdan, a lo largo del viaje por la sierra, otros dos elementos que las flores del verano indio, las pequeñas flores amarillas, rosas y blancas echadas sobre los taludes de las brechas como un tapiz bordado, y el agua tumultuosa de los cañones que formando cascadas, manantiales y arroyos salpica a los viajeros, encharca los pasos y amenaza llevarse los caminos.

Aguas y flores descansan de la fatiga del viaje, refrescan, limpian. Los arrieros y sus bestias se detienen a beber el agua remansada en el hueco de las peñas o hacen un alto para sentir la frescura de esos millones de partículas que danzan en el aire tendiendo arco iris sobre los caminos de la sierra.

La secuencia de la pureza, cortada por falta de traducción podría continuar en esta forma:

Porque no tengo saliva
Porque no tengo basura
Porque no tengo polvo
Porque él no tiene
Lo que está en el aire
Porque ésta es la obra de los santos.

Y más adelante, luego de salvar una nueva laguna:

No hay brujería
No hay lucha
No hay cólera

Nada escupido
Ninguna mentira.

Estos ejemplos, los más significativos, pueden ofrecer una idea muy aproximada del "modo" poético de María Sabina, donde todo parece venir por rachas y por breves y súbitas iluminaciones.

Dos versos aislados dan idea de su soledad; de la mujer que se ha cerrado voluntariamente para el mundo:

No tengo oídos
No tengo pezones.

Es una Coatlicue al revés. Sorda, tapiada. No suprime sus pechos, no se los mutila; con una imaginación india suprime sus pezones, es decir, los ciega haciendo de ellos la imagen de una monstruosa clase de esterilidad.

Sobre su paisaje natal, sobre las montañas en que ha vivido siempre, sólo estas líneas de una justeza y de un sentimiento poético admirables:

Tierra fría
Nuestra tierra de nieblas.

De pronto, una afirmación, como un disparo:

Soy conocida en el cielo
Dios me conoce.

Ya para finalizar una creciente tristeza impregna su canto.

Todavía hay santos

y sin interrupción un llamado melancólico:

Oye, luna
Oye, mujer-cruz-del-sur
Oye, estrella de la mañana.

Por último, "muy fatigada, muy triste":

Ven.
Cómo podremos descansar.
Estamos fatigados.
Aún no llega el día.

El poder de los hongos

A la tercera y última entrevista, María Sabina, acompañada de su nietecito, llegó muy temprano. Dándose cuenta de que la profesora Herlinda no estaba conmigo, se retiró a la casa de doña Rosaura, frontera al hotel, y sacando de su morral unas gafas anticuadas y un huipil se sentó a bordar apaciblemente. Era difícil creer que esa viejecita encorvada sobre su tela y con las gafas resbalándole por su pequeña nariz, fuera la poderosa curandera María Sabina.

La profesora Herlinda, retenida en su escuela por una junta, acudió a la cita una hora después de lo convenido. María Sabina, enojada por el retraso, quería volverse a su casa y fue necesario emplear quince minutos en disuadirla. Le ofrecí un vaso de ron y poco a poco desarrugó el ceño. Tenía los brazos cruzados y sus ojos inteligentes aguardaban mi pregunta.

—Cuando Wasson tomó los hongos por primera vez en compañía de su amigo el fotógrafo, tú le pediste que tuviera cuidado de no pisar un lugar situado a la izquierda del altar, porque en ese lugar descendería el Espíritu Santo. ¿Desciende verdaderamente? ¿Tú lo llamas y baja? ¿Puedes verlo?

Costó trabajo que la profesora Herlinda le hiciera comprender el sentido de mis preguntas. Reflexionó un momento y respondió:

—En efecto, baja porque yo lo invoco. Lo veo, pero no puedo tocarlo. En realidad es el poder de los hongos el que me hace hablar. No puedo decirte en qué consiste ese poder. Sin los hongos me sería imposible cantar, danzar o curar. ¿De dónde me van a salir las palabras? Yo no puedo inventarlas. Si alguien me enseñara a cantar yo no aprendería. Las palabras me brotan cuando estoy embriagada, como brotan los hongos en la milpa después de las primeras lluvias.

—Canto según las personas. Si es un mazateco, uno de los míos, veo con más trabajo cosas que le interesen porque dentro del pueblo hay mucha envidia, hay muchas maldiciones. Hace un año, cuando te di los hongos, te sentiste mal. Esto se debió a que habías contratado a un brujo y como al final no aceptaste sus servicios y viniste conmigo, el brujo se vengó haciéndote sufrir.

—Me orienta el modo de ser de las gentes que toman hongos y sus necesidades. Debo pensar en el agua más fresca, en los árboles más altos, en las ciudades más bellas. Debo también fijar mi pensamiento en el enfermo para que encuentre una cosa verdadera; debo rogar para que los espíritus de los tiempos más remotos, desde que la Santísima Trinidad hizo la luz, me ayuden con su influencia a que los enfermos comprendan las ideas que les son necesarias para su alivio. Invoco a los santos, al Dueño de los Cerros, al Caballero del Monte Clarín, a la Doncella Agua Rastrera y entonces me siento como una mujer santa, como una mujer que todo lo sabe, como una mujer grande. Estoy fuera, lejos de aquí, muy lejos, muy alta y no recibo nada, no quiero nada, ni me importa nada. Cuando estoy en el éxtasis, pienso que han pasado muchos días, muchos años y sólo al venir la mañana recobro mis sentidos y vuelvo a tener una idea del tiempo.

El nietecito de María, sin duda su predilecto, echado sobre su falda, no aparta de ella la mirada de sus brillantes ojos negros. La abuela pierde algo de su gravedad y le sonríe pasándole la mano por su cabeza.

—¿Cuántos familiares viven contigo?

—Diez. Una de mis hijas cose, teje y borda. Otra siembra maíz y frijol. Un hijo es jornalero y cohetero [la pólvora le voló hace un mes cuatro dedos de la mano izquierda]. Los tres ayudan a los gastos de la casa, aunque yo pongo más que todos. ¿Qué le voy a hacer? Prefiero andar en trazas a que mis nietos tengan hambre. Ahora todavía puedo trabajar con los hongos. Cuando sea vieja y me falten las fuerzas, ¿qué será de nosotros? Por eso, mi mayor ilusión es poner una tiendecita en mi casa y vender a los caminantes comidas, cervezas y un poco de mercería. Tenía una tienda, pero me quemaron la casa y ahora debo comenzar todo de nuevo.

Técnicas arcaicas del éxtasis

¿Podemos hablar de un chamanismo mazateco? ¿María Sabina tiene un parentesco con los chamanes asiáticos? Las diferencias, a mi modo de ver, radican más bien en las técnicas usadas para alcanzar el éxtasis que en la esencia misma de este complejo fenómeno espiritual. Los chamanes centro y norasiáticos llegan al éxtasis excitándose gradualmente y ayudados no tanto por el tambor, las danzas y los cánticos, cuanto por la naturaleza misma de los elementos sagrados con que entran en contacto. Claro está que no se excluyen los hongos ni otros narcóticos a fin de obtener el trance, pero Mircea Eliade se pregunta si fuera de las explicaciones *históricas* que se podrían hallar a estas prácticas aberrantes (decadencia a causa de influjos culturales exteriores, hibridación, etc.), no pueden ser interpretados en otro plano. "Cabe preguntarse por ejemplo si el lado aberrante del lado chamánico no se debe a que el chamán pretende experimentar *in concreto* un viaje místico, pero a la vez *real* al Cielo, no ha llevado a los trances aberrantes [...] si en fin, estos comportamientos no son la consecuencia inevitable del exasperado deseo de 'vivir', esto es de 'experimentar' en un terreno carnal, algo que en la actual situación humana, no es ya accesible sino en un plano espiritual."[15]

Ignoro si tenemos derecho a calificar de aberraciones lo que se ofrece como simples variantes de la misma técnica oriental. El uso de los hongos, aunque mezclado al catolicismo, no sólo no es la consecuencia de influjos culturales exteriores, sino una práctica que se ha conservado a pesar y en contra del catolicismo. María Sabina, por lo demás, no siente el desesperado deseo de experimentar en un terreno carnal lo que hoy ya no está al alcance de nuestro mundo, porque ésta es un preocupación libresca o al menos un mecanismo de pensamiento occidental ajeno por completo al pensamiento mágico. En último caso María, al igual que los chamanes mazatecos anteriores a la conquista española, no puede desear ardientemente lo que ella efectúa de una manera normal y constante gracias a los hongos. Sus éxtasis, sus ascensiones místicas, su comunión con la carne del dios y aun sus propias meta-

---

[15] Mircea Eliade, *El chamanismo y las técnicas arcaicas del éxtasis*, Ed. Fondo de Cultura Económica, México, 1960.

morfosis son parte de una técnica, de un dominio ya logrado sobre ciertos elementos mágicos y sagrados.

De cualquier modo, lo que asombra no son las variantes y las diferencias —mínimas— de este fenómeno, sino su unidad y su coherencia. En torno de María, o de los ço^{4}ta^{4}ci^{4}ne^4 de la sierra —sobre todo en lugares apartados como Ayautla adonde no llegan los turistas—, está centrada la vida mágico-religiosa de los mazatecos, lo cual no significa que este tipo de chamán "sea el único manipulador de lo sagrado, ni que la actividad religiosa esté totalmente absorbida por él".[16]

Los sentimientos religiosos de los indios poseen una dinámica asombrosa, y cualquier consideración que nos hagamos sobre ellos resultaría falsa y deformada si no los tuviéramos presentes. En la sierra, María Sabina —para referirnos a un caso individual—, coexiste con otro tipo de curanderos, culebreros, rezanderos, *medicine-men* y sacerdotes católicos.

A los mazatecos no les basta la religión católica y necesitan para calmar su hambre los elementos sagrados y mágicos, su voracidad insaciable, de un gran número de curanderos y brujos o de manipulaciones y prácticas que se realizan independientemente de los sacerdotes católicos o de los curanderos indios.

Como todo, lo más importante de esta mezcla religiosa es la experiencia extática "considerada como la experiencia religiosa por excelencia".[17] No son pues los curanderos o los sacerdotes católicos los que predominan en la sierra, sino los que recurren a los hongos sagrados, por ser ellos —dentro de una variedad de técnicas mal estudiadas— los especialistas "de un trance durante el cual su alma se cree abandona el cuerpo para emprender ascensiones al cielo o descendimientos al infierno".[18]

Otro aspecto fundamental del chamán es su dominio de los espíritus. María Sabina invoca al Dueño de los Cerros, a los chaneques —duendes que arrebatan el alma a los asustados—, a la Virgen María, a San Pedro y a San Pablo; es capaz asimismo de ahuyentar a los malos espíritus —sobrenaturales indios o diablos más o menos católicos—, pero su guía y su fuerza es el mismo

[16] Ibid.
[17] Ibid.
[18] Ibid.

Espíritu Santo. María Sabina, en materia de auxiliares divinos, no se anda por las ramas. Va directamente a lo que es el manadero de lo divino, a la figura que preside la vasta jerarquía celestial, al Padre de Cristo y de todo lo creado. Ella lo invoca y es el Espíritu Santo el que desciende a su cabaña y permanece al lado izquierdo del altar durante las horas del éxtasis. Los asistentes a la ceremonia saben que está ahí, en un lugar preciso, pero son incapaces de verlo ya que carecen del poder de María, mientras ella lo ve, le habla, le implora que le haga conocer la suerte destinada a los enfermos, y el Espíritu Santo la obedece conduciéndola a la región de los muertos o descorriéndole el velo que oculta el porvenir.

La iniciación de María culmina en su intervención con los viejos enfermos y poco después en su intervención con la hermana. Aquí también se cumple de manera rigurosa el esquema tradicional de una ceremonia iniciática: "sufrimiento, muerte y resurrección". El sufrimiento se lo causan los golpes dados por el marido, golpes que la despedazan y la hacen sangrar —el despedazamiento del neófito entre los chamanes siberianos— o los sufrimientos provocados por una dosis anormal de hongos. La muerte es no sólo la muerte que amenaza a los viejos y a la hermana, sino su muerte como mujer y campesina con el fin de emprender un nuevo camino, y la resurrección es también doble: se realiza en la milagrosa curación de los moribundos y en su propio ser, cuando un espíritu superior le muestra el libro de la sabiduría y María obtiene poderes mágicos que harán de ella una gran curandera.

El santoral del mundo salvaje

Los chamanes representan el santoral del mundo salvaje. Si mantienen un predominio sobre millares de hombres es que ellos han sabido ganarse, por sus méritos, esta situación eminente. Un don, un privilegio, una predestinación marcan al chamán y lo hacen distinto de los demás hombres. Las pruebas a que se somete, las increíbles proezas que realiza, su vigor físico, la maestría con que maneja las diversas técnicas de su competencia, el valor para afrontar los mayores riesgos, hacen de él un santo y un héroe casi extintos. María Sabina debe verse incluida en ese santoral. Cortadas las comunicaciones desde hace milenios, aislada en sus montañas, ella, al igual que los yacutos, los australianos o los indios de América del Sur, sigue construyendo escalas y levantando mapas místicos en que concurren las entidades cada vez más divorciadas del cielo, de la tierra y del mundo subterráneo de los muertos.

No tiene conciencia de lo que representa su éxtasis chamánico, es decir, la nostalgia y el deseo de recuperar un estado "anterior a la caída",[19] pero ella asciende al cielo, habla con los dioses, mantiene estrecha comunicación con los espíritus, penetra en la región de los muertos —privilegio sólo concedido a los difuntos— y restablece los puentes rotos que una vez ligaron y dieron coherencia al mundo espiritual del hombre. Sabia herbolaria, curandera, cantante, maestra del éxtasis y maestra del alma humana, ha conquistado su prestigio por un don, por "una fuerza que la agarra" y le permite abandonar su cuerpo, y en buena medida, por una vida de pruebas y sufrimientos nada comunes, por una abstinencia prolongada que le da acceso a los hongos y por una elevada consideración de su poder mágico orientado hacia el bien y no a causar daños como es la costumbre de algunos curanderos.

Aun los rasgos adjudicados al chamán perfecto convienen a los que muestra María Sabina en toda ocasión, ya que, según los yacutos, "debe ser serio, tener tacto, saber convencer a los que le rodean; sobre todo, no debe parecer nunca presumido, orgulloso, violento. Debe sentirse en él una fuerza interior que no ofenda, pero que tenga conciencia de su poder".[20]

María Sabina no es precisamente seria, sino grave y digna, como son casi siempre los indios. A pesar de que el auge de los hongos ha determinado la aparición de charlatanes sin escrúpulos, de los rencores y de los celos causados por la competencia comercial, no es violenta ni se expresa con acritud de los farsantes. Lejos de mostrar orgullo o presunción, viste un huipil mazateco desteñido y aun muy remendado, del que asoman sus pies descalzos. De cerca, o después de tratarla algunos minutos, termina imponiéndose. Un dominio de sí, una perfecta naturalidad, una conciencia de su poder que sólo se expresa en la mirada profunda de sus ojos, unida al sosiego

[19] Ibid.
[20] Sieroskewski, *Du chamanisme d'après les croyances des Yakoutes*. Citado por Mircea Eliade, op. cit.

de toda su figura, hacen de ella ciertamente una personalidad extraordinaria. Sabe que es famosa —guarda los retratos y los artículos que han publicado sobre ella—, pero no le gusta hablar del asunto. Como todos los suyos, es pequeña y delgada e incluso sería demasiado delgada si no fuera por los músculos cada vez más visibles que asoman bajo su piel oscura. El pelo, dividido por una raya, es negro todavía, como las cejas, espesas y abundantes, cosa rara en las indias; tiene los pómulos salientes, fuerte y ancha de nariz, la boca grande y elocuente. Su vida de campesina, el haber sostenido durante muchos años a su familia, los viajes que emprende a pie y las largas veladas donde ejerce su profesión de curandera, en las que canta cinco o seis horas, baila y maneja elementos de percusión, fuma y bebe aguardiente, no parecen haber disminuido su prodigiosa energía.

Muchos mazatecos suben a buscarla hasta su cabaña solitaria, le consultan sus problemas, tienen fe en sus curaciones, la rodean de consideración y respeto. María Sabina no le da una exagerada importancia a su elevada categoría. En vez de rodearse de misterio, se la ve en la calle cargada de bultos o sentada llena de humildad en un rincón de la iglesia.

Su frecuentación y manejo de lo sagrado no le impiden cumplir sus deberes familiares, y de tal modo aparecen unidas sus dos existencias que no oficia en ninguna ceremonia sin que esté presente uno de sus nietos. El niño se duerme enroscado, como un cordero, apoyando la cabeza en sus piernas recogidas. María Sabina lo acaricia de tarde en tarde y cuando despierta le ofrece pan o lo cubre con un rebozo. A Tolstoi, sin duda, le hubiera gustado conocer a esta pequeña vieja que habla con Dios cara a cara, vive en estado de pureza, gana su pan buscando remedios en la montaña y curando los padecimientos morales y físicos de los suyos, es una mística y al mismo tiempo una mujer que con grandes sacrificios y dolores va realizando esa tarea difícil —sobre todo en el campo mexicano— de sacar adelante —simplemente hacer vivir— a los niños, a las mujeres y a los viejos de su numerosa familia.

Ascención mística y descenso a los infiernos

Carlos Inchaústegui no sabía una sola palabra del nanacatl ni de sus milagrosos efectos. Consideraba el asunto como un coto reservado a satisfacer la morbosa curiosidad de los turistas extranjeros, y cuando le comuniqué mi propósito de asistir a una ceremonia, trató de ayudarme llevándome con un brujo gordo, de ancha cara maliciosa, vestido como un mestizo, que era propietario de un tenducho situado en la calle principal de Huautla.

El brujo sacó una baraja muy sucia, tendió algunas cartas sobre el mostrador y observándolas atentamente nos dijo:

—Las cartas anuncian que no hay inconvenientes ni peligros en comer hongos. Podrán venir a mi tienda esta noche a las nueve.

Convenido el precio, nos volvimos a la cocina de Inchaústegui, y mientras esperábamos el café, se apareció Gordon Wasson en persona. Si la ignorancia de Inchaústegui acerca del $'nti^1\ si^3\ tho^3$ era grande, la mía era inconmensurable. No había leído una sola línea de Wasson, ni sospechaba siquiera que ese hombre de maciza cabeza, ojos de párpados pesados y hablar ceremonioso era el más grande conocedor de los hongos alucinantes.

Wasson, posiblemente compadecido de mi inocencia, me advirtió que no debía recurrir al brujo contratado por ser un farsante, sino a María Sabina, y añadió:

—Los hongos sagrados antes no se vendían en la calle, como no se venden las hostias, pero hoy se ofrecen en todas partes y constituyen un comercio que ya vale algunos miles de pesos. Hay que cuidarse de los charlatanes y de los simuladores. María Sabina es una profunda conocedora de su profesión y usted debe tener presente que cada ceremonia es una obra de arte individual. Por ello se la recomiendo. En todo caso, la ceremonia de los hongos debe celebrarse en un lugar apartado y seguro.

—¿En mi hotel? —le pregunté.

—No. Es un lugar inadecuado. Sería mejor celebrarlo en la casa de la profesora Herlinda.

—¿Hay peligro en tomar los hongos?

—Ninguno. Nadie abusa de los hongos y nadie quiere repetir la experiencia. La gente recurre a ellos cuando tiene problemas.

Apenas se marchó Wasson le mandé un recado al brujo cancelando la ceremonia, contraté a María Sabina para el día siguiente, que era domingo, alquilé la casa de la profesora Herlinda y, lo que es más, convencí a Inchaústegui de que comiera el nanacatl en mi compañía.

La noche del domingo salimos a la casa de la profesora Herlinda, llevando impermeables y linternas, la señora Beatriz Braniff, amiga mía, Carlos Inchaústegui y su mujer, el profesor mazateco Lucio Figueroa y yo. La casa está en un lugar elevado de Huautla y se compone de dos amplias cabañas separadas por un patio. La oscuridad de la noche —Huautla, a pesar de ser una ciudad de 22 mil habitantes, carece de luz eléctrica—, la presencia de los árboles y la circunstancia de estar rodeados de nubes y de cuestas peligrosas, aumentaban el misterioso encanto de aquel lugar desconocido.

La ceremonia se celebró en la cabaña más espaciosa. En el fondo se levantaba el altar con dos litografías de San Miguel y del Señor Santiago, un ramo de crisantemos amarillos, dos cirios, piciate y un buen puñado de hongos alucinantes. María Sabina y su hermana estaban sentadas en el suelo con tres o cuatro nietecitos, apretados entre sí y formando un pequeño grupo.

Beatriz, Inchaústegui y yo comimos nuestra ración de hongos despreocupada y alegremente, sin dejar de hacernos bromas y sin saber nada de lo que iba a sucedernos. Una media hora más tarde, me sentí flotar, ligero como una pluma en el aire, y las primeras visiones me hicieron entender que penetraba en un mundo nuevo. Viboritas grises ondulaban rítmicas y compactas sobre un fondo rojo, pero esta visión no tenía nada de placentera. Entrañaba una angustia, una irracionalidad ligeramente angustiosa, una imagen de la fiebre, un producto de la náusea invasora. Estaba lleno del veneno de los hongos, de ese sabor mineral y descompuesto de la muerte. Nada todavía, nada claramente definido. Era posible salirse, volver al mundo sólido y coherente, a la razón que estaba allí, representada en los testigos y en las personas que se mantenían fuera por haberse negado a comer los hongos. ¿Qué importaban ellos ahora? Lejanos y borrosos, simbolizaban otra realidad desdeñable, la cotidiana, la realidad que nosotros habíamos rehusado voluntariamente.

Volvían las diminutas visiones de color. Tapices persas, telas chinas recamadas de oro, brocados orientales desplegaban la suntuosa monotonía de sus dibujos en un silencio sonoro, audible, el silencio absoluto de las altas montañas y de los espacios siderales.

María Sabina salmodiaba. Recordé la canción de una viga que cantaba en náhuatl: "Mi anca baila aunque esté hundida en el agua". Sí, aún tenía la facultad de pensar en aquella viga movida por el diablo que se contoneaba en el agua ante el asombro de los conquistadores.

María Sabina cantaba. ¿Pero era verdad que cantaba? Su voz hacía ondular los tapices y los brocados, les daba movimiento y sus dibujos desfilaban velozmente, deshaciéndose y componiéndose en una fuga que no tenía principio ni fin, en un dispararse incesante, uniforme y de una perfecta regularidad.

Volvía, volvía siempre el mundo diminuto de los gusanos, el mundo filiforme, la gelatina blanca, el hervidero de la podredumbre. Aquellas viboritas onduladas tenían ojos, ojos diminutos, rojos y verdes que pinchaban y herían como alfileres. Ojos que se transformaban en coronas, en medallones de rubíes y de zafiros hindúes, en lanzas microscópicas, en pinchos brillantes, todo inhumano, todo fuera de nuestro mundo, un tejido celular compuesto de minerales, fosforescente, punzante, desgarrador.

Todavía podía salir. Podía salir, pero no quería salirme. Era sólo un presentimiento de lo horrendo, de lo desconocido que se acercaba. Quería hablar, registrar esas imágenes —¿por qué ese estúpido afán de registrarlo todo?—, mostrarlas a la posteridad, cederle ese legado incomparable, y sólo podía decir una palabra, una palabra tonta, que me hacía reír tontamente.

La náusea y el mar

Ah, ah, ah qué deslumbramiento, qué nueva fuerza, qué metamorfosis se operaba dentro de mi cuerpo. Veo amanecer en la bahía de la Habana desde mi habitación en el piso 18 del antiguo Hilton. La niebla borra los tiernos azules de la costa, el mar rosado brilla como una tela de seda y abajo, en el pozo oscuro de las calles profundas, se deslizaban las luces de los primeros automóviles. Había llegado el socialismo, el fantasma cruzó el mar y estaba allí, invisible entre los rascacielos norteamericanos y los anuncios de la Coca Cola. Había llegado el socialismo y todos se sentían aparentemente igual. Yo había comido hongos y me sentía igual, si no fuera por ese peligro irracional que me acechaba. No debía asustarme. Si me asusto, Dios mío, estoy perdido, como aquella mañana en Acapulco, cuando salí a buscar estrellas marinas y la resaca me empujaba mar adentro. Morir, idiotamente, lejos de ti, María, tendida indiferente en la playa, tu vello empapado de sal, tu sexo caliente empapado de sal, tus dientes de cal empapados de sal, tu pelo húmedo de sal, pantano tibio donde se retuercen y proliferan millones de horrendas criaturas. El agua salada me entra a bocanadas, una ola me arrastra y la náusea otra vez, la náusea surgiendo, brotando del intestino y reventando como una ola de podredumbre en mi boca. María Sabina, salmodia de grandes chamanes, arquitectura de luz, poderosa fuerza del espíritu, luchando siempre contra la náusea y el imperioso deseo de orinar, pero no debo orinar, el agua tiene sustancias químicas que denunciarían la mancha amarilla de la vergüenza y ustedes, campeonas del triple salto, campeones mundiales del *crawl*, campeonas de nalgas duras y de esfínteres estrechos, sirenas de axilas rasuradas y ungidas de pomadas desodorantes y bocas abiertas al ras de las ondas, Señor mío Jesucristo, Virgen de Guadalupe, no, no quiero oír esas palabras, María Sabina, habla en mazateco, no digas una sola palabra que reconozca, no me devuelvas a la realidad, no digas una palabra que reconozca y destruya el éxtasis y regresen las náuseas y vuelva a sentir el temblor de la fiebre. Salgo del delirio, me escapo, abro los ojos. Beatriz, acostada junto a mí, está silenciosa e inmóvil. La esfera luminosa de su reloj brilla en la penumbra y su simetría, obra de la razón, me tranquiliza. Recobro el tiempo y lo mido, que es una manera de vencerlo. También recobro el espacio. Inchaústegui se ha sentado en una silla, junto a su mujer, y sus gruesas piernas me parecen columnas de Chichén Itzá. Logro sentarme en el petate. Una luz me ciega. Una luz fragmentada, una luz que vibra en una longitud de onda desconocida, una luz ultravioleta, mortal, destructora de los bastoncillos de la pupila, una luz que sale de rendijas en forma de cruz, el rayo de Jehová cegando a los adoradores del Becerro de Oro. —Apaguen esa luz —logré decir—, es mi juez.

Secuencia del Carmen

María canta y su canto me abre un túnel, un túnel de albañal, oscuro, denso, oleaginoso, que lleva los excrementos (fosforados) de la virgen, del mendigo, del arzobispo, del banquero, del santo, del atleta, del canceroso, y yo voy por ese túnel con mis propios excrementos deslizándome por esos túneles cargados de materias, de líquenes, de pólipos, de minúsculos globos que estallan, de tenazas de cangrejos, de valvas, de tentáculos ciegos, que llevan una lucecita verde en la punta carnosa, la estancia de 50 millones de años en el pleistoceno recordada súbitamente, el corte cerebral del pleistoceno excitado, la vuelta a los orígenes y a su horror, a su frío, a su náusea, a su combate sordo. Las palmas y el tambor, las palmas y el canto de María Sabina y el dolor de haber perdido a Carmen, ahogada en el río (porque así murió y no de un tumor maligno como lo hizo creer el Cónsul), y era necesario buscarla en el otro mundo, buscar a esa muchacha orgullosa, esa fuerte muchacha de carnoso cuello dominada por el sexo a quien yo los domingos sacaba de la tina chorreando agua tibia para amarla sobre las sábanas mojadas, mientras abajo sonaban las campanas del rosario, Padre Nuestro que estás en los Cielos, no, no, María Sabina, no me condenes a perderla con tus padrenuestros y tus avemarías, déjame verla una vez más que para eso estoy lleno del veneno de tus hongos; canta en mazateco o en chino, María Sabina, palmea. Ah sí, ya cantas. Hasta la puerta del túnel llega el puente del arco iris y yo subo por él entre las nubes y desciendo al fondo del mar. Verla allí, en ese espacio sin forma tapizado de plástico, de pequeños tubos grises, de rombos encarnados, en medio de esa decoración opaca y densa, frontera entre el mundo exterior y este mundo nuevo, es saber que está muerta.

Todo es posible ya. Vivir de nuevo en el cuarto del hotelucho, como hace veinte años, en ese cuarto sórdido donde lo único hermoso era su joven cuerpo desnudo y hablar con los muertos.

—Carmen, no puedo vivir sin ti —le digo.

—Iré a verte el sábado en la noche. Cenaremos juntos.

La mesa está dispuesta. Pollo asado, una botella del vino del país, un pastel alemán. Su camisa de seda bordada cuelga de un gancho en el baño; en la repisa los botes de crema, los frascos de perfume, el lápiz de labios, su cepillito de las cejas. Me siento a esperarla junto a la mesa. Abajo la ciudad zumba y el ruido de los tranvías entra por la ventana abierta. Soy el mismo joven miope y celoso que debe registrarlo todo mientras espera que suene el timbre de la puerta conteniendo los espasmos de su vientre. Una mosca principia a volar en torno de la lámpara. He hallado su libreta de direcciones y la hojeo en busca de un nombre, de un número de teléfono reciente. No pienso más que ella vendrá del otro mundo, no. Está viva, yo soy joven y estos veinte años últimos, su tumor en el cerebro, su misteriosa desaparición, han sido una mera pesadilla. La mosca zumba, revolotea sobre la mesa y la espanto con la mano. La náusea. La mosca vuelve tenaz y otra vez la ahuyento. Zumba golpeándose con la lámpara. Zumbido musical, sordo y rítmico, adormecedor. El mundo se ha vaciado. No oigo el ruido de la calle. Afuera es la oscuridad, la oscuridad opresora del abandono, de la soledad desgarradora. Ha cesado la música. La mosca está inmóvil sobre una rosa. Tomo la servilleta doblada y se la tiro encima; el jarrón cae en el mantel, se riega el agua y las rosas se deshojan. La mosca escapa y va a pararse en mi boca. Siento su contacto frío, su cosquilleo frío y la persigo con la servilleta hasta que se escapa por la ventana.

Vuelvo a sentarme. Los tubos amarillentos, los rombos encarnados tapizan la habitación y me aíslan, me confinan, me producen una terrible angustia. Estoy solo. Comprendo. Comprendo al fin. Esa mosca era ella y no volveré a verla. ¿No hay un contraveneno? Quiero salir. Quiero escaparme. Beatriz, dame la mano; tú eres el contraveneno. Beatriz permanece callada y su silencio es un plástico espeso, aislante, irracional.

Ser Dios es estar envenenado

En el éxtasis no estoy solo. Soy como los niños o como los perros que se superan cuando tienen espectadores de sus gracias. Soy un histrión que necesita un público.

El éxtasis es estar envenenado. Ser Dios es estar envenenado. El veneno es la sustancia de que está hecho Dios. Dame otra copa de veneno. Veneno igual a euforia, igual a vuelo, igual a fuerza, igual a locura.

Laberinto. Tengo el hilo para salir del laberinto. Pecera. Acuario. ¿Soy yo el pez? ¿Soy el visitante del acuario? Me río. ¿Por qué sé que me río? Porque me río haciendo burbujas, porque yo mismo soy una burbuja, una burbuja como una pompa de jabón, una burbuja irisada, una burbuja de plástico, un globo traslúcido, una retorta, una esfera de cristal que rueda sobre un tobogán de cristal, que rueda, que rueda con otras esferas, con millares de esferas, con millones de esferas y caen, indefinidamente caen, indefinidamente resbalan en el espacio oscuro.

Elevación y caída

Sentía una poderosa fuerza dentro de mí. Seguramente —y ésta es una consideración muy posterior— había comido aquella clase de hongos temibles buscados por la nobleza indígena para sus fiestas y banquetes y pagados a precios muy elevados, ya que mi estado de ánimo era una mezcla de soberbia atroz, de elevada consideración de mí mismo y de un deseo de aventuras bárbaras que hubiera sido incontenible si mis fuerzas físicas no me traicionaran.

La idea de mi superioridad no me abandonó las primeras horas del trance. Ardía en llamas. No era la fuerza de mi juventud lo que recordaba sino otro tipo de fuerza, una sabiduría nueva, una penetrante lucidez, una certidumbre deslumbradora de conocerlo todo y de abarcarlo todo, unida a una sensación de euforia y de alegría salvaje que me recorría como una corriente eléctrica. Dios, yo era Dios. Se desataban en mí posibilidades divinas que habían permanecido oscurecidas y subyugadas hasta ese momento.

Por desgracia, ni siquiera el delirio de la propia grandeza, de la súbita transformación en un ser divino nos es dable reconstruir una vez de regreso a nuestra condición humana. Ignoraba cómo se había operado la metamorfosis. *Simplemente* me había convertido en un ser superior, en un genio que tenía un mensaje, algo muy importante que decir. Hablaba. Hablaba de pie, inspirado. Detrás de mí antropólogos, muchachas universitarias, innumerables personas asistían a mi transformación y apuntaban asombradas mis palabras.

[Reviso las notas taquigráficas que tomó la señora Inchaústegui y encuentro frases aisladas, imprecisas, siempre cortadas.]

El espacioso cuarto se hallaba en una semipenumbra. No puedo precisar si había luna o existía una luz velada. Con más luz tampoco hubiera sido capaz de fijar mi atención en un mueble, en un periódico, o en la tela de mis pantalones. La sensación de mi euforia, de mi fuerza, de mi exaltación mágica era total y me embargaba completamente. No volaba. No emprendía ascensiones místicas, no flotaba en el espacio. Estaba con los pies bien puestos en la tierra. El cielo estaba allí, en esa multitud que me escuchaba con reverencia y registraba febrilmente incluso mis gritos y mis exclamaciones.

No sé cuánto tiempo duraría aquella exaltación y si fue continua o la interrumpían los ruidos, las conversaciones o los incidentes que se sucedían en la cabaña. Sólo recuerdo las risas, las risas que iban a socavar la conciencia de mi superioridad. Las risas me hacían un daño atroz. Eran unas risas sarcásticas, que se burlaban de mí y me iban llenando de furia.

[Hallo en la versión taquigráfica mis protestas:] ¿Por qué se ríen? ¿De quién se ríen? Me ofendía aquella falta de respeto inaudita y atribuía a esas risas una intención maligna. Me sentía incomprendido, vejado, injustamente humillado. Todos los presentes eran mis enemigos. Aquella ridícula ceremonia era una farsa. Una trampa. Había caído en ella. Algo muy grave se estaba preparando en mi contra.

La trampa. He caído en la trampa, me decía. Todo estaba planeado, determinado de antemano. Estos indios no existen. Son comparsas. ¿Y María Sabina? Mi inteligencia no puede nada contra su fuerza primitiva. Ése es el gran peligro. La sinrazón. Lo mágico. Y los ojos. Los ojos como bolas, los ojos en racimos. Los ojos que me traspasan, irracionales, feroces, burlones, amenazantes, los ojos que no me dejan de juzgar, que no dejan de escrutarme un segundo.

Las risas se mezclaban a las voces, a los comentarios, a los juicios despectivos. La certidumbre de ser examinado, de ser escrutado se abría paso dentro de mí. Los asistentes se transformaban en mis acusadores: aquella audiencia embelesada, misteriosamente se convertía en un tribunal, en un juicio. Me juzgaban por simulador, porque debajo de la máscara de mi valor aparente, de mis resueltas actitudes, de mi desinterés, existía un fondo de cobardía, una vacilación, un egoísmo no vencidos. Ellos conocían la verdad. Me habían atraído con engaños a esa trampa. No estaba en una cabaña sino en un tribunal. El mundo se disponía a arrancarme la careta. "He aquí al valiente. Al revolucionario. Ahora tiembla. Ahora está a punto de llorar. Déjenlo. No vale la pena. Ha envejecido. No lo dejaremos tan pronto. Es un buen espectáculo. Nos hace reír. Debe pedirnos perdón. Debe confesar su cobardía."

Trataba de defenderme insultándolos. El blanco de mi furia era mi buen amigo Inchaústegui, que sentado junto a su mujer se esforzaba en dominar la angustia del trance:

—Monta otra farsa menos burda —le grité—. Estoy harto de falsificaciones. Es mejor la danza del vientre y menos aburrida. Me voy a la montaña con los antiguos brujos que no saben nada de *Life* ni de *Paris Match*. Tu exceso de profesionalismo te ha perdido. Estas bambalinas pintarrajeadas y estos falsos indios no engañan a nadie.

—Qué pedante —se oyó la voz de Beatriz sonar detrás de mis oídos.

La primera palabra reconocible la oí como un fallo condenatorio en el silencio espectante de la cabaña.

—Ah, tú también me traicionas. Buscaba tu comprensión y me cuelgas una etiqueta. Es tiempo de pegar etiquetas a los hombres. Los tendemos en el sofacito del analista, les hacemos vomitar sus sueños, sus miedos, sus frustraciones, sus tendencias nefandas reprimidas y nos queda su cáscara, su concha vacía. Me desarmas y no puedes armarme. He oído en China el molino de las oraciones. Viento. Rosarios. Letanías. La verdad. ¿Qué es la verdad, niña tonta? La verdad es ser dios y me llamas pedante porque yo soy un dios. Debo ir a la montaña. Arriba me espera Chicon Tokosho, el dueño de la tierra mazateca. Arriba, con los muertos, con los tigres, con los diablos, con los alegres duendes chaneques. ¿Sabes? La carne es el único dios de los hombres. Es el dios que más nos esclaviza y más nos humilla. Nos hace caer de rodillas, arrastrarnos implorantes, aullar en la noche, renunciar a nuestra dignidad, porque puestos a elegir entre el dominio solitario y el amor y sus debilidades vergonzosas, siempre nos quedamos con éste. Pero hoy es otra cosa. Creí beber el veneno y la muerte y bebí el elíxir de la sabiduría. La sabiduría estaba en mí, oscurecida y sin expresión, y ahora se me revela. He estado cerca de la metamorfosis. La he presentido una noche. Subí a la Sierra Madre Occidental y a mis pies brotó la luna roja iluminando el silencioso oleaje de la piedra. Me acompañaban los huicholes, los hombres que luchaban por su tierra y estábamos juntos porque éramos compañeros de armas en aquella lucha. Entonces rechacé el peyote. Me bastaba que me dejaran estar a su lado. Anduve entre los hierros de los aviones y de los tanques despedazados en Playa Girón y me bastaba eso. Ignoraba que existía esta magia, esta sustancia química capaz de cambiar a los hombres en dioses. ¿Cómo puedes, Inchaústegui, hablar de los indios si no conoces sus delirios, si no te has hundido en sus éxtasis, si no has bajado con ellos al infierno? ¡Ah catarsis, catarsis! Embudo que vacía la barrica demasiado cargada del inconsciente, absolución de los pecados, bautizo y comunión, resurrección entre los muertos, comparecencia en el Valle de Josafat, alivio infinito. Cambia, canta, canta, cambia. Ah, cielo cambiante, ah mundo cambiante. Hongos. Hongos. Hongos. Olvidado paraíso de los hongos. ¿Dónde leí que andaba por un bosque de hongos gigantes? ¿Bajo la sombra carnosa de los hongos gigantes, bajo las celosías delicadas de hongos gigantes? ¿Sabías que los hongos andan en parejas? Yo devoré a un matrimonio de hongos, yo me tragué a dos esposos hongos. Ay, ay, gritaban, nos mastica la noche de nuestra boda. Ja, ja, ja. No sé si debo lamentarlo.

[En ese momento alguien enciende una lámpara.]

—No, Inchaústegui, no enciendas ese reflector. El éxtasis debe realizarse en la penumbra, como los grandes y misteriosos ritos del pasado. Hay demasiados reflectores, demasiadas grabadoras y demasiados antropólogos que estudian mis reacciones. ¿Por qué se ríen? Los cirujanos no se ríen. El pentotal sódico. Se apagó la luz, mas no desapareció la sensación de ser acuchillado. La carne se defiende del bisturí. ¿Por qué se ríen? Yo no soy yo. El amor me ha abandonado y un hombre sin amor es una basura.

[Abro los ojos. Junto a mí, el ángel de la muerte extiende sus alas membranosas y lanzo un grito.]

—No se asuste, maestro —me dice Lucio—. Es la profesora Herlinda.

—Profesora Herlinda, profesora Herlinda —exclamo implorando su ayuda.

Herlinda procura tranquilizarme:

—El brujo de la mañana se venga. Lo está haciendo sufrir.

—¿Qué puede ese brujo contra mí? Es un brujo falsificado. Un mercenario. Me voy a la montaña. Estos diez últimos años he vivido en una montaña, la montaña de la madre de los dioses. ¿Acaso no lo sabían? En la noche, las mariposas de ojos brillantes y alas polvorientas resbalan por los cristales. Se abren las cúpulas y en el silencio golpean los relojes siderales. Dentro de la pirámide de Cholula se ríe el Dios Chapulín, se ríe de la Virgen Española, se ríe de los cazadores de estrellas. Yo oigo su risa en medio de la noche. Ésa es mi escuela, Inchaústegui. Una escuela dura, puedes creerlo. Una mujer vieja cabó con sus uñas dos kilómetros de túneles en el interior de la pirámide y descubrió la cara de los dioses. Me los mostraba a la luz de una vela mientras aullaban los nahuales. Inchaústegui, me has traicionado pero no podrás vencerme. Una noche, frente a los volcanes, en el Observatorio de Tonantzintla, W.W. Morgan tomó el gis y trazó dos rayas gruesas en el pizarrón. "Eso es todo lo que sabemos de nuestra galaxia" —me dijo. Pobre Morgan. Se pasó la vida archivando estrellas, como tú archivando palabras sueltas de indios, y sólo conocía dos brazos de la galaxia. Antropólogos de salón, medidores de cráneos, coleccionistas de tepalcates, ustedes no saben nada de México. Yo conozco México y yo conozco lo que sostiene al hombre en la tierra y lo que le impide caer hecho pedazos y degradarse. Su razón y su dignidad. Te ríes. Así se reían los sayones de la agonía de Cristo. Mi razón. Con ella me escapo a tu trampa de fantasmas.

Descenso en los infiernos

[Aquí terminan las notas taquigráficas sobre mi delirio. La señora Inchaústegui me dijo después que se vio obligada a interrumpirlas porque a partir de entonces —a las tres horas de haber comido los hongos— sólo pronunciaba injurias y frases sin sentido. Estaba de tal modo fuera de mí que Inchaústegui, para librarse de mis agresiones, le rogó a María Sabina que me sacara fuera de la cabaña, donde permanecí bajo la lluvia más de dos horas. Todo esto lo supe al día siguiente con gran sorpresa y bochorno de mi parte. Sin embargo, logré reconstruir parte del delirio gracias a las informaciones de mis acompañantes y, sobre todo, gracias al estado de extraordinaria claridad mental que me duró cuatro días después de realizada la prueba. La experiencia se me ofrecía en sus grandes rasgos y pude describirla obsesionado por la fidelidad y persistencia de sus visiones, de un solo impulso, empleando dos horas sin necesidad de borrar ni de añadir una palabra.]

Afuera, inmovilizado por María Sabina, mi exaltación cedió y principió mi lenta caída en los infiernos. De ser un dios, pasé a convertirme en un anciano tembloroso, condenado para siempre a la decadencia irremediable de la vejez, a su debilidad, a la humillación que suponía saberse compadecido por los testigos de mi total aniquilamiento.

Desde luego no sabía dónde me encontraba, ni pensaba en los hongos, ni tampoco los asociaba a mi estado actual. *Simplemente* había envejecido. Era un anciano, y ni siquiera un anciano, lo cual después de todo sería tolerable, sino un vejete sin dignidad, invadido de temores pueriles que temblaba sacudido por una angustia y un frío intolerables.

Lucio, enviado por Inchaústegui, me tomó del brazo obligándome a entrar en la cabaña frontera. Al querer librar la puerta, tropecé y estuve a punto de caer exactamente como se conduce un viejo decrépito.

En aquel lento recorrido final a través del pasado fue necesario reconsiderar el amor a una nueva luz. Desde luego, el amor, como todos los asuntos que me ofrecía el delirio, no era un tema propiamente amoroso sino erótico, porque lejos de presentarme esta vez mujeres concretas y reales, mujeres que tenían un nombre y habían participado en mi vida, me hacía sufrir impuras fiebres de adolescente, donde el impulso amoroso quedaba reducido a visiones realistas, a visiones pornográficas de las que nos calientan la cabeza cuando somos adolescentes. En una palabra, ese martirio del sexo sin alimento, reducido a su soledad, que sufre el joven en nuestras ciudades donde la carne se considera como un pecado vergonzoso, la carne o mejor dicho su fiebre, su irritación, su ansia triste de complacencia; el amor, la eternidad del amor reducida a un pequeño frotamiento obsceno.

Y este erotismo del adolescente, ya olvidado, venía a sumarse al erotismo del viejo que sólo busca el reposo después de haber satisfecho aquella necesidad inoportuna, ejercida en secreto porque es el residuo de una fuerza juvenil todavía latente bajo la generalizada decadencia del cuerpo marchito y repugnante.

Buscaba reposo. Mis piernas temblaban y apenas podían sostenerme en pie. No salía de la embriaguez. Sí, inexplicablemente era un viejo. ¿Pero en qué consiste la vejez? Consiste en llegar a serlo, sin aviso, sin señales, de un modo tan raro que la vida aparece cortada en dos mitades y nosotros tenemos conciencia de haber quedado del otro lado sin que podamos regresar a la otra mitad y recobrarla.

Posiblemente era así. Conservo una impresión muy vaga de este nuevo delirio. Una sucesión de actos vergonzosos, de crueldades contra gente indefensa, la inutilidad de mi razón, los fingimientos, todo aquello me roía por dentro, me hacía sufrir espantosamente.

Los estímulos exteriores seguían obrando en mí con violencia desproporcionada. Estaba hundido en el delirio, hasta el fondo del delirio, cuando se abrió la puerta y apareció Beatriz.

—¿Acaso no sabías quién eres? —me preguntó.

Me quité los anteojos y los arrojé al suelo haciéndolos pedazos.

—Veo —exclamé—. No necesito los anteojos.

Recobraba la grandeza pasada. La grandeza no radica en el presente, en nuestra miseria actual, sino en el pasado. Algo tuvimos de grandeza. Algo tuvimos de felicidad. ¿Cuándo? Quizá cuando era niño. Quizá cuando amaba y era correspondido. Debo confiar en mi razón. ¿Cuál razón? La he perdido. Debo confiar en el amor, en la solidaridad humana, pero estoy solo. Uno es siempre el crucificado. Uno siempre es el condenado a yacer en el infierno. El infierno somos nosotros. Esos ojos, esos miles de ojos, de ojos sin cara, que nos miran fríamente, irracionalmente, como nos mira el ojo único y racional de la Santísima Trinidad.

Más tarde todo se borra. Debo haberme hundido en otro delirio. Bajaba al reino de los muertos y no saldría nunca de esa región oscura. Era otra vez reptar, arrastrarme en el subsuelo, en los sótanos, en las letrinas. A veces pensaba en mi humillación y en mi derrota. A veces pensaba en mi condenación, en mi eterna permanencia dentro de aquel mundo informe poblado de horrendas criaturas.

Luego alguien me llevó a la cabaña donde todos dormían. Me acostaron junto a Beatriz y nos cubrieron con mantas calientes a los dos. El olor acre de los hongos me llenaba. Estaba aún muerto, entre los muertos, y no podía volver a la vida, no podía resucitar.

En ese momento la luz dorada de la mañana entró por la puerta y se reflejó en la cara de Beatriz. Vi sus ojos azules llenos de lágrimas, su piel blanca empapada en lágrimas, su pelo fuerte y rizado, sus labios delgados que dejaban al descubierto los dientes blancos y brillantes y me invadió un sentimiento de piedad y de ternura.

Abierto en canal

¿Pero qué queda de este desollamiento, de esta purga bárbara, de esta catarsis que nos ha exprimido el alma hasta hacerla vomitar los venenos tragados en toda la vida? ¿Vale la pena contemplarse abierto en canal, con las tripas mostrando sus propios excrementos? Es desde luego un espectáculo atroz el ser espectador de su propia carnicería. Uno se revuelve en contra de este abrasivo y trata primero de culpar a los otros, a los testigos de nuestra humillación, asesinándolos incluso si fuera posible, porque adentro de nosotros se mantiene viva la convención hipócrita de que estamos salvados si no dejamos una constancia de nuestra degradación íntima. Luego, andando el delirio, caemos en un estado de insoportable depresión al conquistar la certidumbre de que no estamos tan vivos como lo creíamos antes de la prueba, de que adentro de nosotros, de ese templo del Espíritu Santo, proliferan las materias en descomposición, de que demasiados infartos morales han matado extensas regiones del corazón y llevamos no uno sino muchos cadáveres a cuestas.

Saber que llevamos un cadáver no significa la curación, pero es el principio de una curación. Al verme con tanta muerte encima, advertí que toda esa putrefacción la había originado, en buena parte, la cobardía, el miedo a perder la mujer que se ama, el miedo a quedarse con la nariz aplastada de un puñetazo, el miedo a perder la estimación de los otros.

El instinto de conservación y el instinto de crueldad y el instinto de codicia se han revestido con muchas máscaras, con muchos afeites para disfrazarse y ocultarnos su fealdad, pero los hongos sagrados hacen caer esas caretas y muestran a los instintos sin afeites y sin máscaras.

"Conocimiento por los abismos", por los remolinos, por los desbarrancaderos de la montaña de los brujos. Si la psilocibina trae consigo el cortejo no esperado de las reminiscencias, las mías se me echaron encima bruscamente, mezcladas las dulces y las amargas, las primeras y las últimas.

Los cuentos de hadas, los castillos sobre los acantilados, las exploraciones bajo las bóvedas carnosas de los hongos gigantes y la vileza, la ofensa, el crimen que no se castiga y contra el cual no hay sanciones legales; los remolinos de Sahagún, la visión de todos los acontecimientos desastrados que suelen haber, y las lágrimas que limpian y lavan las almas y los cuerpos.

Sin embargo, nadie debe pedirle a los hongos un milagro, nadie debe ir a la montaña mágica esperando la salvación. Las respuestas a la mezcalina, a la psilocibina o a la potente LSD, siempre serán personales e intransferibles. Cada uno expía su pasado y cada uno halla la puerta para escapar de su cárcel. Por lo demás, ningún conocimiento se nos da si no existe en nosotros la voluntad de conocer, ninguna droga nos salva si no queremos ser salvados.

Nuevo viaje alrededor de mí mismo

En mi segunda visita a la sierra, el verano de 1962, María Sabina no quiso bajar a Huautla ni aceptó que la ceremonia de los hongos se realizara en la casa de la profesora Herlinda. Exigió cuatrocientos pesos, pan, cigarros y una botella de aguardiente, pero a su vez ella ofrecía una ceremonia celebrada en su alta cabaña —está en la cumbre de una de las montañas que dominan a Huautla—, donde participarían como auxiliares y cantantes dos sobrinas y una nieta.

La propuesta, formulada a través de intermediarios, tenía sus pros y sus contras. Corríamos el peligro —según se confirmaría adelante— de que la ceremonia careciera del recogimiento y del orden necesarios y por añadidura existía el inconveniente de quedarnos atrapados en su cabaña más tiempo del deseado. Por otro lado, existía el atractivo de realizar la ceremonia en el dominio privado de María Sabina, en el sigilo y en la autenticidad del mundo mazateco. Me decidí a correr la aventura con todos sus riesgos y a las siete de la noche, montados en mulas y caballos, iniciamos la marcha mi hermana, la señora Zumalacárregui, una amiga suya, el astrónomo Enrique Chavira y la profesora Herlinda, encargada de cuidar a las mujeres.

Si bien ya conocía los efectos químicos de la psilocibina, sobre mí pesaba obsesivo el delirio anterior y no tenía el menor deseo de revolver los posos del subconsciente ni de asistir, como un testigo forzado, al desfile de mis reminiscencias. Seguía pensando que tomar los hongos equivalía a comprar un boleto y dar la vuelta en torno de uno mismo —como se compra un boleto para dar la vuelta al mundo—, recorrerse uno mismo en un largo viaje donde no hay guías, ni mapas, ni posibles itinerarios. Le tenía miedo a ese vuelo espectral sobre los escasos cielos y los abundantes infiernos que integran mi pasado, a la angustia irracional del trance, y al mismo tiempo estaba decidido ha sufrir la prueba ya que la experiencia del año pasado fue, con sus dolores y desgarramientos, una experiencia nueva que me ayudó a conocerme y de la que salí enriquecido espiritualmente.

Un médico amigo, el doctor Raúl Fournier, me había propuesto administrarme una dosis de psicolicibina en la Escuela de Medicina, pero a mí no me interesaba tragarme unas pastillas en un lugar civilizado mientras escuchaba un concierto de Beethoven. Me interesaban los hongos unidos a su paisaje de nieblas, a los ritos mágicos y a la atmósfera religiosa propia de esos antiguos ágapes. La primera vez sufrí demasiado porque tome una dosis excesiva de hongos —excesiva al menos para mi naturaleza— y no me sometí dócilmente a la técnica de María Sabina. El éxtasis tiene una técnica y si no la tiene hay que inventarla. Contra la angustia irracional que provoca el desdoblamiento de la personalidad y el número excesivo de las reminiscencias, contra ese bisturí que nos saja poniendo al descubierto la soledad, la frustración, los instintos animales del hombre —el cuadro patológico de Sahagún—, quizá no haya otro antídoto que tomar la mano de una mujer y descender con ella a los círculos infernales de nuestro yo, sentirse defendidos por su ternura, ya que el amor es lo único positivo en medio de las negaciones que nos cercan, lo único que puede salvarnos de la condenación eterna.

Se debe confiar en el chamán que dirige el éxtasis —por eso es tan importante su elección— y si no es posible crear un ambiente de intimidad y de recogimiento —la propia María lo destruye en parte haciéndose acompañar de sus familiares—, resulta indispensable desentenderse de los ruidos y de las manifestaciones ajenas a la ceremonia. El canto y las palmas de María —incitaciones y desfallecimientos, júbilo y tristeza, rompimientos bruscos y llamados imperativos— conducen el trance y naturalmente las voces, las risas, los ronquidos interfieren en el cerebro alterado por la psilocibina; el que comió los hongos oye esos ruidos y los interpreta conforme a la lógica de su delirio y muchas veces son estas interferencias las responsables de la desconfianza, de la cólera, del sentimiento de vejación o de burla que desvirtúan el trance.

Las cosas pues se presentaban muy diferentes a como se presentaron en 1961. Tenía de mi lado la ternura de las dos mujeres que me acompañaban, y su deseo de ayudarme como guías en el descenso a los infiernos era para mí de una importancia esencial.

La luna en menguante tardaría dos horas en aparecer. En el profundo azul nocturno la Vía Láctea parecía ascender impetuosa, levantando consigo el cielo. Abajo quedaba Huautla. Sus luces mortecinas, pequeñas manchas estáticas y amarillas, el sordo golpear de las plantas y los agudos ladridos de los perros se desvanecían a medida que el silencio de las alturas y las nubes de Sagitario, las nubes de estrellas cintilantes del centro de la galaxia, se imponían con la intensa vida del alto cielo despejado. Las cimas de los montes brotaban de las grandes masas de nubes aplastadas en las faldas, pero ese espectáculo fascinador, esa grandeza hecha de infinitas grandezas superpuestas, también aparecía disminuida —atropellada sería el término justo— ante las nubes de Sagitario, ante aquella pleamar sideral, de estrellas latiendo, avanzando y retrocediendo —mareas, resacas—, sobre los abismos de polvo oscuro.

De tarde en tarde surgían cabañas y los perros ladraban. Recordaba entonces la prueba que me aguardaba y sus consecuencias imprevisibles no dejaban de angustiarme.

Sumido alternativamente en estas consideraciones y en la contemplación de la Vía Láctea, llegamos a la casa de María Sabina. La casa es un simple cuartucho de madera y tejado de lámina levantado al borde del camino que lleva a las riberas del Santo Domingo. Está dividida en dos partes: la posterior servía de alcoba a seis o siete nietos; la anterior —las separaba una división de tablas— servía también de alcoba y de sala de ceremonias. En el altar, carente de ofrendas, descansaban los hongos sobre una hoja de plátano, un incensario de barro, velas, piciate y un ramo de flores.

María me reconoció en el acto. Avanzó con su paso ligero y tomándome la mano le habló en mazateco a la profesora Herlinda sin dejar de mirarme.

—Dice María Sabina que debe usted estar tranquilo —dijo Herlinda—. Esta vez no habrá interferencias de brujos. Todo será distinto.

La cabaña estaba llena de gente. Los niños medio desnudos asomaban por la cortina que cubría la puerta. Las tres cantadoras, la nieta y dos sobrinas ocupaban ya sus puestos sentadas frente al altar. Una de las sobrinas, joven pálida y delgada, de grandes y dulces ojos, que cargaba a un niño pequeño, habría de revelarse como una buena acompañante de María Sabina. Poseía una voz apasionada y su juventud, unida a su reciente maternidad, ofrecía un señalado contraste con la voz ronca y la austera vejez de su maestra. La otra sobrina tenía una cara angulosa y unos ojos duros y brillantes. Ninguna usaba ya huipil. Aunque las tres conocen los cánticos chamánicos por haberlos escuchado repetidas veces, cuando María callaba para darles una oportunidad de intervenir, cantaban canciones mexicanas o plegarias de las que entonan las devotas en la iglesia.

Estaban presentes asimismo dos hombres de la familia, la hermana María Ana y posiblemente cuatro o cinco parientes que entraban y salían a cada rato. El astrónomo Chavira se sentó en una viga adosada a la pared del cuartucho y nosotros tres ocupamos el centro sobre unos petates, acompañados de la profesora Herlinda.

María sahumó los hongos y nos ofreció seis pares a cada uno. Los comimos despacio con tablillas de chocolate y esperamos. Todos hablaban en voz alta; los niños corrían y chillaban desaforadamente. La curandera, recogida en sí misma, tomaba aguardiente y fumaba sin descanso. También aguardaba el milagro. A los quince minutos experimenté un frío intenso. Fue inútil que me echaran encima los abrigos y los sarapes disponibles. Temblaba como si tuviera un ataque de fiebre sin poder contenerme. María se acercó llevando el piciate. Me untó la mezcla en las articulaciones sujetándome brazos y piernas sacudidos por los espasmos. Su rostro grave, surcado de arrugas, estaba junto a mí. Salmodiaba en mazateco. La profesora Herlinda me dijo que no tardaría en desaparecer el frío. Debía tener confianza y desechar toda angustia.

Luego María Sabina volvió al altar y se sentó en el suelo. No sentía náuseas ni malestar alguno fuera de aquellos violentos escalofríos que continuaban sacudiéndome. Tendido boca arriba veía las vigas delgadas y paralelas del techo iluminadas por la luz mortecina de las velas. Las vigas súbitamente cambiaron. A lo largo de sus bordes mostraban una doble hilera de rubíes descoloridos mas lo suficientemente visibles para transformar la cabaña en un palacio de *Las mil y una noches*. Desaparecieron los escalofríos. "Aquello" estaba presente; el toque mágico desplegaba su magnificencia irracional.

La voz normal de la profesora Herlinda:

—Pregunta María si ve usted algo...

—Sí, comienzo a tener alucinaciones.

Se apagaron las velas del altar y las sacerdotisas cantaron. Principiaba la nueva aventura.

Aproximación al éxtasis

Descubrimiento de mí mismo, deslumbramiento. El cuerpo del hombre ya no recipiente de sensaciones ajenas, ya no oídos, ya no ojos, ya no piel, ya no sentidos groseros para captar el mundo exterior de la luz y de los sonidos, del calor y del frío, sino un cuerpo nuevo, un instrumento que se une a la orquestación universal de las cosas vivas y de las cosas muertas, una pupila abierta a otras ondas invisibles, un ojo perturbado que crea sus formas, sus colores, la estética de la que estaba hambriento; un ojo capaz de reproducir un dibujo, de recomponer las luces a su capricho y sobre ese tejido, sobre esa tela compleja y delicada en la que predominan los azules y los verdes, descolgar una bandera luminosa, abrir una ventana donde arden los soles amarillos y vibrantes de Van Gogh.

Mi cabeza. Mi gran cabeza hirviente, mi gran cabeza que cuelga de un árbol, como una colmena de oro. Mi cabeza, globo que frota sobre la galaxia, en los bordes oscuros y misteriosos de las nubes de Sagitario, mi cabeza de cristal, mi cabeza de huesos blandos que se descomponen suavemente, dulcemente, naturalmente, en orejas, en pabellones, en trompas y en trompetas cartilaginosas para recibir mejor esta música y para mejor producirla, esta música creada por los hongos, por estos niños cantores, por estos niños violines, por estos niños cornos, por estos niños chelos que me elevan, que me transportan, que me acunan, que me arrullan, que me hacen suspirar de júbilo. La Cantoria, la Cantoria, la Cantoria, trozo de mármol roto en fragmentos, bajo relieve licuado al chocar los soles amarillos y devolverme a la realidad, a la cabaña oscura, a la tierra, a la estera, a los sollozos, a las risas tontas, a los gemidos de los niños reales, a los ronquidos de los hombres dormidos, al canto de los gallos, a la luna que entra por las rendijas de la puerta.

Mi cabeza real, mi gran cabeza pensante —deliciosamente pensante— sale del agua de los sueños, cobra conciencia del mundo y aguarda, como en los intermedios, la continuación de un concierto que no se sujeta a programas, que nadie sabe cuándo se inició y en qué forma va a terminarse.

A un lado mi hermana se ríe. Me dice que llora de risa. Al otro lado su amiga solloza y habla de querer volver a su casa. No necesito esforzarme para comprenderlas. Las comprendo muy bien. Entiendo asimismo lo que ocurre en la cabaña de María Sabina. Un niño vomita junto al altar. Una cantadora escupe ruidosamente. Las mujeres hablan en mazateco. Nada me molesta. Ningún ruido es capaz de perturbar mi placidez de Buda. Mi sueño cobra toda su significación mágica al delimitarlo, al acotarlo estas manifestaciones de mi mundo, un mundo que recobro complacido y vuelvo a perder al escuchar la iniciación de un nuevo cántico:

Chjon nga santa na so
Chjon nga santo na so.

Otra vez levo anclas y mi barca se hace a la mar, esta barca que soy yo mismo, esta barca aérea y submarina que flota en el espacio azul, que boga sin remos, sin viajeros, sin timonel por este vacío azul carente de peces, carente de peso, carente de estrellas; la Nada, el imperio de la nada, el vacío absoluto, la campana neumática, el espacio del astronauta, el flujo de la gravedad, la fuerza de la gravedad, de lo que no cae y no se levanta, de lo que está en movimiento y parece inmóvil: el vacío, la divinidad. Yo mismo la divinidad, sin playas, sin riberas, yo mismo vacío, yo mismo eternidad, yo mismo el universo, antes de la formación del polvo cósmico, del gas cósmico, de las galaxias cósmicas.

Las metamorfosis

Y en este vacío de pronto el Milagro; la forma sin forma; el Signo que no puede recordarse, la clave de este gran misterio, las olas, o mejor dicho, las líneas de las olas, el perfil de las olas, las ondas de las olas, de las ondas sin sondas, insondables, viniendo de abajo, de arriba —¿cuál abajo, cuál arriba?—, naciendo unas de otras, extrañamente enlazadas, huyendo veloces, haciéndose y recomponiéndose, volviéndose fluidas, transformándose en música, en esta música indescifrable, en esta orquesta jamás oída, imposible de retener, imposible de escuchar en la Tierra.

Música, maestro. Ah, doctor Fausto, me he convertido en un músico genial. Si sólo tuviera fuerza para tomar un lápiz y fijar estas notas, ganaría la inmortalidad. ¿Pero qué es la inmortalidad? ¿Esa obsesión dolorosa y envilecedora va a destruir el único éxtasis que he tenido en mi vida?

[El éxtasis se nos da a cambio de no transmitirlo, a cambio de no legarlo, a cambio de entregarnos a él sin fines utilitarios posteriores.]

¿Quién soy? Desde luego, no soy el que era "antes". Esa continuidad, esa coherencia del ser ha sido rota en mil pedazos. Soy y no soy. Estoy aquí y no estoy. Soy actor y testigo. Me he ido y estoy ausente de todo, lejos de todo y, sin embargo, estoy aquí presente y asisto asombrado a mi propia metamorfosis.

Puedo fundirme como un muñeco de nieve, puedo hacerme de vidrio sin temor a quebrarme —me río mucho pensando en el licenciado Vidriera—, puedo transformarme en una planta —siento las grandes hojas verdes nacer impetuosas de mi pie izquierdo—, puedo nadar o volar por el aire alterado, por un aire de suavidad extrema, por una sustancia tibia, reconfortante, bienhechora y formar parte de ella y diluirme en ella, en su inefable beatitud de la que brota, formándose lentamente, el Signo. El signo, la imagen clave, la revelación. ¿De qué? ¿De qué misterio? ¿De qué lenguaje cifrado, de qué nuevo mundo? No podría siquiera recordar en qué consiste ese formidable Signo. A veces me hiere en alguna parte del cerebro como un breve relámpago y cuando trato de fijarlo se ha desvanecido y queda sólo una sensación delicada y deslumbradora, una arquitectura —semejante a un móvil de Calder, pero infinitamente menos pesada—, una arquitectura de gran refinamiento, hecha de rubíes, de rubíes que arden como los fuegos de artificio populares cuando se están extinguiendo y brillan sobre la noche en su armazón abstracta de carrizos.

María Sabina canta y palmea. Palmea suavemente. Es una música apagada y rítmica que ahora toma una forma precisa: la de una concha creciente. Una concha blanca, desplegándose, abriéndose como una flor blanca, como unas alas de paloma agitándose silenciosamente, sin remontar el vuelo, sin ascender, fijas en la oscuridad de la cabaña por un fenómeno inexplicable.

El cántico se hace más poderoso y se borran los despliegues de la concha. Se borran enteramente. El cántico trata de construir un nuevo Signo, un signo que puede ser una fuente de vidrio azul o simplemente la imagen de una fuente, la imagen de un sueño infantil, un arabesco luminoso, un arabesco barroco, un altar dorado, una columna estípite, un altar sin santos, un altar de columnas salomónicas, de tirabuzones, de vides doradas, de tirabuzones que principian a moverse y a girar, como un rehilete, mientras suena el órgano, el gran órgano del coro chino con las bocas de los tubos que corresponden a las bocas de millares de bocas rígidas —con la rigidez del metal—, pero que están cantando, que están vertiendo sobre mí este diluvio de cantos, millares de bocas angulosas, de bocas de oidores, de bocas de inquisidores, de bocas de frailes españoles, de bocas secas, de bocas duras que cantan su eterna salmodia: Espíritu Santo, Santo, Santo, Santo, Espíritu Santo, Santo, Santo, Santo, para desvanecerse —oh colonia española, oh pecado, oh vivir en el pecado mortal— y transformarse en otras bocas, las bocas de los frescos de Zacuala, el dibujo de las bocas de los palacios teotihuacanos, de las carnosas bocas cerradas con labios olmecas, transparentes, que dejan ver los dientes parejos de los indios, la boca empenachada de azul, la boca orlada de triángulos, de dientes de sierra, la boca-matriz, la boca-vagina, la boca como una concha en el centro del fresco, la boca que crea sus picos azules, sus dientes de sierra; la boca que evoca los ojos negros, los ojos negros orlados de párpados verdes, el pico de ave de Tláloc, el cuerpo de Tláloc, el cuerpo de Tláloc hecho de estrellas, de semillas, de conchas, de plumas, de arabescos, de grecas, las manos de Tláloc que se funden en grandes gotas, que se deshacen, que se descomponen en millares de manos, en millares de arabescos blandos que fluyen, desaparecen y nacen unos de otros; siempre este partir y este recomenzar y este principiar y este huir sin meta, sin final, sin término, siempre esta expansión —como la del Universo—, este rodar en los espacios curvos, estos vuelos siderales, estos viajes en los tapetes de los magos orientales, estas visiones sorprendidas por el agujero de las nubes, por las roturas de las olas, por las interrupciones de las olas. El Signo. Signo de alegría, de serenidad, de reposo en el movimiento, de inmovilidad en la expansión y en la huida. Cintilaciones. Parpadeos. La música —las voces—, sonando aquí, allá, brotando de todos los rincones de la cabaña oscura, del techo que se ha puesto a cantar, del petate que se ha puesto a cantar, de mi cabeza que se ha puesto a cantar. Y allá voy, kaleidoscopio, cristales, rombos, cubos, triángulos, pirámides, formas geométricas, en esta nueva expansión que recomienza cobrando un nuevo ritmo. Luego todo se funde, se contrae, se agrupa y por primera vez, una visión concreta: la pirámide de Teotihuacán, el cono truncado y perfecto, la masa dorada, circundada de cresterías, de escalinatas, de templos, de plataformas, de frisos que se funden, se enfrían y desaparecen en el deleite estético, en una sensación de placidez intelectual a la que se unía un creciente bienestar físico.

A las doce "aquello" desapareció como se había presentado. Los rubíes que transformaban la cabaña en una cámara real se extinguieron, el techo recobró su apariencia sórdida —habían prendido las velas del altar— y yo me sentí de vuelta en el mundo coherente y sólido que me ha sido familiar durante cuarenta años. Me senté en el petate con facilidad. Mis piernas habían recobrado su elasticidad y su fuerza habituales. Sin embargo, predominaba una sensación que era una mezcla de serenidad, de rara penetración y de confianza en mí mismo.

El signo

Sentía que me había rozado una presencia espiritual y que esta presencia no se había desvanecido y persistía en mí como los sueños bienhechores cuando todavía no hemos despertado del todo. Mi estado no era eufórico, sino de una placidez extraordinaria. Hubiera querido comunicarla a los demás, pero las pocas palabras que pude decir no guardaban ninguna relación con mi estado de ánimo. Advertía con claridad el abismo que existía entre la elevación y la pureza de mis pensamientos y la torpeza de mi discursear tartamudo.

Fuera del éxtasis seguía en cierto modo poseído por un espíritu divino, que no me empujaba a la acción —escribir o hablar— sino a la contemplación de mi gozo interior. Lamentaba haber salido del trance con tanta rapidez y deseaba volver a caer en él, pero esto ya no era posible. Las mujeres reían, carraspeaban, tosían y los niños enfermos buscaban llorando el regazo de sus madres las sacerdotisas. Salí de la cabaña. La luna en menguante estaba en el cenit. Recorrí despacio el camino que conduce a la cima de la alta montaña. Las nubes plateadas, densas y redondas cubrían las masas de las oscuras cordilleras y las copas de los árboles surgían de los abismos sombreados al borde del camino. La cabaña de María Sabina estaba a mis pies. Reinaba una extraña paz sideral, el majestuoso silencio de las grandes alturas, una paz y un silencio traspasados sin embargo por un temor que yo no era capaz de dominar en ese momento.

Las cruces, adornadas de flores, los dioses y los espíritus dueños de los cerros, de los manantiales y de los barrancos, los aullidos lejanos de los coyotes, la invisible presencia de los nahuales y de los muertos, era la atmósfera que rodeaba la cabaña, aquella atmósfera sagrada de temores y delirios antiguos en la que crecía como una orquídea la ceremonia de los hongos alucinantes. Yo tenía la sensación de haber participado en la comunión del nanacatl, en ese rito al que sólo tienen acceso los puros, los que se han limpiado de sus pecados a fin de recibir en su cuerpo la carne de los viejos dioses mazatecos.

No era ya el efecto químico de la psilocibina, su alteración bien estudiada, sino otra cosa de una naturaleza diferente. El éxtasis de los hongos trascendía mi conocimiento, mi lógica occidental, y me llevaba a pensar en aquella comunión celebrada en la cumbre de las montañas solitarias, dirigida por María Sabina, "la que sabe", dentro de una cabaña miserable, me acercaba al espíritu de los sacerdotes mexicanos, no sólo al espíritu de María Sabina, sino al espíritu de los magos, de los adivinos, de los curanderos, de los chamanes toltecas, zapotecos, mixtecos, nahuas, a esas noches en que cerca de las estatuas de sus dioses, respirando el copal y el perfume de sus flores, comían los hongos sagrados y se hundían en sus delirios y hablaban con los dioses muertos.

Tláloc estaba ahí junto a mí y Nindó Tokosho y Coatlicue. En mi cerebro, como una herida, persistía el Signo, la imagen abstracta del Signo, ese resplandor de otro mundo, esa estructura refinada que yo era incapaz de reconstruir o de evocar, pero cuyos efectos mágicos, como los de una música, impregnaban aún todas las células de mi cuerpo.

Había descubierto en mí —no hay otra forma de conocimiento—, el éxtasis mantenido secreto por espacio de siglos; los ídolos ocultos detrás de los altares cristianos; el cordón umbilical que los conquistadores creyeron haber cortado de un tajo y a través del cual los indios mantuvieron una relación con su mundo destruido, con la fuente de los colores, de los dibujos, de las formas antiguas.

Los indios nos entregaban, no su paraíso, sino su conocimiento. Las posibilidades increíbles del hombre, de su cuerpo y de su espíritu, la facultad de romper las fronteras que nos ahogan, la de aniquilar su cárcel, la de desdoblarse en las varias, infinitas personalidades que integran nuestra conciencia, la colectiva, la de atrás, los eslabones perdidos de los milenarios, las del complejo presente, con su angustia, su inseguridad y su fortaleza y las personalidades del mañana, semillas del porvenir no germinadas, la revelación en fin de lo que podría ser el hombre si logra vencer los monstruos creados por su propia imaginación.

Referencias

Los textos incluidos en la presente antología proceden de los siguientes volúmenes de *Los indios de México* (Ediciones Era, México):

[1] Huicholes ● Tomo II, 1968, páginas 63-114, 133-157, 198-209, 230-245.

[2] Tarahumaras ● Tomo I, 1967, páginas 116-123.

[3] Tepehuanes y nahuas ● Tomo V, 1980, páginas 94-108, 204-218.

[4] Coras ● Tomo III, 1970, páginas 287-306, 484-524.

[5] Otomíes ● Tomo IV, 1972, páginas 35-40, 53-67.

[6] Tzeltales y tzotziles ● Tomo I, 1967, páginas 146-149, 165-166, 170-171, 181-194, 200-202.

[7] Mixtecos ● Tomo I, 1967, páginas 283-297, 309-310, 313-333, 415-421, 407-411, 430-461.

[8] Mazatecos ● Tomo III, 1970, páginas 207-282.

El copyright de cada una de las fotografías incluidas en esta antología se encuentra en los respectivos volúmenes de *Los indios de México* en que aparecieron originalmente.

Glosario

Amole: hierba que limpia.
Basta: el que reza por todo el pueblo.
Boca falsa: boca torcida.
Calihuey: llamado también topika, tuki o ririki, es el templo huichol.
Coamil: milpa, maizal.
Corrida del alma: ceremonia de expulsión del alma del muerto.
Cuerda kaunari: cuerda negra que teje el chamán y en la que hace los nudos que simbolizan los pecados.
Chameta: uno de los nombres que se le da al lugar donde viven los muertos.
Chaneques: duendecillos que arrebatan el alma de los indios.
Chicha: aguardiente.
Chilar: sembrado de chiles.
Chulel: el alma.
Chu'ul: diosa maligna.
Dali: un modo de saludar en lengua mazateca.
Enanos y corcovados: bajones encargados de divertir a los reyes.
Formadores: dioses creadores.
Gobernador: gobernador indígena del grupo.
Hijos de Sánchez: alude a los personajes del libro *Los hijos de Sánchez* de Oscar Lewis.
Itari: Petate, estera.
Jatevari: se refiere a los indios coras, vecinos de los huicholes. Véase la parte pertinente de este libro.
Jículis: en rárika (huichol), el peyote. También: jíkuri.
Judea: jóvenes disfrazados de demonios.
Kakaullaris: conjunto de dioses de un lugar.
Miguelero: funcionario entregado al culto de San Miguel.
Milpa jiloteando: maizal con mazorcas tiernas.
Mindó tokosho: deidad mazateca.
Mitote: se da este nombre a la mayoría de las fiestas indias.

Muvieris: están hechos de una vara cubierta de hilo que sostiene amarradas algunas plumas de águila. Es el objeto más importante de la parafernalia chamánica. El chamán tiene siete o cinco muvieris, hechos con las plumas de las águilas cazadas por Watemukame en el tiempo originario, y los lleva siempre consigo dentro de un estuche de palma.
Niérika: ofrenda que representa a los dioses venados.
Nivétzika: en el lugar donde cayeron los cuernos del venado nacieron las plantas cuyas raíces amarillas proporcionan la pintura amarilla simbólica de los que fueron al peyote.
Notaste: jefe espiritual del grupo.
Ololiuhqui: planta alucinante.
Oriwuames: jueces de la carrera.
Patio: espacio sagrado donde se celebran las fiestas.
Piciate: tabaco silvestre.
Plantas kieri: plantas habitadas por sobrenaturales.
Posh: aguardiente.
Quiote: cogollo del maguey.
Regidores y topiles: miembros del gobierno indio.
Reina del maíz: planta sembrada en el centro de la milpa o maizal que representa a todas las plantas del maíz.
Ririki: calihuey, templo.
Ruturi: Flor de Dios; flores de papel que se usan como ofrendas.
Señor estafiate: planta alucinante.
Soles cosmogónicos: el autor alude a los "siglos" aztecas de 52 años, al cabo de los cuales el sol podía no renovarse a pesar de los rituales propiciatorios.
Sotol: bebida alcohólica obtenida de cactáceas.
Soyate: planta con efectos mágicos.
Tabaco macuche: tabaco silvestre. En huichol, *awakame*; españolizado, macuche. El maracame que va a la cabeza de la fila, en el viaje al peyote, lo lleva en sus bules. Sirve para guiarlos en la peregrinación y para descubrir el peyote.
Tapeste: alfombra donde se colocan las ofrendas.
Techalotes: ardillas.
Tejuino: licor de maíz fermentado, de consistencia espesa y de sabor levemente parecido al de la cerveza.
Tenanche mayor: alto funcionario de la iglesia.

Tlillan Tlapallan: lugar mágico de la inmortalidad.
Tokipas: calihuey, templo.
Tronco hueco de los bailes: instrumento de percusión.
Tuki: aire frío que despiden los sobrenaturales y la flecha nocturna.
Umuagum: segundo jefe del patio.
Urukames: cuando se enferma un huichol o uno de sus animales, el mal puede deberse a que ha llegado el tiempo de que los viejos de la familia se transformen en urukames: cristales de roca.
Usha kamar: huaraches pintados de amarillo que los han llevado a Viricota. En las visiones del peyote, preponderan el amarillo y el verde.
Verde machacado: tabaco machacado.
Watukari: uno de los numerosos dioses huicholes.

Impresión:
Encuadernación Técnica Editorial, S. A.
Calz. San Lorenzo 279, 45-48, 09880 México, D. F.
12-X-2002